Karin Hoyer

Der Gestaltwandel ländlicher Siedlungen unter dem Einfluß der Urbanisierung — eine Untersuchung im Umland von Hannover

GÖTTINGER GEOGRAPHISCHE ABHANDLUNGEN

Herausgegeben vom Vorstand des Geographischen Instituts
der Universität Göttingen
Schriftleitung: Karl-Heinz Pörtge

Heft 83

Karin Hoyer

Der Gestaltwandel ländlicher Siedlungen unter dem Einfluß der Urbanisierung — eine Untersuchung im Umland von Hannover

Mit 57 Abbildungen, 20 Tabellen
und 14 Beilagen

1987

Verlag Erich Goltze GmbH & Co. KG, Göttingen

Als Dissertationsschrift
auf Empfehlung des Fachbereichs Geowissenschaften
der Georg-August-Universität zu Göttingen
gedruckt mit Unterstützung der Calenberg Grubenhagenschen Landschaft,
des Oberkreisdirektors des Ldkr. Hannover und der
Klosterkammer Hannover

ISBN 3-88452-083-0

Druck: Goltze GmbH & Co. KG, Göttingen

INHALTSVERZEICHNIS

Verzeichnis der Abbildungen

Abb. 1: Lage der Untersuchungsgemeinden im Umland und zu Hannover
Abb. 2: Altwarmbüchen: Dorf und Feldflur im Jahre 1781
Abb. 3: Das Dorf Altwarmbüchen um 1876
Abb. 4: Hauptacker von Altwarmbüchen um 1847 – südl. des Dorfes
Abb. 5: Groß Horst: Dorf und Feldflur im Jahre 1898
Abb. 6: Kirchhorst: Dorf und Feldflur im Jahre 1872
Abb. 7: Siedlung Kirchrode, vor dem Jahr 1000 und bis 1285
Abb. 8: Siedlung Debberode um 1300
Abb. 9: Das Dorf Wülferode um 1840
Abb. 10: Ursprüngliche Höfeanordnung in Wülferode – 1. Möglichkeit
Abb. 11: Ursprüngliche Höfeanordnung in Wülferode – 2. Möglichkeit

Verzeichnis der Beilagen

Verzeichnis der Tabellen

VORWORT

Die Untersuchungen für die vorliegende Arbeit wurden von mir 1980 begonnen. Überaus dankbar bin ich Herrn Prof. Dr. H.-J. Nitz für die Anregung zu dieser Arbeit und für die fortwährende, mühevolle Betreuung bei der Abfassung der Arbeit.

Gleichzeitig danke ich auch Herrn Wahle und den Mitarbeitern der kartographischen Abteilung des Göttinger Geographischen Instituts für die druckgerechte Umsetzung der Zeichnungen und Karten.

Wertvolle Ratschläge und Hinweise verdanke ich Herrn Prof. Dr. J.K. Rippel vom Stadtforschungsamt Hannover.

Herrn H. Grethe, Herrn H. Meier-Everloh, Herrn H. Friedrich, Familie Klußmann und Familie Uelschen fühle ich mich verpflichtet für die reichhaltigen Informationen und die vielfältige Unterstützung.

Darüber hinaus danke ich sehr der Calenberg-Grubenhagenschen Landschaft, der Klosterkammer Hannover und dem Herrn Oberkreisdirektor des Landkreises Hannover für die finanzielle Unterstützung zur Drucklegung dieser Arbeit, sowie den Herausgebern der „Göttinger Geographischen Abhandlungen" für die Aufnahme in die Reihe.

Karin Hoyer

I. EINFÜHRUNG

A. Forschungsstand

Der ländliche Raum war bereits vor der Industrialisierung von nichtagrarischen Strukturelementen durchsetzt und mit für ihn ursprünglich fremden Funktionen versehen: ein hoher Prozentsatz der unterbäuerlichen Schicht war schon in der Phase der „Proto-Industrialisierung" handwerklich oder heimgewerblich tätig und bezog ihren Hauptverdienst aus einer nichtagrarischen Tätigkeit. Eine landarme und zuweilen auch landlose Unterschicht stellte im 18. Jh. in vielen Fällen die Mehrzahl der Landbevölkerung dar, nicht mehr die über eine ausreichende Ackernahrung verfügenden Klein-(Voll)bauern.

Diese unterbäuerliche Schicht mußte versuchen, wenn sich der Gesamtertrag der Bodennutzung ihrer kleinen Höfe und Wirtschaften nicht weiter anheben ließ, den Fehlbetrag an Einkünften aus der Landwirtschaft durch anderweitigen Erwerb zu decken. Das Einkommen aus der Landwirtschaft wurde so durch ein Einkommen aus nichtlandwirtschaftlicher Tätigkeit ergänzt oder gar abgelöst (KRIEDTE et al., 1978, S. 45).

Die Entstehung der zahlreichen bäuerlichen Wirtschaften bis ins 18. Jh., die über nicht genug Land verfügten, weist bis dahin auf den spezifischen Verlauf des sozialökonomischen Prozesses zurück: „Die Trendperioden des hohen Mittelalters, des 16. Jh. und des 18. Jh. wurden von einer starken Bevölkerungsvermehrung getragen. Das demographische Wachstum setzte sich jeweils in ein Wirtschaftswachstum um, das seinerseits das Bevölkerungswachstum stimulierte. Im Verlauf des Wachstumsprozesses löste sich jedoch die positive Einflußbeziehung zwischen Bevölkerungswachstum und Wirtschaftswachstum und verwandelte sich in eine negative. Das Wirtschaftswachstum hielt mit dem Bevölkerungswachstum nicht Schritt, da der zunächst gegebene Einkommensspielraum nicht produktiv verwandt, sondern weitgehend vom Bevölkerungswachstum aufgezehrt wurde" (KRIEDTE et al., 1978, S. 41).

Im Gefolge dieses in den einzelnen Trendperioden stets erneut einsetzenden und immer größere Ausmaße annehmenden Prozesses unterlag die dörfliche Sozialstruktur einer völligen Umkehr. In Gegenden mit Anerbenrecht entstand eine breite unterbäuerliche Schicht, während es in Realteilungsgebieten zu einer immer intensiveren Besitzzersplitterung kam. Aber nicht nur die langen Wellen der Agrarkonjunktur und die mit ihnen zusammenhängenden säkularen Trendperioden des Bevölkerungswachstums wie auch die immer größere Ausmaße annehmende Unterbeschäftigung auf dem Lande, sondern ebenso die zu geringe „Angebotselastizität" der städtischen Wirtschaft trugen zum vorindustriellen gewerblichen Ausbau des Produktionsstandortes Land, zur Proto-Industrialisierung, bei. Der aufkommenden, rasch expandierenden gewerblichen Nachfrage auf den internationalen Märkten — seit dem 17. Jh. auch des kolonialen Raumes als Absatzmarkt — war das städtische Produktionspotential ebenso wenig gewachsen wie der Binnennachfrage selbst (KRIEDTE et al., 1978, S. 62f.). Mit dem Ausbau des Landes zum Produktionsstandort vorindustrieller gewerblicher Güter veränderten sich die Dörfer aber schließlich nicht schon in der Form, wie es unter dem späteren Urbanisierungseinfluß im 19. Jh. geschah. Der Sozialstrukturwandel, der die Dörfer in der vorindustriellen Zeit ergriff, vollzog sich — trotz Zunahme der unterbäuerlichen Schicht — noch in „dörflich-ländlichen" Formen. Die Nicht-Vollbauern behielten nämlich trotz ihrer gewerblichen Tätigkeit (mit Bindung oft an städtische Verlegerunternehmer) eine dörflich-ländliche *Lebensweise*, wie entsprechend auch eine dörfliche *Wohnweise* (Kleinformen des Bauernhauses) und dazu das Bestreben, Land zu erwerben und als Kleinbauer zu gelten, bei.

Mit Einsetzen der Industrialisierung und der überregionalen Vekehrsentwicklung[1] hat schließlich ein Prozeß begonnen, der Stadt und Umland nicht mehr als voneinander abgeschlossene Pole erscheinen läßt[2]. Dieser Vorgang, der allgemein als Verstädterung bezeichnet wird, hat nicht nur Strukturwandlungen im Siedlungsbild, sondern auch Veränderungen in Lebensformen, Geisteshaltungen und Verhaltensweisen sowohl im Agrarraum[3] als auch im städtischen Bereich bewirkt.

Städter ziehen ins Umland bei gleichzeitigem Beibehalten des städtischen Arbeitsplatzes und haben so an der Pendelwanderung teil, die sich bei der Landbevölkerung neben der Ansteuerung des städtischen Arbeitsplatzes auch zur Deckung des Freizeit- und Bildungsbedarfs in der Stadt ergibt.

Diese Verstädterungserscheinungen, basierend auf mangelndem Wohnungsangebot in der Stadt[4], veränderten Wertvorstellungen bezüglich der Wohnqualität und des kulturellen Konsumbedarfs, weisen einerseits „unmittelbar auf die Auswirkungen des gesamtgesellschaftlichen- und wirtschaftlichen Entwicklungsstandes des Staates" (HELLER, 1973, S. 376) hin und zeigen andererseits die Wechselwirkung, das Beziehungsgeflecht, zwischen Stadt und Umland.

Der Prozeß der Verstädterung[5] erscheint also einmal als zentrifugaler Vorgang, von der Stadt ausgehend, zum anderen als eine zentripetale Bewegung. Beide Abläufe sind nicht voneinander getrennt, sondern bedingen sich und sind eng miteinander verquickt. Dabei kann davon ausgegangen werden, daß zunächst die zentrifugalen Kräfte der Stadt städtische Elemente in das überwiegend agrarische Umland bringen, dieses verstädtern, und daß hierauffolgend, nachdem der ländliche Raum durch diesen Prozeß mit der Stadt verbunden ist, die zentripetalen Bewegungen einsetzen[6].

Durch die zunehmende Urbanisierung wird letztlich eine Angleichung von Stadt und Umland erreicht[7], die sich insbesondere bei Gemeinden zeigt, die entweder bereits völlig von der Stadt „verschluckt" worden sind, oder aber die durch bauliche Verdichtung mit

---

[1] Hierzu. VOIGT (1975a) u. (1975b)
HOFFMANN (1963); KLÖPPER (1963)
[2] Vergl. KÖTTER (1952), S. 1; HEBEBRAND (1963), S. 609
[3] Hierzu BISCHOFF (1963); BUCHHOLZ (1963); HALLBAUER (1958), S. 84; LEITNER (1981), S. 112
[4] Zur Ausbreitung des Dienstleistungssektors seit dem 2. Weltkrieg insbesondere in den Cities und zur Verlagerung des Wohnraumes aus den Cities in die äußeren Stadt- und Stadtrandbereiche siehe ANTE (1975), S. 2; BOUSTEDT (1967), S. 224; RIPPEL (1963a)
[5] Die Diskussion über den Begriff „Verstädterung" und verwandter Begriffe wie „Urbanisation" o. „Urbanisierung" soll hier nicht aufgegriffen werden. Die vorliegende Arbeit schließt sich der Begriffsbestimmung nach HELLER, (1973), S. 375 an: „Man gebraucht die Begriffe „Urbanisierung" und „Verstädterung" synonym und sagt, daß sich unter ihnen eine Reihe von Prozessen subsumieren lassen, wie z.B. ... Städteverdichtung, Ausbreitung städtischer Elemente in ländlichen Gemeinden."
Zur weiteren Diskussion vergl. BOUSTEDT (1967), S. 218ff.; HEROLD (1972), S. 79ff.; KNORR (1975), S. 177; LINDAUER (1970), S. 9ff.; LINDE (1966), S. 2157ff.; PINCHEMEL (1969), S. 241ff.; POSECK (1966), S. 9ff.; SCHLÜSSEL (1972), S. 2
[6] Hierzu RIPPEL (1963a), S. 32−36; BOUSTEDT (1963), S. 723
[7] Hierzu POSECK (1966), S. 225; LINDAUER (1970), S. 26

Nachbargemeinden in einem größeren Siedlungskomplex aufgehen und im weiteren Prozeßverlauf dann die letzten eigentümlichen Strukturen verlieren[8].

In der Erforschung ländlicher Siedlungen lag das Schwergewicht lange Zeit in der historisch-genetischen Siedlungsgeographie, die sich im wesentlichen mit den vorindustriellen Siedlungstypen befaßt[9]. Die jüngere Forschungsrichtung rückte die funktionale und sozioökonomische Typisierung in den Mittelpunkt[10]. Vor allem von stadtgeographischer Seite wurde schließlich auch die Beziehung zwischen Stadt und Umland zum Thema vieler Untersuchungen gemacht.

Anknüpfend an CHRISTALLERS[11] Theorie der Verteilung der „Zentralen Orte" und sein Begriffssystem sind einerseits Abgrenzungsmöglichkeiten des Gebildes Stadt aufgezeigt[12] und andererseits vielfach Termini zur Untergliederung des Umlandes vorgestellt worden, die sich auf die verschiedenen Reichweiten der zentralen Stadtfunktion beziehen[13].

Darüber hinaus sind Überlegungen zur quantitativen Erfassung der Stadt-Umland-Beziehungen aufgestellt[14] wie auch die Gewichtigkeit der sozialgeographischen Aspekte für den Verstädterungsprozeß hervorgehoben worden[15].

Generell wird davon ausgegangen, daß der Urbanisierungsprozeß das Umland einer Stadt in unterschiedlicher Intensität ergreift und somit Räume bestimmten Verstädterungsgrades entwickelt. Dabei intensivieren sich die Verstädterungsmerkmale in Stadtnähe und treten hingegen vermindert mit wachsender Stadtentfernung auf[16].

Ein hoher Verstädterungsgrad eines ehemals ländlichen Bereiches ist aber vielfach verbunden mit dem Verlust von historischen Strukturen, welche die Eigentümlichkeit des Raumes erst ausmachen. Der Abriß von dörflicher Bausubstanz mit ortsbildprägendem Charakter geht einher mit der Errichtung von Neubauvierteln, verbesserten infrastrukturellen Einrichtungen und dem Ausbau breiter, asphaltierter Dorfdurchgangsstraßen, wodurch oft auf ortstypische Merkmale − wie z.B. Brunnen, Treppen, Plätze, Mauern und Zäune − verzichtet werden muß.

Spiegeln sich in diesen Maßnahmen zwar einerseits die Bemühungen wider, dem Stadt-Land-Gefälle entgegenzuwirken und auch im agrarischen Umland „angemessene" und der Stadt „gleichwertige" Lebensbedingungen zu schaffen[17], so bergen sie andererseits folgende Gefahr: Durch den gegenwärtigen gleichförmigen Urbanisierungsprozeß, der „unkontrolliert und monoton überall Gleiches schafft"[18], könnte jedes Umland und damit der

---

[8] Zur Gegenüberstellung der signifikanten Strukturelemente von Stadt u. Land siehe KÖTTER (1952), S. 4f.

[9] Hierzu BORN (1977); LIENAU (1968); NITZ (1974a); SCHRÖDER/SCHWARZ (1969)

[10] Siehe MITTELHÄUSSER (1959/60), UHLIG/LIENAU (1972)

[11] CHRISTALLER (1933)

[12] Siehe BOUSTEDT (1953), S. 20−29; FEHRE (1959/60), S. 53f.; KLÖPPER (1956), S. 255f.; SCHÖLLER (1957), S. 268; MÄDING (1963), S. 660

[13] In BOUSTEDT (1953), S. 257; FEHRE (1959/60), S. 583; SCHÖLLER (1957), S. 271

[14] BOESLER (1959/60)

[15] SCHÖLLER (1959/60)

[16] hierzu ANTE (1975), S. 3ff.; BECK (1972), S. 207; BOUSTEDT (1953), S. 20/24; HELLER (1973), S. 375; KLÖPPER (1956), S. 258; SCHNEPPE (1955); SCHÖLLER (1957), S. 275; POSECK (1966), S. 233

[17] HAUPTMEYER (1980), S. 40

[18] GALLUSSER/BUCHMANN (1974), S. 3

gesamte ländliche Raum zu einem technogenen, einheitlichen Lebensraum werden, der das für Deutschland so charakteristische räumliche Verteilungsmuster regionaltypischer ländlicher Siedlungsstrukturen verloren hätte[19].

Die moderne Urbanisierung wirkt sich aber nicht nur im ländlichen Umland einer Stadt aus, sondern auch im städtischen Bereich selbst. Die ursprünglichen individuellen Stadtbilder sind vielfach uniformen Strukturen gewichen, die weltweit zu finden sind. Ganze Altstadtviertel sind durch „totale Flächensanierung" bereits beseitigt worden[20], das der City-Bildung nicht mehr angemessene mittelalterliche Straßen- und Parzellennetz ist meist breiten Geschäftsstraßen gewichen. Fachwerkbauten im Bereich der alten Stadtmitte die sich für den modernen Geschäfts- und Bürobetrieb der neu entstehenden City in der Früh- und Hochindustrialisierungsphase nicht eigneten, wurden durch Neubauten radikal ersetzt. Die modernen städtischen Erweiterungsringe sind von den üblichen einheitlichen Reihenhäusern und Hochbauten geprägt.

Der radikale Abriß und Neubau im Altstadtbereich kennzeichnet das ehemalige Verhältnis der Gesellschaft zu den historischen Raumstrukturen, das sich nicht nur aus einem kommerziellen Interesse, sondern auch aus den jeweiligen zeitgenössischen Stilvorstellungen über städtebauliche Konstruktionen ergab.

Nahmen manche Städte das überkommene mittelalterliche Straßen-, Gassen- und Grundstücksnetz auch bis ins 20. Jh. noch aus Gründen des zu hohen Kostenaufwandes für die Beseitigung dieser historischen Strukturen hin, wurde ihnen letztlich durch die Kriegszerstörungen eine großzügige Neuordnung ermöglicht. Großen City-Unternehmen gelang es, durch Zusammenkauf aneinandergrenzender Parzellen Flächen für Großbauten zu schaffen. Die großstadttypischen Parkhäuser fanden Platz (NITZ, 1980, S. 11).

Je kleiner und niedrigerrangig die Geschäftsgebiete von Städten sind und je später der Prozeß der City-Bildung einsetzte, desto größer ist gegenwärtig noch der Anteil an historischen Stadthäusern in den ehemaligen Stadtkernbereichen (z.B. Göttingen, Oldenburg). Die großen Altstadt-Cities weisen meist kaum noch historische Häuserfassaden auf, hat doch die an der radikalen Durchsetzung der Optimierung der Citywirtschaft interessierte Unternehmerschaft bereits die für sie unökonomisch erwiesenen historischen Raumstrukturen beseitigt (NITZ, 1980, S.11/12).

Während noch in den 60er Jahren aus Rentabilitätsgründen den Flächensanierungen mit Totalerneuerung auch in den Bereichen der näheren und weiteren Altstadtperipherie der Vorzug gegeben wurde, setzten insbesondere seit den 70er Jahren kommunale Sanierungsmaßnahmen ein, die mit staatlichen Zuschüssen eine kostenaufwendigere erhaltende, restaurierende Objektsanierung vorziehen. „Die historischen ‚Ensembles' und ‚städtebaulichen Situationen' werden nun in ihrer äußeren und z.T. sogar in ihrer konstruktiven Gestalt erhalten, die Bedingungen historischer Situationen also bewußt akzeptiert in ihrer dokumentarischen und in ihrem kunsthistorisch-ästhetischen Wert" (NITZ, 1980, S. 12).

Das vom Europarat initiierte Jahr des Denkmalschutzes 1975 zielte darauf ab, den begonnenen Bewußtseinswandel gegenüber kulturhistorischen Gütern und Strukturen der Städte zu verstärken und zu dokumentieren. Dabei sollte auf die gefährdete Lage der noch von Flächensanierung bedrohten Altstädte besonders aufmerksam gemacht werden. Das

---

[19] Hierzu auch ALBERS (1963), S. 584
[20] Hierzu CONZEN (1978); LEISTER (1970), S. 30f.

Europäische Denkmalschutzjahr 1975 hat ein breites Interesse an den überlieferten Kulturdenkmälern geweckt. Zunächst waren es also überwiegend die Städte, die von diesem Trend und Bewußtseinswandel profitierten. Erst verzögert wächst besonders seit der 2. Hälfte der 70er Jahre die Einsicht, der jahrzehntelangen und ungehemmten Zerstörung kulturhistorischer Substanzen auch in den Dörfern entgegentreten zu müssen (HENKEL, 1978b, S. 27).

Mit Flurbereinigungsverfahren, die die Aussiedlung in Dorfkernen als Allheilmittel gegen städtebauliche Problemsituationen bis dahin anwandten[21], ist in zahlreichen Dörfern die Verödung des Siedlungsursprungs eingeleitet worden[22]. Höfe, die verkehrstechnisch ein Hindernis bedeuteten oder besser als Grünflächen, Spielplätze oder Parkräume genutzt werden sollten, wurden noch in den 60er Jahren problemlos abgerissen. Insgesamt waren die zwischen Stadt und Land bestehenden Disparitäten durch Dorferneuerungsmaßnahmen abzubauen, die sich auf eine durchgreifende städtebauliche Erneuerung des Ortes bezogen[23] und vielfach den Ausbau eines begradigten asphaltierten, „städtisch anmutenden" Straßennetzes und die Modernisierung der Altbauten im städtischen Stil oder besser deren Abriß vorschlugen[24].

Erst mit dem am 1. April 1976 novellierten Flurbereinigungsgesetz wurde die Dorferneuerung auf eine erweiterte Gesetzesgrundlage gestellt. Die Sanierung und Erhaltung bedeutsamer baulicher Ensembles und historischer Bausubstanzen werden hervorgehoben. Darüber hinaus soll das Verbleiben der Gehöftstandorte im Dorfkern − soweit dies die Gesamtfunktion des Ortes zuläßt − angestrebt werden[25].

Hieraus ergibt sich eine inhaltliche Veränderung des Terminus „Dorferneuerung": Wurden die ländlichen Siedlungen bei Flurbereinigungsverfahren also zunächst erneuert, der städtischen architektonischen Bauweise durch simple Modernisierung angeglichen, so sollen sie im künftigen Flurbereinigungsverfahren nicht nur im üblichen Sinne, wo es notwendig ist, dorfverbessert sondern auch „erhaltend erneuert" werden. Die bloße Dorferneuerung wird nun zur „erhaltenden Dorferneuerung" erweitert[26].

Auch die Denkmalpflege, welche sich im ländlichen Raum bisher vorwiegend auf die Restaurierung und Erhaltung von Schlössern, Burgen, Dorfkirchen oder Gutshäusern beschränkte und die Pflege ganzer Dorfbereiche vernachlässigte, bezieht nun mit den jeweiligen Landesdenkmalschutzgesetzen ausdrücklich ländliche Siedlungsbereiche von besonderem kulturhistorischen Wert in die schützens- und erhaltenswerten Kulturdenkmale mit ein.

Der Umbruch in der Bewertung des ländlichen Raumes bestätigt sich aber auch in den Bemühungen von Fachleuten, die junge Aufgabenstellung „erhaltende Dorferneuerung" inhaltlich und methodisch in den Griff zu bekommen. Dieses Bemühen äußert sich nicht zuletzt in zahlreichen Tagungen zum Thema Dorferneuerung, wie sie bereits Anfang 1978 vom Institut für Städtebau in Berlin veranstaltet wurden[27].

---

[21] ERTL (1953), S. 100

[22] ERTL (1979), S. 13

[23] OSTHOFF (1967), S. 35

[24] ders. S. 23

[25] Das neue Flurbereinigungsgesetz 1976, S. 42ff.; PETZET (1978), S. 406

[26] Zur Definition von Dorferneuerung und synonymen Begriffen vergl. auch HENKEL (1979a), S. 137f.; ders. (1978a), S. 154; HENCKEL (1979), S. 358/2044

[27] HENKEL (1978a), S. 154/155

Die neue und komplexe Aufgabe „erhaltende Dorferneuerung" kann nicht gleich mit den wünschbaren Startkapazitäten begonnen werden, bedeutet sie doch Neuland für Wissenschaftler, „die ihr Leben lang der Dorfforschung gedient haben, wie auch für Praktiker, die nach ihrem Selbstverständnis bereits jahrzehntelang Dorferneuerung betrieben haben[28]".

Erfolgte der Umbau der Dörfer bisher weitgehend unbeachtet von der kompetenten Fachwelt — den in den Hochschulen sitzenden, potentiellen Anwälten der Dorferneuerung, wie sie allein so traditonsreiche Fächer wie Geschichte, Geographie, Soziologie oder Architektur bereitstellen — so wird die künftige Dorferneuerung nicht mehr auf die Zusammenarbeit von Praktikern und Wissenschaftlern verzichten können. Das noch bestehende Defizit an wissenschaftlicher Fundierung der Dorferneuerung kann durch die jahrzehntelangen Forschungsleistungen der entsprechenden Hochschuldisziplinen abgebaut werden, wodurch die Dorferneuerung nicht mehr weiterhin der ständigen Gefahr der Zufälligkeit und Fehlentwicklung ausgesetzt bleibt. In der dringend notwendigen Zusammenarbeit von Praxis und Wissenschaft bietet sich den Praktikern „die Möglichkeit, Forschungsergebnisse kennenzulernen und zur Grundlegung von Entscheidungen zu verwerten und sich daneben nützlichen Innovationen offenzuhalten. Den Wissenschaftlern der Hochschulen bedeutet die praxisorientierte Arbeit die Möglichkeit der Verifizierung ihrer Forschung und zudem die gute Gelegenheit, Impulse für neue Forschungsansätze zu gewinnen[29]".

Dabei stellt sich jedoch den Hochschulen die zusätzliche Aufgabe, ihre Leistungen und Ergebnisse so transparent und zielgerecht darzustellen und durchzuführen, daß diese auch der Planungspraxis zugänglich, d.h. verwertbar werden und diese nicht etwa lähmen.

Zusätzlich drückt sich das aufkommende allgemeine Interesse für das lange vernachlässigte Problemfeld „erhaltende Dorferneuerung" in dem auf die vier Jahre von 1977—1980 befristeten Zukunftsinvestitionsprogramm (ZIP) aus, welches Maßnahmen der Dorferneuerung in solchen Gemeinden und Ortsteilen vorsieht, deren Siedlungsstruktur wesentlich durch die Land- und Forstwirtschaft geprägt ist. Dabei soll im Sinne der erhaltenden Dorferneuerung die Erhaltung und Gestaltung landwirtschaftlicher Bausubstanz mit ortsbildprägendem Charakter unterstützt werden. Gedacht ist z.B. an die „Erhaltung und Wiederherstellung des äußeren Bildes von Gebäuden und Gebäudeteilen aus historischer Zeit, Fachwerkfreilegungen, die Wiederherstellung charakteristischer Verkleidungen die Erneuerung ortstypischer Dacheindeckungen sowie an die Errichtung von Brunnen, Treppen, Einfriedungen und sonstigen Anlagen, die zur Neugestaltung und Verschönerung des Ortsbildes beitragen[30]".

Abschließend sei darauf hingewiesen, daß das Dorf seit einigen Jahren in der Öffentlichkeit generell einen positiven Stellenwert gewinnt. Die Vorzüge des überschaubaren und naturnahen Dorflebens werden nicht nur von älteren Menschen intensiver geschätzt und genutzt, sondern das Dorf wird zunehmend attraktiver für Nicht-Landwirte, die versuchen, der „Unwirtlichkeit" der Großstädte zu entweichen[31].

---

[28] ders. S. 155
[29] HENKEL (1978a), S. 155
[30] HENKEL (1978b), S. 30
[31] HENKEL (1978b), S. 28

B. Problemstellung

Die vorliegende Arbeit hat sich zur Aufgabe gestellt, den wachsenden Urbanisierungs-einfluß im nahen, bisher dörflich-ländlichen Umlandbereich von Hannover zu analysieren. Dabei interessiert insbesondere die Frage des unterschiedlichen Verstädterungsgrades ländlicher Gemeinden.

Vielfach läßt sich – wie oben bereits angesprochen – als Forschungsergebnis bei Stadt-Umland-Untersuchungen entnehmen, daß allgemein und nahezu idealtypisch die Verstäd-terung mit wachsender Entfernung von der Stadt an Intensität verliert. Eine nähere Über-prüfung dieser These im Umland von Hannover läßt jedoch erkennen, daß die Urbanisie-rung hier sehr viel differenzierter wirksam wird, daß es bevorzugte Sektoren mit stärkerem Angriff und wiederum andere Bereiche gibt, in denen bei gleicher Distanz zur Stadt noch ausgeprägte ländliche Strukturen erhalten sind.

Dies soll in der folgenden Untersuchung an den vier Fallstudien Altwarmbüchen, Stelingen, Wülferode und Everloh gezeigt werden, die in nahezu übereinstimmender Stadt-entfernung im hannoverschen Umland liegen (zur Lage Abb. 1), jedoch jeweils deutlich verschiedene Verstädterungsgrade aufweisen. Die am stärksten verstädterten Untersu-chungsgemeinden sind Altwarmbüchen und Stelingen.

Diese beiden nördlichen Dörfer befinden sich im Geestbereich mit weitaus geringeren Bodenqualitäten als die südlichen Dörfer Wülferode und Everloh. Everlohs Nutzflächen sind dagegen der Calenberger Lößbörde zuzuordnen und Wülferodes Wirtschaftsflächen stellen von der Bodenschätzung her einen Übergangsbereich zwischen der Hannoverschen Moorgeest und dem südlichen Lößbördengebiet dar.

Stelingen im Nordwesten und Wülferode im Südosten liegen in der Verbindung zu Han-nover an Landes- und Kreisstraßen 1. Ordnung, Altwarmbüchen im Nordosten und Ever-loh im Südwesten jeweils an Bundesstraßen. Keine der Gemeinden hat im öffentlichen Nahverkehr direkten Straßenbahnanschluß, allen Dörfern steht mit einer gleich hohen Fahrtenhäufigkeit zunächst der Omnibus als Nahverkehrsmittel zur Verfügung. Auch mit dem überregionalen Eisenbahnnetz ist keine der Untersuchungsgemeinden unmittelbar verbunden. Stelingen, Altwarmbüchen und Wülferode liegen lediglich in nachbarschaftli-cher Lage zu den verschiedenen Autobahnen, ihren Kreuzen und Auffahrten.

Ein weiterer Lageunterschied ergibt sich aus der Entfernung der Untersuchungsge-meinden zu den hannoverschen Industriezonen. Während Stelingen im Nordwesten in Nähe zu den jungen nördlichen Industriebereichen liegt, das südwestliche Everloh in gerin-ger Entfernung zur westlichen industrieerschlossenen Stadthälfte, befinden sich Altwarm-büchen und Wülferode fast abseits zu den industriellen Hauptzentren.

Ein weiterer Unterschied ergibt sich aus den ursprünglichen Siedlungsstrukturen der gewählten Untersuchungsgemeinden. Everloh und Wülferode, die beiden südlichen Dör-fer, sind ehemalige Platzdörfer, Altwarmbüchen im Nordosten stellt ein Zeilendorf und Stelingen im Nordwesten eine Schwarmsiedlung dar. Für alle diese ländlichen Ortsstruktu-ren lassen sich in der Nähe der jeweiligen Untersuchungsgemeinde weitere Beispiele fin-den[32].

Hinsichtlich des unterschiedlichen Verstädterungsgrades der soeben kurz vorgestellten Untersuchungsgemeinden ergeben sich folgende alternative Fragen bzw. Möglichkeiten

---

[32] Siehe hierzu ausführlicher Abschnitt III.B.

der Erklärung: Haben die urbanisierenden Kräfte – ausgehend vom Innovationszentrum Hannover – die Dörfer unterschiedlich beeinflußt, weil verschieden starke städtisch-ökonomische Interessen für die jeweilige Landgemeinde bestanden?

Oder aber lassen sich unterschiedliche Verhaltensweisen – konservativer oder modern-aufgeschlossener Art – in der dörflichen Bevölkerung und daher eine differenzierte Aufnahmebereitschaft für das Moderne und damit für die Urbanisierung des Dorfes nachweisen?[33]

Darüber hinaus könnte auch die alte Dorfgestalt selbst in ihrer Anfälligkeit oder Resistenz gegenüber dem urbanen baulichen Wandel die Erklärung für den erreichten Verstädterungsgrad darstellen. Neben einer Vielzahl ländlicher Gemeinden im städtischen Umland, die durch den Urbanisierungsprozeß sämtliche historische Strukturen und ortsbildprägende Merkmale eingebüßt hat, existieren auch im nahen hannoverschen Umland noch Gemeinden, die einen Teil der überkommenen Siedlungsstrukturen trotz städtischer Einflußnahme bewahrten. Es gilt also zu klären, ob bestimmte Arten von historischen Raumstrukturen resistenter als andere gegen den urbanen baulichen Wandel sind und was diese stärkere Resistenz bedingt.[34]

Beim Rundling beispielsweise sind es zum einen die schmalen Hofbreiten in der Höferunde, die von vornherein dicht bebaut sind und keine weitere bauliche Verdichtung zulassen und die sich erst nach außen hin tortenstückartig verbreitern. Zum anderen ist die topographische Lage des Rundlings an einem Niederungsgebiet, in das sich die Hofsektoren ausbreiten, ausschlaggebend für die häufig beobachtete Resistenz dieser Ortsform gegen die urbane städtebauliche Veränderung.[35]

Die Abgeschlossenheit des Rundlings bedingt die Resistenz der Ortsform gegen den urbanen baulichen Wandel, der sich im Siedlungsgrundriß bemerkbar machen würde, nicht aber die Resistenz gegen die Umgestaltung der historischen Altbauten.

Die über die Pendler-Berufstätigkeit, über Einkäufe, Zeitschriften, Werbeprospekte und Fernsehen mit städtischen Lebensformen vertraut gewordene Landbevölkerung findet auch hier ihr neues, als fortschrittlich empfundenes Wohnideal vielfach in den modernen kleinbürgerlichen Vorstadtwohnhäusern, die ja auch am Rande des Rundlings, meist entlang der vorm Dorf liegenden Hauptstraße, entstehen. So kann natürlich auch in einem Dorf mit resistenter Ortsgestalt beobachtet werden, daß Abriß, Neubau oder völliger Umbau der historischen Altbauten bevorzugt werden „oder wenigstens die Verkleidung der Naturstein- oder Fachwerkwände mit modernem Wandmaterial".[36]

Auch diese Dörfer verlieren nicht nur einen Teil ihres historischen Charakters, sondern zugleich einen Teil des dörflichen Charakters als solchen.

Bei gleicher Stärke des allgemeinen Veränderungswillens der Landbevölkerung sind also einige historische Strukturen resistenter gegenüber dem urbanen Wandel als andere. Sie sind damit zugleich persistenter, d.h. nach der Definition von WIRTH[37] dauernder bzw. beharrender. Persistente Strukturen, die von vergangenen Generationen geschaffen wurden, beeinflussen und beschränken aber die Reaktions- und Aktionsmöglichkeiten, die

---

[33] NITZ (1980), S. 4
[34] Vergl. hierzu NITZ (1980), S. 3; BOESLER (1969), S. 14
[35] Siehe KÜHN (1976)
[36] NITZ (1982), S. 210
[37] WIRTH (1979), S. 51f.

menschlichen Entscheidungen der (jeweils) gegenwärtigen Gesellschaft; gerade auch dann, wenn ihre ursprüngliche Zweckbestimmung nicht mehr gegeben ist, wenn sie gleichsam fossil geworden sind.[38]

Was führt nun dazu, bestimmte historische Strukturen von einer Gesellschaft persistieren zu lassen? Es können zumindest die folgenden drei Eigenschaften, die in den historischen Strukturen selbst liegen, als Gründe bzw. Erklärung hervorgehoben werden[39]: Neben der Eigenschaft, ein künstlerisch wertvolles oder kulturhistorisch bedeutsames Baudenkmal zu sein (z.b. Schlösser, alte Rathäuser, neuerdings auch ganze Altstadtstraßenzüge oder einzelne Gebäude mit bloßem Situationswert) scheint eine zweite Erklärung, die zur Persistenz historischer Strukturen beiträgt, darin zu liegen, daß sich eine Reihe von ihnen auch bei veränderten oder sogar ganz neuen Funktionen als weiterhin brauchbar erweisen und es nicht nötig ist, sie durch neue Strukturen zu ersetzen (z.B. Waldhufen- oder Marschhufenfluren). Ihnen kommt ihre große Flexibilität gegenüber den sich ständig wandelnden Anforderungen zugute. Sie bleiben „lebendig" und sind im Gegensatz zu den starren, wenig flexiblen und störenden Strukturen am wenigsten leicht zu mobilisieren[40].

Der dritte Grund der Persistenz historischer Strukturen bezieht sich auf die Investitions- und Kostenfrage. Die Kosten-Nutzen-Analyse fällt an sehr ertragreichen Standorten oder bei sehr profitablen Betriebsarten natürlich zugunsten des deutlich erhöhten Nutzens aus, wobei die historische Struktur zerstört und durch eine moderne ersetzt wird (z.B. Abriß von städtischen Altbauten statt deren Restaurierung und Neubau eines modernen Wohnhauses). Beispielhaft hierfür wäre auch die Zerstörung des Rundlings Sandkamp bei Wolfsburg. Mit dem Ausbau des südlicher gelegenen Mittellandkanals 1934 – 1938 erhielt die historische Dorfstruktur eine zunächst atypische Dorfdurchgangsstraße. Die Lage des Rundlings im unmittelbaren Interessenbereich des Volkswagenwerkes und der Stadt Wolfsburg war ausschlaggebend für die endgültige Zerstörung der alten Siedlungsstruktur: Das Volkswagenwerk kaufte mehrere zusammenhängende Höfe in der ursprünglichen Bauernrunde auf und richtete hier einen bis in das alte Dorf hineinreichenden VW-Parkplatz für seine Arbeitnehmer ein. Die jeweiligen Bauern entschieden sich für den Verkauf ihrer Höfe aufgrund der überaus verlockenden Kaufangebote des Volkswagenwerkes[41].

In der Analyse des jeweiligen Entwicklungsgangs der zu bearbeitenden Fallstudien wird sich nun auch die Neigung dieser historischen Siedlungsstrukturen entweder zur Resistenz gegenüber dem urbanen Wandel – wie sie für den Rundling belegt werden konnte – oder aber zum dynamischen Gestaltwandel abzeichnen.

Der Urbanisierungsprozeß im hannoverschen Umland ist entscheidend erst ab 1960 planmäßig gelenkt worden. Mit der Einführung des Bundesbaugesetzes 1960, der Schaffung des Großraum-Verbandes Hannover 1962 und der Verabschiedung des Bundesraumordnungsgesetzes 1965 waren der „spontanen Urbanisierung" Grenzen gesetzt. In Altwarmbüchen, in der nordöstlich von Hannover gelegenen Untersuchungsgemeinde, verkauften immer wieder einzelne Bauern Teile ihrer weniger ertragreichen Flächen im westlichen Gemarkungsbereich an bauwillige Kaufinteressenten. Ohne jegliches Konzept und

---

[38] ebenda S. 79
[39] NITZ (1982), S. 206ff.
[40] WIRTH (1979), S. 99
[41] KÜHN (1976)

zusammenhangslos erscheinen so bis 1950 im Westen von Altwarmbüchen in mehr oder minder weiten Abständen voneinander verstreut liegende Häuser (Deutsche Grundkarte 1950), darunter eine Gärtnerei. Die Fläche zwischen Gärtnerei, Ziegelei, Friedhof und westlichem Dorfeingang unterliegt zu dieser Zeit einer völlig ungeordneten Zersiedelung, wobei sich die neuen Häuser nicht nur an den befestigten Hauptverkehrswegen sondern auch an unbefestigten Feld- und Moorwegen, wie z.B. entlang der heutigen Krendelstraße in Nähe der Autobahnauffahrt (Berlin-Dortmund), befinden.

Diese Art von Siedlungserweiterung im Zuge der Verstädterung geht auf die individuell-spontane Handlung eines Einzelnen oder mehrerer einzelner Personen in der Landbevölkerung, auf die kurz entschlossene Verkaufsfreudigkeit bzw. Abgabebereitschaft von Flächen zurück, sie wird daher hier als „spontaner Urbanisierungsprozeß" bezeichnet.

Einen Übergang zur „geplanten, gelenkten Urbanisierung" stellt die nahezu geschlossene Ansiedlung mit begradigtem Wegenetz und geordneter Aufreihung der Häuser dar, die sich in Nähe des westlichen Dorfeingangs wie auch an der Krendelstraße bis 1961 ergab (s. Beilage 5). Diese erstmals geregelt erscheinende Siedlungserweiterung in Altwarmbüchen geht auf die Planungsarbeit eines von der Gemeinde hierfür beauftragten Ortsplaners zurück, der die Aufgabe hatte, die bis dahin eingesetzte, bruchstückhafte Zersiedelung künftig zu unterbinden.

Als „geplante, gelenkte Urbanisierung" soll im weiteren Verlauf der vorliegenden Arbeit jenes Handlungsgeschehen verstanden werden, welches sich auf die Entwicklung der vier Untersuchungsgemeinden nach 1960, in Anlehnung an die rechtlichen Grundlegungen des Bundesbaugesetzes 1960, des Bundesraumordnungsgesetzes 1965 und die Ziele des Großraum-Verbandes Hannover, bezieht.

Die Gründung des Großraum-Verbandes Hannover sowie die Einführung des Bundesbaugesetzes 1960 und die Verabschiedung des Bundesraumordnungsgesetzes 1965 deuten auf die Notwendigkeit planerischer und gesetzlicher Einflußnahme, die besonders aus den schwerwiegenden Ereignissen während und nach Ende des Zweiten Weltkrieges mit den Zerstörungen der Städte, Arbeitsplätze und der Infrastruktur erwuchs. So vollzog sich mit dem Wiederaufbau der Siedlungen eine neue räumliche Verteilung der Bevölkerung, aus der sich immer dringlicher werdende Probleme für die räumliche Planung und Gestaltung im regionalen Bereich entwickelten[42].

Der Wiederaufbau bzw. Neubau, die Vermehrung der Wohn- und Arbeitsplätze auf engem Raum bedarf eines geordneten Ablaufs. Zwar existieren seit dem Ende des 19. Jh. baurechtliche Regelungen zur Sicherung der Ordnung im eigentlichen Baubereich, doch genügen diese nicht zur Steuerung der Siedlungstätigkeit in größeren Räumen wie den Verdichtungsräumen in Deutschland, die sich im Zuge der Industrialisierung entwickelt haben. Die anfänglichen Rechtsgrundlagen waren lediglich auf eine vorausschauende städtische Gesamtplanung bedacht, entsprechend den jeweils auftretenden Bedürfnissen wurden stets nur dringliche Einzelfragen einer gesetzlichen Lösung zugeführt. Unter dem Einfluß der zeitlichen und staatsrechtlichen Verhältnisse wurden nur Teillösungen städtebaurechtlicher Probleme gefunden, die ihren Niederschlag in Reichs-, Bundes- und Ländergesetzen fanden[43].

---

[42] HAUBNER/HEUWINKEL (1978), S. 94
[43] BBauG 1960 – Novelle 1979, S. VIII

Erst seit dem Ende des 1. Weltkrieges sind die Verfahrensweisen der Regionalplanung, Landesplanung und Raumordnung entwickelt worden, die mit dem Bundesbaugesetz 1960 und dem Bundesraumordnungsgesetz 1965 ihre gesetzlichen Höhepunkte erhielten. Beide rechtlichen Grundlegungen sind miteinander verbunden. So ist die Bauleitplanung nach den Zielen der Raumordnung und Landesplanung anzupassen (§ 1,4 BBauG − Novelle 1979). Das Raumordnungsgesetz 1965 verlangt die Ordnung der Einzelräume als Einfügung in die Ordnung des Gesamtraumes, wobei letztere die Gegebenheiten und Erfordernisse seiner Einzelräume berücksichtigen soll (§ 1,4 ROG 1965).

Für den Raum Hannover hat der Niedersächsische Landtag mit dem Gesetz „zur Ordnung des Großraumes Hannover vom 14.12.1962" die Einrichtung des Großraum-Verbandes beschlossen und rechtlich fundiert. Der Verband stellt eine öffentlich-rechtliche Körperschaft mit dem Recht der Selbstverwaltung dar. Die Verbandsmitglieder waren nach der Gebietsreform von 1974 die Stadt Hannover und die 20 Städte und Gemeinden des neuen Landkreises Hannover. Der Großraum-Verband ist seit 1962 Träger der Regionalplanung, er legt im eigenen Wirkungskreis die Grundsätze und Ziele der Raumordnung fest und steuert damit die räumlichen Entwicklungsprozesse. Dabei hat sich die Verbands- bzw. Regionalplanung von vornherein − wie oben bereits mit dem Bundesraumordnungsgesetz 1965 angesprochen − nach den raumordnerischen und planerischen Konzeptionen des Landes gerichtet[44].

Die „Akteure" der Urbanisierung bleiben sowohl weiterhin der Teil der Landbevölkerung, der geneigt ist, unrentable Flächen an bauwillige Städter zu verkaufen, wie auch die für die jeweilige Landgemeinde Außenstehenden, die an die Dorfgemeinschaft herantreten und versuchen, Baugrund zu erwerben. Hierdurch wurde z.B. nach 1960 der Aufbau des gesamten westlichen Neubauviertels von Stelingen, unserer Untersuchungsgemeinde im Nordwesten Hannovers, möglich, das die entsprechenden Stelinger Bauern zuvor an einen Makler in Misburg (heutiger Stadtteil von Hannover) verkauften. Die Stelinger Bauern haben die Veräußerung der Flächen, die in der Dorfgastwirtschaft nach immer wieder vorgetragenen, verlockenden Kaufangeboten seitens des Maklers abgeschlossen wurde, letztlich bereut.

Dennoch zählen auch sie zu den aktiven Urbanisierern ihrer Gemeinde, haben sie schließlich − um aus der Situation noch das Bestmögliche zu machen − auf die Bebauung dieser Flächen nach 1960 und damit auf die steuerfinanziellen Auswirkungen der Besiedelung gedrängt.

Entscheidende „Akteure" für den Urbanisierungsprozeß einer Landgemeinde stellen vielfach auch die Gemeindedirektoren dar, wie es in Altwarmbüchen der Fall ist. Der hier amtierende Gemeindedirektor war stets bemüht, die Neubaugebiete zu erweitern. Neben dem Ziel, „Chef" einer „modernen" Vorstadtgemeinde zu sein, motivierte ihn natürlich auch die Gehaltssteigerung zu Ortsvergrößerungen, die allgemein einhergeht mit dem Anwachsen der gemeindlichen Bevölkerungszahl.

Im Gegensatz zu der „spontanen Urbanisierung" vor 1960 erhält der Urbanisierungsprozeß ab 1960 Handlungseinschränkungen und -richtlinien, die sich aus den oben erwähnten rechtlichen Grundlegungen und den Zielen bzw. Programmen des Großraum-Verbandes Hannover ergeben. Es bleibt zwar jedem Bauern im Dorf weiterhin die Möglichkeit,

---

44 HAUBNER/HEUWINKEL (1978), S. 100

an bauwillige Interessenten Flächen zu verkaufen, doch lassen sich diese nur bebauen, wenn das entsprechende Planungsamt eine Bebauung für diese Bereiche vorsieht.

Die bauliche und sonstige Nutzung der Grundstücke in der Gemeinde wird nach dem Bundesbaugesetz 1960 durch die Bauleitplanung, d.h. mit Hilfe der Bauleitpläne vorbereitet und geleitet. Bauleitpläne sind der Flächennutzungsplan (vorbereitender Bauleitplan) und der Bebauungsplan (verbindlicher Bauleitplan). Beide Pläne bedürfen der Genehmigung der höheren Verwaltungsbehörde, im Bereich des Großraum-Verbandes Hannover der der Bezirksregierung Hannover (§ 6 und § 11 BBauG – Novelle 1979). Die Bauleitpläne sind von den Gemeinden in eigener Verantwortung oder auf Antrag der Gemeinden durch andere fachlich geeignete Personen oder Institutionen (z.B. Landkreis Hannover) aufzustellen (§ 2,1 u. 3 BBauG – Novelle 1979). Die Bauleitpläne sind generell den Zielen der Raumordnung und Landesplanung anzupassen (§ 1,4 BBauG – Novelle 1979).

Für die Flächennutzungs- und Bebauungspläne innerhalb des hannoverschen Raumes ergaben sich die Planungsrichtlinien aus den rahmensetzenden Zielvorstellungen der Verbandspläne des Großraum-Verbandes, die 1967, 1972 und 1975 (hier Regionales Raumordnungsprogramm 1975 genannt) verbindliche raumordnerische Konzeptionen mitteilten, welche wiederum den übergeordneten Zielen der Raumordnung und Landesplanung angepaßt waren. Von den Gemeinden zur Begutachtung beim Großraum-Verband eingereichte Bauleitpläne konnten also ihre völlige oder punktuelle Ablehnung erfahren, wenn sie nicht den Planungsintentionen des Großraum-Verbandes entsprachen. Der Untersuchungsgemeinde Stelingen im Nordwesten von Hannover ist zum Beispiel die Planungsabsicht, einen Teil des westlichen Neubaugebietes als Gewerbebereich einzurichten, in ihrem 1. Flächennutzungsplan von 1961 abgeschlagen worden. Die Gemeinde wurde auf diese Weise also in der eigens von ihr selbst ausgehenden, urbanisierenden Aktivität eingeschränkt, ein Teil des hier möglich gewesenen Urbanisierungsprozesses verhindert.

Andererseits konnten Gemeinden im hannoverschen Umland mit gesunder Agrarstruktur und wertvollen landwirtschaftlichen Böden – wie dies bei der Untersuchungsgemeinde Everloh im Südwesten von Hannover gegeben war – davon ausgehen, auch weiterhin als solche bestehen bleiben zu dürfen, sollten doch Agrargemeinden wie z.B. Everloh mit eben diesen Voraussetzungen als solche erhalten bleiben[45]. Hier entsprachen sich Planungsintention des Großraum-Verbandes und der Gemeindewunsch hinsichtlich der zukünftigen Entwicklung.

Die vierte Untersuchungsgemeinde Wülferode läßt erkennen, daß die geplante Entwicklung nicht stetig und ausschließlich nach den aufgestellten Zielen und Leitlinien des Großraum-Verbandes erfolgen kann. In Wülferode, wo der Großraum-Verband beabsichtigte, die gesunde Agrarstruktur des Dorfes zu erhalten und lediglich die Entwicklung der Siedlung aus sich heraus, die Eigenentwicklung, zu genehmigen, führte der Werdegang mehrerer traditionsreicher bäuerlicher Familien – entweder durch Ausbleiben von Bauernsöhnen oder -töchtern als Hofnachfolger oder durch Umorientierung der Hoferben in außerlandwirtschaftliche Berufe – zur Aufgabe mehrerer Betriebe im alten Dorf, die nur teilweise in den verbliebenen aufgegangen sind. Einige von ihnen werden heute gewerblich genutzt.

Familiengeschichtliche Entwicklungen, d.h. unvorhergesehene spontane Situationen im sozialen Bereich, wirken hier dem ursprünglichen Planungskonzept des Großraum-Ver-

---

[45] HAUBNER/HEUWINKEL (1978), S. 100

bandes entgegen und führen mittlerweile zu einer beinahe neuen Ausgangssituation für künftige Planungskonzepte.

Aus der phasenmäßig unterschiedlichen Wirkung der Urbanisierung, die sich also aus der Zeit vor dem Wirksamwerden des Bundesbaugesetzes, des Bundesraumordnungsgesetzes und der Schaffung des Großraum-Verbandes Hannover ergibt sowie aus dem Zeitraum, der sich hieran anschließt, kommen hinsichtlich des Entwicklungsablaufes der vorliegenden Untersuchungsgemeinden folgende Fragen auf: Ist der gegenwärtige Entwicklungsstand der vier Dörfer innerhalb der „spontanen Urbanisierungsphase" und damit noch vor 1960 erreicht worden oder ist er auf die gezielt eingesetzte Planung – in Anlehnung an die regionalen Verbandspläne bzw. das Raumordnungsprogramm des Großraum-Verbandes – und damit eher auf die „geplante Urbanisierung" nach 1960 zurückzuführen?

Inwieweit begründen darüber hinaus individuell-lokale, nicht vorhersehbare familiengeschichtliche Entwicklungen der traditionellen Bauernfamilien den Werdegang einzelner oder mehrerer Höfe und daher die Veränderung des alten Dorfes, wie sie sich z.B. bei Ausbleiben von Hofnachfolgern o.ä. abzeichnet? Diese Frage kann sowohl innerhalb des Zeitraumes der spontanen wie auch dem der geplanten Urbanisierung gestellt werden. Sie steht ergänzend zu den beiden ersten. So kann sie also in ihrer Antwort für den Entwicklungsprozeß der Dörfer innerhalb der spontanen aber auch der geplanten Urbanisierungsphase mitbegründend sein.

Die inhaltliche Auslegung von Planung im ländlichen Raum erhielt in jüngster Zeit – wie bereits unter I. A. angesprochen – insbesondere im Dorfbereich selbst, eine neuartige Komponente: geplante Dorferneuerung bezieht sich nicht mehr ausschließlich auf die notwendigen dörflichen Verbesserungsmaßnahmen wie z.B. den Ausbau des Straßennetzes u.ä., sondern verlangt darüber hinaus *Maßnahmen zur Erhaltung und Gestaltung historischer Bausubstanz* mit ortsbildprägendem Charakter. Nach dem bereits in I. A. erwähnten Zukunftsinvestitionsprogramm (ZIP) zur Verbesserung der Agrarstruktur und des Küstenschutzes wird im Unterbereich „Verbesserung der Wohnumwelt" des Dorfes besonders auch an die Erhaltung und Wiederherstellung des äußeren Bildes von Gebäuden aus historischer Zeit, Fachwerkfreilegungen und vieles mehr gedacht. Eine Vielzahl der ländlichen Gemeinden im städtischen Umland hat aber bereits durch den Urbanisierungsprozeß sämtliche historische Strukturen und ortsbildprägende Merkmale eingebüßt. Bei welchen Dörfern können also erhaltende Dorferneuerungsmaßnahmen noch lohnenswert ansetzen?

Welche Voraussetzungen müssen neben den unter I. A. erwähnten Bedingungen des Zukunftsinvestitionsprogramms gegeben sein, damit denkbare erhaltende Dorferneuerungsmaßnahmen überhaupt realisiert werden können? Spielt neben dem spezifischen Charakter des Dorfes – vorwiegend von der Land- und Forstwirtschaft geprägt zu sein – nicht auch die Haltung der dörflichen Bevölkerung gegenüber restaurierenden und erhaltenden baulichen Maßnahmen eine entscheidende Rolle für die Durchführung eines erhaltenden Dorferneuerungsprogramms?

Das gleiche läßt sich über die Planer fragen, die im entsprechenden Bau- bzw. Planungsamt für die Gemeinde zuständig sind.

Nicht alle restaurierungsbedürftigen Dörfer, in denen erhaltende Dorferneuerungsmaßnahmen nach der noch bestehenden ortsbildprägenden Bausubstanz lohnenswert erscheinen, konnten tatsächlich mit den Förderungsmitteln des Zukunftsinvestitionsprogramms erhaltend erneuert werden. Welche Dörfer bekamen eher die Zusage der Förderung, gelangten also in die enge Auswahl der Geförderten?

Anhand des in der Arbeit vorgestellten, bereits durchgeführten Dorferneuerungsverfahrens „Mandelsloh" werden Gründe für das Gelingen erhaltender Dorferneuerungsmaßnahmen sichtbar. Weitere, auf die Aktivität privater Einzelpersonen oder Interessenverbände zurückzuführende Erhaltungsmaßnahmen werden ebenfalls Realisierungsmöglichkeiten zur Erhaltung einzelner ortsbildprägender Bausubstanzen aufzeigen. Jedoch laufen diese im Abschnitt V. B. 2. der vorliegenden Arbeit vorgestellten Verfahren – im Gegensatz zum Dorferneuerungsprogramm Mandelsloh – ohne ein Planungskonzept für die gesamte ländliche Siedlung.

Um Möglichkeiten und Grenzen der „Akzeptanz" des Planungskonzeptes eines Dorferneuerungsplans zu erproben, entwickelte die Verfasserin für eine der vier Untersuchungsgemeinden, für Wülferode – eine Siedlung mit noch erhaltenen Dorfelementen –, einen Plan zur erhaltenden Dorferneuerung. Dieser wurde probeweise als Gesprächsgrundlage bei Diskussionen mit zuständigen Planern, Praktikern und einem Teil der Wülferoder Bürger zugrunde gelegt.

Über den Plan selbst und die Ergebnisse der Diskussionen wird in Kap. V. C. berichtet, insbesondere über die dabei geäußerten Einstellungen zur Dorferneuerung und zu der Realisierungsmöglichkeit von Teilen des Planes.

Der Plan enthält notwendige siedlungsgenetische Untersuchungsergebnisse des ersten Aufgabenbereichs der Arbeit, um gewisse Basisinformationen über das Dorf selbst mitzuteilen. In seinen Erneuerungsvorschlägen beansprucht er nicht endgültig zu sein. Der Plan ist durchaus modifizierbar. Das Planungskonzept dient primär also der Gesprächsprovokation und zur Ermittlung derjenigen Diskussionsaussagen und Fakten, die darauf hinweisen, ob hier ein Erneuerungsplan generell durchführbar wäre bzw. welche Gründe die Realisierung scheitern lassen würden.

Damit wird ein kleiner Schritt getan, der Forderung nachzukommen, die Diskrepanz zwischen geographischer Arbeit und planerischer Praxis zu überwinden[46].

C. Methodische Verfahrensweise

Die vorliegende Arbeit analysiert zunächst die unterschiedliche Wirkung des Urbanisierungsprozesses im nahen Umland von Hannover am Beispiel der vier Untersuchungsgemeinden Altwarmbüchen, Stelingen, Wülferode und Everloh, die in einer Distanz von etwa 10 bis 12 km um Hannover liegen (zur Lage Abb. 1).

Um bei der Bearbeitung in möglichst großer Variationsbreite die Faktoren zu erfassen, die die Urbanisierung mitbestimmen, sind vier ländliche Siedlungen herangezogen worden, die sich in ihrer ursprünglichen Siedlungsstruktur, der Lage im Raum zu Hannover und damit in ihrer naturräumlichen Umgebung unterscheiden. Desweiteren ist ihr Standort zu Hannover durch Verkehrs„gunst" oder -„ungunst" gekennzeichnet. Am ehesten erfüllen sich diese Grundvoraussetzungen, wenn die Untersuchungsgemeinden auf die Weise ausgewählt werden, daß sie nahezu kreisförmig um die Landeshauptstadt verteilt liegen und an möglichst vielen Raumdifferenzierungen teilhaben.

---

[46] Hierzu HENKEL (1978a), S. 155ff.; ders. (1978b), S. 31; ders. in: Arbeitskreis für genet. Siedlungsforschung in Mi.Europa, Forum III (1979), S. 5

Der Untersuchungszeitraum erstreckt sich etwa auf die Zeit von der Mitte des 19. Jh. bis zur Gegenwart. Die Mitte des 19. Jh. ist der *Beginn des Industriezeitalters* in Deutschland und damit der möglichen ersten *Urbanisierungseinflüsse Hannovers* auf sein ländliches Umland. Schon am Ende des 18. Jh. und im frühen 19. Jh. wurden die ehemaligen Heer- und Poststraßen zu einem neuen Chausseesystem ausgebaut. Parallel zum Industrieaufkommen setzte der Eisenbahnbau ein. Die modernen Verkehrsverbindungen stellten bei ihrem Ausbau nicht nur für einen Teil der landlosen Bevölkerung eine Arbeitsmöglichkeit dar, sondern erleichterten und unterstützten nach ihrer Fertigstellung die nun aufkommende Pendelwanderung der mittellosen ländlichen Bewohner vom Land zu den hannoverschen Industriezonen. Damit gelangten immer stärker Modevorstellungen über Urbanität in die ländlichen Räume, deren Bevölkerung teilweise bis heute versucht, sich der städtischen Welt anzugleichen.

Mit der Festlegung des Untersuchungsbeginns auf die Mitte des 19. Jh. wird der Rahmen der historischen Bedingungskonstellation, von der aus die zur Gegenwart hinführenden Prozesse zu verfolgen sind, etwa auf den Zeitpunkt der Verkoppelungen festgelegt. Vorteilhaft erweisen sich für die Bearbeitung der vorliegenden Aufgabenstellung die *Verkoppelungskarten*, die noch eine gewisse *Ursprünglichkeit der dörflichen Siedlungsstrukturen* zeigen und daher als Basis für das weitere Kartenmaterial stehen können.

Indikatoren des wachsenden Urbanisierungsprozesses sind neben den *Veränderungen* des jeweiligen *Ortsbildes* — nachzuvollziehen anhand verschiedener Meßtischblätter und Deutscher Grundkarten — statistische Angaben über *Sozialstruktur, Pendler* und *Bevölkerungswachstum* der ländlichen Siedlungen. Aus mehreren Gründen erscheint es zweckmäßig, die Urbanisierung gerade anhand dieser gewählten Sachbereiche zu verfolgen. Die Veränderungen der Siedlungsstruktur, das eingesetzte oder nicht eingesetzte Ortswachstum wird optisch nur durch die Betrachtung des Kartenmaterials aus verschiedenen Jahrzehnten wahrnehmbar. Dabei lassen die Karten erkennen, wo Siedlungserweiterungen stattgefunden haben und ob der Dorfkern bis heute mitverändert wurde.

Ergänzt wird die Interpretation des Kartenmaterials durch die Beobachtung vor Ort, die die Veränderung des Ortsbildes hinsichtlich des Siedlungsaufrisses vervollständigt.

Die Karten geben das jeweilige Ausmaß der Siedlungsentwicklung anschaulich wieder und zugleich den Anstoß zur Überlegung, warum der Urbanisierungsprozeß gerade in jenem Teil des Dorfes ansetzte und nicht in einem anderen, warum die ländliche Siedlung z.B. in westlicher Richtung erweitert wurde und warum z.B. der Dorfkern weitgehend erhalten bleiben konnte, wenngleich sich die Siedlung insgesamt sehr erweitert hat.

Bestätigt werden die Siedlungsveränderungen auf der Karte zum einen durch die statistischen Angaben über die Bevölkerungsentwicklung und zum anderen durch die jeweiligen sozialstrukturellen Daten. Die großen Siedlungserweiterungen von Altwarmbüchen werden sich im Gang der Bevölkerungszahlen dieser Untersuchungsgemeinde abzeichnen, die dem Ausmaß der Neubautätigkeit mit einem starken Anstieg entsprechen. In der Aufschlüsselung der Sozialstruktur wird sich gemäß dem Zuzug von Nicht-Landwirten eine stärkere Vertretung von Erwerbstätigen im sekundären und tertiären Sektor ergeben.

Die hier aufgeführten Indikatoren der Urbanisierung hängen inhaltlich zusammen und stellen also lediglich verschiedene Seiten derselben Sache dar.

Aber auch die Dörfer, die vom wachsenden Urbanisierungsprozeß derart betroffen sind, daß sie weniger von Siedlungserweiterungen, jedoch von der Aufgabe der Landwirtschaft gekennzeichnet sind, werden in ihrem spezifischen Veränderungsprozeß anhand der sozialstrukturellen Daten erfaßt. Es ergibt sich hier eine Verschiebung der Erwerbstätigen vom primären zu den übrigen Sektoren, die sich generell bis heute seit dem Beginn der Maschinisierung bzw. Technisierung in den ländlichen Siedlungen ergeben hat, wobei sich aber gleichzeitig die landwirtschaftliche Betriebszahl — besonders der Vollerwerbsbetriebe — verringert. Die Angaben der Sozialstruktur müssen bei der Betrachtung der Siedlungsentwicklung eines Dorfes durch die betriebsstrukturellen Daten — also durch „untere" Sachbereichsgruppen, wie sie ferner auch die Angaben der vorhandenen außerlandwirtschaftlichen Arbeitsstätten im Ort u.ä. darstellen — ergänzt werden.

Kennzeichnend ist für den wachsenden Urbanisierungsprozeß neben den Siedlungserweiterungen, dem damit verbundenen Anwachsen der Bevölkerungszahlen, den sozialstrukturellen Verschiebungen und der Verringerung der ursprünglichen Vollerwerbsbetriebe die Zunahme der Pendler. Sie ergeben sich heute sowohl aus den Reihen der ländlichen Bevölkerung, die sich vom primären Sektor abgewandt hat, wie auch aus den Reihen der Zuzügler in die Gemeinde.

Einen besonders urbanen Charakter kann darüber hinaus ein Dorf erhalten haben, das über eine große Anzahl Erwerbstätiger im sekundären und tetiären Sektor verfügt, die in den im Ort errichteten Industrie- und Gewerbegebieten arbeiten, wie es z.B. in Altwarmbüchen der Fall ist. Hier zeichnet sich dann auch eine hohe Einpendlerbewegung ab, wobei zusätzliche Arbeitskräfte aus den umliegenden Ortschaften in diese Gewerbegebiete pendeln.

Die Zweckmäßigkeit der Sachbereiche, die zur Darstellung des Urbanisierungsprozesses hier gewählt wurden, ergibt sich vorrangig aus dem inhaltlichen Zusammenhang ihrer Aussagewerte. Dabei ist von Bedeutung, daß sich die Aussagewerte untereinander bestätigen und ergänzen, sich aber nicht bedingen: Eine Gemeinde mit zerbröckelnder Landwirtschaft, relativ konstanten Bevölkerungszahlen und nur geringer Neubautätigkeit zeigt den eingesetzten Urbanisierungseinfluß, wie er sich speziell auf diese Gemeinde auswirkte, vorwiegend in der Verschiebung der Sozialstruktur zugunsten des sekundären und tertiären Sektors. Das heißt aber nicht, daß immer konstante Bevölkerungszahlen und geringe Neubautätigkeit mit der Aufgabe der Landwirtschaft im Dorf zusammenhängen oder sie gar bedingen.

Die Indikatoren der Urbanisierung hängen inhaltlich zusammen in Hinblick auf die gesamte Entwicklung der jeweiligen Untersuchungsgemeinde. Nicht jeder Indikator muß oder kann in gleich starkem Maße den Urbanisierungsprozeß wiedergeben. Je nachdem auf welche Weise das Dorf von der Urbanisierung ergriffen wird, zeichnen sich in den hier gewählten Sachbereichen Veränderungen ab, werden sich die Urbanisierungseinflüsse durch veränderte Aussagewerte eines einzigen oder gar aller Indikatoren ankündigen.

Die Siedlungsentwicklung wird durch den Vergleich der statistischen Angaben und des Kartenmaterials optisch wahrnehmbar und zahlenmäßig belegt, nicht aber begründet. Die Erklärung für die jeweilige Siedlungsentwicklung, das bisher abgelaufene Urbanisierungsgeschehen — so und nicht anders — kann erst in der Diskussion mit den Ortsansässigen und aus der Betrachtung der regionalen raumordnerischen Programme und Pläne wie z.B. derjenigen des Großraum-Verbandes Hannover gewonnen werden. Das weist darauf hin, daß der Urbanisierungsprozeß, der die vier der Arbeit vorliegenden Untersuchungsgemeinden in unterschiedlicher Weise ergriffen hat, sich nicht nur ausdrückt in „materiellen Einrichtungen" sondern sich auch zu erkennen gibt durch raumwirksame Entscheidungen und Handlungen vergangener Generationen[47].

In der Analyse bereits abgeschlossener raumdynamischer Prozesse, wie in der synthetischen Rekonstruktion der sich daraus ergebenden Siedlungsstrukturen, „vermag die geographische Arbeit beizutragen zu einem neuen Verständnis der dörflichen Lebensformen, woraus entwicklungsfähige Alternativen zur gegenwärtigen Verstädterungsbewegung erwachsen" können (GALLUSER, 1977a, S. 59). Damit hat die Dorfgeographie von heute die Möglichkeit, einen grundsätzlichen Beitrag zur Modellierung des dörflichen Lebensraumes von morgen zu leisten.[48]

In diesem Sinne schließt sich der *zweite Aufgabenkomplex* der *vorliegenden Arbeit* an: Für Wülferode wird ein erhaltender Dorferneuerungsplan auf- bzw. vorgestellt[49], der, wie oben bereits erwähnt, in seinen Aussagen modifizierbar ist und bei dem abschließenden Experiment, seine Realisierungschancen zu testen, als Diskussionsbasis dient.

Die *Erstellung des Dorferneuerungsplans* verlangt zweifelsohne eine interdisziplinäre Arbeitsweise, sollen alle verkehrsplanerischen, baulichen und kulturhistorischen Aspekte optimal durchführbar zur Geltung kommen[50]. Die Erarbeitung der Dorferneuerungskonzeption lehnt sich daher an bereits verwirklichte Pläne an. So boten die Beispiele der schon durchgeführten Dorferneuerungsverfahren „Mandelsloh", „Waldfeucht" und „Borgentreich" der vorliegenden Arbeit Musteranregungen für baulich-architektonische Varianten.

II. GEGENWÄRTIGER ENTWICKLUNGSSTAND DER UNTERSUCHUNGSGEMEINDEN

Die vier zu analysierenden ländlichen Gemeinden sind Stelingen, Everloh, Altwarmbüchen und Wülferode. Letztere ist seit 1974 in das Stadtgebiet Hannover eingemeindet und daher heutiger Stadtteil von Hannover.

Die folgende *aktuelle Situationsbeschreibung* der vier Gemeinden dient vorab zur Kenntnisvermittlung des gegenwärtigen dörflichen Entwicklungsstandes und der räumlichen Lage der Siedlungen zu Hannover und verlangt sogleich in der reizvollen Gegenüberstellung zur „vorindustriellen Ausgangssituation" (Kap. III.) nach prozessualer und kausaler Hinterfragung und Erklärung des heutigen Standes.

A. Verkehrsmäßige Lage im Umland und zu Hannover

Stelingen im nordwestlichen nahen Umlandbereich, Altwarmbüchen nordöstlich, Wülferode südöstlich und Everloh südwestlich von Hannover gelegen, weisen jeweils eine unterschiedlich günstige Anbindung an das regionale wie auch überregionale Verkehrsnetz auf (siehe Abb. 1).

Altwarmbüchen ist durch die Bundesstraße 3, Everloh durch die Bundesstraße 65 mit der Landeshauptstadt verbunden. Stelingen und Wülferode liegen an Hauptstraßen, d.h.

---

[47] WIRTH (1979), S. 95
[48] Vergl. hierzu GALLUSER (1978), S. 2
[49] Vergl. HENKEL (1978b), S. 30
[50] Vergl. ders. (1978a), S. 157

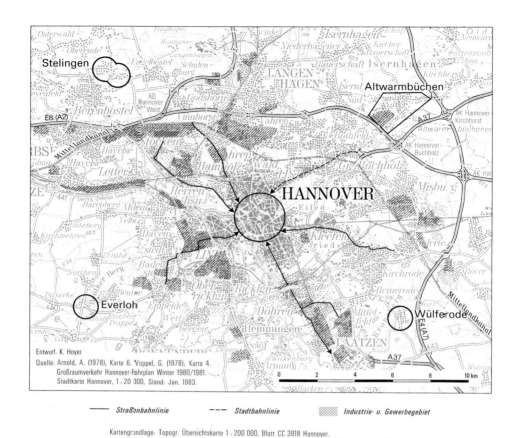

Entwurf: K. Hoyer
Quelle: Arnold, A. (1978); Karte 6. Voppel, G. (1978); Karte 4.
Großraumverkehr Hannover-Fahrplan Winter 1980/1981.
Stadtkarte Hannover, 1 : 20 000, Stand: Jan. 1983.

─────── *Straßenbahnlinie*　　　─ ─ ─ *Stadtbahnlinie*　　　////// *Industrie- u. Gewerbegebiet*

Kartengrundlage: Topogr. Übersichtskarte 1 : 200 000, Blatt CC 3918 Hannover.
Mit Genehmigung des Instituts für Angewandte Geodäsie, Frankfurt am Main, Nr. 22/86 vom 27. 08. 1986.

Abb. 1
Lage der Untersuchungsgemeinden im Umland und zu Hannover

Landes- und Kreisstraßen 1. Ordnung, die über die Stadtteile Stöcken bzw. Bemerode die Verbindung mit Hannover schaffen.

Allen vier Gemeinden steht zunächst als öffentliches Nahverkehrsmittel nach Hannover der Omnibus zur Verfügung. Für Stelingen, Altwarmbüchen, Everloh und Wülferode ist jeweils eine Fahrtenhäufigkeit von 30–50 Fahrten pro Werktag ermöglicht[51].

Während die Altwarmbüchener schon im dichten Stadtteil Lahe bzw. Klein Buchholz, also gut 3 km von ihrem Zentrum entfernt, Anschluß an die Stadtbahnlinie (über 300 Fahrten je Werktag) und damit zur Innenstadt Hannovers erhielten, ist der Bevölkerung von Stelingen und Everloh eine Alternative durch die Straßenbahn (100–200 Fahrten je Werktag) erst ab Stöcken oder Vinnhorst, von Stelingen (Mitte) etwa 5,5 km oder 6 km entfernt,

---

[51] VOPPEL (1978), Karte 4 „Frequenzen d. öff. Nahverkehrs"; Großraumverkehr Hannover, Fahrplan Winter 1980/81

30

bzw. Empelde, das von Everloh (Mitte) etwa 5 km entfernt liegt, gegeben. Ebenso haben die Wülferoder erst ab Mittelfeld, in gut 4 km oder ab Kirchrode, in etwa 6 km, die Möglichkeit, das Straßenbahnsystem zu nutzen (100—200 Fahrten je Werktag).

Verkehrsgünstig erscheint — wie oben bereits angesprochen — die Lage von Stelingen, Altwarmbüchen und Wülferode zu den verschiedenen Autobahnen, ihren Kreuzen und Auffahrten. Stelingen liegt in der Nähe der A 2 und der nordsüdgerichteten A 352. Altwarmbüchen hat eine nachbarschaftliche Lage zur Autobahn A 7 und gleichzeitig zur Ost-West-Tangente A 2. Wülferode befindet sich unweit des Autobahndreiecks „Hannover-Süd" und damit ebenfalls in Nähe der nordsüdgerichteten Autobahn A 7.

Aus der Lage der vier Gemeinden im Hannoverschen Umland und damit zum Nah- und Fernverkehrsnetz, läßt sich eine unterschiedliche *verkehrsmäßige Anbindung* der einzelnen Siedlungen erkennen, die sich in einer *Rangordnung* folgendermaßen ausdrückt: *Altwarmbüchen* besitzt den besten verkehrsmäßigen Anschluß an Hannover und nimmt auch im überregionalen Verkehrsnetz die standortgünstigste Lage ein. *Stelingen* und *Wülferode* folgen in der Abstufung als Gemeinden mit einer nicht ganz so vorteilhaften verkehrsmäßigen Anbindung zur Landeshauptstadt, aber mit einer Standortgunst hinsichtlich der verschiedenen Autobahnen. *Everloh* ist durch die öffentlichen Verkehrsmittel ebenso intensiv wie Stelingen und Wülferode mit Hannover verbunden, weist aber bezüglich des überregionalen Verkehrsnetzes keine Lagevorteile auf und folgt daher in der Rangfolge als letzte Gemeinde.

Neben der verkehrsmäßigen Lage der Untersuchungsgemeinden im Umland von Hannover ergibt sich ein weiterer wesentlicher Standortunterschied aus der Entfernung der Dörfer zu den Industriezonen Hannovers. Das heutige Verteilungsmuster der Industrie im Raum Hannover zeigt das Industrievorkommen schwerpunktmäßig in der nördlichen Peripherie, z.B. in Langenhagen, Stöcken, Garbsen (Abb. 1) sowie in der gesamten westlichen Stadthälfte, z.B. in Linden[52]. Kleinere Industriegebiete erscheinen im Süden Hannovers bei Döhren/Wülfel/Laatzen und Rethen sowie im östlichen Stadtbereich lediglich bei Misburg.

Durch das *industrielle Verteilungsmuster* ergibt sich für die Untersuchungsgemeinden erneut die Möglichkeit, eine Art Abstufung bezüglich der Standortunterschiede herzuleiten, die aber nicht mit der obigen verkehrsmäßigen Rangordnung übereinstimmt.

Stelingen hat gegenüber den Hauptindustriezonen Hannovers die höchste Standortgunst. Everloh folgt als zweite Gemeinde aufgrund seiner Lage zur industriellen westlichen Stadthälfte und zum ursprünglichen Industriedorf bzw. zur späteren Industriestadt Linden[53]. Altwarmbüchen und Wülferode befinden sich schon in einer relativen „Abseitslage" zu den industriellen Hauptzentren und stehen hier als Rangfolgenabschluß.

Zusammenfassend sei bemerkt, daß *Altwarmbüchen und Stelingen* bei den Abstufungen besonders hervortreten. Altwarmbüchen besitzt den besten verkehrsmäßigen Anschluß an Hannover und an das überregionale Verkehrsnetz, nimmt jedoch keine standortgünstige Lage hinsichtlich der hannoverschen Industriebereiche ein. Die zweite nördliche Untersuchungsgemeinde, Stelingen, tritt insgesamt besonders hervor durch die absolut nachbarschaftliche Lage zu den Hauptindustriebereichen. Zudem ist Stelingen nicht ungünstiger als die weiteren Dörfer Everloh und Wülferode verkehrsmäßig angebunden. Von

---

[52] Hierzu ARNOLD (1978), S. 164ff., Karte 6
[53] Zur Industrieentwicklung Hannovers einschließlich Lindens siehe Kap. IV.A.

den beiden südlichen Gemeinden wird lediglich Everloh durch die geringere Entfernung zur westlichen industrieerschlossenen Stadthälfte augenfällig. Für Wülferode läßt sich letztlich kein nennenswerter Standortvorteil in der Lage zu Hannover erkennen.

B. Grundriß – Aufriß

Der aktuelle *flächenmäßige Entwicklungsstand* der vier Untersuchungsgemeinden ergibt sich einerseits aus den Zahlenangaben über die gegenwärtig bebauten Gemeindeflächen[54] und zeigt sich andererseits optisch im vorliegenden Kartenmaterial (s. Beilagen 1–3). Dabei weisen regelmäßige Grundstücksparzellengefüge, besonders geradlinig oder ringförmig strukturierte Straßensysteme und eine geordnete Bebauung auf die geplanten Dorferweiterungen der jüngeren Zeit hin.

Geringfügige Erweiterungen in diesem Sinne lassen sich für Everloh im östlichen und westlichen Siedlungsbereich erkennen. Auch Wülferode ist – gemessen an den Grundrissen von Stelingen und Altwarmbüchen – lediglich durch zwei kleinere Neubauviertel im Norden und Süden vergrößert worden. Stelingen und Altwarmbüchen hingegen zeigen großflächige Erweiterungen im Westen, die im Grundriß von Altwarmbüchen mit den großflächigen Gebäudekomplexen der Gewerbegebiete an der Hannoverschen Straße darüber hinaus noch eine Steigerung erfahren.

Alle vier Dörfer haben ebenfalls teil an kleinräumigen spontanen Ortsbildveränderungen bzw. -erweiterungen seit der Jahrhundertwende, die sich aber ohne einen historischen Rückblick anhand von entsprechendem älteren Kartenmaterial nicht nachvollziehen lassen.

Im *Aufriß* der vier Dörfer spiegeln sich die einzelnen Siedlungsphasen der Dorferweiterungen wider[55]. So zeigen sich bei der Betrachtung vor Ort Fachwerkgebäude, Häuser aus der Gründerzeit, sehr vereinzelt Häuser der ersten Nachkriegsjahre, mehrfach Siedlungshäuser der 2. Nachkriegsjahre und Bungalows der Gegenwart. In Altwarmbüchen intensiviert sich der moderne bauliche Stil auch noch in der Geschoßzahl vieler Gebäudekomplexe des Neubauviertels, wo teilweise mehr als zwei Stockwerke erreicht werden.

Insgesamt läßt sich dem Vergleich der Orts-Grundrisse eine *Rangfolge* hinsichtlich des dörflichen Entwicklungsstandes entnehmen, die die differenzierten *Verstädterungsgrade* der vier Untersuchungsgemeinden repräsentiert: Wie die unten aufgeführten groben Maßzahlen über das Verhältnis „neubebaute Flächen zur Fläche des Altdorfbereiches" aufzei-

Tab. 1: *Verhältnis der Neubauflächen zur Fläche des Altdorfbereiches 1981*

Altwarmbüchen	etwa 12	: 1
Stelingen	etwa 4	: 1
Wülferode	etwa 1,4	: 1
Everloh	etwa 1	: 1

Quelle: eigene Berechnung

---

[54] Bebaute Flächen: Altwarmbüchen 1981 ca. 157,25 ha; Stelingen 1981 ca. 57,50 ha; Wülferode 1981 ca. 24,50 ha; Everloh 1981 ca. 21,50 ha; Quelle: eigene Erhebung
[55] Vergl. hierzu Kap. IV.B.1./IV.C.1.

gen, erscheint Altwarmbüchen als die am meisten verstädterte ländliche Siedlung und geht dabei Stelingen voraus. An dritter Stelle ist Wülferode in der Abstufung zu nennen, gefolgt von Everloh, der geringst erweiterten und verstädterten Gemeinde. Die am stärksten verstädterten Gemeinden liegen beide im nördlichen Umland von Hannover, wo sie jeweils eine höchste Standortgunst besitzen, wie sie unter II. A. bewertet und erläutert wurde.

C. Bevölkerungszahlen und Sozialstrukturen

Der räumlichen Ausdehnung der vier Siedlungsgrundrisse entsprechen die gegenwärtige Bevölkerungszahl und die sozialstrukturelle Verteilung der einzelnen Gemeinden.

Altwarmbüchen und Stelingen haben gegenüber Wülferode und Everloh einen erheblichen Vorsprung in den Einwohnerzahlen. Dies deckt sich mit der Errichtung der großflächigen Neubaubereiche beider Gemeinden.

Tab. 2: *Bevölkerungsstand 1978*

Altwarmbüchen 6 698
Stelingen   2 640
Wülferode   859
Everloh   473

Quelle: Stat. Vierteljbr. Hannover, Jahresübersichten 1976 bis 1978, 77. Jg. 1978.

Dementsprechend zeigen die beiden einwohnerstarken Gemeinden 1970 gegenüber Wülferode und Everloh einen größeren Anteil der Erwerbstätigen im „Produz. Gewerbe" – Altwarmbüchen auch in den Wirtschaftsbereichen „Handel und Verkehr" bzw. „Dienstleistungen" (vergl. Tab. 3)[56]. Von diesen beiden nördlichen Umlandgemeinden nimmt Alt-

Tabelle 3:
Erwerbstätige am Wohnort in den einzelnen Wirtschaftsbereichen

		Erwerbstätige		Bereich:							
	Wohn-bevölk.	gesamt	in % der Wohnbevölk.	Land- u. Forstw.		Produz. Gewerbe		Handwerk. u. Verk.		Sonst. Dienstl.	
				Anz.	/ %	Anz.	/ %	Anz.	/ %	Anz.	/ %
Altwarmb.	5682	2418	43	71	2,9	1139	47,1	521	21,5	687	28,4
Stelingen	1420	542	38	47	8,7	231	59,2	96	17,7	78	14,4
Wülferode	863	417	48	47	10,1	156	37,4	74	17,7	145	34,8
Everloh	491	220	45	39	17,7	95	43,2	30	13,6	56	25,5

Quelle: Gemeindestatistik 1970, Teil 2 „Bevölkerung und Erwerbstätigkeit"
        NDS LVA – Statistik Heft 1.

---

[56] Jüngere Statistiken als die Zahlenangaben der Volkszählung von 1970 liegen dem NLV-Statistik im Bereich der Erwerbstätigenerhebung nicht vor. Die für 1980/81 angesetzte Volkszählung wurde bis auf weiteres verschoben.

warmbüchen in der Betrachtung der absoluten Zahlenangaben von Tab. 2 und Tab. 3 eine Vorrangstellung ein. Auffällig ist darüber hinaus, daß diese Gemeinde auch gegenwärtig noch die höchste absolute Anzahl der im primären Sektor[57] Erwerbstätigen aufweist. Dabei kann jedoch nicht davon ausgegangen werden, daß die Gemeinden sich schon in vorindustrieller Zeit erheblich in der ländlichen Bevölkerungszahl und damit der ländlichen Arbeitskräftezahl unterschieden (hierzu Kap. III. B.).

D. Infrastruktur

Mit den Ergebnissen der Betrachtung der aktuellen Bevölkerungszahlen, der Sozialstrukturen und der Ortsbilder in ihrem Grundriß bzw. Aufriß stimmen die Aussagen überein, die sich bei der tabellarischen Auflistung der zentralen Einrichtungen in den vier Untersuchungsgemeinden ergeben.

Die Versorgungssituation der Dörfer − in Tab. 4 aufgezeigt anhand der infrastrukturellen Enrichtungen zur täglichen und längerfristigen Bedarfsdeckung − räumt Altwarmbüchen erneut eine Vorrangstellung ein. Dabei verzichtet die tabellarische Übersicht auf einen Teil der „Sozialen Infrastruktur"[58] und schließt im Bereich „Handwerk-Gewerbe" nicht einmal die Einrichtungen der Altwarmbüchener Gewerbegebiete[59] mit ein.

Infrastrukturelle Einrichtungen − und dabei insbesondere Institutionen zentraler Art − repräsentieren die Bedeutung einer Siedlung[60]. Altwarmbüchen kommt danach die Bedeutung eines Grundzentrums[61], d.h. eines zentralen Ortes niederster Ordnung nach CHRISTALLER zu[62]. Altwarmbüchen deckt für den Nahbereich den Grundbedarf der Bevölkerung in sozialer, kultureller und wirtschaftlicher Hinsicht. Der Nahbereich ist wiederum dem Oberzentrum Hannover in dessen mittelzentraler Funktion zugeordnet[63].

Während Everloh zur Deckung der Grundversorgung völlig auf die benachbarten Gemeinden (z.B. Gehrden) und auf Hannover angewiesen ist, verfügen Stelingen und Wülferode über private und öffentliche infrastrukturelle Einrichtungen sowie über ein Angebot an Freizeiteinrichtungen, das in Stelingen gegenwärtig durch den Bau eines Kommunikationszentrums (Kegelbahn, Festsaal etc.) noch erweitert wird. Dabei besitzt Stelingen eine größere Anzahl von öffentlichen infrastrukturellen Einrichtungen und Freizeitinstitutio-

[57] Zur Begriffsbestimmung der amtlich statistischen Wirtschaftsbereiche vergl. ISBARY (1965), S. 437 und SCHWARZ (1966), S. 379

[58] Zum Begriff der „Infrastruktur", insbesondere der „Sozialen Infrastruktur" siehe KEUN (1973), S. 6 und dort weitere Autoren. KEUN definiert die „Soziale Infrastruktur" als eine Zusammenfassung derjenigen Infrastruktureinrichtungen, die vornehmlich der Daseinsvorsorge und weniger direkten ökonomischen Aufgaben dienen. Für Altwarmbüchen ließen sich im Sektor „Soziale Infrastruktur" mehrere praktische Ärzte, Zahnärzte und eine Kinderfachärztin sowie eine Volkshochschule und ein Altersheim hinzufügen.

[59] In: Abb. „Folgeeinrichtungen/Arbeitsstätten" M = 1:10 000 in „Gemeinde Isernhagen" − Erläuterungsbericht zum Flächennutzungsplan 1979.

[60] SCHWARZ (1966), S. 373ff.; GUSTAFSSON/SÖKER (1972), S. 185−201; FISCHER (1960/61), S. 27

[61] Hierzu KEUN (1973), S. 19

[62] CHRISTALLER (1933), S. 26

[63] „Gemeinde Isernhagen" − Erläuterungsbericht zum FL-Plan 1979, S.13/16; Hierzu auch GUSTAFSSON (1973), S. 14

Tabelle 4:
Versorgungseinrichtungen 1980/81

	in Altwarmbüchen	Stelingen	Wülferode	Everloh
Kirche	+		+	+
Bank	+	+		
Post	+	+	+	
Schule	+	+		
höhere Schule	+			
Feuerwehr	+	+	+	
Kindergarten	+	+		
Lebensmittelg.	+	+	+	
Fleischer	+	+	+	
Bäckerei	+			
Reinigung	+			
Apotheke	+			
Kiosk	+			
Papierwareng.	+			
Drogerie	+			
Boutique	+			
Blumeng.	+			
Geschenkartikelverkauf	+			
Getränkeabholmarkt/				
Weinvertretung	+		+	
Gastwirtschaft	+	+	+	+
Hotel	+			
Tankstelle	+			
Tischlerei	+	+	+	+
KFZ-Werkstatt	+	+	+	
Schrotthandel			+	
Kunststoffensterverarb.			+	
Grabsteiner				+
Tiefkühlkostvertr.	+			
Schwimmhalle	+	+		
Sportplatz	+	+		
Tennishalle	+			
Schulturnhalle	+	+	+	
Sporthalle	+			
Spielplatz	+	+	+	
Bolzplatz	+			
Festplatz	+			
Kegelbahn	+			
Rollschuhbahn	+			

Quelle: eigene Erhebung nach Umfrage

nen als die Gemeinde Wülferode, die dafür im Sektor „Handwerk/Gewerbe" stärker vertreten ist. Wülferode und Stelingen repräsentieren damit jeweils einen Siedlungstyp im urbanisierten Umland von Hannover, der sich durch seine allein auf die Lokalbevölkerung bezogene Infrastruktur im Grundbedarf weitgehend selbst versorgen kann, ohne auf ein benachbartes Grundzentrum angewiesen zu sein.

Infrastrukturelle Einrichtungen aus dem Bereich „Handwerk/Gewerbe", die sich besonders im dörflichen Siedlungskern ausbreiten, kündigen jene Art von Urbanisierungsprozeß an, der so oft zunächst eine Übergangssituation im alten Dorfteil schafft − eine Durchmischung von Landwirtschaft und Gewerbe − und desweiteren die völlige Hofaufgabe und die sozialstrukturelle Umorientierung der ländlichen Bevölkerung zur Folge hat.

E. Vergleich

Der Vergleich des aktuellen Entwicklungsstandes der Untersuchungsgemeinden stellt *Altwarmbüchen* und *Everloh* als *kontrastierende Pole* heraus.

Altwarmbüchen ist intensiv vom Urbanisierungsprozeß ergriffen worden, Everloh hingegen erscheint nur wenig davon berührt. Stelingen und Wülferode nehmen eine Stellung zwischen diesen beiden Extremen ein. Für Stelingen wie auch für Wülferode ergibt sich der gegenwärtige Verstädterungsgrad korrelierend zu der Lage im Verkehrsnetz und zu den Industriebereichen Hannovers.

Stelingen liegt unweit der nordwestlichen Industriezonen, Wülferode hingegen lediglich in der Nähe zu kleineren Industriebereichen Hannovers. Beide Siedlungen sind jedoch nicht durch unmittelbare Verkehrsanbindung zum Innovationszentrum Hannover charakterisiert.

Zunächst unerklärlich im vergleichenden Blick auf ihre Raumlage scheinen die individuellen Entwicklungen von Altwarmbüchen und Everloh. Altwarmbüchen nimmt keine nachbarschaftliche Lage zu den industriellen Schwerpunktbereichen Hannovers ein. Die Gemeinde liegt aber in verkehrsgünstiger Anbindung an die Landeshauptstadt und das überregionale Fernverkehrsnetz. Dies begründet die erfolgreiche Errichtung ihrer Gewerbegebiete, die für einen Teil der Erwerbstätigen aus dem Ort selbst ein großes Arbeitsplatzangebot schaffen (vergl. Kap. IV. C. 3).

Die verkehrsmäßige Aufgeschlossenheit Altwarmbüchens zum Zentrum Hannovers kommt der im tertiären Sektor erwerbstätigen Ortsbevölkerung zugute.

Everloh liegt zwar fernab des überregionalen Verkehrsnetzes, befindet sich aber unweit der traditionellen Industrieviertel von Hannover und ist verkehrsgünstig über die B 65 mit der Stadt verbunden. Dennoch konnten sich unter dem potentiell zunehmenden Urbanisierungseinfluß keine wesentlichen Strukturveränderungen vollziehen. Es liegt daher nahe zu vermuten, daß sich in dieser Gemeinde eine stärkere *konservative bäuerliche Haltung* dem Verstädterungsprozeß verschlossen hat. Unterstützt wurde diese Entwicklungstendenz zwangsläufig durch die Regionalen Raumordnungsprogramme des Großraumverbandes Hannover seit den 60er Jahren, welche die Agrargemeinden mit gesunder Struktur oder mit wertvollen landwirtschaftlichen Böden − wie sie auch für Everloh in der Calenberger Lößbörde bestehen − als solche zu erhalten planten[64].

---

[64] Verbandsplan Großraumverband Hannover 1967; HAUBNER/HEUWINKEL (1978), S. 100

Daraus ergibt sich für die ersten drei Untersuchungsgemeinden entsprechend die Annahme größerer ursprünglicher Aufgeschlossenheit der ländlichen Bevölkerung gegenüber raumverändernden urbanen Innovationen, die auch bereits vor den Planungen des Großraumverbandes zur Wirkung kommen konnten. Inwieweit sich diese Thesen bei der entwicklungsgeschichtlichen Untersuchung der vier Dörfer bestätigen lassen, wird Kap. IV der vorliegenden Arbeit aufzeigen, ebenso inwieweit alternativ dorfinterne Veränderungen, z.B. besitzstruktureller Art oder entscheidende Dorfpersönlichkeiten – und damit Zufälligkeiten – Anteil an der Einflußnahme der Verstädterung in den Untersuchungsgemeinden hatten.

Es kann abschließend bereits festgehalten werden, daß sich der Verstädterungsgrad einer ländlichen Siedlung offensichtlich *nicht* – wie vielfach idealtypisch angenommen – *vorwiegend* aus ihrer Entfernung zum Innovationszentrum oder der Verkehrsgunst und damit aus der Stärke der externen Urbanisierungseinflüsse ableiten läßt. Die Hypothese lautet daher: Neben dem soeben angesprochenen Faktor der Raumlage des Dorfes begründen die soziologischen Bedingungen einer Gemeinde wie auch die für die dörfliche Agrarproduktion wesentlichen naturräumlichen Standortvoraussetzungen den Urbanisierungsgrad einer ländlichen Siedlung. Gleichermaßen müssen daher die letztgenannten Faktoren als den Urbanisierungsprozeß beschleunigende oder -hemmende Faktoren mit in der Entwicklungsanalyse berücksichtigt und zur Erklärung des Entwicklungsgangs herangezogen werden.

Die Betrachtung des Entwicklungsgangs der vier Untersuchungsgemeinden beginnt mit dem nun folgenden Kapitel III., das die gewählten Dörfer zunächst in ihrer vorindustriellen Situation – als Ausgangssituation für die Betrachtung der Dorfentwicklungen – vorstellt. In der vorliegenden Arbeit ist der Untersuchungszeitraum auf den rund 100 Jahre umfassenden Zeitraum von der Verkoppelung bis zur Gegenwart beschränkt. Mit der Abfolge von Kapital II. und III. stehen sich somit „Ende" und „Beginn", bzw. „aktueller Stand" der Siedlungsentwicklungen und „vorindustrielle Ausgangssituation" gegenüber. Denn nach der Betrachtung und Kenntnisnahme eines Dorfes in seiner aktuellen Entwicklungsphase stellen sich sofort zwei Fragen:

1. Wie hat das Dorf „ursprünglich" ausgesehen – welches ist seine vorindustrielle Ausgangssituation?
2. Warum hat die ländliche Siedlung *diese* Entwicklung eingeschlagen und nicht eine andere – wie ist es zu diesem bisher erreichten aktuellen Stand gekommen?

Die erste Frage soll für die vier Untersuchungsgemeinden mit dem folgenden Kapitel III. beantwortet werden. Auf die zweite Frage wird der daran anschließende Abschnitt IV. eingehen.

III. VORINDUSTRIELLE AUSGANGSSITUATION

A. Naturräumliche Einordnung[65]

Das Hannoversche Umland liegt am Nordrand der Mittelgebirgsschwelle, deren nördliche Vorposten (Festgesteinsrücken, z.B. Kronsberg) bis in das nahe Stadtumfeld heranreichen. Die Untersuchungsgemeinden nehmen damit eine Grenzlage zwischen Mittelgebirgsbereich und Niedersächsischem Flachland ein.

Zugleich repräsentiert der hannoversche Umlandbereich eine landschaftliche Vielfalt, wie sie nur das Zusammentreffen mehrerer geologisch-morphologischer Gegebenheiten bewirken kann[66]: So steht das nördliche Umland als Moorgeest (Hannoversche Moorgeest) dem südlichen Gunstraum als Lößbördegebiet (SW Calenberger Lößbörde, SO Hildesheimer Lößbörde) gegenüber[67], wo neben fruchtbaren Parabraunerdeböden die noch wertvolleren Schwarzerdeböden mit den höchsten Bodenwerten des Bundesgebietes von 80 bis 100 Punkten auftreten[68].

Eine Sonderstellung zwischen Geest- und Lößbereich nimmt neben dem Leinetal (Aueboden) das Gebiet um den Kronsberg ein, das mit teilweise guten Böden (Tonböden mit Gütezahlen von 52 bis 71) eine Übergangslandschaft zwischen Norden und Süden darstellt[69].

Die detaillierte Betrachtung der Bodenschätzungskarten[70] ergibt für die vier gewählten Dörfer erhebliche Unterschiede der Bodenqualitäten und weist auf die signifikante Abstufung der vier Gemarkungsbereiche hinsichtlich der Eigenschaft „landwirtschaftlicher Gunst- oder Ungunstraum" hin.

Everloh — am westlichen Hangfuß des Benther Bergs in der Calenberger Lößbörde gelegen — dominiert im Bodengütevergleich (Beilg. 1) mit Wertzahlen bis zu 86[71]. Hier treten in der Wirtschaftsfläche vorwiegend Parabraunerden mit mächtigem humosen, tonig schluffigen Oberboden auf. Die landwirtschaftlichen Nutzflächen stellen gegenwärtig[72] reines Ackerland dar, das dem Anbau von Weizen, Zuckerrüben, Gemüse und Erdbeeren als „Leitkulturen" dient. Noch im 19. Jh. wurde das vorwiegend unter Ackerbau genutzte Land von einer Fruchtfolge bestimmt, die neben dem Anbau von Roggen, Gerste und Weizen auch Kartoffeln umfaßte. Einer zu einseitigen Nährstoffentnahme des Bodens sollte auf diese Art bis zu den Nachkriegsjahren des 2. Weltkrieges vorgebeugt werden.

---

[65] Vergl. hierzu BAILLY (1969), S. 1−8; Der Landkreis Hannover (1948), S. 13ff.; Der Landkreis Hildesheim-Marienburg (1964), S. 81f.; Der Landkreis Burgdorf (1961), S. 3ff.; REICHERT (1940/41), S. 220f. und 227; SCHWARZ (1953), S. 58f.; SEEDORF (1978), S. 18−49; Landwirtschaftskammer Hannover (1968), Teil I, S. 8−9

[66] SEEDORF (1978), S. 20

[67] REICHERT (1940/41), S. 221

[68] SEEDORF (1973), S. 19; Der Landkreis Hildesh.-Marienburg (1964), S. 81f.

[69] Der Landkreis Hannover (1948), S. 98ff.

[70] Bodenkarten auf der Grundlage der Bodenschätzung, Katasteramt Hannover

[71] Bodenkarte auf der Grundlage der Bodenschätzung, Blatt Northen u. Blatt Gehrden-Süd, M = 1 : 5 000, letzter Stand 1965

[72] Die Angaben über die gegenwärtige wie auch über die vorindustrielle Nutzung der Wirtschaftsflächen der vier Untersuchungsgemeinden sind Mitteilungen von Dorfbewohnern.

Die Richtbetriebsgröße für Vollerwerbsbetriebe in Everloh wurde 1969 von der Landwirtschaftskammer Hannover auf 25 ha festgelegt[73]. Als Vollerwerbsbetrieb wurde ein bäuerlicher Familienbetrieb verstanden, „der mit den Produktionsfaktoren Boden, Arbeit und Kapital derart ausgestattet ist, daß der Betriebsleiter und die mitarbeitenden Familienangehörigen bei standortgemäßer Wirtschaftsweise ein Arbeitseinkommen erzielen können, welches dem vergleichbarer Berufsgruppen nahekommt[74].

Die Richtbetriebsgrößen für Vollerwerbsbetriebe lassen im Hannoverschen Umland eine räumliche Abgrenzung erkennen, die den südlichen Teil deutlich gegen den Norden hervorhebt. Die vergleichsweise ungünstigen Produktionsbedingungen im Norden spiegeln sich in den dort vorherrschenden Richtbetriebsgrößen von 40 bis 50 ha eindeutig wider, während im südlichen Umland von Hannover die Mindestgröße für einen Vollerwerbsbetrieb nur zwischen 25 und 35 ha liegt[75].

Für *Wülferode* (Beilg. 1) betrug 1969 die Richtbetriebsgröße für einen Vollerwerbsbetrieb 29 ha[76]. In der gegenwärtig rein als Ackerland genutzten Flur werden Bodengüteklassen mit Werten bis zu 68 erreicht[77], die sich allerdings mit zunehmender Nähe zum Staatsforst Bockmerholz erheblich verringern. Hier stellen die nassen Waldböden lediglich Parabraunerden als humose, lehmige Sande dar, die sich viel ungünstiger für die Ackernutzung erweisen[78]. Erst die jüngst eingesetzten Drainageverfahren lassen in diesen Bereichen auf die bisherige Grünlandnutzung verzichten und erlauben Getreideanbau.

Im übrigen Nutzungsbereich herrscht vorwiegend der Bodentyp Rendzina vor, steinige tonige Lehmböden, teilweise humos und kalkhaltig angereichert.

Wie auch in Everloh existiert heute in Wülferode keine Viehhaltung mehr. Als Leitkulturen dominieren im Anbau Gerste, Weizen und Zuckerrüben. Roggen und Hafer stellen nur gelegentliche Nutzungsarten dar. Im 19. Jh. hingegen wurden neben Gerste, Weizen, Roggen und Kartoffeln vermehrt Hafer und Grünfutter – Luzerne und Klee – angebaut, welche zur Fütterung der Pferde wie auch des übrigen Viehs benötigt wurden.

Einander ähnlich und gleichermaßen erheblich ungünstiger sind demgegenüber die Bodenqualitäten bei den beiden nördlichen Untersuchungsgemeinden. So wird die landwirtschaftliche Nutzfläche im Westen von *Stelingen* (Beilg. 2) hauptsächlich mit Gütewerten zwischen 30 und 40 sowohl in den Acker- wie auch in den Grünlandbereichen bewertet, im Norden um 40, im Osten und Südosten zwischen 20 und 30 eingestuft[79].

Podsol- und Gleyböden mit schwach kiesigen, teilweise lehmigen Mittelsanden als Oberboden sind hier der dominierende Bodentyp bei der Acker- und Grünlandnutzung. Damit schneidet Stelingen dennoch günstiger bei der Bodenbewertung ab als die trockene, sandige Geestfläche im Umkreis von Engelbostel, in der mit den Güteklassen 1 bis 16 die geringsten Wertezahlen im Hannoverschen Umland erreicht werden[80]. Südlich von Stelin-

---

73 Landwirtschaftskammer Hannover (1969), Teil III, S. 96
74 ders. (1969), Teil II, S. 17
75 ders. (1969), Teil II, S. 23–24
76 ders. (1969), Teil III, S. 153
77 Bodenkarte ... Blatt Wülferode-Ost, -West, -Nord-Ost, Bemerode, jeweils Ausgabe 1965
78 Hierzu auch: Der Landkreis Hannover (1948), S. 98
79 Bodenkarte ... Blatt Stelingen und Blatt Berenbostel-Nord, beide Ausgabe 1976, Bodenschätzung 1968.
80 Der Landkreis Hannover (1948), S. 100

gen, zwischen Berenbostel und Engelbostel, geben das Ansteigen der Höhenlinien auf über 60 m und die Sandabraumhalden (Flurteil „Am Berge") den Hinweis auf einen saaleeiszeitlichen Stauchrücken, bestehend aus Grundmoränen, Vorschütt- und Flußsandmaterial, der sich bei Altwarmbüchen fortsetzt[81].

Während noch im vorindustriellen 19. Jh. die Stelinger Leitkulturen im Anbau von Roggen als Brotgetreide, von Hafer als Pferdefutter und Futterrüben für das übrige Vieh bestanden, existiert heute eine landwirtschaftliche Nutzung, die gänzlich auf die Veredelungsbetriebe — auf die Stelinger Viehzucht — ausgerichtet ist. So werden vermehrt Gerste, Mais und Raps zur Zucht des Mast- und Milchviehs angebaut, die im Silageverfahren — mit zusätzlichen Nährstoffen angereichert — für die endgültige Fütterung verarbeitet werden. Auf das ursprüngliche Leitgetreide „Roggen" wird zunehmend im Anbau verzichtet, da es im Verkauf nicht mehr so gewinnbringend ist. Hingegen ist ein Wiederaufkommen des Haferanbaus zu beobachten, der den Futterbedarf im modernen Pferdereitsport deckt.

Die Richtbetriebsgröße für bäuerliche Familienbetriebe, d.h. Vollerwerbsbetriebe, wurde 1969 für Stelingen auf 48 ha festgelegt[82]. In Hinblick auf die Größenangaben von Everloh und Wülferode weist die Stelinger Richtbetriebsgröße eindeutig auf die ungünstigeren natürlichen Produktionsbedingungen im nördlichen Umland von Hannover hin.

Auch *Altwarmbüchens* Bodengütezahlen (Beilg. 3) liegen lediglich zwischen 30 und 40 in den mit Ackerbau genutzten Landwirtschaftsflächen — im Westen sogar unter 30 — und zwischen 20 und 30 in dem tiefergelegenen ursprünglichen Grünlandbereich nördlich des alten Dorfes[83]. Hier ermöglicht erst die seit kurzem durchgeführte Drainage eine ackerbauliche Nutzung bis zu etwa ¾ aller ehemaligen Gründlandflächen.

Podsol- und Gleypodsolböden mit kiesigen und lehmigen Mittelsanden bilden in Altwarmbüchen die landwirtschaftliche Nutzfläche. An den Ackerbereich südlich von Altwarmbüchen schließt sich ein Hochmoor, das Altwarmbüchener Moor, an[84].

Die Wirtschaftsflächen werden heute vor allem durch den wechselnden Anbau von Gerste, Roggen, geringfügig von Weizen und vermehrt von Raps genutzt. Einige Landwirte bauen auch in mäßigem Umfang Zuckerrüben oder Spargel an. Im Gegensatz zu Stelingen ist die Altwarmbüchener Landwirtschaft heute nicht mehr von der Viehhaltung geprägt. Gemeinsamkeiten in der landwirtschaftlichen Nutzung ergeben sich jedoch im Anbau der vorindustriellen Zeit. Ebenso wie für die Stelinger Bauern waren für die Altwarmbüchener Geestbauern Roggen und Hafer die Leitgetreide. Darüber hinaus wurden hier die weniger guten Felder mit Flachs und Buchweizen bestellt. Für das Vieh gab es in der Gemarkung ausgedehnte Allmendweiden.

Die Altwarmbüchener Richtbetriebsgröße für einen Vollerwerbsbetrieb liegt 1969 ähnlich hoch wie in Stelingen, nämlich bei 45 ha[85], wie es dem nördlichen Umland von Hannover mit Größen zwischen 40 und 50 ha (1969) generell entspricht.

---

[81] Vergl. hierzu Kurhannoversche Landesaufnahme des 18. Jh.
[82] Landwirtschaftskammer Hannover (1969), Teil III, S. 203
[83] Bodenkarte... Blatt Basselthof, Ausgabe 1976, Bodenschätzung 1962
[84] Hierzu auch SEEDORF, H.H. (1978), S. 22
[85] Landwirtschaftskammer Hannover (1969), Teil III, S. 11

Indirekt lassen sich die ungleichen Bodenverhältnisse des nördlichen und südlichen Hannoverschen Umlandes auch in den Zahlenangaben der folgenden Tabelle 5 ablesen, die den Viehbestand der vier Untersuchungsgemeinden im 19. Jh. aufschlüsselt:

Tabelle 5:

Viehbestand nach der Aufnahme vom 10.01.1883
Viehzahlen auf 100 Einwohner umgerechnet

	Bevölk.	Ziegen	Pferde	Rindvieh insges.	davon Kühe	Schafe	Schweine
Stelingen	286	10	11	35	28	71	*111*
Altwarmb.	188	10	12	*97*	59	*281*	92
Everloh	308	32	*17*	46	37	87	43
Wülferode	272	17	*23*	67	53	96	38

Quelle: Viehstand-Lexikon für das Königreich Preußen, 9. Heft. Provinz Hannover. Berlin 1884. NDS LVA-Statistik

Danach wurden in den beiden nördlichen Dörfern weitaus weniger Pferde gezählt als in Everloh und Wülferode, wo die Pferde als Arbeitstiere für den vorherrschenden Ackerbau eingesetzt und benötigt wurden. Während Stelingen im 19. Jh. mit einer vermehrten Schweinehaltung (Schweinefutter: Gerste oder Kartoffeln) gegenüber den übrigen Gemeinden herausragt, tritt in Altwarmbüchen die Vielzahl an Schafen in den Vordergrund, die in den umliegenden Heide- und Moorgebieten gehalten wurden. Daneben wurde in Altwarmbüchen eine noch größere Anzahl an Rindvieh gezählt als in Wülferode. Der Bestand an Rindvieh wie auch an Pferden und Schafen ist in Stelingen insgesamt am niedrigsten. Geht man davon aus, daß die Wirtschaftsflächen von Stelingen die am wenigsten ertragreichen aller vier Untersuchungsgemeinden darstellen, so läßt der hier ermittelte Viehbestand, der lediglich durch die höhere Schweinezahl — und nicht durch eine insgesamt vermehrte Viehhaltung — hervortritt, darauf schließen, daß diese Gemeinde im 19. Jh. weitaus ärmlicher gewesen sein dürfte als die beiden südlichen, zumal die Stelinger Bevölkerungszahl am 01.12.1880 annähernd gleich hoch wie die von Everloh und Wülferode war.

Altwarmbüchen hingegen versuchte schon im 19. Jh. die für den Ackerbau ungünstigeren Bodenverhältnisse durch vermehrte Rindviehhaltung auszugleichen.

Neben den erkennbaren Unterschieden zeigen sich auch eindeutige Gemeinsamkeiten:

Alle vier Gemeinden bauten Brotgetreide und Futterfrüchte an, und alle betrieben eine vielseitige Viehhaltung. Sie waren also offensichtlich auf Selbstversorgung und einen Risikoausgleich gegenüber möglichen Ernteschäden und Viehseuchen ausgerichtet.

Auch die möglichst ganzjährige Arbeitsauslastung von Gesinde — und Familienarbeitskräften wurde so am besten gewährleistet.

Eine Spezialisierung, wie sie die heutige Landwirtschaft prägt, ist noch nicht erkennbar.

Zusammenfassend läßt sich die Naturlandschaft im Umland von Hannover charakterisieren als ein Gebiet zwischen Mittelgebirgsschwelle und Flachland, welches im nördlichen Bereich der Hannoverschen Moorgeest — und damit vorwiegend lehmigen, grobsandigen bis kiesigen Böden — zuzuordnen ist und im südlichen Teil mit seinen fruchtbaren Böden bereits dem Lößgürtel angehört. Die vier Untersuchungsgemeinden haben jeweils teil an den spezifischen naturräumlichen Gegebenheiten und somit differenzierte landwirtschaftliche Ausgangsbedingungen. Diese spiegeln sich besonders in der agrarwirtschaftlichen Nutzung des 19. Jh. wider, die bei den nördlichen Untersuchungsgemeinden im Anbau von Roggen und Hafer als Leitgetreide bestand, gegenüber dem getreidemäßig vielseitigeren Anbau der beiden südlichen Dörfer. Hier konnte bereits im 19. Jh. auf alle Getreidesorten — Weizen, Gerste, Roggen und Hafer — zurückgegriffen werden, zu denen, als damals neue Feldpflanze, die Kartoffel getreten war.

Alle vier Untersuchungsgemeinden haben sich in der landwirtschaftlichen Nutzung bis heute spezialisiert. Dabei weist der Anbau der beiden südlichen Umlandgemeinden mit vorwiegend Weizen und Zuckerrüben neben Gerste und Gemüse auf die von vornherein günstigeren Boden- bzw. natürlichen Produktionsverhältnisse dieses Umlandbereiches hin, die sich zugleich in den kleineren geforderten Mindestgrößen für Vollerwerbsbetriebe in diesem Gebiet abzeichnen.

Auch Stelingen und Altwarmbüchen sind bis heute einer Spezialisierung nachgegangen, allerdings unterschiedlicher Richtung. Stelingen verfolgt mit der ackerbaulichen Nutzung ausschließlich eine Veredelungswirtschaft und behält die Mast- und Milchviehwirtschaft bei. Hier wäre die Landwirtschaft ohne diese Ausrichtung von vornherein nicht mehr existenz- bzw. konkurrenzfähig.

In Altwarmbüchen hingegen wird heute fast ganz auf die Viehwirtschaft verzichtet und versucht, mit der modernen Anwendung agrartechnischer Neuheiten den ackerbaulichen Anbau zu intensivieren. Die vollbäuerlichen Betriebe schaffen sich allerdings nun, nach der Aufgabe der Viehhaltung, einen nebenerwerblichen Ausgleich durch Land- und Gebäudeverpachtungen an Gewerbeeinrichtungen aus der Stadt. So sind auf der gegenüber der Höfe liegenden Straßenseite im Dorf heute z.B. Wohnwagenausstellungen auf den entsprechend verpachteten Flächen zu finden. Nur dadurch kann heute den Vollerwerbsbetrieben, die mit einer Größe von etwa 45 ha ursprünglich auf eine Mischwirtschaft bezogen waren, die vollbäuerliche Landwirtschaft *ohne* Viehhaltung ertragsmäßig genügen.

Insgesamt läßt sich der naturräumlichen Zuordnung der vier Untersuchungsgemeinden eine Rangfolge entnehmen, die sich aus den jeweiligen Bodenqualitäten bzw. den landwirtschaftlichen Standortbedingungen ergibt: Am günstigsten schneidet bei diesem Vergleich Everloh ab, gefolgt von Wülferode, Altwarmbüchen und Stelingen.

Darüber hinaus sei hier abschließend bemerkt und bereits dem Kap. IV. vorweggenommen, daß im Bördebereich einige Bodenschätze lagern, die für die wirtschaftliche Entwicklung Hannovers im Zuge der Industrialisierung bedeutungsvoll waren[86] — wie etwa die Steinkohlevorkommen am Deister — oder aber die in dem landwirtschaftlichen Gunstraum selbst singuläre industrielle Standorte entstehen ließen (z.B. Kaliabbau im Raum Sehnde, Empelde oder Ronnenberg)[87].

---

[86] Johann EGESTORFF betrieb auf der Energiegrundlage der Steinkohle ab 1831 mehrere Kalköfen einer Kalkbrennerei am Lindener Berg. So stellt die Unternehmerfreudigkeit der Familie EGESTORFF eine Schlüsselrolle in der anfänglichen Industriegeschichte Hannovers dar und legt den Grundstein zur Industrialisierung des hannoverschen Raumes.
Hierzu ARNOLD (1978), S. 151ff.; SCHWARZ (1953), S. 64f.
[87] ANTE (1975), S. 10

B. Historische Siedlungsstrukturen

Die vier Untersuchungsgemeinden sind Räumen unterschiedlicher Siedlungsdichte zuzuordnen[88]. So spiegelt das Lößbördegebiet eine ursprünglich dichte Besiedlung in Form von durchschnittlich 1,5 bis 2 km voneinander entfernt liegenden Dörfern wider, während das Siedlungsverteilungsbild der Moorgeest regellos und mit wesentlich größeren Abständen über die Fläche verteilt erscheint.

In den nördlichen Geest- und Moorgebieten dominieren im Westen eher lockere Siedlungsformen, lockere Haufendörfer bis hin zu Schwarmsiedlungen. Im Osten finden sich mehrere Hagenhufendörfer wie z.B. Langenhagen, Isernhagen, Osterwald oder Otternhagen neben Zeilendörfern wie z.B. Altwarmbüchen, Kirchhorst oder Großen Horst. Im Süden von Hannover herrschen hingegen geschlossene Haufendörfer[89] bzw. ursprünglich regelmäßige Platzdörfer vor[90].

Die Nord- und Südumlandbereiche unterscheiden sich darüber hinaus in ihrem Besiedlungsalter. Im südlichen Bördegebiet lassen sich die ältesten Ortsnamen finden mit ursprünglichen Endungen auf -ithi − wie z.B. Empelde, das 840 Amplithi hieß[91] − oder mit Endungen auf -stedt, Badenstedt, -heim (abgeschliffen zu -um, -em), wie z.B. Northen, Northem, Bornum.

In der nördlichen Moorgeest weisen die Ortsnamen auf eine jüngere Besiedlung hin (Endungen mit -bostel, -horn, -feld, -wald, -rode, -kamp, -brink, -hagen)[92]. Auch die oben erwähnten Hagenhufendörfer des Geestbereiches fallen als „jüngere" Siedlungen in die hochmittelalterliche Rodungsperiode. Sie wurden als planmäßig angelegte, genau vermessene Neudörfer in einem der noch bestehenden großen Grenzwälder nördlich von Hannover, dem Lauwald, gegründet. Die Dörfer stellen Beispiele für die neue rationelle Kolonisationsform[93] der Grafen von RODEN[94] dar. Ähnlich wie bei den schaumburgischen Hagenhufendörfern wurde z.B. auch für Langenhagen als Siedlungsleitlinie der etwas erhöht liegende, sandige Uferwald eines Baches gewählt, auf dem im Abstand von etwa 80 m die Hausstellen mit den hofanschließenden Hufen ausgewiesen wurden. Von der Hausstelle aus rodeten die Siedler in Hufenbreite in den Wald hinein.

Südlich des Rodungsgebietes der Grafen von RODEN lagen im Nordwald, welcher sich vom Hämelerwald bis zum Bockmer Holz und von Wassel bis zum Südrand des Altwarmbüchener Moores erstreckte, die bischöflich-hildesheimischen Rodedörfer, die sich um den Kronsberg gruppierten und vielfach bereits in der spätmittelalterlichen Wüstungsperiode

---

[88] Vergl. z.B. Umgebungskarte der Landeshauptstadt Hannover, M = 1 : 100 000, 1984

[89] SEEDORF (1978), S. 27

[90] Zur siedlungsgeographischen Besonderheit vieler als „unregelmäßige Haufendörfer" typisierten Gemeinden im südlichen Umland von Hannover bzw. im südlichen Niedersachsen siehe EVERS (1957); NITZ (1974b)

[91] ENGEL et al. (1952/53), S. 103

[92] Zu den Ortsnamentypen siehe SEEDORF (1978), S. 26ff.; GUSMANN (1928), S. 17ff.; SCHWARZ (1966), S. 153ff.; BACH (1954); PLATH (1953), S. 355f.; FIESEL (1934), S. 15ff.

[93] Besonders gut läßt sich diese Kolonisationsform auf der Kurhannoverschen Landesaufnahme des 18. Jh. erkennen, obwohl zwischen Siedlungsgründung u. Kartenherstellung bereits ein Zeitraum von über 500 Jahren besteht. Erläuterungen u. Zeichenerklärungen zur Kurh. Landesaufn. gibt ENGEL (1978)

[94] Zur Problematik der Herrschaftsbereiche der Grafen von RODEN siehe PLATH (1962), S. 16ff.

ganz oder teilweise wieder aufgegeben worden sind. Am Beispiel der Untersuchungsgemeinde Wülferode — eines dieser Rodedörfer — wird weiter unten noch näher darauf eingegangen werden.

Die *historischen,* d.h. aus dem Mittelalter stammenden *Siedlungsstrukturen* der vier Untersuchungsgemeinden zeigen die Verkoppelungskarten aus der Zeit um 1850, wenngleich sich neben den Vollbauern bereits unterbäuerliche Nachsiedlerschichten der nachmittelalterlichen Jahrhunderte angesiedelt haben[95].

Die siedlungsgenetische Frage, inwieweit neben Voll- und Halberben die Schicht der Kötner bereits bei der Siedlungsgründung mitbeteiligt gewesen ist, könnte nur durch eine intensive Kartenanalyse — die Betrachtung der altüberlieferten, unverkoppelten Flur und der Lage der Kötnerstellen im Dorf — in Verbindung mit schriftlichen Quellen gelöst werden[96]. Die vorliegende Arbeit kann jedoch auf diese Detailuntersuchung verzichten, da sie für die Aufgabenstellung nicht von grundlegender Bedeutung scheint. Es wird somit an der gewählten Ausgangssituation der Verkoppelungszeit festgehalten.

Die am stärksten vom Urbanisierungseinfluß ergriffene Gemeinde *Altwarmbüchen* umfaßt *1863* (Abb. 3), zur Zeit der abgeschlossenen Teilverkoppelungen[97], vier Vollhöfner, zwei ¾-Höfner, sechs Halbhöfnerstellen, zwei ¼-Höfner, einen Kötner, eine Häuslingstelle und die Gemeindekapelle. Auffällig ist, daß nahezu keine unterbäuerlichen Nachsiedler hinzugekommen sind und sich damit keine nennenswerten Ortserweiterungen bis 1863 vollzogen haben.

Bis auf die Stellen Nr. 9 und Nr. 10 sind alle anderen Höfe in etwa gleicher Hofbreite aneinandergereiht. Hof Nr. 9 und Nr. 10 sind aus der Teilung eines Hofes in eine ¾- und in eine ¼-Stelle hervorgegangen, wobei der ¼-Stelle die zum Ursprungshof gehörende Windmühle im Westen von Altwarmbüchen als Besitzausgleich zufiel[98]. Bei den weiteren in Reihe liegenden Höfnerstellen könnte ein Deklassierungsvorgang die Rückstufung der ehemaligen Vollhöfner zu Halb- oder ¾-Höfnerstellen verursacht haben, denn die Breiten der waldhufenartig in die Flur hinausziehenden Hofparzellen von z.B. HH 7 und HH 8 verglichen mit VH 5 und VH 6 sind tatsächlich identisch[99]. Der Hof Nr. 14, der im 19. Jh. als ¼-Stelle registriert wurde, gehört aller Wahrscheinlichkeit nach nicht mit zur ursprünglichen (Höfe-)Reihe: Er ist mit einem deutlichen kürzeren Streifen hinter dem Hof versehen als die übrigen in Reihe liegenden Stellen!

---

[95] Zur zeitlichen Einordnung und terminologischen Klärung der Nachsiedlerschichten, siehe RITTER (1968), S. 85ff; HUEG (1939), S. 27ff.; SCHWARZ (1966), S. 162

[96] HUEG (1939), S. 27f.

[97] Die Unterlagen des Niedersächsischen Landesarchivs führen lediglich Daten von Teilverkoppelungen der Altwarmbüchener Gemarkung, nicht aber einer Gesamtverkoppelung. Die Teilverkoppelungen sind laut der Rezesse (Kreis Burgdorf) 1845, 1848 und 1863 durchgeführt worden. Da für die vorliegende Arbeit keine Verkoppelungskarte aus dem Jahre 1863 vorhanden ist, die auch die Siedlung abgebildet hätte, ist der Siedlungsstand um 1863 von der Verfasserin rekonstruiert worden. Als Kartengrundlage diente die Grundkatasterkarte von 1876 im Katasteramt Hannover. Die sozial-ökonomischen Daten ergaben sich aus dem in der Gemeindeverwaltung Altwarmbüchen einzusehenden Rezeß vom 28.05.1863.

[98] REHKOPF (o.J.)

[99] Derartige Abstufungen konnte MEIBEYER im östlichen Niedersachsen wiederholt nachweisen (1964, S. 39f.)

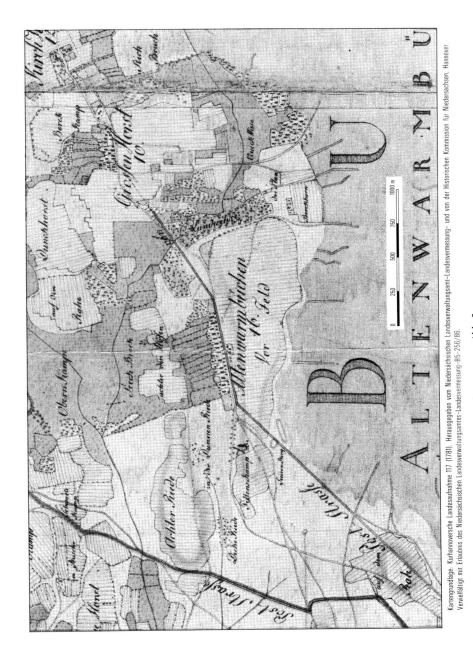

Kartengrundlage: Kurhannoversche Landesaufnahme 117 (1781). Herausgegeben vom Niedersächsischen Landesverwaltungsamt–Landesvermessung– und von der Historischen Kommission für Niedersachsen. Hannover. Vervielfältigt mit Erlaubnis des Niedersächsischen Landesverwaltungsamtes–Landesvermessung–B5–256/86.

Abb. 2

Altwarmbüchen: Dorf und Feldflur im Jahre 1781

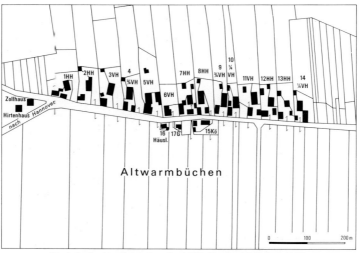

Urkarte der Grundsteuerkatasterkarte Stand 1876, Blatt 3 und 4, Maßstab 1:3200

Rezeß vom 28. 5. 1863

Hof Nr.	1 ,a	½-Halbhöfner	Rahlfs-Gerns		Hof Nr.	10 ,k	¼-höfner	Grethe-Müller
Hof Nr.	2 ,b	½-Halbhöfner	Rahlfs-Carstens		Hof Nr.	11 ,l	Vollhöfner	Grethe-Reken
Hof Nr.	3 ,c	Vollhöfner	Grethe-Harken		Hof Nr.	12 ,m	Halbhöfner	Wöhlers Erben
Hof Nr.	4 ,d	¾-höfner	Voltmer		Hof Nr.	13 ,n	Halbhöfner	Wöhler-Pries
Hof Nr.	5 ,e	Vollhöfner	Jaeneke		Hof Nr.	14 ,o	¼-höfner	Grethe-Oelmanns
Hof Nr.	6 ,f	Vollhöfner	Grethe-Voltmers		Hof Nr.	15 ,p	Köthner	Rahlfs
Hof Nr.	7 ,g	½-Halbhöfner	Grethe-Gehrs		Hof Nr.	16	Häusling	
Hof Nr.	8 ,h	½-Halbhöfner	Grethe-Zieken			Nr. 17 G	Gemeinde	
Hof Nr.	9 ,i	¾-höfner	Rahlfs Erben					

Entwurf: K. Hoyer
Quelle: Gemeindeverwaltung Altwarmbüchen

Abb. 3

Das Dorf Altwarmbüchen um 1876

Altwarmbüchen liegt oberhalb eines Witzenebenarms, von wo aus in den feuchten Niederungswald längs des Flußlaufs (Gau „Flutwidde") gerodet werden konnte[100]. Die eigentliche Ackerfläche des Dorfes befindet sich jedoch — neben kleineren westlichen Flurteilen — unmittelbar gegenüber den Hofstellen, die in diesem Bereich fast ihre Fortsetzung erfahren.

Dies könnte zunächst die Vermutung aufkommen lassen, daß Altwarmbüchen der Reihe von planmäßigen Dorfneugründungen nach dem Hagen-(Wald)hufenprinzip zuzuordnen ist, die während der hochmittelalterlichen Rodungsperiode im Lauwald nördlich von Hannover angesetzt wurden und — wie oben bereits erwähnt — die neue Kolonisationsform der Grafen von RODEN darstellten. Verglichen mit den weiter nördlich gelegenen großen Hagenhufendörfern Langenhagen, Isernhagen oder Osterwald folgen die Hausstellen in Altwarmbüchen aber viel dichter aufeinander — nicht wie dort jeweils nach 80 m, sondern teilweise schon im Abstand von etwa 40 m — und die Breiten der Hofgrundstücke sind somit viel geringer[101]. Auch beträgt die Länge der Streifen beiderseits der Straßen-

---

[100] Der Landkreis Burgdorf (1961), S. 111
[101] Siehe hierzu Kurhannoversche Landesaufnahme des. 18. Jh. = Abb. 2

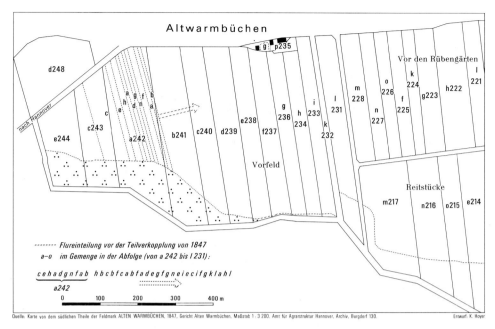

Abb. 4
Hauptacker von Altwarmbüchen um 1847 – südl. des Dorfes

achse nur zirka 800 m, so daß die „Hagenhufe" bei den durchschnittlichen Hofbreiten von 40 m nur 3,2 ha betragen würde, was natürlich viel zu klein wäre.

Die Ackerflur setzt sich aber bei Altwarmbüchen in der gleichen Länge wie das Dorf selbst nach Osten fort, so daß den Höfen dort noch ein beträchtlicher Teil des Ackerlandes zufällt. Der gesamte Hauptackerbereich gegenüber den Höfen erscheint nahezu keilförmig – nach Osten hin sich verbreiternd. Die hier vorliegenden, viel zu kleinen Maße für eine Hagenhufe und die Fortsetzung des größeren Ackerflurteils im Osten weisen darauf hin, daß dieser Ackerbereich von vornherein als selbständiges Großgewann (Langstreifenflurteil) mit zur Gründungsanlage dazugehört hat.

Auffällig ist darüber hinaus bei Altwarmbüchen – was aber nicht unbedingt untypisch für eine Hagenhufensiedlung wäre[102] –, daß die auf der gegenüberliegenden Seite an der Straße anstoßenden Parzellen nicht die jeweilige Hofbreite fortsetzen, sondern „springen".

Im Gegensatz zu den eindeutigen Hagenhufensiedlungen des nördlichen Hannoverschen Umlandes befinden sich in der Altwarmbüchener Ackerflur auch keine Hecken (Hagen)[103], die oftmals noch im 18. Jh. den Besitz eines Hofes, z.B. in Langenhagen oder in Osterwald, umsäumen.

---

[102] Zu siedlungsgeographischen Besonderheiten, Abweichungen, Größe und Ausdehnungsvorkommen der Hagenhufendörfer vergl. BLOHM (1943), S. 62

[103] hierzu ders. S. 74/75

Daß Altwarmbüchen *nicht* der Reihe von genau vermessenen Hagenhufendö-fern der Grafen VON RODEN zuzuordnen ist, die während der hochmittelalterlichen Rodungs-periode im nördlichen Umland von Hannover planmäßig gegründet wurden, beweist schließlich die mit Abbildung 4 wiedergegebene „Karte von dem südlichen Theile der Feld-mark Alten Warmbüchen" (1847), die die Flurverhältnisse des Hauptackerbereichs (Vor-feld) vor und nach der Durchführung der hier stattgefundenen Teilverkoppelung aufzeigt. Erst mit dem Verkoppelungsverfahren wurden also in der Ackerflur gegenüber den Höfen hufenartige Besitzstreifen zwischen 400 m und 500 m Länge eingeteilt, die jeweils zu den gegenüberliegenden Höfen gehörten. Vor der Verkoppelung bestand dieser gesamte Flur-teil als ein Langstreifengewann mit einer unregelmäßigen Abfolge der Besitzstreifen.

Altwarmbüchen ist daher mit seiner relativ engen Reihung der Höfe als einseitiges Stra-ßen- oder *Zeilendorf* zu typisieren. Eine ähnlich angelegte Siedlungsstruktur haben die Nachbardörfer „Groß Horst" und „Kirchhorst", welche die Katasterplanausschnitte von

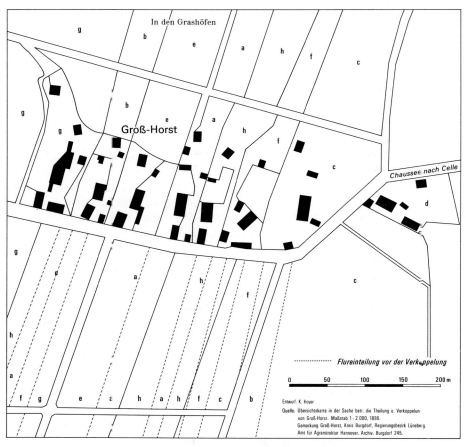

Abb. 5
Groß Horst: Dorf und Feldflur im Jahre 1898

1898 und 1872 (Abb. 5, 6) zeigen. Von allen drei Dörfern stellt die Siedlungsanlage von Alt-warmbüchen jedoch die regelmäßigste Ausführung dar. Zeilendörfer dieser Form sind im weiteren Siedlungsraum des mittleren Niedersachsen bisher nicht bekannt geworden; diese kleine Gruppe scheint daher eine regionale Sonderform der hochmittelalterlichen Plansiedlung zu sein.

Für unsere Themenstellung ist das bemerkenswerteste daran die vergleichsweise enge Reihung der Höfe, die sich – wie noch zu zeigen sein wird – gegenüber modernen Grund-rißveränderungen als relativ resistent erwiesen hat.

Zeigen Altwarmbüchen und Groß Horst zwar ähnlich angelegte Siedlungsstrukturen, so haben sie in der Flur vor der Verkoppelung nur die ins Niederungsgebiet reichenden Grashöfe als hofanschließende Breitstreifen gemeinsam. Während das Ackerland bei Alt-warmbüchen eine schmalstreifige Langstreifenflur darstellte, besaß Groß Horst ursprüng-lich eine Breitstreifengemengeflur, wobei die Höfe jeweils mehrere Streifen in Gemenge liegen hatten. Nach dem Vergleich von Nachbarschaftslage der *kleineren* Höfe im Dorf (Abb. 5) und den Besitzstreifen in der Flur vor der Verkoppelung im Westen und Süden scheinen folgende Höfe ehemals zusammengehört zu haben: e+b, a+h+f. Erhaltene „Urhöfe" sind g und c.

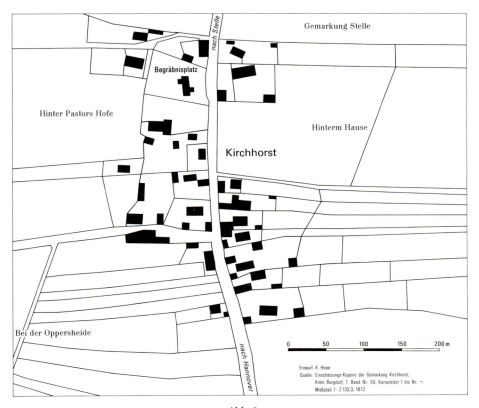

Abb. 6
Kirchhorst: Dorf und Feldflur im Jahre 1872

49

Die Besonderheit in der Flur sind die *hofanschließenden* Grashöfe-Streifen. Auch die Breitstreifen der Südflur gegenüber den Höfen hatten zum größten Teil einen Anschluß an den zugehörigen Hof, wenn auch nicht mit durchlaufenden Grenzen.

Zusammenfassend kann festgehalten werden, daß auch Groß Horst keine formal typische Hagenhufensiedlung darstellt, wenngleich der Flurname „Hegerwiesen" im Nordwesten auf Groß Horst als *Hägersiedlung* hinweist.

Vielmehr sind Altwarmbüchen und Groß Horst *Zwischenformen* der Siedlungen im Norden von Hannover – d.h. der Hagenhufensiedlungen bzw. der lockeren Reihendörfer – sowie der Siedlungen im Süden – der geschlossenen Dörfer mit schmalstreifiger Langstreifenflur – und zugleich die Verbindung beider Siedlungstypen.

Dabei steht Groß Horst mit seiner Breitstreifenflur der Hagenhufensiedlung am nächsten. Eine Abweichung davon ergibt sich hier aber aus der Gemengelage der Besitzstreifen sowie aus der engeren Höfereihung. Altwarmbüchen ist dagegen mehr dem „Südtyp" verwandt, was durch die Langstreifenflur und die noch engere Höfereihung zum Zeilendorf bedingt ist. Die „Verwandtschaft" zur Hagenhufensiedlung ergibt sich bei Altwarmbüchen schließlich nur aus der *Reihung* der Höfe wie auch aus dem *Hofanschluß* an die Grashöfe-Breitstreifen.

Den *Ortsnamen* der beiden „Horst"-Dörfer wie auch dem von Altwarmbüchen selbst zufolge ist diese Untersuchungsgemeinde mit den beiden Nachbardörfern im Hochmittelalter, etwa im 11. Jh. entstanden[104]. Die Ortsnamenendungen auf „-horst" weisen auf diese jüngere Siedlungsentstehung hin.

Gleiches sagen die Endungen „-holz" und „-feld" bei den umliegenden Dörfern Buchholz und Bothfeld aus. Diese stellen Rodungsdörfer dar, die vom Bischof von Hildesheim angelegt wurden und zu denen auch die weiter unten aufgeführte Untersuchungsgemeinde Wülferode zählt[105].

Nach FLOHR[106] und v. FALKENHAUSEN[107] sind diese Rodungsdörfer – bis auf die ältesten Siedlungsanlagen Kirchrode oder Debberode – nach 1000 n.Chr., vorwiegend im 11. Jh. und 12. Jh. angelegt worden.

Der Name von Altwarmbüchen ist nicht eindeutig zu erklären. Ungewiß bleibt, ob die Endung eher von „Buche" oder von „Bach" abzuleiten ist. 1365 wird das Dorf „Warmboke", 1445 „Oldenwarmboken" genannt[108]. BACH[109] führt unter den Ortsbezeichnungen nach wildwachsenden Bäumen und Laubbäumen ein Namensbeispiel auf, das dem von Altwarmbüchen ähnelt und von „Buche" abzuleiten ist: So existierte 1135 der Ort „Hobuechen" bei Antwerpen, der später dann in „Hoboken" umgewandelt wurde. Jedoch werden unter den „Bach"-Ableitungen (-beke, -biki, -beck, -bizi) bei ihm keine Beispiele mit Namensendungen auf „-boke" oder „-büchen" genannt[110].

---

[104] Eine frühere Datierung (800–1 000 n.Chr.) vertritt KAYSER (1961), S. 111. Nach BACH (1954, 1), S. 372 bezeichnen die Ortsnamen auf „horst" einen Busch- oder Gestrüppwald oder eine bewachsene kleine Erderhöhung in Sumpf und Moor. Er führt allerdings zwei Horst-Siedlungen schon aus dem 9. Jh. auf.

[105] FLOHR (1972), S. 136

[106] ders. S. 161

[107] v. FALKENHAUSEN (1966), S. 230

[108] REHKOPF (o.J.), Blatt 4–7

[109] BACH (1954,1), S. 307

[110] ders. S. 276

Altwarmbüchen, Kirchhorst und Groß Horst gehörten bis 1329 zum Burgdorfer Kirchspiel. Erst nach 1329 bildeten alle drei Dörfer mit der Siedlung „Stelle" dann das neue gemeinsame Kirchspiel in Kirchhorst[111]. Das läßt vermuten, daß Altwarmbüchen wie auch die Nachbardörfer Kirchhorst und Groß Horst von Burgdorf aus gegründet wurden, genauer durch die Edelherren von DEPENAU[112]. Sie werden erstmals 1145 urkundlich erwähnt und bezeichnen das Dynastengeschlecht Depenau, das ursprünglich auf der Heeßeler Burg − südwestlich von Burgdorf, in Richtung Altwarmbüchen − ansässig war. Für die Heeßeler Burg wird die Hauptsiedlungszeit im 10. und 11. Jh. angenommen, bis ins 13. Jh. dann nur noch eine gelegentliche Nutzung[113].

Die zweite Burg der Edelherren und späterer Hauptwohnsitz, die Burg „Depenau", wurde dann vermutlich an der Peripherie der jetzigen Stadt Burgdorf − als Wasserburg in der Aueschleife − angelegt, bei dem jetzt noch vorhandenen Gebäude der ehemaligen Depenauer Mühle.

Das Dynastengeschlecht besaß neben dem Stammsitz weiteren umliegenden, nicht eng zu begrenzenden Grundbesitz und darüber hinaus Güter in Teilen des Bistums Hildesheim. Bis zu Beginn des 13. Jh. hatten sich die Edelherren von Depenau mit freiem, nicht lehnsabhängigen Eigenbesitz innerhalb des allmählich zu einem selbständigen Territorium werdenden Bistums gehalten, wenngleich sie im Lehnsverband zu Hildesheim standen.

Altwarmbüchen, Groß Horst und Kirchhorst können also durch das Dynastengeschlecht Depenau, von der Heeßeler Burg aus, während der Hauptsiedlungszeit der Burg, im 10. oder 11. Jh. gegründet worden sein. Lehensuntertänig waren die Altwarmbüchener später den Grundherren von ALTEN, die Bauern in Groß Horst und Kirchhorst den Herren von CRAMM[114].

Direkt südlich des Altwarmbüchener Moores schließt sich − wie oben bereits erwähnt − der Bereich an, der von der Bischofskirche Hildesheim ausgehend in der Zeit zwischen dem 9. Jh. und 12. Jh. teilweise gerodet und kolonisiert wurde[115], so besonders auch die Waldgebiete auf und um den Kronsberg. Mehrere Ortschaften mit der Namensendung „-rode" wurden während dieser Siedlungsbewegung gegründet. Das Zentrum bildete der Ort Kirchrode (Abb. 7), wo sich sowohl die kirchliche als auch politische Verwaltung des Rodungsgebietes befand.

Die dortige Pfarrkirche war anfangs die einzige in diesem Gebiet und Mittelpunkt der kirchlichen Verwaltung mit dem zuständigen geistlichen Gericht (Sendgericht)[116]. Sie bildete die Mutterkirche (Sedeskirche)[117] für alle später im Kolonisationsgebiet gegründeten Kirchen. Noch um 1850 − zur Zeit der Verkoppelung − unterstand Wülferode neben einigen seiner Nachbargemeinden (Bemerode, Anderten, Misburg) diesem geistlichen Gericht und der Mutterkirche in Kirchrode[118].

Da Kirchrode Sitz eines Sendgerichtes (= Sedes) war, das dem Bischof von Hildesheim unterstand und die Entstehungszeit dieser Sendgerichte im Bereich des Bistums Hildes-

---

111 UHLHORN in: GRIEMSMANN (1979), o.S.
112 SCHEELJE (1979), S. 20f.
113 ders. S. 17; BRANDT (1971), S. 20f.
114 UHLHORN in: GRIEMSMANN (1979), o.S.
115 FLOHR (1972), S. 136
116 Definitionen nach MACHENS (1920)
117 Definitionen nach MACHENS (1920)
118 v. FALKENHAUSEN (1966), S. 197

Abb. 7
Siedlung Kirchrode, vor dem Jahr 1000 und bis 1285

heim nach MACHENS[119] in die Zeit um das Jahr 1000 fällt, geht v. FALKENHAUSEN[120] davon aus, daß das Dorf Kirchrode schon um das Jahr 1000, bzw. früher bestanden haben muß.

Die Kirche im Dorf ist dann nach der ersten Ansiedlung, aber noch vor 1040 n.Chr. errichtet worden, weil um 1040, nach dem Tode Bischof GODEHARDS, die Grenzen der Archidiakonate und damit auch die Sendgerichtsbezirke, festlagen.

Das Zentrum der Rodedörfer ist also für einen „-rode-Ort" alt, da ja eher angenommen wird, daß die -rode-Orte in der 2. Hälfte der mitelalterlichen Rodeperiode − also erst nach 1000 n.Chr. − angelegt wurden.

---

[119] MACHENS (1920), S. 22−36
[120] v. FALKENHAUSEN (1966), S. 195 u. S. 230

Nach v. FALKENHAUSEN bzw. MACHENS, auf den sich die erstgenannte Autorin bezieht, stimmen die Sendgerichtsbezirke mit dem Pfarrsprengel der Mutterkirche überein[121].

Hildesheimer Urkunden und schriftlichen Überlieferungen wird entnommen, daß das Dorf Kirchrode bis zum 14. Jh. stets „Rode" genannt wurde. Die Unterscheidung zu den anderen -rode-Orten war ja dadurch gegeben, daß die späteren -rode-Dörfer eine Vorsilbe im Namen hatten (Brüningerode = Brunirode = Brunighrode; Eddingerode = Edingherothe; Süßerode = Sossingerode).

Durch die Kolonisation am Kronsberg sowie in Bereichen weiter nördlich gewann die Bischofskirche Hildesheim Hoheitsrechte, die an Hannover vorbei bis an die Wietze reichten. Die Siedlungsgründungen von Bothfeld und Buchholz im Norden weisen darauf hin.

Dieser vom Bischof von Hildesheim ausgehenden Kolonisationsbewegung ist auch die Gründung der Untersuchungsgemeinde *Wülferode* zuzuordnen, die mit den Orten Kirchrode, Bemerode, Buchholz, Bothfeld und Höver eine zusammenhängende Kette von Rodungsdörfern bildet (Kurhannoversche Landesaufnahme).

Eine ganze Reihe weiterer Rodungssiedlungen dieses Komplexes sind im 14. Jh./15. Jh. aufgegeben und wüst geworden. Nachbardörfer bewirtschafteten dann die Fluren vielfach weiter, wodurch dort größere und leistungsfähigere Hofeinheiten entstehen konnten[122]. Aber auch die vollständige Umsiedlung mit der Gründung neuer Höfe (z.B. in Grasdorf) konnte nachgewiesen werden.

Auf die Dorfentwicklung von Wülferode hat das Wüstfallen der Siedlung „Debberode" Einfluß genommen, die sich ursprünglich südlich von Wülferode, am westlichen Rand des Bockmer Holzes[123] befand. Inwieweit sich auch die Aufgabe der Siedlung „Linneworth" (Lundenworth), die in unmittelbarer Nachbarschaft südwestlich von Wülferode gelegen hat[124], auf Wülferode auswirkte, läßt sich der einschlägigen Literatur nicht entnehmen.

Für „Debberode" (Abb. 8) nimmt FLOHR[125] an, daß hier spätestens im 10. Jh. – vielleicht schon im 9. Jh. – auf Betreiben der Hildesheimer Bischöfe 2 oder 3 Höfe um einen Anger angesiedelt wurden. Der Dorfanger erhielt gegen 1100 eine Kapelle. Etwa Ende des 12. Jh. war Debberode auf 4 Hofplätze und mehrere Hausstellen mit einer Ackerfläche von ungefähr 13 Hufen angewachsen. Mit einer Brandkatastrophe Ende des 13. oder Anfang des 14. Jh. setzte ein Wüstungsprozeß ein, an dessen Ende, Anfang des 15. Jh., die restlichen Höfe in benachbarte Dörfer verlegt worden waren, darunter auch nach Wülferode, das damit vergrößert wurde. Wesentlich für unsere Thematik ist der von FLOHR rekonstruierte Dorfgrundriß von Debberode, der dem von Wülferode (Abb. 9) und Kirchrode (Abb. 7) deutlich ähnelt, worauf noch einzugehen ist.

Debberode stellt nach FLOHR innerhalb des Kolonisationsgebietes einen sehr alten „-rode-Ort" dar – ähnlich wie Kirchrode – wenn nicht überhaupt die älteste und früheste Siedlungsgründung der Ausbauperiode in diesem Raum. Die Rodungsarbeiten der Hildesheimer Bischöfe waren nach FLOHR im 12. Jh. am Südkronsberg soweit vorangeschritten,

---

[121] v. FALKENHAUSEN (1966), S. 195
[122] FLOHR (1972), S. 137
[123] Siehe Kurhannoversche Landesaufnahme des 18. Jh.
[124] Den Hinweis darauf gibt noch heute der Flurname „Wüstes Dorf" im SW von Wülferode. Siehe hierzu Deutsche Grundkarte 1 : 5 000, Wülferode West, 1978
[125] FLOHR (1972), S. 147

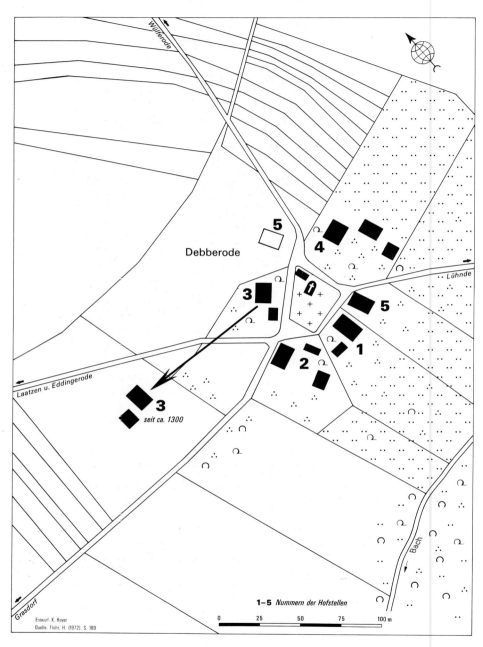

Abb. 8
Siedlung Debberode um 1300

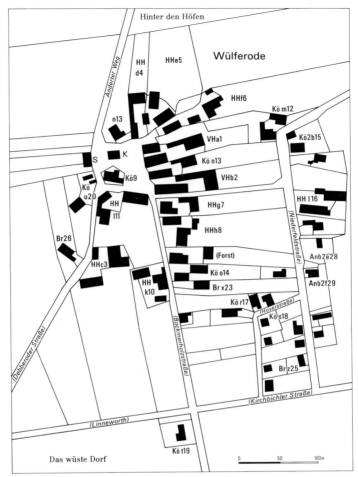

Hinter den Höfen

Wülferode

HH
d4

HHe5

HHf6

Kö m12

n13

Kö2b15

VHa1

S   K

Kö n13

HH I16

Kö9

VHb2

Kö
u20

HH
I11

HHg7

Br26

HHh8

HHc3

(Forst)

Anb2e̅28

Kö o14

Anb2f29

HH
k10

Br x23

Kö r17

(Hoyerstraße)

Kö s18

Br z25

(Kirchbichler Straße)

(Linneworth)

Das wüste Dorf

Kö t19

0   50   100m

Verkoppelungskarte-'Karte von der Feldmark Wülferode, Amts Hannover,
aufgemessen im Jahre 1840 d. H. Barth' Maßstab 1:2.133,333

Rezeß-'Acte der Königlichen General-Kommission für die Provinzen Hannover und Schleswig-Holstein betreffend:
Die Verkoppelung der Feldmark Wülferode Vollzogen und bestätigt in den Jahren 1844 und 1845
Landkreis Hannover Nr. 79'

a	1	Vollmeier	F. Laes	l	16	Halbmeier	H. Prüße	
b	2	Vollmeier	H. Klußmann	r	17	Köthner	F. Hoyer	
c	3	Halbmeier	H. Peters	s	18	Köthner	H. Frie	
d	4	Halbmeier	Bremers Erben	t	19	Köthner	F. Pfaffendorfs Erben	
e	5	Halbmeier	H. Meyer	u	20	Köthner	F. Schroeter	
f	6	Halbmeier	D. Wolters	–	21	Brinksitzer	C. Menge	nicht einzuordnen
g	7	Halbmeier	H. Bauermeister	–	22	Brinksitzer	F. Grabe	nicht einzuordnen
h	8	Halbmeier	C. Prüße	x	23	Brinksitzer	H. Wunnenberg	
	9	Köthner	der Gasthof	–	24	Brinksitzer	C. Bähre	nicht einzuordnen
k	10	Halbmeier	O. Meyer	z	25	Brinksitzer	C. Struckmeyer	
l	11	Halbmeier	H. Klußmann	–	26	Brinksitzer	F. Wrede	
m	12	Köthner	H. von Horn	–	27	Brinksitzer	E. Reinecke	nicht einzuordnen
n	13	Köthner	F. Voges	2 e	28	Anbauer	H. Drell	
o	14	Köthner	H. Bähre	2 f	29	Anbauer	H. Elze	
2 b	15	Köthner	E. Reinecke	K		Kapelle		
				S		Schule		

Entwurf: K. Hoyer

Quelle: Niedersächsisches Hauptstaatsarchiv (NDS) Hannover

Abb. 9
Das Dorf Wülferode um 1840

daß es zur Entstehung weiterer Dörfer und Fluren kommen konnte (z.B. die später wüstgefallene Siedlung „Eddingerode")[126]. Vermutlich fällt auch die *Gründung* der Untersuchungsgemeinde *Wülferode* in diese Hauptkolonisationszeit. Fest steht jedenfalls die Entstehung Wülferodes als Rodedorf innerhalb der *hochmittelalterlichen Rodungskolonisation*, wenn auch nicht der genaue Gründungszeitpunkt der Siedlung.

Ein Vergleich der drei Grundrisse von Debberode, Wülferode und Kirchrode läßt als gemeinsame Grundstruktur die Anordnung der Höfe um einen Anger oder Platz erkennen.

In der Literatur[127] hingegen werden die -rode-Siedlungen um den Kronsberg gelegentlich als Dörfer mit „unregelmäßigen Grundrißformen" angesprochen. Debberode wurde aber nach FLOHR von Anfang an mit 2 oder 3 Höfen um einen Anger, also regelmäßig, angelegt. Um diesen Anger gruppierten sich auch die spätere Hausstelle 5 und der 4. Hof, und auf dem Anger wurde die Kapelle errichtet.

Auch die Untersuchungsgemeinde *Wülferode* zeigt im Grundriß eine *Geregeltheit*, die sich auf der Verkoppelungskarte um 1850 (Abb. 9) gut erkennen läßt.

Die Wülferoder Verkoppelungskarte im Archiv Hannover ist stark vergilbt und abgenutzt. Die Lage der Hofstellen der im Rezeß aufgeführten Vollmeier, Halbmeier, Köthner etc., läßt sich aus dem dort abgebildeten Ortsgrundriß nicht mehr entnehmen. Die Verfasserin hat daher versucht, mit Hilfe von alteingesessenen Wülferodern den Höfebestand um 1845 zu rekonstruieren. Bis auf einige Brinksitzerstellen ist die Zuordnung der im Rezeß von 1845 erwähnten 2 Vollmeier, 9 Halbmeier, 9 Köthner, 7 Brinksitzer und der 2 Anbauer mit nahezu eindeutiger Sicherheit gelungen.

Wülferode ist zu dieser Zeit mit einer dichten Siedlungsstruktur abgebildet und auf der Verkoppelungskarte bereits im Osten und Südosten erweitert (Niederfeldstraße, Hoyerstraße). Hier liegen die meisten Köthner-, Brinksitzer- und Anbauerstellen, während sich die ursprüngliche Dorfgemeinschaft in Form der Voll- und Halbhöfe auf den Dorfplatz mit der Kapelle ausrichtet[128].

Der Kapellenplatz mit dem Gasthaus bildet für alle Dorfbewohner den Siedlungsmittelpunkt. Langgestreckte landwirtschaftliche Nebengebäude kennzeichnen vielfach den Gebäudebestand um den Platz und stellen auf den Hofparzellen teilweise ein zwei- bzw. dreiseitiges geregeltes Gehöft dar. Neben den hofanschließenden, langgestreckten Garten- und Grünlandbereichen lagen die eigentlichen Wiesen und Weiden im 19. Jh. in den tiefergelegenen Flurteilen, östlich des Dorfes, während der gesamte westliche Kronsberg als Ackerland genutzt wurde.

Die regelmäßige Siedlungsstruktur von Wülferode ergibt sich also aus der hufeisenförmigen Gruppierung der Höfe um den etwa quadratischen Platz als Zentrum der bäuerlichen Gemeinschaft – ähnlich wie auch die Debberoder und Kirchroder Bauern in Halbrund um den Dorfanger angeordnet waren.

Betrachtet man einige Halbhöfe in Wülferode um 1850 als Teilungsprodukte, so lassen sich drei mögliche Varianten der *ursprünglichen Höfeanordnung* rekonstruieren, die die geordnete Siedlungsstruktur bei der Gründung des Dorfes erkennen lassen:
1. (Abb. 10) Zunächst geben sich die 3 Halbhöfe HH l 11, HH c 3 und HH k 10 als ein geteilter Hof zu erkennen, von denen die beiden hinteren keine Platzverbindung haben und

---

[126] FLOHR (1972), S. 161
[127] z.B. SEEDORF (1973), S. 28
[128] hierzu auch ERNST (1958), S. 13

sich damit schon als jünger erweisen. HH c 3 ist z.B. auf der Kurhannoverschen Landesaufnahme des 18. Jh. noch nicht dargestellt. Der südlich davon liegende Weg heißt heute „Linneworth". Daß diese 3 Halbhöfe zusammen den größten Urhof darstellen mit dem alten Hofplatznamen „Linneworth", kann hier nicht unbedingt vermutet werden, da FLOHR[129] – wie oben bereits erwähnt – mit „Linneworth" oder „Lundenworth" eine nachgewiesene wüste Siedlung in unmittelbarer südwestlicher Nachbarschaft von Wülferode bezeichnet und den Namen daher auf die wüste Siedlung bezieht.

HH g 7 und HH h 8 bilden zusammen einen zweiten ursprünglichen Hof. Der 3. Hof befindet sich im Zusammenschluß von VH b 2 und KÖ n 13. Der 4. Hof des „Urdorfes" ergibt sich aus HH d 4 und HH e 5 und der Stelle n 13. Vermutlich sind darüber hinaus auch VH a 1 und HH f 6 ehemals verbunden gewesen, die in der Kombination den 5. Hof des alten Dorfes darstellen. Zusammengefaßt bedeutet dies:

HH l 11 + HH c 3 + HH k 10 = 1 (Hof)
HH g 7 + HH h 8   = 2
VH b 2 + KÖ n 13   = 3
VH a 1 + HH f 6   = 4
HH d 4 + HH e 5 +   n 13 = 5

Das Halbrund der ursprünglichen 5 Höfe ist zur Niederungsseite, also nach Osten, orientiert, während die Ackerseite des Dorfplatzes zum Kronsberg hin geöffnet bleibt. Diese denkbare Ursprungsform von Wülferode läßt allerdings den Halbhof HH 1 16 außer acht, der auf der Verkoppelungskarte an der Niederfeldstraße abgebildet ist. Er kann als Zusiedlerhof von „Debberode" interpretiert werden, der im alten Höfe-Rund keinen Platz gefunden hat und daher außerhalb bleiben mußte.

Geht man aber davon aus, daß dieser Halbmeier vielleicht von der Stelle n 13 ausgesiedelt ist, zeigt sich eine zweite denkbare Ursprungsform bzw. Höfekonstellation von Wülferode:

2. (Abb. 11) Die Hofplätze der Verkoppelungskarte lassen sich danach folgendermaßen kombinieren:

n   13 = HH l 16 + HH d 4 = 1 (Hof)
HH e 5 + HH f 6   = 2
VH a 1   = 3
KÖ n 13 + VH b 2   = 4
HH g 7 + HH h 8   = 5
HH l 11 + HH c 3 + HH k 10 = 6

Wülferode wäre dann in seiner ursprünglichen Anlage ebenso regelmäßig wie bei **1.** – nämlich um den nach Westen hin geöffneten Dorfplatz – gegründet worden. Die Kötnerstelle KÖ n 20 wie auch das Schulgebäude auf der Verkoppelungskarte sind natürlich spätere Erweiterungen. Statt 5 Höfe hätten nun 6 Höfe den Ursprung gebildet[130].

---

[129] FLOHR (1972), S. 137
[130] Zur typischen Anzahl der Urhöfe bei den „rode-Orten" siehe SEEDORF (1978), S. 28, der etwa 3–10 Höfe bei der Siedlungsgründung angibt. Die Beispiele von FLOHR zeigen die Urdörfer mit 4 bis 5 Höfen (1972, Abb. 7,8)

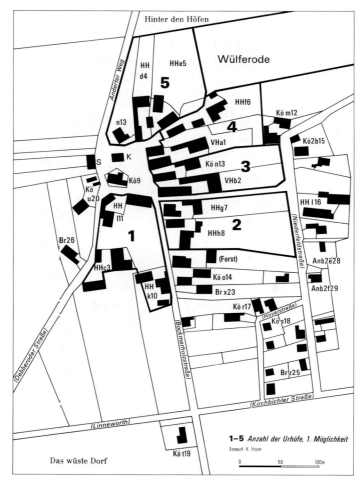

Abb. 10
Ursprüngliche Höfeanordnung in Wülferode — 1. Möglichkeit

Labels within the figure:

Hinter den Höfen

Wülferode

HH d4   HHe5   **5**

HHf6   Kö m12

n13   **4**

VHa1   Kö2b15

S   K   Kö n13   **3**

Kö   Kö9   VHb2

u20   HH I16

HH l11   HHg7   **2**

Br26   **1**   HHh8

HHc3   (Forst)   Anb2e28

HH k10   Kö o14   Anb2f29

Br x23

Kö r17   (Hoyerstraße)

Kö s18

Br z25

(Kirchbichler Straße)

(Linneworth)

Kö t19   **1–5** *Anzahl der Urhöfe, 1. Möglichkeit*
Entwurf: K. Hoyer

Das wüste Dorf   0   50   100m

Street labels: Anderter Weg, (Niederfeldstraße), Debberoder Straße, Bockmerholzstraße

3. (Abb. 12) Die dritte mögliche Ursprungsform ergibt sich aus den Hofbreiten zum Platz hin: So ist die Frontseite des Hofes HH l 11 auf der Verkoppelungskarte im Maßstab 1 : 2133 1/3 gut 3 cm lang, ebenso wie diejenigen von HH g 7 und HH h 8 zusammengefaßt. In das damals gebräuchliche Rutenmaß umgerechnet würde die Platzstelle eines Urhofes 15 Ruten betragen. Die diesem Maß entsprechenden Hofbreiten zum Platz hin ergeben sich nochmals in der Zusammenfassung der Höfe VH b 2, KÖ n 13 und VH a 1 sowie der drei Stellen n 13, HH d 4 und HH e 5.

Der Hof HH f 6 wäre bei dieser Höfekonstellation nicht mit in das ursprüngliche Höfe-halbrund einzuordnen. Er scheint in diesem Falle mit seiner sehr geringen Hofbreite und dem weit zurückliegenden Hofeingang vom Platz aus ein später hinzugekommener, dazwi-

58

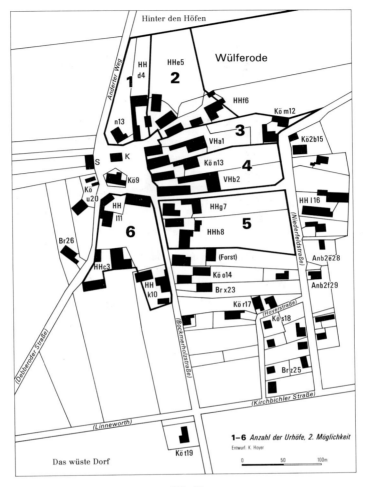

Abb. 11
Ursprüngliche Höfeanordnung in Wülferode − 2. Möglichkeit

schengeschobener Hof zu sein, der möglicherweise − ebenso wie HH l 16 − mit dem Wüstfallen einiger umliegender „rode-Dörfer" hier angesiedelt wurde.

Die Urhöfe, deren Frontseiten zum Platz 15 Ruten betragen haben, stellen sich also aus
der Verkoppelungskarte folgendermaßen dar:

HH l 11 + HH c 3 + HH k 10 = 1 (Hof)
HH h 8 + HH g 7 = 2
VH b 2 + KÖ n 13 + VH a 1 = 3
n 13 + HH d 4 + HH e 5 = 4

Diese denkbare Ursprungsform hätte mit 4 Höfen die niedrigste Höfezahl.

59

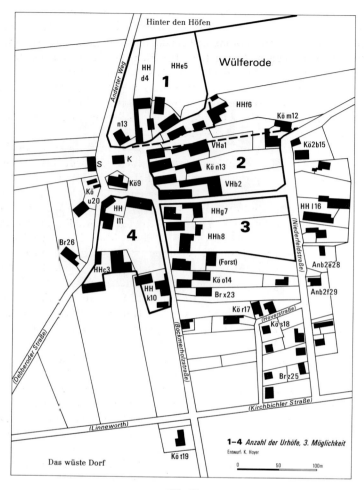

Hinter den Höfen

Wülferode

HH d4 1 HHe5

n13

HHf6

Kö m12

VHa1

Kö2b15

S K

Kö n13 2

VHb2

Kö u20

Kö9

HH I11

HHg7

HH I16

Br26

4

HHh8 3

(Niederfeldstraße)

HHc3

(Forst)

Anb2e28

HH k10

Kö o14

Anb2f29

Br x23

Kö r17

(Debberoder Straße)

(Hoyerstraße)

Kö s18

(Bockmerholzstraße)

Br z25

(Kirchbichler Straße)

(Linneworth)

Kö t19

1–4 *Anzahl der Urhöfe, 3. Möglichkeit*
Entwurf: K. Hoyer

0   50   100m

Das wüste Dorf

Abb. 12
Ursprüngliche Höfeanordnung in Wülferode – 3. Möglichkeit

Aus den möglichen Siedlungsgrundrissen des „Urdorfes" Wülferode, aus der Höfeanordnung um 1850 wie auch aus dem gegenwärtigen Siedlungsgrundriß, der sich bei einem Besuch im Dorf genau studieren läßt, ergibt sich, daß Wülferode *kein* Haufendorf mit unregelmäßig angelegtem Grundriß darstellt. Wie auch für benachbarte „-rode-Dörfer" feststellbar, zeigt die Untersuchungsgemeinde eine Regelmäßigkeit im Grundriß, die die planmäßige Gründung der „-rode-Dörfer" vermutlich generell charakterisierte.

Ähnlich wie Altwarmbüchen als Zeilendorf gegenüber seinen Nachbardörfern am gelungensten angelegt wurde, besitzt auch Wülferode eine sehr geordnete, gut konzipierte Siedlungsstruktur, die sich von der Gründung im Hochmittelalter über die Verkoppelungszeit hinaus bis in die Gegenwart in ihren wesentlichen Zügen erhalten hat.

60

Andere Dörfer, wie z.B. Bemerode oder Kirchrode beweisen mit ihrem Grundriß, daß nicht von vornherein davon ausgegangen werden kann, daß bei allen rode-Dörfern um den Kronsberg das gleiche Maß an Geordnetheit bei der Siedlungsgründung erzielt worden ist, noch daß sich die ursprüngliche Geregeltheit bei allen „überlebenden" Dörfern gleichermaßen anschaulich wiederzuerkennen gibt bzw. diese bewahrt wurde[131].

Die Urform von Wülferode stellt in ihrer gelungenen Konzeption daher beinahe ein Musterbeispiel einer mittelalterlichen bäuerlichen Gemeinschaftssiedlung mit einem Zentrum dar, das sich mit den grundlegenden Merkmalen bis heute erhalten hat. Es ist deswegen auch in Zukunft unbedingt erhaltenswert.

Die dritte Untersuchungsgemeinde *Everloh* stellt sich auf der Verkoppelungskarte (Abb. 13) von 1853/54 ebenfalls als ein Dorf mit Platzanlage dar, jedoch mit einigen Unterschieden zu Wülferode. In Everloh umschließen die großen Höfe fast kreisförmig den Dorfinnenraum mit Schule und Kapelle. Um die hofanschließenden Gärten und Wiesen legt sich der erst bei der Verkoppelung ausgebaute Dorfrundumweg. Vorher befanden sich hier ein Triftweg und eine Hecke (ETTER)[132] zu den Gärten hin, die den gesamten Dorfkomplex ursprünglich gegen die Flur abschloß. Auf dem Triftweg konnte das Weidevieh die jeweilige Brachzelge erreichen, die sich im Zuge der 3-Felder-Wirtschaft ergab, und um das Dorf herumwandern. Zum anderen mußte für die Bauern eine Wegmöglichkeit bestehen, das Ackerland mit dem Wagen zu erreichen, das um das gesamte Dorf lag[133]. Everloh befindet sich also − ebenso wie etliche Nachbarsiedlungen (z.B. Northen, Gehrden), und wie es für viele Dörfer des Altsiedellandes typisch ist − im Zentrum der Wirtschaftsfläche, die auf Böden höchster Wertschätzung basiert. Ausgesprochene Grünlandnutzung ergibt sich lediglich weiter südlich des Dorfes in bruchigen Niederungen.

Für die *Mitte des 19. Jh.* werden im Everloher Rezeß vier Vollmeierstellen, ein Halbmeier, zwei Höfelinge, zwölf Köthnerstellen, fünf Abbauer und ein Heuerling erwähnt. Der Abgaben- und Ländereibeschreibung von 1638 bis 1650[134] ist zu entnehmen, daß die bäuerliche Schicht der Höfelinge in ihrer Rangfolge zwischen den Halbmeiern und den Köthnern steht. Der Vollmeier a ist nach der Verkoppelungszeit ausgesiedelt. Die Hofstelle liegt in späterer Zeit als „Gut Erichshof"[135] unmittelbar südlich des Benther Bergs. Die intensivere Landbewirtschaftung seit der industriellen Revolution, der technische Arbeitsmitteleinsatz und die damit verbundene Vergrößerung der Hofanlagen zu mehrseitigen- und mehrkantigen Gehöften[136] zwangen den besitzreichen Vollmeierhof a zur Aufgabe der beengten zentralen Hoflage im Dorfkern.

Während die Hofstellen gegenwärtig zu Dreikant- bzw. Vierseithöfen ausgebaut sind[137], waren die Höfe um 1850 zwar mit Nebengebäuden versehen, diese standen aber bei den großen Höfen in lockerer Verbindung mit dem Haupthaus und meist an zwei Hofseiten entlang (z.B. VH c, VH d, VH b2, HH e).

---

[131] siehe Kurhannoversche Landesaufnahme des 18. Jh.

[132] Hierzu SCHWARZ (1966), S. 156f.; EVERS (1957), S. 12; NITZ (1974b), S. 5

[133] Siehe Kurhannoversche Landesaufnahme des 18. Jh.; hierzu auch NITZ (1974b), S. 5

[134] HARTMANN (1934), S. 28ff., insbes. S. 34

[135] Nach der zeitl. Einordnung zählt Gut Erichshof zu den jungen Gütern des südlichen Umlandes, neben denen vielfach auch Güter existieren, die als Erben von Wüstungen des Hochmittelalters stehen (z.B. Gut Franzburg vor Gehrden; Der Landkreis Hannover, 1948, S. 76)

[136] Terminologische Bezeichnung von Gehöftformen nach SCHWARZ (1966), S. 97f.

[137] siehe Beilage 1

Verkoppelungskarte–'Karte von der Feldmark Everloh, Amts Wennigsen;
Aufgenommen in den Jahren 1853 und 1854 von L. Schierkolek im Maßstab von 100 Ruthen auf 9 Calenberger Zoll.'

Die Bewohner sind auf der Karte selbst vermerkt:

a	Vollmeier	von Lüpke			q	Köthner	Lieker
b2	Vollmeier	F. Homann	m	Köthner	H. Hische	r	Köthner	Bunke
b10	Köthner	F. Homann	g	Höfeling	F. Voges	s	Schule
c	Vollmeier	Meier	h	Köthner	Mengen	t	Abbauer	Rascher
d	Vollmeier	Giesecke	k	Köthner	Witten	u	Abbauer	Everding
e	Halbmeier	H. Homann	i	Köthner	Hecht	v	Abbauer	Rode
l	Köthner	H. Homann	n	Köthner	C. Menze	w	Abbauer	Basse
f	Höfeling	H. Hische	o	Köthner	Möller	x(a25)	Abbauer	Hennies
			p	Köthner	Köhnsen	y	Heuerling	H. Voges

Entwurf: K. Hoyer

Quelle: Niedersächsisches Hauptstaatsarchiv (NDS) Hannover

Abb. 13
Das Dorf Everloh im Jahr 1853/54

In der Mitte des 19. Jh. ist Everloh bereits durch mehrere Köthner- und Abbauerstellen erweitert, die sich „außerhalb" des eigentlichen Dorfverbandes – an der Chaussee von Minden – angesiedelt haben und durch kleine Hofstellen und Gebäude hervortreten. Während aus dem Siedlungsbild zur Zeit der Verkoppelung sofort Rückschlüsse dahingehend gezogen werden können, daß die Köthnerstellen im südlichen Dorfbereich die erste Nachsiedlerschicht repräsentieren und beim Aufbau des eigentlichen Siedlungskerns nicht beteiligt gewesen waren, traten die Höfe der Köthner in der alten Höferunde – wenn auch nicht als solche – bei der Siedlungsgründung aber bereits indirekt in Erscheinung.

Vergleicht man die Vollhof-Areale miteinander, so ergibt sich folgende *mögliche „Urform"* des Dorfes (Abb. 14 u. 15), die darauf hinweist, daß sich die Köthnerhöfe (z.B. KÖ h, KÖ m) innerhalb der Höferunde von den einstigen Althöfen abgespalten haben. Bei diesem Rekonstruktionsversuch gehen wir davon aus, daß die Formate der noch erhal-

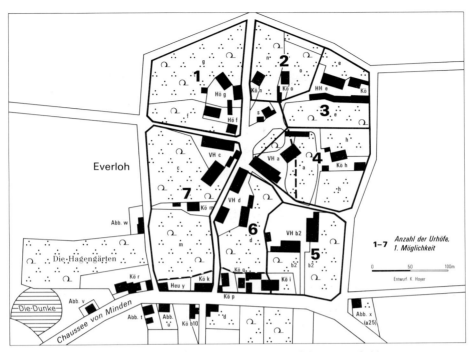

Abb. 14 Ursprüngliche Höfeanordnung in Everloh − 1. Möglichkeit

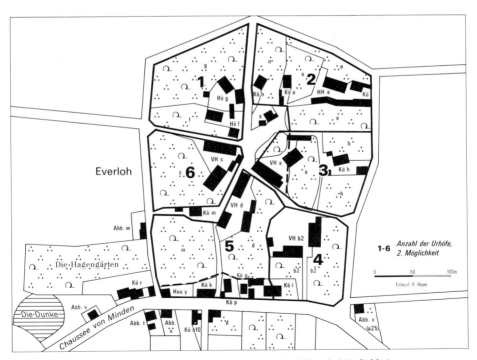

Abb. 15 Ursprüngliche Höfeanordnung in Everloh − 2. Möglichkeit

tenen Vollhöfe größenordnungsmäßig auch bei zerteilten Vollhöfen ehemals vorhanden waren:

HÖ g und HÖ f ergeben zusammen einen Althof, da die Stelle HÖ f allein zu klein ist. KÖ n und KÖ o zusammengefaßt könnten einen 2. ursprünglichen Hof ergeben denkbar wäre sogar die Kombination von KÖ n und KÖ o mit HH e und KÖ l. Sollte aber HH e einen eigenen Althof dargestellt haben, bleibt in jedem Fall anzunehmen, daß sich KÖ l von HH e abgespalten hat, ebenso wie KÖ h von dem Vollhof VH a. Auffällig ist ja, daß beide Köthnerstellen rückwärtig liegen und daher keine im Deklassierungsverfahren abgestufte Althöfe sein können. Zudem ist der gemeinsame Verlauf der Längsgrenzen von VH a und KÖ h ganz deutlich. Einen weiteren Althof ergibt die Stelle VH b2, ebenso wie der Nachbarhof VH d. Desweiteren ist die ursprüngliche Zusammengehörigkeit von KÖ m und VH c zu einem Hof zu vermuten. Denkbar wäre eventuell auch der Zusammenschluß von VH d und KÖ m zu einem Althof, der dann den rückwärtigen Ausgang zur Flur nicht unbedingt nach Süden, sondern in Fortsetzung der KÖ m-Stelle nach Westen gehabt hätte.

Der südliche Zufahrtsweg zum Dorfplatz von der Chaussee aus stellte ja erst mit dem Ausbau der Chaussee — eines einstigen Dorfverbindungsweges, der Everloh bis dahin nur „rückwärtig" berührte — die Hauptzufahrt ins Dorf dar, die sie auch heute noch ist.

Zusammengefaßt ergibt sich die mögliche „Urform" von Everloh aus folgenden denkbaren Hofzusammenschlüssen:

HÖ f	+ HÖ g	= 1 (Hof)	1
KÖ n	+ KÖ o	= 2	2
HH e	+ KÖ l	= 3	
VH a	+ KÖ h	= 4	3
VH b2		= 5	4
VH d	(+ KÖ m)	= 6	5
VH c	+ KÖ m	= 7	6

Die rekonstruierten 6 oder 7 alten Hofplätze gruppierten sich sektorenförmig um einen alten Dorfplatz, auf dem später die Kapelle und das Schulgebäude errichtet wurden.

Der innere Platz, der auf der Kurhannoverschen Landesaufnahme des 18. Jh. noch viel ausgeprägter erscheint, stellt im Siedlungsgrundriß von Everloh — wie in Wülferode auch — das regelnde Element dar. Der Hof VH a scheint sich mit seinen Gebäuden erst nachträglich auf den Platz vorgeschoben zu haben. Noch auf der Kurhannoverschen Landesaufnahme besitzt der Nachbarhof VH b2 den ursprünglichen Platzanschluß, der ihm auf der Verkoppelungskarte dann verlorengegangen ist.

In der oben angegebenen ersten Variante der möglichen „Urform" ist das *radiale* Planungsprinzip am klarsten zu erkennen. Sie ist daher die wahrscheinlichere.

Everloh ist ein *Platzdorf* mit sektorenförmig gruppierten Höfen und vier dazwischen ausstrahlenden Wegen. Die Platzanlage von Everloh entspricht der siedlungsgeographischen Besonderheit der „Haufendörfer" im südlichen Umland von Hannover, die EVERS[138] anhand verschiedener Hildesheimer Dörfer nachweist.

Sie gehören vorwiegend von der Namensendung her den -heim-Siedlungen (-heim, -um, -em, -en) an, deren planvolle Entstehung EVERS in die Zeit von etwa 400—500

---

[138] EVERS (1957)

n.Chr. datiert, während NITZ (1974b) ihre Entstehung in Anschluß an den Historiker EN-GELKE (1921) und den Ortsnamenforscher FIESEL (1934) mit einer fränkischen Staats-kolonisation im Rahmen der karolingischen Eroberung Sachsens in Verbindung bringt. Die von EVERS untersuchten hildesheimischen Dörfer zeigen in ihrer Urform keine regel-losen Haufendorfanlagen, sondern erscheinen als planvoll angelegte Sackgassen- oder Sackdörfer, als Einwegedörfer mit rundem Umriß, die von einem Knick umgeben waren und die nur einen einzigen Zugang zum Dorfinneren hatten. Die einzige Dorfstraße endete zumeist in einem Anger oder Platz im Innern des Dorfes.

Es ergeben sich also deutliche Parallelen mit dem Siedlungsgrundriß von Everloh, der lediglich durch die verschiedenen Wege und Öffnungen zum Trift- oder Dorfrundumweg davon abweichende Merkmale enthält. Auch ist der Dorfplatz von Everloh noch runder als die von EVERS beschriebenen Plätze, die eher als kleinere Erweiterungen am Ende der Sackgasse der von ihm untersuchten Dörfer erscheinen. Ein mit Everloh vergleichenswer-tes Beispiel stellt das hildesheimische Dorf Mölme dar[139], das ebenfalls von einer Rand-straße gegen die Flur deutlich abgesetzt ist. Das Dorf, das sich als den -heim-Orten zugehö-rig erwies, stellt in seiner Urform eine nach innen gekehrte und mit einer Hecke, einem Knick, nach außen abgeschlossene Anlage dar, die lediglich mit einer einzigen Zufahrt, der Sackgasse, versehen war. Auch hier gruppierten sich die Höfe um einen kleinen Platz bzw. Anger, der zur Zeit der Verkoppelung bereits von einem Teich, einem kleinen Kapellenge-bäude und dem Schulhaus eingenommen wurde. Der Siedlungsgrundriß von Mölme läßt unzweifelhaft auf eine bewußte Anlage, auf eine durchdachte und planvolle Gründung des Dorfes schließen.

Everloh ist von der Namensendung her eine jünger zu datierende Siedlung als die von EVERS und NITZ untersuchten. Nach BACH[140] bezeichnet die Endung „loh" zunächst wohl einen lichten Wald, in dem geweidet wird. Die von BACH angegebenen Namensbei-spiele mit der Endung „loh" bezeichnen jeweils Siedlungen, die im 8. Jh. bestanden haben. Mit der Vorsilbe „Ever" bei Everloh dürften die Eber oder Wildschweine angesprochen sein, die sich sowohl in den Wäldern des Benther Bergs wie auch in der „Everloher Ohe"[141] befanden.

Everloh wird von Dörfern älterer Namensbildung umgeben. Nachbardörfer wie Lenthe, Bente, Empelde (840 = Amplithi)[142] oder auch Bornum und das unmittelbar nörd-lich gelegene Northen (= -heim-Siedlung) weisen, ebenso wie die Ortschaften Ronnen-berg (um 530 Runibergun), Davenstedt und Badenstedt darauf hin.

Inmitten dieser Altsiedellandschaft stellt *Everloh* eine Siedlung jüngerer Entstehungs-zeit dar. Vom Namenstyp her könnte die *Gründung* − wie oben angedeutet − bereits seit dem *8. Jh. n.Chr.* erfolgt sein. Da Everloh ein regelmäßiges Platzdorf, eine Siedlung mit geregeltem Grundriß, ist, könnte davon ausgegangen werden, daß das Dorf einen *früh- bis hochmittelalterlichen Ausbau* der umliegenden, weitaus älteren Nachbardörfer darstellt. Folgt man der Argumentation von ENGELKE, FIESEL und NITZ, die eine karolinger-zeitliche Umformung des Altsiedlungsbestandes und Neugründungen in den Jahrzehnten

---

[139] EVERS (1957), S. 11f.
[140] BACH (1954,I), S. 371
[141] Siehe Kurhannoversche Landesaufnahme des 18. Jh.
[142] ENGEL (1952/53), S. 103

um 800 n.Chr. annehmen, so dürfte Everloh mit seinem Waldnamen eine frühe Ausbausiedlung des 9. Jhs. sein.

In der unmittelbaren Nachbarschaft von Everloh kommen – außer dem Dorf Velber mit einem entsprechenden zentralen Platz – keine weiteren Platzdörfer vor. So sind Northen, Lenthe, Bente, Göxe und Stemmen nach der Interpretation[143] der entsprechenden historischen Karten echte Haufendörfer ohne jeden erkennbaren Ansatz eines Platzes. Ditterke ist ein Dorf entlang einer Straßenachse mit einer angehängten Sackgasse und Ronnenberg eine Siedlung mit lediglich einem Kirchplatz. Das besagt, daß die Siedlungsstruktur von Everloh zu den Ausnahmen im südwestlichen Umlandbereich von Hannover gehört und *nicht* den vorherrschenden Grundrißtyp repräsentiert.

Eine in einem Halbrund um eine Quellmulde (mit Dorfteich) angelegte Siedlung vermutet ENGEL[144] allerdings für das Urdorf Empelde, das mit mindestens 3 ursprünglichen Höfen an der heutigen Stelle im 2. oder 3. Jh. gegründet wurde.

Die Ergebnisse von siedlungsarchäologischen Untersuchungen weisen darauf hin. „Erst das Hoch- und Spätmittelalter brachte infolge weiterer Hofgründungen die Entwicklung zum späteren Haufendorf"[145]. Noch im 8. Jh. n.Chr. soll nach ENGEL der Bereich der Ursiedlung um die Quellmulde nicht überschritten worden sein, wenngleich ENGEL aus der starken Zunahme der Scherbenmenge der spätsächsischen oder fränkischen Zeit auf allen Hängen der Mulde eine Intensivierung der Bebauung – also eine siedlungsmäßige „Blütezeit" – erkennt.

Die Siedlung *um* die Quellmulde war also der ursprüngliche Kern von Empelde, wo die ältesten und nach ENGELS Untersuchungsergebnissen für fast 1000 Jahre die einzigen Höfe des Dorfes lagen. Die Platzanlage von Everloh ist nicht von vornherein mit dem Halbrund von „Amplithi" (= Empelde) zu vergleichen. Immerhin aber könnten nach den obigen Überlegungen beide Dörfer während des 9. Jh. als Siedlungen nebeneinander bestanden haben, die als Ordnungsprinzip in ihrem Siedlungsgrundriß jeweils eine rundliche bzw. halbrundliche (hufeisenförmige) Anlage um ein zentrales Element (Platz, Quellmulde/Dorfteich) aufwiesen. In diesem Zeitabschnitt bestand das ältere Dorf „Amplithi" gerade noch mit diesem Ordnungsprinzip, während „Everloh" erst jetzt nach diesem Muster gegründet wurde.

Zusammenfassend lassen sich bei den Untersuchungsgemeinden Wülferode und Everloh mehrere Parallelen hinsichtlich des alten Siedlungsgrundrisses erkennen.

Everloh wie auch Wülferode stellen in der „Urform" des Dorfes eine Siedlung mit rundem Umriß dar, wobei die Anlage von Everloh nach außen seit jeher völlig abgeschlossen war. Bei beiden Dörfern war der Platz, um den sich die Althöfe gruppierten, das regelnde Element.

Ein weiteres gemeinsames Merkmal ergibt sich aus der Masse der Nachsiedler, die bei Everloh – ähnlich wie bei Wülferode – außerhalb des Dorfkerns, an einem diesen nur „rückwärtig" berührenden Dorfverbindungsweg angesiedelt wurden. Erst später legte man dorthin die durchziehende Chaussee von Minden nach Hannover.

---

[143] Untersuchungen von NITZ (April/Mai 1984) im Archiv in Hannover-Limmer
[144] ENGEL (1952/53), S. 99f.
[145] ENGEL (1952/53), S. 101

Beide Dörfer zeigen auch eine gewisse Ähnlichkeit mit dem „Rundling", für den eine „Unzerstörbarkeit" von der Eigenschaft der Siedlungsform her gezeigt werden konnte[146]. Für Everloh aber muß diese Resistenz gegen eine Umformung noch stärker vermutet werden als für Wülferode, das mit seinem ursprünglichen Halbrund im Siedlungsgrundriß an der nicht abgeschlossenen Stelle zum Kronsberg den ersten Ansatzpunkt zur Dorferweiterung und damit zur ersten Überformung des Dorfursprungs bietet. Everloh ist hingegen runder und abgeschlossener. Der mit sektorenförmig gruppierten Höfen gekennzeichnete Grundriß bietet von vornherein keine Angriffspunkte für die Überformung des Rundcharakters.

Die im nordwestlichen Umland von Hannover gelegene Gemeinde *Stelingen* stellt neben weiteren Nachbargemeinden (z.B. Schulenburg, Kaltenweide, Evershorst, Vinnhorst) ein Zeugnis der Rodetätigkeit der Grafen von RODEN dar, die noch vor der geregelten Hagenhufenkolonisation im Hochmittelalter ihren Machtbereich von Westen her bis an die Leine ausdehnten (um 1120) und zunächst bei den Siedlungsgründungen kleine, lockere Strukturen wählten[147].

Sowohl auf der Kurhannoverschen Landesaufnahme des 18. Jh. wie auch auf der *Verkoppelungskarte* (Abb. 16) des 19. Jh. erscheint Stelingen als ein *sehr lockeres Dorf*, das schon als *Schwarmsiedlung* typisiert werden kann.

Nach NIEMEIER[148] wird ein Ortsgrundriß dann als Schwarmsiedlung bezeichnet, wenn die Gehöfte im lockeren Abstand benachbart liegen und stellenweise zu weilerartigen Gehöftgruppen – etwa an Wegkreuzungen – zusammentreten. Sie sind oft auch durch die Einfügung von jüngeren Kleinbauernhöfen zwischen älteren und größeren Altbauernhöfen entstanden und als Ganzes klar gegen siedlungsfreies Umland abgesetzt.

Der Siedlungsgrundriß von Stelingen hebt sich deutlich als Ganzes von der Flur wie auch von den Heide-, Moor- und Niederungsbereichen ab. Die Höfe haben teilweise einen Abstand von 100 m und mehr. Ein dichterer Grundriß ergibt sich im Gebiet der Brinkköthner, das auf der Verkoppelungskarte als westliche Fortsetzung des Höfehalbrunds um den „Fincken Kamp" erscheint.

Der Ortsname „Stelingen" weist mit der -ingen-Endung nicht etwa auf eine landnahmezeitliche Gründung des Dorfes hin. Der Name unterlag verschiedentlichen Wandlungen und ist mit dieser Endung nicht der ursprüngliche. 1250 hieß Stelingen „Stenlage" und 1269 wird es unter „Stenleghe" erwähnt[149]. Der Ortsname (steinige Lage) bezog sich von vornherein auf die sandig-steinige Grund- und Endmoränenlandschaft dieses nordwestlichen hannoverschen Nahbereichs hin.

Die Stelinger Verkoppelungskarte von 1867 und der Rezeß von 1872 führen 23 Hof- und Siedlerstellen auf. Neben einem Vollmeier werden acht Halbmeier und eine größere Anzahl von Nachsiedlern genannt. Neben den Großköthnern, die ein Heraufsetzen ihres bäuerlichen Ranges durch Kauf, Tausch oder Neurodungen erlangen konnten[150], erscheint hier ein großer Teil sogenannter Brinkköthner, die besitz- und gemeinderechtlich den Brinksit-

---

146 Siehe hierzu Examensarbeit der Verfasserin, KÜHN (1976)
147 PLATH (1953), S. 355f.; Der Landkreis Hannover (1948), S. 69
148 NIEMEIER (1972), S. 40
149 SEEDORF (1978), S. 27
150 SCHWARZ (1966), S. 162

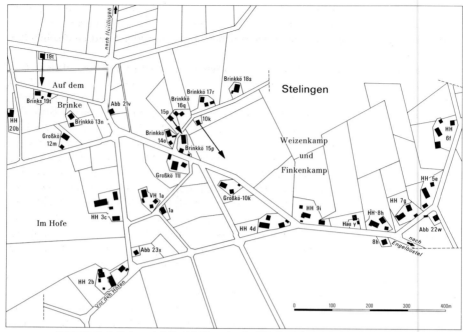

Verkoppelungskarte–'Karte von der Feldmark Stehlingen Attestiert 1867 Eingetheilt von A. Eickenrodt 1 : 2 133,333... '
Rezeß–'Acta der Königlichen General-Kommission für die Provinzen Hannover und Schleswig Holstein betreffend:
Die Verkopplung der Feldmark Stehlingen Vollzogen den 28. Juli 1871, Bestätigt am 8. April 1872 Kreis Neustadt Nr. 128'

a	1	Vollmeier	Uelschen Erben		n	13	Brinkköthner	Rathes Erben
b	2/20	Halbmeier	Balke		o	14	Brinkköthner	Thurnaus Erben
c	3	Halbmeier	Dannenbrink		p	15	Brinkköthner	Lülfing
d	4	Halbmeier	Thurnau Erben		q	16	Brinkköthner	Finke
e	5	Halbmeier	Müller		r	17	Brinkköthner	Deiters
f	6	Halbmeier	Rathes Witwe		s	18	Brinkköthner	Kirchner
g	7	Halbmeier	Münkel		t	19	Brinksitzer	Meyer
h	8	Halbmeier	Münkel		v	21	Abbauer	Münkels Erben
i	9	Halbmeier	Finke		x	23	Abbauer	Prendel
k	10	Großköthner	Höhne		w	22	Abbauer	Imelmann
l	11	Großköthner	Lammers		y	—	Häusling	Balke
m	12	Großköthner	Brunkes Erben					

Entwurf: K. Hoyer
Quelle: Niedersächsisches Hauptstaatsarchiv (NDS) Hannover

Abb. 16
Das Dorf Stelingen um 1867

zern entsprechen[151]. Die überwiegende Anzahl der Nachsiedler hat Stelingen in nordwestlicher Richtung zur Niederung und Heide hin erweitert. Zwischen den übrigen älteren Höfen befinden sich im 19. Jh. lediglich zwei Abbauer und eine Heuerlingstelle. Auf den Höfen stehen neben den Hauptgebäuden, den niederdeutschen Hallenhäusern, oft ungeordnet mehrere landwirtschaftliche Nebengebäude, die auf die Viehhaltung in Stelingen — wie unter 3.1 bereits angesprochen — hinweisen[152].

Die eigentliche Ackerflur liegt südlich und südöstlich von Stelingen, auf den trockeneren Geestflächen. Ein weiterer kleiner, als Ackerland genutzter Teil („Fincken Kamp")

---

[151] RITTER (1968), S. 95
[152] hierzu SCHWARZ (1966), S. 98

befindet sich im blockartig aufgeteilten Halbrund der Brinkköthner- und Halbmeierstellen, die durch hofanschließende Wiesen und Viehweiden voneinander getrennt sind. Nördlich von Stelingen hingegen schließen sich bruchige und anmoorige Landschaftseinheiten an.

Die Lageverteilung der Höfeklassen zu den Wirtschaftsflächen und dem übrigen Umland läßt auf die *siedlungsgenetische Entwicklung des Dorfes* schließen: Die älteren Höfe liegen am Nordrand des Hauptackerlandes. Hierzu zählen der Vollmeier, die Halbmeier und vielleicht schon die Großköthner 11 l und 10 k. Mit den feuchteren Standorten mußten dann die Nachsiedler vorlieb nehmen, die besonders als Brinkköthner im Norden bzw. Nordwesten ansässig wurden. Der *älteste Ortsbereich* dürfte im Bereich der westlichen Höfegruppe liegen, wo die Flurnamen[153] „Im Hofe" und „Hinter der Worth" auf die ursprünglichen Hofplätze hinweisen. Auch existiert hier die Weg- oder Straßenbezeichnung „Vor den Höfen". Diesem ältesten Dorfteil gehören zumindest der Vollhof VH 1a und die beiden Halbhöfe 2b und 3c, vielleicht auch noch die halbe Stelle HH 4d an. Das „Urdorf" von Stelingen hat demnach − wie für die Kolonisationsweise der Grafen von RODEN zu dieser hochmittelalterlichen Gründungszeit typisch − zunächst aus 3 bis 4 Höfen im lockeren Abstand zueinander bestanden. Im weiteren Entwicklungsverlauf hat sich das Dorf bis ins 19. Jh. zu einer Schwarmsiedlung entwickelt, die die grundsätzliche Eigenschaft der lockeren „Ur-Struktur" also beibehalten hat.

Rückblickend läßt sich zusammenfassen, daß sich die vier Untersuchungsgemeinden in ihren historischen Siedlungsstrukturen zur Zeit der Verkoppelung wesentlich unterscheiden. Die beiden Dörfer des südlichen Umlandes stellen um die Mitte des 19. Jh. geschlossene Platzdörfer dar, während Stelingen eine Schwarmsiedlung und Altwarmbüchen eine Zeilensiedlung bzw. ein einzeiliges Straßendorf bildeten.

Alle vier Gemeinden sind zu dieser Zeit bereits von den frühneuzeitlichen Nachsiedlern durchsetzt, wobei Altwarmbüchen die geringste Ortserweiterung erfuhr. Mit einer räumlich nur beschränkten (Geestinsel), den ertragreichen Lößgebieten nicht vergleichbaren Wirtschaftsfläche bestand Altwarmbüchen bis zur Mitte des 19. Jh. als die − verglichen mit den Nachbardörfern − formvollendetste Ausführung einer Zeilensiedlung fort.

Darüber hinaus unterscheiden sich die Untersuchungsgemeinden in der Anordnung der Hofgebäude. In Stelingen sind zur Zeit der Verkoppelung unregelmäßige Hofformen (Haufendorf) mit einem Haupthaus und mehreren, locker verstreuten, kleineren Wirtschaftsgebäuden zu finden, die auf die Viehhaltung (vermehrte Schweinehaltung) in diesem Dorf hinweisen. Dagegen zeigen die Hofstellen in Altwarmbüchen eine geordnete Gebäudeanordnung: Im Hofhintergrund liegt das Haupthaus, während die kleinen Nebengebäude größtenteils davor errichtet sind. In Wülferode und Everloh dominieren große, langgestreckte Wirtschaftsgebäude neben den jeweiligen Haupthäusern. Sie „umsäumen" hier in regelmäßiger Anordnung die Hofplätze.

Im Gegensatz zu den beiden nördlichen Gemeinden Stelingen und Altwarmbüchen, die von vornherein aufgrund der schlechteren Bodenqualitäten zu (vermehrter) Viehhaltung und Grünlandnutzung angehalten waren, herrschten bei den beiden südlichen Dörfern Ackerbaubetriebe und durch Ackerbau genutzte Wirtschaftsflächen in der Flur (vergl. Kurhannoversche Landesaufnahme des 18. Jh.) vor.

---

[153] Siehe Beilage 5A

C. Historische Verkehrssituation[154]

Noch zu Beginn des Absolutismus waren die überkommenen Heer- und Handelsstraßen die bedeutendsten Verkehrsverbindungen zwischen Hannover und den umliegenden Städten wie z.B. Celle oder Peine (Celler Heerstraße über Buchholz und Schillerslage, Peiner Heerstraße durch den Ahltener Wald)[155].

Die Heerstraßen und Postrouten des 18. Jh. waren ohne festen Belag und ohne feste Abgrenzung. Ausgefahrene Stellen wurden ausgebessert, indem die Löcher mit Holz aufgefüllt und abschließend mit grobem Sand bedeckt wurden. Erst gegen Ende des 18. Jh. brachten neue Erkenntnisse des Chausseebaus verbesserte Straßenverhältnisse. Die „Kunststraßen" wurden angelegt, indem Straßenbetten von vornherein ausgehoben und mit Kies gefüllt wurden.

Die Erkenntnis der allgemeinen ökonomischen Bedeutung des festen Wegenetzes und die Intention, Braunschweig, das bereits vom Mittelalter her ein Zentrum des deutschen Binnenhandels und damit Verkehrsknotenpunkt gewesen war, in seiner Vorrangstellung zu schwächen, führten zum vielfachen Ausbau der auf die Residenzstadt Hannover gerichteten Straßen. Dabei sind mehrfach die wichtigsten Poststraßen, nicht aber die historischen Heerstraßen im neustrukturierten Verkehrssystem beim Chausseebau übernommen worden[156].

Wie ein Vergleich der Kurhannoverschen Landesaufnahme des 18. Jh. mit den Verkoppelungskarten oder dem Kartenblatt von HAKE[157] aus dem Jahre 1832 ergibt, sind die ehemaligen Poststraßen Hannover-Celle, Hannover-Nienburg, Hannover-Göttingen, Hannover-Hameln spätere Hauptverkehrsverbindungen als Chausseen. Die Chaussee von Minden-Nenndorf bei Everloh ist später hinzugekommen.

Für die vier Untersuchungsgemeinden ergibt sich daraus ein jeweils signifikanter Stellenwert hinsichtlich der verkehrsmäßigen Lage im Umland und der Anbindung an Hannover.

Während Everloh und Altwarmbüchen an den Chausseen nach Minden bzw. Celle liegen, ist für Stelingen und Wülferode zur Zeit der Verkoppelungen keine verkehrsmäßige Vorzugslage zu erkennen. Sie liegen an weniger bedeutungsvollen Verbindungswegen. Stelingen hat erst über Berenbostel Anschluß an die große Chaussee nach Nienburg, und auch Wülferode liegt fernab der Chaussee nach Hildesheim.

Neben den Verbindungswegen zu den benachbarten Siedlungen stellen besonders die schmalen Gemeindewege zu den umliegenden Wasser- und Windmühlen wichtige Wegelinien dar. So mahlten die Wülferoder das Getreide in der Bemeroder − bzw. Anderter Mühle, die Stelinger in der nordwestlich gelegenen Rodewälder Windmühle, die Everloher in der Mühle bei Gehrden oder Leveste und die Altwarmbüchener in der ortseigenen Windmühle im Westen des Dorfes.

---

[154] Zur histor. Verkehrserschließung des Hannoverschen Umlandes vergl. Der Landkreis Burgdorf (1961), S. 231ff.; Der Landkreis Hannover (1948), S. 182ff.; SEEDORF (1978), S. 32ff.; SPIESS (1937)
[155] Der Landkreis Burgdorf (1961), S. 231; Der Landkreis Hannover (1948), S. 184
[156] Der Landkreis Burgdorf (1961), S. 232
[157] HAKE (1978), S. 61

Mit Einsetzen des Eisenbahnbaus im 19. Jh. haben die soeben ausgebauten Chausseen in ihrer überregionalen Transportbedeutung eine rapide Wertsenkung erfahren. Für die Untersuchungsgemeinden Everloh und Altwarmbüchen ändert dieser Bedeutungswandel jedoch nichts. Sie sind und bleiben um die Mitte des 19. Jh. durch ein festausgebautes Chausseesystem verkehrsmäßig günstig an Hannover, das künftige Industrie- und Innovationszentrum, angebunden.

D. Vergleich

Der Vergleich der vier Dörfer in ihrer vorindustriellen Ausgangssituation zeigt markante Unterschiede, aber in einer Hinsicht auch eine wesentliche Übereinstimmung, wie sie für die meisten der ländlichen Umlandgemeinden vor Beginn der Industrialisierung, des wachsenden Urbanisierungseinflusses von Hannover, zu finden war.

Die Untersuchungsgemeinden unterliegen einerseits den regionalspezifischen Differenzierungen des nördlichen und südlichen Hannoverschen Umlandes: Sie fallen verschiedenen naturräumlichen Landschaftskategorien zu und liegen damit in grundsätzlich unterschiedlichen landwirtschaftlichen Gunsträumen.

Auch haben sie eine sehr verschiedene verkehrsmäßige Anbindung an Hannover. Sie sind unterschiedlich in ihrer Siedlungsstruktur wie auch in den Gehöftformen ausgeprägt und sind auf unterschiedliche Gründungszeiten mit planmäßigem, geregelten oder ungeregelten Siedlungsvorgehen zu datieren.

Die Gemeinsamkeit der vorindustriellen Ausgangssituationen ergibt sich bei aller Verschiedenheit aus dem ländlichen Gepräge der Untersuchungsgemeinden. Alle vier Beispiele sind zur Zeit der Verkoppelung rein agrarisch ausgerichtete Siedlungen, wobei diese Charakterisierung auch auf die ländlichen Nachsiedlerschichten zutrifft, denn diese finden ihren Unterhalt noch im landwirtschaftlichen Erwerb auf den großen Höfen. Bis auf die Erweiterungen durch die jüngsten Siedlerstellen bewahren alle vier Dörfer um die Mitte des 19. Jh. ihren ursprünglichen siedlungsstrukturellen Charakter.

Die vorindustrielle verkehrsmäßige Lage läßt vermuten, daß Everloh − in Nähe des späteren Lindener Industrieviertels − und die Gemeinde Altwarmbüchen in ihrer günstigen Erreichbarkeit eher und stärker von den ersten urbanen Einflüssen hätten betroffen werden können als Stelingen und Wülferode.

Die beiden letztgenannten Dörfer jedoch konnten mit ihrer großen Anzahl jüngerer „Nachsiedler" ein gewisses Arbeitskräftepotential des aufkommenden ländlichen Gewerbes stellen. Zudem waren die kleinbäuerlichen Nachsiedler später die ersten, die zu Pendlern wurden und damit das Dorf städtischen Einflüssen öffneten. Die große Zahl von kleinbäuerlichen Nachsiedlern in Stelingen und Wülferode stellt also grundsätzlich auch eine „Anfälligkeit" für städtische Einflüsse in diesen beiden Dörfern dar.

IV. SPONTANE UND GEPLANTE DORFENTWICKLUNG UNTER DEM URBANISIERUNGSEINFLUSS DER GROSSSTADT HANNOVER

A. Vorüberlegungen über Veränderungsimpulse, Strukturwandlungen und deren Phasen

Auf die Siedlungen in ihrer vorindustriellen Ausgangssituation hat der wachsende *Urbanisierungseinfluß* von Hannover in zweifacher Weise, nämlich in *geplanter* wie auch in *nicht geplanter Art,* verändernd eingewirkt.

Die geplante Entwicklung der Umlandgemeinden setzte insbesondere erst nach 1960, mit der Gründung des Großraumverbandes Hannover und der Einführung des Bundesbau- bzw. Bundesraumordnungsgesetzes, ein.

Der Abschnitt IV. C., der die Dorfentwicklung der Untersuchungsbeispiele nach 1960 vorstellt, bezieht sich daher vornehmlich auf bewußt geplante Siedlungsveränderungen. Unter IV.B. wird hingegen die Entwicklung der vier gewählten Gemeinden aufgezeigt, wie sie bis etwa 1960 unter dem wachsenden Urbanisierungseinfluß von Hannover in noch vorwiegend ungeplanter Weise eingesetzt hat.

Mit dem nun folgenden Kapitel IV.A. soll aber zunächst ein kurzer Abriß über die Entwicklung Hannovers[158] im Industriezeitalter vorausgeschickt werden, die den wachsenden Urbanisierungsprozeß im Hannoverschen Umland begründet.

Darüber hinaus lassen sich aus diesem kurzen stadtgeschichtlichen Rückblick Veränderungsimpulse – ausgehend vom Zentrum Hannover – ableiten, die gewisse Strukturwandlungen innerhalb der vier Untersuchungsgemeinden hervorgerufen haben könnten bzw. die man generell im Einflußbereich einer Großstadt wie Hannover zu erwarten hat. Die Abschnitte IV. B. und IV. C. werden jeweils belegen, inwieweit die vermuteten Urbanisierungseinflüsse tatsächlich verändernd eingewirkt haben.

Nicht in die Vorüberlegungen miteinbezogen werden können hingegen spontane Veränderungsimpulse, die sich dorfintern aus den Verhaltensweisen der ländlichen Bevölkerung ergaben oder ergeben können und die vielfach nur in indirektem Zusammenhang mit dem Innovationszentrum Hannover stehen.

Vorstellbar ist, daß die vier Dorfbeispiele in Abhängigkeit von der Lage zu Hannover von den Veränderungsimpulsen in unterschiedlicher Stärke ergriffen worden sind, je nachdem, ob die einzelnen Phasen der Stadtentwicklung sich in urbanisierender Weise auf den einen oder anderen Umlandsektor auswirken konnten.

Generelle Urbanisierungseinflüsse lassen sich durch *stadtexterne* und *stadtinterne* Institutionen vermuten. Zu den stadtexternen Einrichtungen zählen die überregional bedeutsamen Infrastrukturen.

Innerstädtische Faktoren, die möglicherweise urbanisierend eingewirkt haben und so das Umland entscheidend mitveränderten, sind z.B. die hannoverschen Industrien und ihre Standorte, der tertiäre Sektor, der sich in Hannover nicht nur auf die City, sondern auch auf die Einrichtung der Messe und Landesregierung bezieht, das städtische Bevölkerungswachstum in Zusammenhang mit der Stadt-Land-Wanderung wie auch die Gründung

---

[158] Hierzu SCHWARZ (1953); VOPPEL (1978); ARNOLD (1978); STOSBERG (1962); PLATH et al. (1956), S. 74–82

des Großraumverbandes als institutionelle Konsequenz der gesamtstädtischen Entwicklung nach dem 2. Weltkrieg.

Die Schlüsselrolle der *Industrie*geschichte Hannovers nimmt das der Residenzstadt ursprünglich benachbarte Dorf Linden ein, das sich noch vor Hannover zu einem frühen Zentrum der Industrialisierung entwickelte. Bahnbrechend wirkte dabei der Unternehmergeist von Johann EGESTORFF, der als Böttchergeselle in der Residenzstadt die Kalksteinbrüche am Lindener Berg erwarb, hier eine Kalkbrennerei errichtete und durch die verkehrsgünstige Lage Lindens an der Ihme einen Kalkhandel bzw. -transport per Schiff nach Bremen eröffnete[159]. Neben dem Anschluß mehrerer Ziegeleien (Linden und Empelde) veranlaßte Johann EGESTORFF die Umstellung der Kalköfen von Holz- auf Kohlefeuerung, womit die Nutzung der Deistersteinkohle eingeleitet wurde. 1831 konnte der erste Schacht in Barsinghausen abgeteuft werden.

Als Rückfracht der Kalklieferungen nach Bremen bestellte Johann EGESTORFF schließlich Rohrzucker, den er nach der Eröffnung einer Zuckersiederei verarbeitete. Die übrigen zum Betrieb notwendigen Rohstoffe zog er aus seinen eigenen Unternehmungen (Kalk- u. Kohlenbetriebe, Holz- u. Kohlenhandel, Ziegeleien).

Unter der Führung von Georg EGESTORFF wurde 1835 die erste Eisengießerei und Maschinenfabrik gegründet, die gerade vor dem beginnenden Eisenbahnbau (1844) im Lande Hannover die erste Dampfmaschine 1836 und 1846 die erste Lokomotive herstellte, so daß der dann entstandene Bedarf an Lokomotiven teilweise durch die EGESTORFF-'sche Produktion gedeckt werden konnte. Der für die gesamte Industrie Hannovers entscheidende Schritt war mit der Gründung dieser Maschinenfabrik getan. Das Jahr 1835 bedeutet die Geburtsstunde der späteren Firma Hanomag in Hannover und darüber hinaus zu diesem Zeitpunkt die Lösung von der eigenen Rohstoffbasis, denn das nun benötigte Eisen mußte vorwiegend aus England eingeführt werden.

Die EGESTORFF'sche Fabrik beschäftigte 1840 vierzig Arbeitskräfte, im Jahre 1868 bereits 800.

Der Erfolg EGESSTORFF's gab Impulse zur Gründung weiterer metallverarbeitender Betriebe wie auch von Baumwollspinnereien und Webereien.

Mit der Auflösung des königlichen Hofes nach der Annektion durch Preußen im Jahre 1866 griffen die Industriebetriebe auf das Gebiet der bisher wenig industriefreundlichen Stadt über[160]. Von nun an nahm die Stadt selbst ungehindert an der außerordentlich raschen Industrialisierung des Deutschen Reiches teil.

Nach der anfänglich rohstofforientierten Industrieansiedlung in Linden (Kalke des Lindener Bergs, Kohle des Deisters), entstanden nach 1870 verkehrsorientierte Industrien verschiedener Art hinter dem hannoverschen Hauptbahnhof und beiderseits der Südbahn nach Göttingen (Döhren, Wülfel, Laatzen, Rethen, Sarstedt). Weitere Industriestandorte ergaben sich längs der Bahnstrecke im westlichen Stadtgebiet (Continental 1871), wo sowohl neugegründete als auch aus der Innenstadt verlegte Industriebetriebe angesetzt wurden (z.B. Chemische Fabrik von RIEDEL-DE HAEN in Seelze, BODES Geldschrankfabrik in Leinhausen).

Von der Jahrhundertwende ab wird die nördliche Peripherie der wichtigste Industriestandort im Raum Hannover. Neben der qualitativ besten infrastrukturellen Ausstattung

---

[159] SCHWARZ (1953), S. 63
[160] Hierzu SCHWARZ (1953), S. 65; PLATH et al. (1956), S. 284f.

(Flughafen seit 1952) bestehen hier die Möglichkeiten des billigen Grunderwerbs außerhalb der Stadt (Randwanderung) sowie steuerliche und baupolizeiliche Erleichterungen für die große Flächen beanspruchenden Industrieanlagen (Stöckener Industriezone seit den 30er Jahren, mit VW und Reifenwerk der Conti).

Zusammenfassend lassen sich mehrere Phasen in der industriellen Entwicklung Hannovers unterscheiden. In der Frühphase, zur Zeit des Königreichs Hannover, dominierten rohstofforientierte Industrien, die vor allem die lokalen Ressourcen ausnutzten. Der eigentliche industrielle Aufschwung fiel in die Zeit zwischen 1870 und 1914. In dieser 2. Phase siedelten sich vorwiegend Veredelungsindustrien an, welche die günstige Verkehrslage der Stadt nutzten. Eindeutige Schwerpunkte bildeten die Kautschuk- und Metallverarbeitung. Die lokalen Rohstoffe verloren hingegen an Bedeutung. Nach dem 2. Weltkrieg begann als 3. Phase die recht einseitige Ausrichtung auf die Automobilindustrie, von der direkt und indirekt etwa 40–45% der industriellen Arbeitsplätze abhängen[161].

Während also die industriellen Anfänge in Hannover-Linden rohstofforientiert waren und sich erst in späterer Zeit eine enge Wechselwirkung zwischen Industrie- und Verkehrsanlagen ergab, waren alle übrigen Industriebereiche nahezu von vornherein verkehrsorientiert.

Aus der Industriegeschichte Hannovers läßt sich zunächst für *Everloh* die Vermutung anstellen, bereits mit den ersten Industrieeinrichtungen in Linden und in Badenstedt konfrontiert gewesen zu sein. In Badenstedt ist von Georg EGESTORFF 1831 eine Saline und im Jahre 1839 eine Soda, Schwefelsäure und Chlorkalk produzierende chemische Fabrik errichtet worden.

Ungeachtet der vorzüglichen Bodenausstattung und der entsprechenden bäuerlichen Haltung zum Bodenverkauf könnten sich in Everloh nach 1866 schon die ersten urbanisierenden Einflüsse geltend gemacht haben. Bis dahin müssen die vom Königreich Hannover aus erlassenen Heirats- und Mobilitätsbeschränkungen der Landbevölkerung mitbedacht werden[162].

Für *Altwarmbüchen* lassen sich aus der industriellen Entwicklung Hannovers nicht unbedingt entscheidende Veränderungsimpulse ableiten. Denkbar wäre aber, daß die im Osten – im benachbarten Misburg-Anderten – seit den 90er Jahren des vorigen Jahrhunderts ausgedehnte Zementindustrie[163] Einfluß genommen hat, indem sie schon frühzeitig Arbeitsplätze für einige landlose Altwarmbüchener bot und sich dadurch der Beginn der später stark einsetzenden Pendelwanderung ankündigte.

Bei *Stelingen* dürfte hingegen davon ausgegangen werden, daß dessen Entwicklung – gerade auch in jüngerer Zeit – an den Einflußnahmen des nordwestlichen Industriebereiches teil hatte.

Wülferode liegt abgeschirmt „hinter" dem Kronsberg. Veränderungsimpulse durch die kleineren Industrieballungen Döhren-Wülfel-Laatzen-Rethen sind fraglich. Wahrscheinlicher scheinen soziokulturelle Einwirkungen auf die Gemeinde, übermittelt von den in Wülferode vielfach beherbergten, alljährlich wiederkehrenden Messegästen.

---

[161] ARNOLD (1978), S. 166
[162] ARNOLD (1978), S. 150f.
[163] SCHWARZ (1953), S. 71

Damit berühren wir einen weiteren wichtigen Faktor: Die Zentralität Hannovers, die vorwiegend nach dem 2. Weltkrieg mit der Funktion der Landeshauptstadt[164] sowie den vielfachen Dienstleistungseinrichtungen in der City entstand, wird durch die *Industriemesse* verstärkt, die als eine der bedeutendsten Veranstaltungen auf diesem Gebiet gilt[165]. Sie wird seit 1947 in Laatzen durchgeführt.

Außer dem Gerichtswesen konzentrieren sich alle wesentlichen Verwaltungseinrichtungen auf Landesebene (Landtag, Ministerien) seit 1946 in Hannover. Nach den starken Kriegszerstörungen der Hannoverschen Innenstadt, die die Abwanderung der Wohnbevölkerung hier nach dem 2. Weltkrieg in besonderem Maße förderten (1939: 256,7 E./ha; 1953: 31,8 E./ha)[166], setzte im Rahmen des Neuaufbaus in diesem Stadtgebiet eine ausgesprochene Citybildung ein − die Ausweitung des Dienstleistungssektors zu einem wichtigen Wirtschaftsfaktor in der Innenstadt[167].

Die *Einflußnahme* dieses *tertiären Sektors* kann für alle vier Untersuchungsgemeinden, gemessen an der Lage im Raum, gleich stark vermutet werden, ist seine Erreichbarkeit in der Stadt doch heute aufgrund der allgemeinen Motorisierung weitgehend unabhängig von der verkehrsmäßigen Anbindung an die Hauptstadt.

Die Bevölkerungszahlen Hannovers seit der 2. Hälfte des 19. Jh. weisen auf das seitdem verstärkt einsetzende Städtewachstum hin.

Während 1860 insgesamt 52 000 Einwohner in Hannover gezählt wurden, stieg die Zahl bis 1900 auf 235 000 und betrug im Jahre 1910 bereits 302 000.

Einerseits bewirkten die vielen Industriegründungen gerade im ausgehenden 19. Jh. das „Hereinströmen von Arbeitern aus den ländlichen Bereichen"[168], zum anderen wurden die ersten *Nachbardörfer eingemeindet*, wodurch nicht nur die Bevölkerungszahl ansteigt, sondern sich auch die Stadtfläche vergrößern konnte.

Nachdem bereits 1891 die Landgemeinden List, Vahrenwald, Hainholz und Herrenhausen eingegliedert worden waren, kamen 1907 die Dörfer Wülfel, Döhren, Kirchrode, Klein und Groß Buchholz, Lahe, Bothfeld und Stöcken hinzu. Die Stadtfläche vergrößerte sich dadurch seit 1890 von 2 500 ha auf etwa 10 000 ha und bot nunmehr besonders auf den ehemaligen Gemeinheitsflächen − Parzellen geringer Bodengüte, die bereitwillig verkauft wurden − Platz für Industrieansiedlungen, Verkehrsanlagen oder militärische Übungsplätze.

Nach dem 1. Weltkrieg unterlagen diese Flächen vielfach auch einer lockeren Bebauung. Es entstanden ausgedehnte Kleinsiedlungen und Kleingartenkolonien, wodurch das Stadtgebiet weithin zersiedelt wurde.

1920 ist die Industriestadt Linden, die zu dieser Zeit 83 000 Einwohner zählte, mitsamt ihren Stadtteilen Badenstedt, Bornum, Davenstedt, Limmer und Ricklingen in das Hannoversche Stadtgebiet eingemeindet worden.

1928 folgten weitere Eingliederungen wie die Gutsbezirke Herrenhausen, Marienwerder und Leinhausen, wodurch die Stadt auf über 13 000 ha mit etwa 430 000 Einwohnern anwuchs.

---

[164] Hierzu ARNOLD (1978), S. 163
[165] VOPPEL (1978), S. 88; SEEDORF (1978), S. 42
[166] SCHWARZ (1953), S. 72
[167] SEEDORF (1978), S. 42; STOSBERG (1962), S. 135f.
[168] SEEDORF (1978), S. 41

Zu Beginn des 2. Weltkrieges lebten 470 000 Menschen in Hannover, und im Jahre 1961 erreichte die Landeshauptstadt mit 573 000 Einwohnern ihren höchsten Bevölkerungsstand.

Die *Abwanderung* aus dem Stadtkern, die bereits − wie oben erwähnt − durch die Kriegszerstörungen der Hannoverschen Innenstadt vor 1945 einsetzte, verstärkte sich als *Stadt-Land-Wanderung* seit Beginn der 60er Jahre: so verloren die Stadtteile im inneren 5-km-Radius von 1961 bis 1970 etwa 62 000 Einwohner, während der 5−12-km-Bereich um die Stadt einen Zuwachs von 96 000 Personen erhielt.

Auch nach den Eingemeindungen von 1974, die z.B. die Dörfer Misburg, Anderten, Bemerode, Wülferode, Vinnhorst und weitere dem Stadtgebiet anschlossen, zählte Hannover nurmehr 566 000 Einwohner. Die Bevölkerungszahl geht in Hannover also, wie in den meisten deutschen Großstädten, statistisch zurück.

Nach dem recht stürmischen Bevölkerungswachstum, das teilweise durch Geburtenüberschüsse, zunehmend aber durch die Zuwanderung in die städtische Kernregion gestützt worden war, gingen seit der Mitte der 60er Jahre die Geburtenraten zurück. Das Wachstumstempo wurde hierdurch gebremst. Schon vorher aber verstärkte sich der Trend der räumlichen Ausdehnung des Wohneinzugsgebietes, der sich einerseits aus dem Nutzungswandel des städtischen Kerns und kernnahen Bereichs besonders seit der 2. Nachkriegszeit ergab, so daß die Wohnbevölkerung mehr und mehr ins Umland abwandern mußte und der andererseits mit veränderten Wohngewohnheiten − besonders seit Beginn der 60er Jahre − zu begründen ist.

Infolge gestiegener Wohnbedürfnisse und zunehmender Motorisierung breitete sich die Wohnbebauung ständig weiter im Umland aus. So begannen die Einwohnerzahlen Hannovers seit 1962 zu sinken. Der größte Teil des Bevölkerungsrückgangs von Hannover entfällt jedoch auf die zuletzt genannte Abwanderung in die Randgebiete bzw. nicht eingemeindeten Wohnvororte (z.B. Laatzen, Altwarmbüchen, Langenhaben, Berenbostel u.a.)[169].

Selbst die Zuwanderungen von außerhalb sind verstärkt in diese Randgebiete gerichtet.

Da die abgewanderte Bevölkerung aber strukturell der Kernstadt zugehörig bleibt, weil sie dort die Arbeitsplätze beibehält, handelt es sich geographisch betrachtet eigentlich um Scheinverluste. Die *Berufseinpendlerzahlen* Hannovers sind analog dieser Stadt-Land-Wanderungsphase in der Zeit von 1950 mit etwa 50 000 Pendlern bis 1970 auf 137 000 gestiegen[170].

Für die vier Untersuchungsgemeinden ist aus der soeben geschilderten Entwicklung der städtischen Bevölkerungszahlen und den Wanderungsvorgängen zunächst folgendes zu schließen:

Besonders Stelingen und Everloh sind von der aufkommenden Stadt-Land-Bewegung der 60er Jahre ergriffen worden, liegen sie doch in größerer Nähe zu den Arbeitsplätzen der Hannoverschen Industrien als Altwarmbüchen und Wülferode.

Von der Wanderung derjenigen Bevölkerung, die durch die starken Kriegszerstörungen der Innenstadt Hannovers in die Randgebiete abwanderte, sind vermutlich alle Untersuchungsgemeinden gleichermaßen stark betroffen worden, bestand doch für diese abwandernde Bevölkerung kaum die Wahl des „Unterschlupfs".

---

[169] VOPPEL (1978), S. 80
[170] VOPPEL (1978), S. 81

Darüber hinaus lassen sich für die Bevölkerung aller vier Fallbeispiele seit der 2. Nachkriegszeit veränderte Wertvorstellungen und Verhaltensweisen annehmen, welche zwar auf dem gesamtgesellschaftlichen Entwicklungsstand beruhen, letztlich aber doch von der Großstadt Hannover vermittelt werden[171]. Trends und Modevorstellungen können durch die Großstadtnähe unmittelbar aufgegriffen werden. So modernisiert die Landbevölkerung die alten Wohngebäude mit neuen Prestigesymbolen, im „städte"baulich-architektonischen Stil[172]. Während diese Verhaltensweise für alle vier Untersuchungsgemeinden charakteristisch sein dürfte — liegen sie doch in etwa gleich weiter Entfernung zum Innovationszentrum Hannover — läßt sich doch eine unterschiedliche Bereitschaft zum Landverkauf für die Errichtung von Neubauvierteln mit Eigenheimen vermuten.

Von vornherein könnte zunächst angenommen werden, daß besonders Altwarmbüchen und Stelingen — die Gemeinden mit den agrarwirtschaftlich ungünstigeren Bodenverhältnissen und zugleich die Gemeinden mit relativ viel Allmendebestand im 18. Jh.[173] — bereitwilliger dem Landverkauf an Eigentum suchende Städter gegenübergestanden haben oder stehen als Wülferode oder Everloh.

In der Tat läßt sich rückblickend verfolgen, daß in beiden Dörfern bevorzugt ehemaliges Gemeinheitsland verkauft wurde, welches zum Zeitpunkt des Verkaufs — um bzw. ab 1960 — natürlich längst in Privatnutzung war. Diese Allmendebereiche waren die Bereiche der schlechteren Böden und lagen bei beiden Gemeinden überwiegend westlich des Dorfes, an eben der Stelle der heutigen großflächigen Neubaugebiete.

Für Wülferode und Everloh muß andererseits bedacht werden, daß gerade die reizvolle natürliche Umgebung (Bockmer Holz, Benther Berg) einen hohen Stellenwert im Erholungs- und Freizeitsektor einnimmt[174] und unter diesem Aspekt eine Vielzahl Hannoveraner angelockt haben könnte.

Der *Vergleich der Richtbetriebsgrößen* für einen Vollerwerbsbetrieb (1969)[175] *mit der landwirtschaftlichen Betriebsstruktur* von 1970 (Tab. 15) ergibt für Stelingen und Altwarmbüchen tatsächlich eine höhere Anzahl nicht mehr als Vollerwerbsbetrieb existenzfähiger Betriebe als für Wülferode und Everloh.

Die Richtbetriebsgrößen der beiden nördlichen Gemeinden liegen bei 45 ha und 48 ha, die der südlichen Dörfer bei 25 ha und 29 ha.

Unterhalb der Betriebsgrößenklasse 30—50 ha in Tab. 15 sind für *Altwarmbüchen* und *Stelingen* aber jeweils noch 14 bzw. 16 Betriebe aufgeführt, die für eine vollberufliche Landwirtschaft derzeitig nicht mehr existenzfähig sind. Hingegen werden in *Wülferode* und *Everloh* lediglich 3 bzw. 1 Betrieb dieser Art gezählt — betrachtet man die Betriebe der Größenordnung ab 20—30 ha hier als existenzfähige Vollerwerbsbetriebe.

Vergleicht man darüber hinaus die Anzahl der nicht vollerwerbsexistenzfähigen Betriebe der vier Dörfer von 1970 mit derjenigen Zahl von 1960/61 (Tab. 10), die sich für die vier Untersuchungsgemeinden aus der Summe aller Betriebe von 0,01 ha bis unter 20 ha ergibt, so weisen jeweils Altwarmbüchen und Stelingen zwischen 1960 und 1970 in dieser Größenklasse die größten Verluste auf. In diesem Zeitraum verringerte sich bei Altwarm-

---

[171] LINDAUER (1970), S. 26

[172] ebenda

[173] siehe Kurhannoversche Landesaufnahme des 18 Jh.

[174] hierzu MÖLLER (1978), S. 179ff.

[175] vergl. III.A.

büchen die Zahl der Betriebe unter 20 ha — und nur diese können anhand der Tabellen 10 und 15 verglichen werden — von insgesamt 37 im Jahre 1960/61 auf 10 im Jahre 1970. Stelingen verlor von den 40 Betrieben unter 20 ha ebenfalls 27 im gleichen Zeitraum. Wülferode hingegen nur 10 und Everloh gar keinen.

Schließt man von der *Anzahl* der *nicht im Vollerwerb* existenzfähigen Betriebe innerhalb der Untersuchungsgemeinden auf den *Anfälligkeitsgrad für Verstädterung im Sinne von Betriebsaufgaben,* so stellen sich Altwarmbüchen und Stelingen als die am stärksten zur Verstädterung neigenden Dörfer dar. Denn die vermehrte Betriebsaufgabebereitschaft der nicht mehr existenzfähigen Betriebe läßt in diesen Dörfern nun sowohl eine größere Bereitschaft zu Verpachtungen als auch zum Baulandverkauf vermuten als z.B. in Everloh, wo schon zu Beginn der 60er Jahre die Zahl der existenzfähigen — und daher kauf- und pachtbereiten — Vollerwerbsbetriebsgrößen überwogen.

Die letzte hier anzusprechende, stadtinterne Struktur, von der gerade in jüngerer Zeit entscheidende Wandlungsimpulse ausgingen, stellt der *Großraumverband Hannover*[176] dar[177].

Dieser wurde aus der Notwendigkeit heraus gegründet, die zunehmende, fast ausufernde Verstädterung des Hannoverschen Umlandes und die Verstärkung der Verflechtung der Stadt Hannover mit den Umlandgemeinden nach dem 2. Weltkrieg durch räumliche Planung und Gestaltung in den Griff zu bekommen. Er bedeutet gewissermaßen — wie oben schon erwähnt — die institutionelle Konsequenz der Stadtentwicklung Hannovers bis zum Ende der 50er-, Anfang der 60er Jahre.

Nach den schwerwiegenden Ereignissen während und nach Ende des 2. Weltkrieges mußte eine Steuerung der räumlichen Entwicklungsprozesse für den Hannoverschen Raum einsetzen, sollte die unerwartete Dynamik, die sich in dieser Region durch den Neubau von Wohn- und Arbeitsplätzen sowie durch die Veränderung der räumlichen Bevölkerungsverteilung ergab, nicht in einer völligen Zersiedelung des Gesamtraumes enden.

So richtete sich der Bevölkerungsdruck aus der Landeshauptstadt mit der zunehmenden Stadt-Land-Wanderung nach dem 2. Weltkrieg vornehmlich auf die angrenzenden Gemeinden, während die im weiteren Umland gelegenen, ausbaufähigen Gemeinden mit zentralörtlichen Aufgaben noch wenig entwickelt waren.

Da mit einer fortschreitenden Expansion der hannoverschen Region und infolgedessen mit einem Zusatzbedarf an Wohnungen und Arbeitsplätzen für rd. 250 000 Menschen gerechnet wurde, mußte die Entwicklung des Gesamtraumes — entsprechend der spezifischen Entwicklungsmöglichkeiten der Teilbereiche — durch eine geeignete Form der regionalen Planung gesichert werden, sollte die Entwicklung künftig geordnet ablaufen und die Zersiedelung der Landschaft unterbunden werden. Einem Maximum an Wohnplätzen sollte optimal ein Maximum an Arbeitsplätzen und öffentlichen Einrichtungen jeder Art gegenüberstehen, wobei diese funktional einander zugeordneten Plätze auch untereinander optimal erreichbar sein sollten[178].

Zur Sicherung der Ordnungen im Baubereich existierten zwar seit dem Ende des 19. Jh. baurechtliche Regelungen, welche aber die Steuerung der Siedlungstätigkeit in großen Räumen — wie z.B. dem von Hannover und seinem Umland — nicht zu übernehmen ver-

---

[176] In der einschlägigen Literatur als „Verband Großraum Hannover" bezeichnet.
[177] HAUBNER/HEUWINKEL (1978), S. 94ff.; STOSBERG (1962), S. 140f.
[178] HAUBNER/HEUWINKEL (1978), S. 101

mochten. Für diesen Zweck sind zunächst seit dem 1. Weltkrieg die Verfahrensweisen der Regionalplanung, der Landesplanung und Raumordnung entwickelt worden. Höhepunkte der rechtlichen Grundlegungen waren dann später die Einführung des Bundesbaugesetzes von 1960 und das Bundesraumordnungsgesetz von 1965[179].

Bis zur Gründung des Großraumverbandes Hannover 1962/63 und der soeben erwähnten gesetzlichen Regelungen zur Bauleitplanung verliefen die Ortserweiterungen in den Gemeinden also spontan und planlos. Die Gefahr der sich immer stärker ankündigenden Zersiedelung sollte von nun an durch aufzustellende *Flächennutzungs- und Bebauungspläne*, in Anlehnung an die Raumordnungs- und Landesprogramme[180], gebannt werden. Die Planungshoheit der Gemeinden blieb zwar unumschränkt bestehen, erfuhr aber nun eine Richtweisung und Kontrolle, indem die Flächennutzungspläne der Bezirksregierung Hannover vorgelegt und damit weiteren Instanzen (Großraumverband Hannover) zur Überprüfung ausgehändigt werden mußten. Vor der Aufstellung der Flächennutzungspläne konnten die Gemeinden jeweils vom Großraumverband ein für sie ausgearbeitetes, landesplanerisches Rahmenprogramm anfordern, das die Planerstellung in die landesplanerische bzw. regionalplanerische Richtung wies[181].

War der Verband ursprünglich als öffentlich-rechtliche Körperschaft zur Entwirrung gewaltiger Probleme in der Wohn- und Arbeitsplatzverteilung des hannoverschen Raumes gegründet worden, zur organischen Entwicklung eines Gesamtraumes mit unerwarteter, ausufernder Nachkriegsdynamik, so sollte er künftig als Träger der Regionalplanung auch besonders die spezifischen Entwicklungsmöglichkeiten jeder einzelnen Gemeinde fördern: Zu den Planungs- und Verwirklichungsgrundsätzen gehörte es, „Agrargemeinden mit gesunder Struktur oder mit wertvollen landwirtschaftlichen Böden als solche"[182] zu erhalten, die Zersiedelung der Landschaft — um nochmals darauf hinzuweisen — zu verhindern und Eigenentwicklung in den Gemeinden stattfinden zu lassen, in denen die künftigen Verbandspläne aus ökonomisch-ökologischen Gründen keine neuen Siedlungsflächen vorsahen.

Die in den Verbandsplänen[183] geäußerten Grundsätze waren den landesplanerischen Zielen und darüber hinaus dem Raumordnungsgesetz angepaßt.

Für die Entwicklung der vier Untersuchungsgemeinden ergibt sich aus der Einführung dieser gesetzlichen Regelungen der krasse Übergang von bisher „spontanen" zu detailliert geplanten Ortsansiedlungen und ein völliges Abhängigkeitsverhältnis zu diesem Träger regionaler Planung.

Auf welche Art die spezifischen Gemeindeentwicklungen der vier gewählten Dörfer durch den Großraumverband Hannover bestimmt wurden, soll unter IV. C. erläutert werden.

Nach den Vorüberlegungen über die innerstädtischen einflußnehmenden Einrichtungen bleibt noch auf die möglichen Urbanisierungseinflüsse einzugehen, die von den *stadt-*

---

179 vergl. Bundesbaugesetz 13. Auflage, 1979, S. 1—116 u. S. 227—233
180 Vergl. § 1 Abs. 4 des BBauG von 1960
181 Vergl. Abschnitt IV. C.
182 HAUBNER/HEUWINKEL (1978), S. 100
183 Verbandspläne bestehen von 1967, 1972 und als „Regionales Raumordnungsprogramm" aus dem Jahre 1975. Das Programm von 1981 wurde von dem „Zweckverband Hannover" erstellt, der sich seit dem 30.06.1980 per Auflösungsgesetz aus dem ehemaligen Großraumverband ergeben hat.

externen Strukturen ausgehen und das Umland mitverändern. So müssen der Bau des Mittellandkanals (Eröffnung ab 1916 in westl. Richtung)[184] sowie die Bundesautobahnen im Norden, Süden und Osten von Hannover und das sternförmig auslaufende Eisenbahnnetz an dieser Stelle genannt werden, die der Stadt entscheidende Entwicklungsimpulse gaben, welche sich wiederum auf das Stadtumland auswirken konnten.

Die überregionalen Verkehrsströme, die sich erst seit dem Eisenbahnzeitalter[185] bei Hannover konzentrierten und vorher südlich — in Anlehnung an den Hellweg über Minden, Hildesheim und Braunschweig — an der Stadt in West-Ost-Richtung vorbeiführten, boten einerseits bei ihrem Bau Arbeitsplätze für die in der Landwirtschaft freiwerdenden Hilfskräfte und gaben andererseits den Anreiz, die hinzukommenden hannoverschen Industriebetriebe in ihrer Nähe zu errichten. Die Industrie war ja selbst auch auf ein gewisses ländliches Arbeitskräftepotentiel — in Form von Pendlern — angewiesen.

Für die vier Untersuchungsgemeinden lassen sich weniger sozialstrukturelle Veränderungen durch die Errichtung der überregionalen Eisenbahnlinien vermuten, liegen diese doch zu weit abseits und für andere Gemeinden weitaus günstiger[186]. Doch ist für Stelingen denkbar, daß sich um die Jahrhundertwende die ersten Ortsbewohner als Arbeiter dem Bau des Mittellandkanals zugewandt haben.

Ebenso ist die Beteiligung von Stelinger und Altwarmbüchener Tagelöhnern beim Bau der Autobahn A 2, die als West-Ost-Autobahn „Köln-Berlin" 1937 fertiggestellt wurde, vorstellbar und wie in Kap. IV. B. zu zeigen sein wird, für ein paar Stelinger auch bekannt.

Markante sozialstrukturelle Veränderungen ergaben sich bei Wülferode durch den benachbarten Autobahnbau sicher nicht, ist dieser doch erst in Folge kriegsbedingter Verzögerung 1962 ausgeführt worden[187]. Mit Sicherheit sind die in der Landwirtschaft freigewordenen Arbeitskräfte bis dahin längst in die hannoverschen Industrie- und Dienstleistungsbetriebe abgewandert.

Diese drei Gemeinden — besonders aber Altwarmbüchen in Nachbarschaftslage zur Nord-Süd- und West-Ost-Autobahn und ihrem bedeutenden Autobahnkreuz Hannover-Ost — hätten aufgrund der verkehrsgünstigen überregionalen Anbindung für die Errichtung von Industrie- und Gewerbevierteln günstige Standorte bieten können, d.h. für Betriebe, die sich im Zuge der industriellen Auslagerung aus dem Kerngebiet der Stadt hier hätten ansiedeln können. Hieraus resultierende Veränderungsimpulse würden dann, so könnte man erwarten, am ehesten bei den agrarwirtschaftlich weniger günstig gestellten Gemeinden Altwarmbüchen und Stelingen zur weitgehenden Aufgabe der Landwirtschaft geführt haben.

Auf Everlohs Entwicklung könnte hingegen nur die lokal bedeutsame Deisterbahnlinie Hannover-Barsinghausen, die das Fernverkehrsnetz seit 1872 ergänzt[188], einflußnehmend gewesen sein und sozialstrukturelle Veränderungen bewirkt haben.

---

[184] ARNOLD (1978), S. 149

[185] Die weniger wertvollen Böden des nördlichen Umlandes zogen die Verkehrsanlagen ebenso wie die späteren Industrieanlagen an. Auch konnte die steigungsempfindliche Eisenbahn günstiger im Flachland und damit an Hannover vorbeigeführt werden.
Hierzu SCHWARZ (1953), S. 58 u. 82; SEEDORF (1978), S. 40; VOPPEL (1978), S. 73f.
Der Landkreis Hannover (1948), S. 184; MIKUS (1966), S. 37

[186] MIKUS (1966), S. 55f.

[187] ARNOLD (1978), S. 149

[188] Der Landkreis Hannover (1948), S. 184

Zusammenfassend ergibt sich folgendes:

Mit Einsetzen der Industrialisierung und dem Bau der überregional bedeutsamen Verkehrsverbindungen erfährt die Stadt Hannover ein rasches Wachstum von der ehemaligen Residenzstadt eines Fürstentums zur Industrie- und Landeshauptstadt Niedersachsens.

Von nun an lassen sich urbanisierende Einflüsse im Hannoverschen Umland vermuten, die drei impulssendenden Kategorien zugeordnet werden können. Es sind dies der eigentliche stadtinterne Bereich, der durch Einrichtungen des sekundären und tertiären Sektors Wandlungsimpulse ausschickt, der stadtexterne Bereich, der die überregionalen Infrastrukturen umfaßt und als letztes jene Kategorie, deren Veränderungsimpulse zwar auf dem jeweiligen Stand der gesamtgesellschaftlichen Entwicklung — hier dem einer urbanen Gesellschaft — beruhen, aber in ihrer Ausstrahlung und Wirksamkeit gerade durch die Großstadt Hannover, durch den gesamten stadtinternen Bereich mit Geschäftsleben und kultureller Infrastruktur, begünstigt werden.

Die vorangestellten Überlegungen zeigen Möglichkeiten des Urbanisierungseinflusses auf. Vergessen werden darf dabei nicht, daß diese Erwägungen angestellt wurden ohne Berücksichtigung der Wertvorstellungen und tatsächlichen Verhaltensweisen der betreffenden ländlichen Bevölkerung und Gemeindeverwaltungen[189], die den Wandlungsimpulsen immerhin aufgeschlossen oder aber ablehnend und daher hemmend gegenübergestanden haben konnten.

B. Strukturwandlungen bis 1960/61

1. Veränderungen im Ortsbild

Wie sich zeigen wird, setzt in den Dörfern spätestens ab den frühen 60er Jahren die planmäßige Erschließung ganzer Straßenzüge oder „Siedlungen" durch Bauträger ein, während bis dahin die Einzelansiedlung an isolierten Stellen oder in mehr zufälliger Reihung vorherrscht. Mit der planmäßigen Erschließung größerer Bauareale kommt damit erstmals ein ausgeprägt städtisches Siedlungselement in die Dörfer. Aus der Dauer der spontanen, ungeplanten Erschließungen — bis etwa 1960 — und dem Beginn der planmäßigen Dorferweiterungen — ab etwa 1960 — ergibt sich der Zeitschnitt 1960/61, der die Kapitel IV. B. und IV. C. voneinander abgrenzt.

Im folgenden sind zunächst die Strukturwandlungen zu untersuchen, die sich bei den vier Auswahlgemeinden bis 1960/61 abzeichneten.

Die Gegenüberstellung verschiedener Meßtischblätter seit 1898 und Deutscher Grundkarten jüngerer Zeit gibt Aufschluß über den Entwicklungsgang der Siedlungsstrukturen der vier Untersuchungsgemeinden. Die Deutschen Grundkarten jüngerer Zeit sind jeweils aus der Nachkriegszeit des 2. Weltkrieges, aus der Mitte der 60er Jahre und aus der jüngsten Zeit ausgewählt worden.

Für die Darstellung des Entwicklungsgangs bis zum Ende der 50er Jahre — für Abschnitt IV. B. — wird zunächst auf die Urmeßtischblätter, auf die Deutschen Grundkarten

---

[189] Hierzu BOESLER (1969), S. 127

der 2. Nachkriegszeit in Kombination mit zeitlich entsprechenden Meßtischblättern − soweit vorhanden − wie auch auf die jeweiligen Meßtischblätter von 1961 zurückgegriffen.

Die Siedlungsentwicklung *Altwarmbüchen* ist in Beilage 4 nach Phasen dargestellt.

Der Vergleich der Altwarmbüchener Flurkarte von 1876 (Abb. 3) mit dem Urmeßtischblatt von *1898* (Beilage 5) läßt eine Ortserweiterung an der südlichen Seite der Dorfdurchgangsstraße durch drei neue Häuser und durch ein weiteres Gebäude an der gleichen Straßenseite, am westlichen Dorfeingang, erkennen.

Nach Mitteilung der ältesten Dorfbewohner Altwarmbüchens sind die drei bis 1898 hinzugekommenen Häuser gegenüber der Höfezeile Häuser eines Tischlers, eines Schneiders und eines Schusters, die aus dem Dorf selbst stammten. Neben dem Handwerk bearbeiteten sie zur Selbstversorgung ein kleines Stück Feld und besaßen ein wenig Vieh.

Darüber hinaus sind bis dahin bei Altwarmbüchen *zwei Ziegeleien* eingerichtet worden, von denen die jüngere bereits eine „transportorientierte" Lage − an der um 1898 begradigten und befestigten Chaussee von Hannover nach Celle − einnahm. Die ältere Ziegelei, die nach der Jahrhundertwende stillgelegt wurde, lag nördlich, an der Straße nach Isernhagen. Die zweite, jüngere Ziegelei wurde ursprünglich noch vor 1876 von dem Besitzer des Hofes Nr.5 (Wilhelm JÄNECKE) errichtet. Nach etwa vier- bis fünfmaligem Besitzerwechsel übernahm sie schließlich der Altwarmbüchener Maurermeister Hermann KAISER, der 1892 mit dem Neubau einer Dampfziegelei auf dem Gelände begann.

Ab 1895 bestand sie als reine Dampfziegelei bis in die jüngste Zeit fort (Ziegelei FLEMMING). Die Tongrube beider Ziegeleien befand sich nördlich des älteren Betriebes, ebenfalls an der Straße nach Isernhagen. Die großen Tonvorkommen in der Altwarmbüchener Feldmark bildeten die Grundlage zur Errichtung der Ziegeleien, ebenso wie die Tongruben im benachbarten Dorf Lohne, das auf dem Urmeßtischblatt von Altwarmbüchen gleichfalls einen Ziegeleibetrieb erkennen läßt, der − wie die Altwarmbüchener Ziegeleien − mit den gebrannten Ziegeln und Mauersteinen sowohl einen Teil des Hannoverschen Bedarfs, wie auch den jeweils anfallenden der umliegenden Dörfer deckte.

So wurden die Fuhrwerke der zweiten Altwarmbüchener Ziegelei nicht nur gebraucht, um den Ton von der Tongrube zum Ziegeleigelände zu schaffen, sondern auch die fertigen Ziegel und Steine in die benachbarten Dörfer oder in die Stadt Hannover zu transportieren, die ja mit der aufblühenden Industrie in der zweiten Hälfte des 19.Jh. − und besonders am Ende des 19.Jh. − einen wachsenden Bedarf an Baumaterial hatte.

Die Stadt Hannover, d.h. der in ihr aufkommende „Bauboom" im 19.Jh., löste also indirekt die Arbeit aus, die von Saisonarbeitern von nun an in den Ziegeleien verrichtet wurde.

Nach Informationen ältester Altwarmbüchener zählten zu den Saisonarbeitern der jüngeren Ziegelei um die Jahrhundertwende neben wenigen Tagelöhnern aus benachbarten Dörfern Arbeiter aus dem Lippischen Bergland, die während der Wintermonate in ihre Wohngemeinden (Rott und Wennenkamp) zurückkehrten. Mehrere von ihnen sind nach der Jahrhundertwende in Altwarmbüchen dann seßhaft geworden, haben sich im Dorf verheiratet, ein kleines Grundstück mit Großgarten zur Selbstversorgung erworben und sich mit einem Häuschen hier endgültig niedergelassen.

Zunächst jedoch wohnten sie während des auf den Sommer beschränkten Betriebes der Ziegelei in zwei Häusern an der Straße nach Hannover − südlich des alten Hirtenhauses −, die neben weiteren Gebäuden zur Unterbringung von Pferden und Fuhrwerken als reine Arbeiterwohnhäuser mit zu den Gebäuden der jüngeren Ziegelei zählten. Mit diesen

Wohnhäusern trat ein völlig neues, nicht mehr dorfspezifisches Element in Erscheinung, das beinahe mit dem Werkswohnungsbau der Industrialisierung verglichen werden kann.

Hatte sich Altwarmbüchen von der Mitte des 19.Jh. bis zur Jahrhundertwende durch lediglich drei neue Gebäude in seiner dörflichen Eigenentwicklung erweitert, so wurde die Gemeinde mit der Errichtung der zweiten Ziegelei und der gesteigerten Ziegel- und Steinproduktion bereits im ausgehenden 19.Jh. mit einer von nun an langsam einsetzenden Siedlungserweiterung konfrontiert, die von außen an das Dorf herangetragen wurde.

Der externe, allerdings indirekt Veränderung auslösende Faktor ist der verstärkt einsetzende Bauboom innerhalb Hannovers in der 2. Hälfte des 19.Jh. Die Veränderungen selbst werden dann direkt, aber ebenso extern, durch den Zuzug von Saisonarbeitern in das Dorf gebracht.

Im Gegensatz zu den drei Dorfhandwerkern[189a], die möglicherweise vorher schon als Häuslinge im Dorf ansässig waren und sich jetzt mit eigenem Haus verselbständigten, kommt mit den Saisonarbeitern der Ziegeleien am Ende des 19.Jh. eine neuartige Berufsgruppe hinzu, die der Arbeiter.

Erst mit der Ansiedlung einiger von ihnen (für drei Familien sind Vorfahren aus dem Lipperland bekannt, die in der 2. Ziegelei gearbeitet haben) erhalten sie mit dem Altwarmbüchener Handwerkerbestand eine Gemeinsamkeit: neben der „hauptberuflichen" Tätigkeit bewirtschaften sie zur Eigenversorgung einen Groß– oder Feldgarten und halten in kleinen Stallungen wenig Vieh.

Gegenüber den ortsentstammenden Handwerkern siedeln die ersten Arbeiter aber nicht in den eigentlichen Dorfbereich, an die noch freie Straßenseite, gegenüber der Höfezeile, sondern auf kleine Grundstücke an die Straße nach Hannover, in die Nähe der Ziegelei. Hierin kündigt sich bereits diejenige Tendenz an, die die gesamte Ortserweiterung Altwarmbüchens bis zur Gegenwart charakterisiert: alle an das Dorf von außen herantretenden Zuzügler und Bauwillige erhalten nur die Möglichkeit, außerhalb des Dorfverbandes, westlich oder vereinzelt östlich des Ortes, anzusiedeln, wobei die Ortserweiterung bis 1898 durch die drei Häuser südlich der Höfezeile – also im eigentlichen Dorfbereich – eine Ausnahmesituation darstellt. Der Zugang zum Hauptackerbereich wurde von vornherein freigehalten und nur durch diese einmalige Ansiedlung von der ortseigenen Bevölkerung – also bäuerlichen Nachkommen – im ausgehenden 19.Jh. z.T. versperrt. Alle übrigen Siedlungserweiterungen sollten sich künftig direkt an der Straße nach Hannover – d.h. am Rand der bodenqualitativ ungünstigeren Wirtschaftsfläche, später auch mitten in diese hinein – ausdehnen. So begründet sich die gesamte Ortsentwicklung Altwarmbüchens nach Westen einerseits aus der Straße und damit der Verbindung nach Hannover, wie auch aus den hier vorherrschend ungünstigeren Bodenverhältnissen. Hier verkauften die Bauern am ehesten, nicht dagegen in der alten Kernflur.

In der Zeit *um 1920* hatten sich die *Vertreter nichtbäuerlicher Berufe* in Altwarmbüchen vermehrt: hinzugekommen waren noch ein Milchfuhrmann, ein Gemeindediener, ein Hausschlachter, ein Krämer, ein Müller und eine Gärtnerin, die in den Gemeindeunterlagen des derzeitigen Bürgermeisters als „Häuslinge" erfaßt waren.

Die Gärtnerei war nach dem 1.Weltkrieg von der Tochter des damaligen Ziegeleibesitzers eingerichtet worden und ist erst Anfang der 60er Jahre wieder aufgegeben worden, als die Besitzerin verstarb und sich keine Nachfolger für den Betrieb einfanden.

[189a] Weiteres zum Handwerkerbestand siehe unter IV.B.2.

Die Berufe lassen erkennen, daß sich durch die Entwicklung der Landwirtschaft der Wohlstand im Dorf vergrößert hatte: Die vergrößerte Rindviehhaltung machte täglich Milchtransporte zur Molkerei in Burgdorf notwendig, die Ansiedlung eines Müllers zeigt den Anstieg der Getreideernte; der Gemeindediener läßt erkennen, daß eine Gemeindeverwaltung eingerichtet werden konnte, Krämer und Hausschlachter zeigen, daß die traditionelle, reine Hauswirtschaft, in der von der Familie fast alles selbst hergestellt wurde, sich aufzulösen beginnt und über den Kramladen vermehrt auch Industriewaren ins Dorf kommen. Die Gründung der Gärtnerei stellt schließlich weitere im Dorf aufkommende Unternehmertätigkeit außerhalb der Landwirtschaft dar, wobei hier der Produktionsabsatz — ebenso wie bei den Ziegeleiprodukten — vorwiegend auf die nahe Stadt Hannover ausgerichtet war. Die Gärtnerei bestand aus einer Obstplantage, in der vorwiegend Äpfel verschiedener Sorten geerntet werden konnten, die auf dem Wochenmarkt in Hannover verkauft wurden. Altwarmbüchen erhielt durch diese Gärtnerei eine weitere Verbindung zur Stadt, die über den Ziegeleibetrieb indirekt initiiert war.

Mit Ausnahme des Lehrers waren die Vertreter der nichtbäuerlichen Berufe in der Zeit um 1920 jeweils Nachkommen aus den Familien des Dorfes, die sich mit ihren Häusern und kleinsten Nebenerwerbsstellen am westlichen Dorfeingang oder an der Straße nach Hannover — z.B. gegenüber der Ziegelei —ansiedelten (siehe Beilage 4B)[190].

Die Dorfschullehrer von Altwarmbüchen waren stets von anderen Orten zugezogen, so schon der erste Lehrer im Dorf — Sohn des Küsters und Organisten von Kirchhorst —, der zunächst als „Reihelehrer" auf den einzelnen Höfen Unterkunft fand und auf dem jeweils von ihm bewohnten Hof auch ein Zimmer für den Unterricht gestellt bekam.

Ab 1852 wurde die Kapelle im Dorf, die bis dahin als Gerichtssaal genutzt war — denn die Kirche war zu der Zeit ja schon in Kirchhorst —, zur Schule umfunktioniert. Noch 1887 erhielt die Kapelle einen kleinen Anbau, der nun eine feste Unterkunft für den Lehrer im Kapellen- bzw. Schulgebäude ermöglichte.

Darüber hinaus sind aus den 30er Jahren selbständige Fuhrleute bekannt, die für den Ziegeleibetrieb Steine und Dachziegel, z.B. bis Braunschweig oder Nienhagen fuhren und, ebenso wie die im Dorfe lebenden Handwerker oder seßhaft gewordenen Ziegeleiarbeiter, einen kleinen landwirtschaftlichen Nebenbetrieb von höchstens 2 oder 3ha besaßen.

Dieser Typus von *Arbeiter-* bzw. *Handwerker-Bauer* mit einem Groß- oder Feldgarten, der vor der Jahrhundertwende in Altwarmbüchen mit den drei Gebäuden an der südlichen Dorfdurchgangsstraße erstmalig optisch in Erscheinung tritt, bleibt für die Ortserweiterung bis in die 50er Jahre charakteristisch.

Dies kommt zunächst bei den landwirtschaftlichen Betriebszählungen von 1939 und 1949, aber auch noch in der von 1960/61 zum Ausdruck, wo für Altwarmbüchen eine große Anzahl von landwirtschaftlichen Nebenerwerbsbetrieben registriert wurde: 1939 wurden nur 10 Betriebe unter 5 ha gezählt, dagegen 1960/61 24 Betriebe unter 5 ha, die sich speziell auf diese Siedlungsweise beziehen. Unter IV.B.3. wird darauf nochmals eingeganen.

Zu dem oben aufgeführten Handwerkerbestand der 20er Jahre, dessen Aufgaben im Dorf die nahe hannoversche Industrie und die Geschäfte der Stadt noch nicht zu übernehmen begannen und den soeben erwähnten, einzelnen, seßhaft gewordenen Ziegeleiarbeitern, treten in den 30er Jahren erstmals Arbeiter hinzu, die als dörfliche Nachkommen industrielle Beschäftigungsmöglichkeiten in den nächstliegenden hannoverschen Industriebetrieben „Grammophon" (seit 1898 in Hannover) oder „Geha" (1918 in Hannover gegründet)[191] aufgriffen. Darüber hinaus verdienten sich einige als Straßenbahnfahrer in Hannover ihren Unterhalt.

Dies waren die ersten Auspendler des Dorfes Altwarmbüchen. Die Zahl der in Industrie und Handwerk Beschäftigten übertraf 1939 mit 250 in Altwarmbüchen bereits den Anteil derjenigen, die im Bereich Land− und Forstwirtschaft tätig waren (175).

Die Veränderungen in der ehemals rein agrarisch ausgerichteten Sozialstruktur des Dorfes, die aufkommende Siedlungsweise „kleines Haus + Feldgarten" der Vertreter nichtlandwirtschaftlicher Berufe im Dorf und schließlich die frühe Einrichtung von Wohngebäuden zur Unterbringung der Ziegeleiarbeiter in der Arbeitssaison − an den industriellen Werkswohnungsbau erinnernd − sind für das Dorf ursprünglich fremdartige, neue Elemente und zugleich Indizien für den bis 1939 bereits eingesetzten Wandlungs- bzw. Verstädterungsprozeß.

Die Deutsche Grundkarte von *1950/52*[192] wie auch das Meßtischblatt von 1952 zeigt (Beilg. 5) die *Weiterentwicklung Altwarmbüchens* über die Jahrhundertwende hinaus bis zur frühen Nachkriegszeit.

In mehr oder minder weiten Abständen voneinander entfernt reihen sich die Ansiedlungen, die sich durch die wenigen seßhaft gewordenen Ziegeleiarbeiter und durch die dörflichen Nachkommen bis zum Ende der 30er Jahre ergeben haben, an der Straße nach Hannover oder Isernhagen aneinander.

Nur 5 neue Häuser wurden im Osten von Altwarmbüchen bis dahin errichtet. Sie stehen − ebenso wie die Wohngebäude im Westen des Dorfes − auf länglichen Grundstücken, bzw. hier im Osten auf den Enden vorhandener Ackerparzellen. Sie schließen hinter sich einen größeren Feldgarten oder ein Kleinfeld an und sind jeweils von kleinen Schuppen umgeben. Diese weisen auf die landwirtschaftliche Bearbeitung des Grundstücks mit wenig Viehhaltung hin.

Besonders deutlich lassen sich diese *Arbeiterbauern- oder Handwerkerbauernsiedlungen* auf den Blättern der Deutschen Grundkarte von 1950/52 erkennen, wo die Gebäudeschraffur die Wohnhäuser von den Nebengebäuden abhebt.

Während die Bautätigkeit zur Zeit und unmittelbar nach dem 2. Weltkrieg in Altwarmbüchen ruhte, so daß die Karten von 1950 und 1952 den Siedlungsbestand wiedergeben, der bereits vor dem 2. Weltkrieg erreicht war, zeigt das Meßtischblatt von *1955* die ersten *Nachkriegserweiterungen*. Im Bereich zwischen Ziegelei und Gärtnerei treten bis 1955 mehrere neue Häuser hinzu, wie auch an der heutigen „Krendelstraße". An der Straße nach Isernhagen sind bis 1955 zwei weitere Gebäude entstanden, die, ebenso wie die anderen Nachkriegshäuser, mit hausanschließendem Garten- oder Kleinfeldland versehen waren.

Wie der Gang der Altwarmbüchener Bevölkerungszahlen in IV.B.2. zu erkennen geben wird, ist das Dorf − wie alle hannoverschen Umlandgemeinden − während des 2. Weltkrieges zum einen von vielen Ausgebombten der Stadt aufgesucht worden, die im Dorf teilweise noch ihre Verwandtschaft hatten und ursprünglich von hier stammten, zum anderen aber auch von Flüchtlingsfamilien.

---

[190] Von 1898 bis 1952 gibt es keinen Zwischenstand des Meßtischblattes.
[191] ARNOLD (1978), S. 154
[192] Deutsche Grundkarte 1 : 5000, Altwarmbüchen, 1950; Deutsche Grundkarte 1 : 5000, Lahe − Nord, 1952

Zu Beginn der 50er Jahre hatte die Altwarmbüchener Realgemeinde (= alle Großhöfe zusammengefaßt) beschlossen, in den oben erwähnten Bereichen Flächen für die Bebauung und Unterbringung mehrerer Heimatvertriebener abzugeben. Auch war der Schulraum — im ehemaligen Kapellengebäude bis 1950/52 untergebracht — in der Nachkriegszeit nicht mehr ausreichend, so daß für die Altwarmbüchener sowie für die gerade ins Dorf Hinzugekommenen zu Beginn der 50er Jahre ein neues Schulgebäude, westlich des Dorfeingangs, gebaut wurde. Die Lage der neuen Schule macht die allmähliche Verschiebung des Altwarmbüchener Siedlungsschwerpunktes nach Westen deutlich. In den alten Schulräumen wurde das Gemeindebüro eingerichtet, das bis zur Gegenwart hier — also direkt gegenüber dem eigentlichen Dorf! — verblieb. Im neuen Schulbereich gab die Realgemeinde Bebauungsflächen frei, die ohnehin bodenqualitativ ungünstige Wirtschaftsflächen, d.h. eine bisher abgebaute Sandkuhle, darstellten. Schon vor dem 2. Weltkrieg war die neue Kapelle mit dem Friedhof hier eingerichtet worden.

In der Zeit von *1955 bis 1961* wurde Altwarmbüchen in Anlehnung an den bereits begonnenen Nachkriegsausbau erweitert. Der Bereich zwischen Gärtnerei und Ziegelei ist durch eine Häuserkette nun aufgefüllt, das nordwestliche Ende der heutigen „Krendelstraße" mit einer flächenhaft beginnenden Erweiterung versehen und das Gebiet nördlich der neuen Schule und Kapelle durch etliche Häuser aneinandergereiht bebaut worden. Die Bebauung dieser Zeit stellt — wie vor 1955 — Siedlungshäuser der 2. Nachkriegszeit dar, die vorübergehend von den während und nach dem 2. Weltkrieg nach Altwarmbüchen Hinzugekommenen gebaut worden sind und neben kleinen Schuppen und Ställen hinter dem Wohnhaus wiederum einen großen Feldgarten anschlossen, der nach Beendigung der täglichen Berufsarbeit zur Selbstversorgung bewirtschaftet wurde.

Die Nachkriegsbebauung beginnt in Altwarmbüchen zu Beginn der 50er Jahre, zwischen 1952 und 1955, und erreicht dann im Zeitraum von 1955 – 1961 ein zunehmendes Ausmaß.

Während die Vergrößerung Altwarmbüchens vom ausgehenden 19.Jh. bis 1952 vorwiegend in westlicher Richtung, auf die Stadt Hannover zu, in Anlehnung an die bereits vorgegebene Hauptverkehrsstraße, verlief, trat zwischen 1952 und 1955 eine Erweiterung hinzu, die nicht mehr unmittelbar die Hannoversche Straße verfolgte, sondern in Flurbereichen lag, auf die die Realgemeinde aus ökonomischen Gründen durchaus verzichten konnte.

Erstmalig erscheint darauffolgend zwischen *1955 und 1961* eine *flächenhafte* Ortsentwicklung bzw. —erweiterung, die nicht mehr —wie bisher— ungeordnet oder regellos verlaufen sein konnte. Das geradlinige Wegenetz und die geordnete Aufreihung der Siedlungshäuser weisen schon optisch auf die erstmals planmäßig verlaufene, nahezu geschlossene Bebauung hin.

Begründet werden kann dieser Siedlungsverlauf damit, daß die Gemeinde Altwarmbüchen schon vor der gesetzlichen Regelung des BBauG einen Ortsplaner beauftragt hatte, die Ortserweiterung nach 1955 zu lenken und die bisherige bruchstückhafte Zersiedlung, die sich in manchen Erweiterungsbereichen abzuzeichnen drohte, zu unterbinden.

Während bis dahin, wie Beilage 4 A zeigt, vorhandene Parzellen ganz oder in straßennahen Teilen als Baugrundstücke mit Gartenland gekauft oder im Erbgang übernommen wurden, hat man nun erstmals im Rahmen von Bebauungsplänen Flächen siedlungsgerecht in Bauplätze neu eingeteilt. Jedoch handelt es sich noch nicht um eine einheitliche Bauplanung; die Einzelhäuser sind individuell konzipiert, wie dies auch der Vergleich der Grundrisse in Beilage 4 A erkennen läßt.

Wie auch bei den Ortsvergrößerungen vor dem 2. Weltkrieg bleibt das eigentliche Dorf Altwarmbüchen – die ursprüngliche Siedlung – als „kompakte Einheit" ohne feste Anbindung an die Siedlungserweiterung nach dem 2. Weltkrieg bestehen. Die bis zur Jahrhundertwende entstandene Dorfvergrößerung auf der gegenüberliegenden Höfeseite wird auch bis 1961 nicht fortgeführt und „aufgefüllt", der eigentliche Ackerbereich also nach wie vor freigehalten. Er bleibt für fast jeden Hof in guter Erreichbarkeit.

Die bis 1961 in Altwarmbüchen seßhaft gewordenen Familien der Heimatvertriebenen wie auch die Dorfbevölkerung, die während des 2. Weltkrieges den Arbeitsplatz in der hannoverschen Industrie verloren hatte, griffen in den 50er Jahren die Arbeit in den benachbarten Industriebereichen von Misburg und in der Stadt Hannover wieder auf. Zudem war die Altwarmbüchener Ziegelei in den Jahren von 1959 bis 1964 auf einen Ganzjahresbetrieb mit einer künstlichen Trockenanlage umgestellt worden[193], der im Ort selbst nun ganzjährig Arbeitsstätten bot.

Dennoch erreichte die Anzahl derjenigen Altwarmbüchener, die in Industrie und Handwerk 1950 beschäftigt waren, noch nicht wieder die Größenordnung von 1939 (Tab. 7 und 9 in IV.B.3.), worin sich die vorübergehende Arbeitslosigkeit im sekundären Sektor während der Kriegs- und frühen Nachkriegsjahre ausdrückt. Da aber viele der Industriearbeiter während und nach Beendigung des 2. Weltkrieges vorübergehend als landwirtschaftliche Arbeiter im Dorf oder als Kleinbauern auf den eigenen Groß- bzw. Feldgärten beschäftigt waren und auch die im Dorf lebenden Flüchtlingsfamilien versucht haben, sich zunächst auf den großen Höfen zu betätigen oder sogar wenige Morgen Land zur Eigenbewirtschaftung von den Bauern zu pachten, nahm die absolute Anzahl der in der Land- und Forstwirtschaft Erwerbstätigen von 1939 bis 1950 zu. Viele von ihnen wurden so auf den Nebenerwerbsstellen als Voll-Landwirte – mit der hauptberuflichen Tätigkeit nun in der Landwirtschaft – registriert. Eigentlich waren sie in ihrem Hauptberuf arbeitslos.

Der *Handwerker- und Arbeiterbauer*, der in Altwarmbüchen seit dem ausgehenden 19.Jh. in den Ortserweiterungen als ein *spezieller Siedlertyp* erscheint, nämlich *als Hausbesitzer mit Groß- oder Feldgarten bzw. Kleinfeld* und dazugehöriger Wiese, setzt sich mit den Nachkriegssiedlern in den 50er Jahren fort. Denn die in Altwarmbüchen seßhaft gewordenen Heimatvertriebenen sowie die aus der Stadt nach Altwarmbüchen zurückgekommenen Ausgebombten, wie auch diejenigen dörflichen Nachkommen, die in den 50er Jahren und bereits vorher aus den elterlichen Höfen herausstrebten, siedelten sich nach 1952 in dieser spezifischen Siedlungsweise in Altwarmbüchen an.

Abschließend sei zur Ortsentwicklung Altwarmbüchens bis 1961 noch darauf hingewiesen, daß der Bau der Autobahn Köln-Berlin vor dem 2. Weltkrieg weder eine Ortsvergrößerung ausgelöst hat, noch daß Altwarmbüchener beim Bau der Autobahntrasse beteiligt gewesen sind. Das gleiche ergibt sich für die bis 1961 fertiggestellte Nord-Süd-Autobahn, östlich von Altwarmbüchen[194]. Die unter diesem Aspekt in Abschnitt IV.A. aufgestellten Vermutungen werden sich erst bei den Veränderungen des Altwarmbüchener Ortsbildes nach 1961, also in Kapitel IV.C.1., bestätigen, wo die Einflußnahme dieser stadtexternen Einrichtungen auf den Ausbau der Altwarmbüchener Gewerbeviertel hervorzuheben sein wird.

---

[193] REHKOPF (o.J.), S. 163
[194] Nach Information der Altwarmbüchener

Stelingen (Beilagen 5 A und 5 B) erhält bis *1898* entlang der Wege nach Heitlingen und Osterwald-Oberende eine „linienhafte" Erweiterung durch 18 neue Häuser. Unmittelbar am nördlichen Ortsausgang folgen diese zunächst dichter, bis zur Gemarkungsgrenze nach Heitlingen im Norden dann aber lockerer aufeinander. Stelingen hat bereits zur Zeit der Verkoppelung mit 24 Höfen eine größere Anzahl an Hofstellen als Altwarmbüchen, erweitert sich daher stärker bis 1898 durch die kleinen Häuser als dies Altwarmbüchen bis dahin tat. Denn die Zahlen der neuen Häuser in Stelingen und der alten Höfe liegen nicht weit auseinander.

Nach Mitteilungen von alteingesessenen Stelingern haben sich bis zur Jahrhundertwende die Nachkommen der dörflichen Bevölkerung hier mit kleinen Häusern und Nebenerwerbsgrundstücken angesiedelt. Waren die Wohnhäuser nicht mit einem hausanschließenden Kleinfeld versehen, wie die Zeile entlang der Heitlinger Straße mit 110 m langen Parzellen, besaßen die bäuerlichen Nachfahren zumeist am Rande der Felder des jeweiligen elterlichen Hofes ein selbst zu bewirtschaftendes Grundstück.

Zu den dörflichen Nachkommen dieser Ortserweiterung zählten neben einem Viehhändler und einem Schäfer, der neben der eigenen Herde auch die übrigen Schafe des Dorfes betreute und direkt an der Gemarkungsgrenze nach Heitlingen angesiedelt war, mehrere Arbeiter, die in die Ziegeleibetriebe nach Berenbostel und in die seit 1855 bestehende Ziegelei von Stöcken pendelten[195]. Diese waren ebenso wie die Altwarmbüchener Ziegeleien im Zusammenhang mit der Bauentwicklung in Hannover entstanden und alle verkehrsgünstig nahe der Chaussee Nienburg-Hannover gelegen. Darüber hinaus verdienten sich einige von ihnen als Arbeiter im Reichsbahnausbesserungswerk in Leinhausen[196], das 1878 gegründet wurde und bereits in den den 20er Jahren einen Großbetrieb darstellte, ihren Unterhalt. Auch konnten in diesem Werk Sattler, Tischler, Schlosser oder Polsterer Beschäftigungsmöglichkeiten finden, bzw. junge Leute als solche hier handwerklich ausgebildet werden. Die stadtexterne Einrichtung der Eisenbahn nahm also indirekt, d.h. durch eine ihr angehörende Institution, Einfluß auf das Dorf Stelingen. Die urbanisierende Einwirkung geschah aber dabei nicht in der unter IV.A. betrachteten Weise, nämlich daß die Lage des Dorfes zur Eisenbahn eine Ortsvergrößerung (im Sinne der verkehrsorientierten Wohnlage für Industriearbeiter) begünstigt hat, sondern dadurch, daß sie mit einer ihr verbundenen Betriebsstätte Arbeitsplätze für mehrere ortsansässige Stelinger seit dem ausgehenden 19.Jh. bot.

Eine weitere Arbeitsstätte stellte für die Stelinger, die außerhalb der Landwirtschaft hinzuverdienen mußten, das Industriegebiet von Linden im ausgehenden 19.Jh. dar, insbesondere der Lindener Hafen, wo z.B. die EGESTORFFschen Schiffe für den Transport nach Bremen im 19.Jh. be- und entladen werden sollten.

Damit ergibt sich für Stelingen bereits am Ende des 19. Jh. ein weiterer, die Urbanisierung des Dorfes beeinflussender Faktor, der im Abschnitt IV.A. unter den heutigen stadtinternen Institutionen, den hannoverschen Industrievierteln, betrachtet wurde, wenngleich er vor der Eingemeindung Lindens in das Stadtgebiet Hannover (1920) ursprünglich eine − in Bezug auf Hannover − stadtexterne Lage einnahm und innerhalb der selbständigen

---

[195] Zur Lage der Ziegeleien siehe Meßtischblatt 1898 = Beilage 5B
[196] Siehe Karte „Umgebungskarte der Landeshauptstadt Hannover" M = 1 : 50 000, Ausgabe 1981 (Abb.1)

Nachbarstadt Linden gelegen hat: der Ursprung der hannoverschen Industrie, der Industriebereich von Linden.

Gegenüber Altwarmbüchen ist *Stelingen* im ausgehenden 19. Jh. also bereits viel stärker *„nach außen"* orientiert. Von mehreren Stelingern ist ja aus dieser Zeit schon bekannt, daß sie als Arbeiter oder Handwerker (Ausbesserungswerk der Eisenbahn) in die nähere und sogar weitere Umgebung bis nach Linden, etwa 10 km, also 2 Stunden bei flottem Marsch, pendelten. Nach *Altwarmbüchen* wurde zu dieser Zeit eine Veränderung *hineingetragen.* Sie ergab sich insbesondere aus der 2. jüngeren Ziegelei und den von auswärts einpendelnden Ziegeleiarbeitern, die hier teilweise auch seßhaft wurden. In beiden Dörfern entwickelt sich in gleicher Weise seit dem ausgehenden 19. Jh. die spezifische Siedlungsweise des Handwerker- oder Arbeiterbauern, die sich — genauso wie in Altwarmbüchen — auch in Stelingen bis in die Nachkriegszeit des 2. Weltkrieges fortsetzt.

Sie erklärt sich einerseits aus der Fortführung der bäuerlichen Tradition, andererseits aus der wirtschaftlichen Notwendigkeit, da die Löhne noch sehr niedrig waren. Gegenüber den zur Miete wohnenden Arbeitern in der Großstadt konnten so die auf dem Dorf wohnenden Arbeiter einen in Hinblick auf Wohnung und Nahrungsmittelversorgung besseren Lebensstandard erreichen; dafür mußten sie allerdings täglich weite Fußmärsche in Kauf nehmen.

Das Meßtischblatt von *1926*[197] zeigt neben den vier neuen Häusern in der Wegegabelung nach Engelbostel und Berenbostel am östlichen Dorfausgang weitere drei neue Gebäude am nordwestlichen Weg nach Osterwald-Oberende. An der Wegegabelung wurden wiederum dörfliche Nachkommen ansässig, die hinter dem Wohnhaus einen Garten mit Schweinen und Hühnern hatten und ein Kleinfeld bewirtschafteten. Als Milchfuhrmann und als Arbeiter in den Gärten von Herrenhausen gehören auch sie dem speziellen Typus von Siedler mit Wohnhaus, Kleinfeld und wenig Viehzucht — also landwirtschaftlichem Nebenerwerb bzw. Eigenversorgung — an.

Am nordwestlichen Weg nach Osterwald—Oberende errichteten drei bäuerliche Nachkommen eines Hofes in Stelingen jeweils ein Wohngebäude. Für die Hilfe auf dem elterlichen Hof bekamen sie von hier die Arbeitsmittel zur Verfügung gestellt, die sie zur Bewirtschaftung ihrer eigenen kleinen Felder benötigten. Ab 1910 ergriffen ortsansässige Stelinger auch die Arbeitsmöglichkeit am Mittellandkanal, wo nach dem Bau des Nordhafens[198] — nordwestlich von Stöcken — Hafenarbeiter gesucht wurden. Die Häfen des Mittellandkanals wurden bevorzugte Ansatzstellen für neue und aus der Stadt verlagerte Betriebe. So entstanden 1938 das VARTA-Akkumulatoren — und das CONTINENTAL-Reifenwerk am Nordhafen, zu denen 1956 das VOLKSWAGENWERK kam[199]. Die Industrien boten nicht nur beim Aufbau, sondern auch später nach Fertigstellung der Werksanlagen weitere neue Arbeitsplätze für diejenige Stelinger Bevölkerung, die nicht in der Landwirtschaft verbleiben konnte.

So erklärt sich, daß in Stelingen die Anzahl der 1939 schon in Industrie und Handwerk Beschäftigten mit 178 die der in der Land- und Forstwirtschaft Tätigen mit 152 bereits deutlich übertraf. Ebenso wird die Vielzahl der land- und forstwirtschaftlichen Kleinbetriebe zwischen 0,5 und 5 ha verständlich — 1939 waren es bereits 29 — das Dreifache der

---

[197] Meßtischblatt Nr. 3523, 1 : 25 000, 1926
[198] siehe Beilage 5B
[199] SEEDORF (1978), S. 42, siehe Meßtischblattausschnitt 1951 auf Beilage 5B

entsprechenden Betriebsanzahl von Altwarmbüchen (10). Obwohl in Altwarmbüchen 1939 mehr Industriearbeiter und Handwerker (250) gezählt werden als in Stelingen, erscheinen dort weniger Kleinstbetriebe (unter 5 ha). Die Ursache hierfür liegt bei den Ziegeleiarbeitern, die nach Altwarmbüchen pendeln, hier also nicht ganzjährig seßhaft sind, während die in Industrie und Handwerk beschäftigten Stelinger im Dorf in der oben beschriebenen Weise fest wohnen.

Darüber hinaus muß natürlich berücksichtigt werden, daß die Ausgangsgröße des Dorfes Altwarmbüchen mit 14 Höfen niedriger ist als die von Stelingen mit anfänglich 24 Höfen. Eine knapp doppelt so große Zahl von Neusiedlern kann insofern als gleichwertig angesehen werden; das Dreifache allerdings zeigt, daß Stelingen auch einen relativen Vorsprung erreicht hat.

In den 20er bzw. 30er Jahren sind in Stelingen ein Schneider, ein Stellmacher, ein Tischler, ein Bäcker, ein Kaufmann, ein Gemeindediener, ein Lehrer und sogar schon ein Ladenschlachter vorhanden, die das Dorf mit dem Nötigsten versorgen. Fast stärker noch als in Altwarmbüchen weckte die wachsende Zahl der nicht-vollbäuerlichen Familien der Arbeiter- und Handwerker-Pendler einen alltäglichen Haushaltsbedarf, der auf den Bauernhöfen bisher in Selbstversorgung gedeckt werden konnte bzw. mußte oder außerhalb des Dorfes in anderen größeren Orten. Außer dem Ladenschlachter, der aus Berenbostel stammte und in Stelingen einheiratete, waren alle weiteren Handwerker Ortsansässige bzw. Nachfahren der bäuerlichen Familien. Auch gab es wie in Altwarmbüchen in den 30er Jahren mehrere Fuhrleute in Stelingen, die mit den Fuhrwerken für die Ziegeleien in Berenbostel fuhren und bei den Bauern im Dorf Stelingen wenige Hektar Grünland für die Pferde pachteten.

Der weitere Ortsausbau von Stelingen, der sich durch die dörfliche Eigenentwicklung *von 1926 bis 1937* ergab, umfaßt vier neue Häuser am nördlichen Dorfausgang und vier an der nach Westen gerichteten Straße nach Osterwald-Oberende, die in lockerem Abstand aufgereiht die bisherige Siedlungserweiterung fortsetzen. Im alten Brinksitzer-/-köthnerbereich aus der Verkoppelungszeit werden bis 1937 fünf neue Häuser errichtet, der Bereich „Auf dem Brinke" also verdichtet.

Innerhalb des eigentlichen Dorfes jedoch − *zwischen den Höfen* − sind nur vier Wohngebäude hinzugetreten, die 1937 östlich und südöstlich der Halbmeierstellen HH 2b und HH 3c erscheinen und von Bauernsöhnen dort errichtet wurden. Eine zweite Veränderung bringt in diesem Gebiet die Verlagerung des Vollmeierhofes VH 1a, der in trockenere Bodenbereiche, an die Straße nach Stöcken, gezogen ist und hier als Zwei- bzw. Dreikanthof wiedererbaut wurde.

Die charakteristische Siedlungsstruktur von Stelingen, die sich ursprünglich aus der lockeren Aneinanderreihung der Höfe zu einer Schwarmsiedlung ergab, bestand als solche bis zur unmittelbaren Vorkriegszeit des 2. Weltkrieges und, wie der Vergleich mit der Deutschen Grundkarte von *1948*[200] zeigt, bis zur frühen Nachkriegszeit fort.

Während der gesamten 40er Jahre hat sich Stelingen nicht erweitert, die Bautätigkeit also, ebenso wie in Altwarmbüchen und auch in den übrigen beiden Untersuchungsgemeinden, geruht. Von der Jahrhundertwende bis zum 2. Weltkrieg erfährt Stelingen also eine Ortsvergrößerung durch dörfliche Eigenentwicklung, die sich an den Ortsrändern be-

---

[200] Deutsche Grundkarte 1 : 5000, Stelingen, 1948

merkbar macht und teilweise in ähnlich lockerer Art zu erkennen gibt wie das ursprüngliche Siedlungsmuster des Altdorfes.

Genau wie in Altwarmbüchen ist die überschüssige Bevölkerung in Stelingen von der Jahrhundertwende ab bis zum Beginn des 2. Weltkrieges zum guten Teil im Dorf in eigenen Häusern seßhaft geworden und hat neben einer außerlandwirtschaftlichen Hauptbeschäftigung wenige Morgen Land zur Selbstversorgung. Die Deutsche Grundkarte von 1948 gibt die hausanschließenden Großgärten in der Erweiterung am nördlichen Dorfausgang besonders gut wider. Auch in der Gruppe östlich des Dorfes sind die Einheiten „Haus-Garten-Kleinfeld" deutlich zu erkennen [201].

Während sich einige Nachbardörfer mit Ziegeleien in die Belieferung der Bauwirtschaft Hannovers einschalten konnten und eine größere Zahl von Arbeitsplätzen am Ort entstehen ließen, bot sich in Stelingen nur der Sandabbau in dem Endmoränenzug südlich des Dorfes an, wo seit Ende des 19. Jh. in zunehmendem Maße Sandgruben entstanden wie ein Vergleich der Meßtischblätter erkennen läßt.

Insgesamt haben sich den Stelingern seit dem 19. Jh. vielfältige Arbeitsmöglichkeiten außerhalb des Dorfes geboten, die – betrachtet man die Ziegeleien, die Industrie in Linden, die Herrenhäuser Gärten sowie die überregionalen Verkehrsverbindungen Eisenbahn und Mittellandkanal mit ihren dazugehörigen Einrichtungen (Ausbesserungswerk, Nordhafen) – sowohl vor der Jahrhundertwende wie auch danach von denjenigen Stelingern genutzt wurden, die zu den mehr oder weniger besitzlosen Nachkommen zählten und auch nicht den Handwerkern und Gewerbetreibenden im Dorf angehörten. Die Siedlungserweiterungen bis zum 2. Weltkrieg sind aber auf eine rein dörfliche Eigenentwicklung zurückzuführen und nicht auf Zuzügler von außen, die sich etwa mit dem Aufbau der stadtexternen Einrichtungen wie Eisenbahn, Mittellandkanal oder Autobahn Köln-Berlin, hier bevorzugt angesiedelt hätten.

Bis *1961* stagnierte die Bauentwicklung in Stelingen fast völlig. Gegenüber der Hofstelle HH 4d jedoch entstand ein familienbezogener Neubau. Daneben konnte die erste Flüchtlingsfamilie seßhaft werden, die hier auf der Grundlage der fortschreitenden Motorisierung der Landwirtschaft ein Schmiede- und Landmaschinenunternehmen aufbaute.

In den Jahren um 1960 setzte dann, ähnlich wie in Altwarmbüchen, eine neue Entwicklung ein: Von den Höfen wurden größere Feldareale verkauft, die von Bauträgern planmäßig mit Wohnstraßen erschlossen und in Baugrundstücke parzelliert wurden.

Auf Beilage 5 A sind die ersten bis 1967 Erschlossenen hervorgehoben. Die unmittelbar südlich an das Dorf Anschließenden weisen mit ihren nach ostdeutschen Städten benannten Straßen auf *Flüchtlingssiedlungen* hin, die durch günstige Finanzierung errichtet werden konnten.

Eine entsprechende Entwicklung begann nun auch im westlich des Dorfes gelegenen Erweiterungsgebiet.

Während bis 1961 noch in „alter Manier" drei als Kleingruppe isolierte Bauten an der Landstraße nach Osterwald entstanden – jeder mit größerem Garten, Kleintierstall und Schuppen –, wurde danach auch hier der Siedlungsausbau ganz überwiegend in kompletten Straßenzügen mit gleichgroßen Grundstücken planmäßig durch Bauträger organisiert. Dies wird in den Straßennamen erkennbar, die – nach Vogelarten benannt – eine aus drei Wohnstraßen bestehende „Vogelsiedlung" als Einheit herausheben.

---

[201] Vergl. hierzu Beilage 5B, Meßtischblattausschnitt 1951

Diese Siedlungsentwicklung bis etwa 1967 ist ein Resultat des *unfreiwilligen Bevölkerungszuzugs* während und nach dem 2. Weltkrieg.

Wie aus den Bevölkerungszahlen in IV.B.2 ersichtlich wird, wurden in Stelingen – ebenso wie in Altwarmbüchen und vielen Dörfern rund um Hannover – während des 2. Weltkrieges viele Ausgebombte aus der Stadt Hannover, aber auch etliche Flüchtlingsfamilien untergebracht, die nach Kriegsbeendigung teilweise in Stelingen seßhaft wurden. Viele arbeiteten als Pendler in den benachbarten Industrien – vor allem CONTI, VARTA und VW – und betätigten sich nach Feierabend auf den Stelinger Höfen, wo sie zugleich untergekommen waren. Bis zum Aufbau der ersten Flüchtlings-Nebenerwerbssiedlungen im Bereich „Neißer Straße" und „Stralsunder Straße" pachteten sie vielfach einen oder zwei Morgen Land von den Stelinger Bauern.

Die Ansiedlung von Flüchtlingen und die endgültige Niederlassung von Ausgebombten im Dorf Stelingen zeigt sich bis 1961 erst zögernd im Ortsbild, danach setzt dann ein umfangreicher und zugleich planmäßiger Ausbau ein, der eine neue Phase bildet und in Abschnitt IV.C.1 ausführlich behandelt wird.

Zusammenfassend sei hervorgehoben, daß für die gesamte Stelinger Überschußbevölkerung, die sich aus dem Bauerndorf seit der Mitte des 19. Jh. bis zur unmittelbaren Vorkriegszeit des 2. Weltkrieges entwickelte, ein vielfältiges Arbeitsplatzangebot außerhalb der Landwirtschaft – außerhalb von Stelingen – bereitstand und auch nach dem 2. Weltkrieg für die Stelinger wie auch für die im Dorf aufgenommenen Heimatvertriebenen existierte. Es haben sich aber aus den überregionalen Verkehrsverbindungen, den stadtexternen Strukturen, wie auch aus dem Aufbau der Stöckener Industrien bis 1961 keine direkten Ortserweiterungen ergeben. Insgesamt hat sich die ursprünglich lockere Siedlungsstruktur des Altdorfes bis 1961 erhalten, wenngleich vereinzelte Ansätze zu einer Verdichtung – wie z.B. die neu erbaute Schule und Sporthalle in den 50er Jahren zwischen den Höfen Großkö 11 l und Großkö 10 k – zu erkennen sind.

Der Kartenvergleich des *Wülferoder* Meßtischblattes von *1898* (Beilage 6B) mit der Verkoppelungskarte von 1845 zeigt die Ortserweiterung bis zur Jahrhundertwende, vorwiegend in Anlehnung an den ursprünglichen Dorfkern der Verkoppelungszeit (hervorgehoben in Beilage 6A). So erhält Wülferode in Anschluß an die Brinksitzerstelle ×23, *am südlichen Dorfausgang, entlang der heutigen Dorfdurchgangsstraße* (Bockmerholzstraße), sechs neue Häuser. Aus dem Dorf hervorgegangene Nachkommen haben sich hier angesiedelt und – gemessen an den Gebäuden der bäuerlichen Höfe – kleine Wohnhäuser mit anschließenden Gärten hier errichtet.

Genauso wie in Altwarmbüchen und Stelingen bis zur Jahrhundertwende Dorfnachfahren im Siedlungsbild in Erscheinung treten, die zwar von den Höfen stammen, selbst aber nur noch eine Nebenerwerbslandwirtschaft betreiben, lassen sich bei der Ortsvergrößerung in diesem Dorfbereich Wülferodes nieder, die ebenfalls die Hauptbeschäftigung außerhalb der Landwirtschaft haben und nebenbei nur wenige Morgen Land – hauptsächlich zur Selbstversorgung – bewirtschaften. Die Deutsche Grundkarte „Wülferode-Ost" von 1949[202] wie auch die Beilage 6A[203] läßt die hausanschließenen Großgärten gut erkennen, die sich ursprünglich bis zur Hoyerstraße erstreckten. Während aber zwei von den sechs bis zur Jahrhundertwende hier hinzugekommenen Häusern kleinere Grundstücke hatten –

---

[202] Deutsche Grundkarte 1 : 5000, Wülferode – Ost, 1949
[203] Meßtischblattausschnitt 1954

das 1. und 6. Haus —, schlossen die übrigen Häuser größere Feldgärten an, die insbesondere beim 2., 3. und 4. Haus als lange Gärten bis zur Hoyerstraße durchzogen.

Wie in den vorherigen Beispielen sind diese Siedler Dorfhandwerker auf Haus-Gartenparzellen:

In Anschluß an die Brinksitzerstelle ×23 siedelte sich im ausgehenden 19. Jh. ein Schäfer an, dessen Nachkommen hier eine Bäckerei einrichteten. Zugleich halfen die Bäckersleute auf den Höfen im Dorf und während der Wintermonate beim Holzeinschlag im Bockmer Holz oder der Gaim. Die beiden nach Süden anschließenden Häuser wurden von einem Dorfschmied und dessen Bruder vor der Jahrhundertwende gebaut. Das nächstfolgende kleine Wohnhaus gehörte einem Wülferoder Tagelöhner, der sich als Maurer den Unterhalt verdiente. In Anschluß hieran entstand das 5. Gebäude dieses Erweiterungsbereiches, das von einem 2. Bäcker bewohnt wurde. Dieser stammte vom Hof Kön20 und fuhr die Backwaren zum Verkauf über Land bis nach Hannover. Die Nachkommen richteten nach der Jahrhundertwende hier einen Kolonialwarenladen ein. Das letzte Gebäude, das bis zum ausgehenden 19. Jh. in diesem Erweiterungsbereich entstand und direkt gegenüber dem Hof Köt 18 lag, wurde nochmals von einem Schäfer bezogen, dessen Nachfahren hier in den 20er/30er Jahren eine kleine landwirtschaftliche Stelle mit Waldarbeit im Tagelohn betrieben.

Der südliche Dorfausgang ist also in der 2. Hälfte des 19. Jh. von Wülferodern erweitert worden und von derjenigen Dorfbevölkerung bestimmt, die hauptberuflich einer außerlandwirtschaftlichen Tätigkeit nachgeht.

Das Haus des Dorftischlers liegt vor der Jahrhundertwende auf der Brinksitzerstelle z25, also ebenfalls am südlichen Dorfrand. Sowohl in den 20er/30er Jahren nach der Jahrhundertwende wie auch in der 2. Nachkriegszeit und der Gegenwart noch befinden sich die Dorfhandwerker, Kaufleute und die Geschäfte stets in diesem südlichen Dorfteil.

Die weitere Ortsvergrößerung, die sich in Wülferode bis zur Jahrhundertwende abzeichnet, umfaßt zwei Gebäude an der heutigen Debberoder Straße, abseits des eigentlichen Dorfes im Südwesten. Hier siedelten sich von außerhalb nach Wülferode zugezogene Landarbeiter an, die auf einem der Höfe beschäftigt waren und von ihrem Verdienst ein kleines Wohnhaus errichten konnten. Die Grundstücke wurden von dem Bauern an dieser Stelle dafür freigegeben.

Eine letzte Veränderung im Ortsbild ergibt sich schließlich durch die Verlagerung des Forsthauses bis 1898 an die heutige Niederfeldstraße und durch den Bau von mehreren Tagelöhner-Häusern an der Niederfeld- und der benachbarten Hoyerstraße. Auch hier wird — zumindest an zwei Beispielen — die Siedlungsweise des „Arbeiter-Bauern" mit Haus, Garten und anschließendem Kleinfeld besonders gut auf der Deutschen Grundkarte von 1949 „Wülferode-Ost" (Beilg. 6B, 1954) ersichtlich, wo ostwärts der Niederfeldstraße noch zwei schmale Feldstreifen — teilweise auch als Koppel genutzt — erscheinen und nach Aussage der Wülferoder mit zum Grundbesitz der neuen Häuser gehörten. Die Bewohner dieser Häuser sind bereits im ausgehenden 19. Jh. mit dem Fahrrad in das 1882 gegründete Eisenwerk nach Wülfel bzw. zur 1867/68 gegründeten Wollwäscherei und -kämmerei nach Döhren gependelt. In beiden Industrien war sowohl in der Zeit vor wie auch nach dem 2. Weltkrieg ein Teil der Wülferoder Arbeiter oder der hier untergebrachten Flüchtlinge beschäftigt.

In den 20er/30er Jahren nach der Jahrhundertwende umfaßte der Stamm der Handwerker und Gewerbetreibenden in Wülferode einen Schmied, einen Bäcker, zwei Kaufleute mit Läden, einen Hausschlachter und einen Milchhändler, die alle im Bereich des südlichen Dorfausgangs – wie oben bereits hervorgehoben – also in der jüngeren Siedlungserweiterung (Dorfdurchgangsstraße oder benachbarte Hoyerstraße) ansässig waren.

Ebenso wie in Altwarmbüchen und Stelingen die sich Ansiedelnden im ausgehenden 19. Jh. wie auch danach noch das Wohnhaus vorwiegend in Zusammenhang mit einem Großgarten oder Kleinfeld zur Eigenbewirtschaftung anlegten, besaßen die Handwerker und Gewerbetreibenden Wülferodes eine kleine Nebenerwerbslandwirtschaft. Dies hatte sich – wie bei den beiden zuvor betrachteten Dörfern – auch bis zur unmittelbaren 2. Vorkriegszeit nicht geändert: 1939 werden in Wülferode 15 landwirtschaftliche Kleinstbetriebe mit einer Fläche von 0,5 bis unter 5 ha gezählt[204]. Im Gegensatz zu Altwarmbüchen und Stelingen aber, wo die Anzahl dieser Kleinstbetriebsstellen bis 1960/61 noch zunimmt oder konstant bleibt, verringert sie sich in Wülferode bereits bis 1949 und weiterhin bis 1960/61. Es kommen hier von 1939 bis zur unmittelbaren Nachkriegszeit und auch darauffolgend keine weiteren Nebenerwerbslandwirtschaften hinzu. Dies steht im Zusammenhang mit der Ortsentwicklung Wülferodes bis *1948/49*. Die Erweiterung von Wülferode von der Jahrhundertwende bis 1948/49 erscheint relativ geringfügig: lediglich 12 neue Gebäude werden in diesem Zeitraum errichtet, was auf die spezifische Höfesituation in Wülferode seit den 30er Jahren hinweist:

Der überwiegende Teil der großen bäuerlichen Höfe bleibt seitdem bis zur Gegenwart vielfach ohne Erben oder die Bauernfamilien haben „nur" eine Tochter, die nach außerhalb heiratet und fortzieht.

Da auch in den 50er Jahren noch keine eigentliche Siedlungsaktivität der im Dorf verbleibenden Flüchtlinge und Ausgebombten eingesetzt hat, bleibt die Siedlungserweiterung bis *1961* mit nur 8 Häusern und der neuen Schule eine vergleichsweise mäßige Vergrößerung (Beilage 6A).

An die Flüchtlinge, die auch in Wülferode in nahezu allen schon bestehenden Wohnhäusern untergebracht waren, wurde kaum Land zur Eigenbewirtschaftung verpachtet. Im Gegensatz zu den Bauern in Stelingen und Altwarmbüchen hielten die Höfe in Wülferode das Land stärker zurück und gaben selbst an die auf ihren eigenen Hofstellen untergekommenen Heimatvertriebenen kaum etwas zur Pacht ab.

Die Flüchtlinge in Wülferode nahmen – ebenso wie die ortseigene Arbeiterbevölkerung – nach Kriegsbeendigung die Arbeit in der Industrie – besonders in Wülfel und Döhren – und darauffolgend im aufblühenden Dienstleistungssektor der Stadt Hannover auf. Nach Arbeitsschluß und am Wochenende halfen sie dann – ähnlich wie in den anderen Untersuchungsgemeinden – auf den großen bäuerlichen Höfen.

Die Meßtischblätter von 1954 und 1966 zeigen im südöstlichen Dorfbereich von Wülferode einen schraffierten Flurteil, der das hier ausgewiesene, künftige Neubaugebiet für die im Ort verbleibenden Heimatvertriebenen und Ausgebombten ankündigt. Dabei stimmt die Karte von 1966 noch nicht mit dem bis dahin tatsächlich eingesetzten Baugeschehen überein, denn nach Angaben des Hannoverschen Katasteramtes sind die Grundstücke für die Häuser in der „Siedlung" südlich der Kirchbichler Straße schon 1959 eingeteilt und der gesamte Neubaubereich 1960 fast vollständig vermessen worden. So ist die Bebauung in diesem Gebiet, die bereits 1960/61 begann, schon 1963/64 abgeschlossen. Das neue Schulgebäude war bereits Anfang der 50er Jahre in diesem Gebiet errichtet worden.

---

[204] Siehe IV.B.3.

Die größere, erstmalig flächenhafte Erschließung eines Neubaugebietes geht zum einen auf den Entschluß des Hoferben HH g7 zurück, der als „entfernter" Verwandter der sonst erbenlosen Wülferoder Bauernfamilie in Lobke bei Peine wohnte und dort selbst einen Hof bewirtschaftete. Da der geerbte Hof in Wülferode durch einen Bombentreffer 1943 zerstört wurde, so daß für eine Aufrechterhaltung des Betriebes die Voraussetzungen fehlten, und der Erbe überdies beabsichtigte, einen zweiten Hof im Ort Harber bei Lobke aufzukaufen, veräußerte er die zu seinem Wülferoder Hof gehörigen Flächen im Südosten von Wülferode an die Kreissiedlungsgesellschaft.

Die übrigen zum Hof HH g7 gehörigen Wirtschaftsflächen verkaufte der Hoferbe an die Niedersächsische Straßenbauverwaltung, die im Auftrage der BRD, d.h. der Bundesstraßenverwaltung, östlich von Wülferode die Nord-Süd-Trasse A7/E4 (Hamburg-Kassel) plante und mit den aufgekauften Hofflächen von HH g7 die jeweiligen vom Autobahnbau betroffenen Landwirte in Wülferode zu entschädigen vermochte[205].

Zum anderen wurde die Gründung des südöstlichen Neubaugebietes begünstigt durch das Interesse des damaligen Dorfbürgermeisters, Bauland den in Wülferode verbliebenen Flüchtlingsfamilien bereitzustellen: Er organisierte letztlich den Verkauf der Flächen des südöstlichen Neubaubereiches an die Kreissiedlungsgesellschaft. Im Gegensatz zu den Wülferoder Bauern, die nicht bereit waren, Land zur Bebauung abzugeben, zeigte der derzeitige Dorfbürgermeister, der als Handwerker und nicht als Bauer in Wülferode tätig war, großes Engagement, das Dorf zu „öffnen" und zu vergrößern.

Mehrere Zufälligkeiten also — der Flüchtlingszustrom nach Wülferode, der Ausgang des Hofes HH g7 und das nicht als bäuerlich zu charakterisierende Engagement des damaligen Dorfbürgermeisters hinsichtlich der Dorfentwicklung — begünstigen bzw. entscheiden die Wülferoder Siedlungsentwicklung am Ende der 50er bzw. zu Beginn der 60er Jahre.

Insgesamt zeigt sich das außerhalb der Landwirtschaft bestehende Arbeitsplatzangebot für die Wülferoder Ortsnachkommen seit dem ausgehenden 19.Jh. nicht in einer solchen Variationsbreite wie für die Stelinger. Die nahen Industrien in Wülfel und Döhren — 4,5 km bis 6 km von Wülferode entfernt und damit in einem gut einstündigen Fußmarsch oder per Fahrrad in maximal 30 Minuten erreichbar — boten Arbeitsmöglichkeiten schon vor und auch nach dem 2. Weltkrieg.

Im Gegensatz zu Altwarmbüchen und Stelingen übertrifft aber in Wülferode die Zahl der Beschäftigten in Industrie und Handwerk 1939 noch nicht diejenige der in der Landwirtschaft Tätigen, was auf die günstigeren landwirtschaftlichen Ausgangsbedingungen — die besseren Bodenverhältnisse — dieser Gemeinde hinweist. Die Ortsvergrößerung von Wülferode seit dem 19. Jh. bis 1960 geht auf eine *reine Eigenentwicklung des Dorfes* zurück und ist noch nicht von Zuzüglern bestimmt.

Wie in Altwarmbüchen und Stelingen blieb der von vollbäuerlicher Höfestruktur bestimmte Dorfkern auch bei Wülferode bis 1960 von Veränderungsprozessen im Siedlungsgrundriß unberührt. Neue Ausbauten wurden wie in den ersten beiden Dörfern vor den Dorfausgängen und im ehemaligen Brinksitzer-/Anbauersektor ausgewiesen. Sie führten die bisherige Entwicklung bruchlos fort. Im Gegensatz zu Altwarmbüchen und Stelingen aber setzt in Wülferode die Ortsvergrößerung bis 1960 zum einen flächenmäßig zusammenhängender ein, zum anderen in direktem Anschluß an die Dorfausgänge des alten Kerns und vorrangig als Verdichtung des Nachsiedlerbereiches der frühen Neuzeit.

---

[205] Weiteres bei IV.C.1.

Die vierte Untersuchungsgemeinde *Everloh* (Beilage 7A und 7B) zeigt um *1898* die erste Ortserweiterung durch acht Hausstellen außerhalb der eigentlichen Höferunde: An der „Chaussee von Minden" sind westlich der vor dem Dorf liegenden Viehtränke (Dunke) ein Kleinbauernbetrieb und im Abbauerbereich sechs weitere neue Häuser des traditionellen Typs hinzugetreten, die z.T. Lücken auffüllen. Ebenso wie der Dorfschneider, der das einzeln stehende Haus am nordwestlichen Hofrand der Stelle Hö g errichtete, sind alle übrigen neuen Hausbesitzer Ortsabkömmlinge, die handwerklich beschäftigt waren und − wie in den anderen Untersuchungsgemeinden auch − nebenbei eine landwirtschaftliche Nebenerwerbsstelle besaßen.

Neben einem Kupfer- und Kesselschmied hatte bis zur Jahrhundertwende auch der Bäcker im Ortsausbau an der Chaussee gewohnt. Darüber hinaus waren in diesem Erweiterungsbereich von Everloh auch Tagelöhner seßhaft, die auf dem Gut Erichshof − dem aus Everloh ausgesiedelten Hof VHa − arbeiteten, welches die Stadt Hannover und die Umgebung auf den Wochenmärkten mit Obst und Gemüse belieferte.

Weitere Verdienstmöglichkeiten bestanden schon seit Mitte des 19. Jh. in der unmittelbaren Umgebung− so z.B. in der Zuckerfabrik in Gehrden und im Kaliwerk bei Empelde, beides „ländliche" Industrien ohne direkten Bezug zu Hannover.

Bis in die *20er/30er* Jahre hatte sich durch weitere Ansiedlung im ehemaligen Köthner- und Abbauerbereich an der Chaussee von Minden der Bestand an Dorfhandwerkern noch vergrößert: Neben einem Hausschlachter und zugleich Maurer existierten zwei Schneidermeister, zwei Tischler, ein Stellmacher, zwei Schmiede, ein Bäcker, ein Schuster, zwei Gastwirte und ein Kaufmann im Dorf, der zeitweise über Land fuhr und seine Waren in den benachbarten Ortschaften anbot.

Für ein Dorf mit 7 Bauernfamilien[206] auf Vollerwerbshöfen und ebenso wenigen Arbeiterfamilien ist dies eine erstaunlich umfangreiche Handwerkerschaft, die verständlich wird, wenn wir den wachsenden finanziellen Wohlstand der Landwirte auf den hier vorherrschenden Lößböden bedenken.

Wie die Arbeiterbauern oder Handwerker der anderen Untersuchungsgemeinden besaß auch die Gruppe der Handwerker in Everloh einige Morgen Land, das sie zur Selbstversorgung bewirtschafteten. Everloh besitzt daher 1939 − ebenso wie die drei anderen Untersuchungsdörfer − eine Menge (10) kleinster landwirtschaftlicher Nebenerwerbsstellen. Im Gegensatz zu Altwarmbüchen, Stelingen und Wülferode aber verliert Everloh bis 1960/61 nahezu alle dieser landwirtschaftlichen Kleinststellen, was einerseits mit der Aufgabe der meisten Handwerksbetriebe im Dorf zu begründen ist, deren Funktion die Stadt Hannover längst übernommen hatte (z.B. Stellmacher) wie auch damit, daß für die in Everloh seßhaft werdenden Heimatvertriebenen erst am Ende der 50er Jahre von einem Hof aus Land zur Bebauung freigegeben wurde und die Siedler hier nur noch Häuser mit einem kleineren Garten erhielten, der die statistische Größenordnung von über 0,01 ha nicht mehr erreichte und auch keine landwirtschaftliche Funktion mehr hatte.

Der Kartenvergleich ergibt in dem 50 Jahre umfassenden Zeitraum von der Jahrhundertwende bis zur unmittelbaren 2. Nachkriegszeit *(1948)*[207] innerhalb von Everloh eine der zweiten Hälfte des 19. Jhs. entsprechende, nur geringfügige Ortserweiterung durch fünf neue Wohnhäuser.

---

[206] Niedersächsisches Landesverwaltungsamt − Statistik (1939), S. 8/12
[207] Deutsche Grundkarte 1 : 5000, Northen, 1948

Die meisten setzen den südlichen Ausbau fort, ein neuer dorfferner Standort ist der Hangfuß des Benther Bergs, ein landwirtschaftlich wertloses Hanggebiet. Alle Häuser wurden von Everloher Nachkommen bezogen.

Da davon auszugehen ist, daß die Bautätigkeit während des 2. Weltkrieges und unmittelbar danach zunächst ruhte, fallen die Gebäude dieser Siedlungsphase noch nicht in die Gruppe der Nachkriegsbebauung. Die Einwohnerzahl von Everloh ist vom ausgehenden 19. Jh. mit 309 Bewohnern im Jahre 1885 über 311 im Jahre 1905 lediglich um 52 Personen bis zum Jahre 1939 angestiegen. Everloh verzeichnet damit gegenüber den anderen Untersuchungsgemeinden das geringste Wachstum der Bevölkerungszahlen in diesem Zeitraum. Der geringen Siedlungserweiterung bis zum Beginn des 2. Weltkrieges, die der Kartenvergleich widerspiegelt, und dem geringfügigen Anwachsen der Bevölkerungszahlen in dem oben genannten Zeitraum entspricht eine stärkere Abwanderung: Die nicht mehr in der Landwirtschaft unterzubringende Überschußbevölkerung von Everloh zog schon frühzeitig in die benachbarten Orte Badenstedt (Saline EGESTORFF, Chemische Fabrik im 19. Jh.), Gehrden (Zuckerfabrik), Davenstedt, Empelde (EGESTORFF'sche Zündhütchenfabrik im 19.Jh.), Ronnenberg (Kalibergbau seit der Jahrhundertwende) oder Linden und Limmer, wo man in der Industrie Arbeitsplätze fand[208] und sich seit der frühen Industrialisierung Lindens ausgesprochene Arbeiterwohngebiete entwickelten.

Zudem kaufte das Gut Erichshof jegliche freiwerdenden und zum Verkauf stehenden Wirtschaftsflächen der Höfe auf, so daß es für einen von vornherein landlosen Nachkommen in Everloh nicht so ohne weiteres möglich sein konnte, sich hier landwirtschaftlich einzurichten und niederzulassen. Andererseits waren im Bereich des bisherigen Ausbaus doch noch einige Baulücken vorhanden, die später auch gefüllt wurden. So muß man die Gründe für das bevorzugte Wegziehen doch wohl in der Attraktivität der nicht geringen Zahl benachbarter Industriestandorte sehen, die als Dörfer (mit Ausnahme von Linden) zunächst ein ähnlich ländliches Wohnmilieu boten wie das Heimatdorf und die Mühen des täglichen Pendelns zu Fuß oder mit dem Fahrrad unnötig machten.

Die Entwicklung Everlohs von 1948 *bis 1961* läßt sich anhand der beiden Deutschen Grundkarten von 1948 und 1959[209] − als Zwischenstufe gewissermaßen − sowie des Meßtischblattes[210] von 1961 verfolgen.

Der Ortsgrundriß vergrößert sich bis 1959 durch 7 neue Wohngebäude, die sich wiederum in Anlehnung an den herkömmlichen Ortsausbau im Osten und Westen von Everloh angeschlossen haben.

Was auf Beilage 7 A im weiteren Ausbau bis 1961 wie ein geplantes kleines Neubaugebiet wirkt, ist nichts anderes als eine Addition kleiner Ausbauschritte: Bis 1959 entstanden die ersten drei Häuser am Feldweg „Im Sonnenhang" durch Landverkauf von VH b2, dann folgten mit einem Stichweg weitere sieben.

Wie zufällig-individuell der Ausbau bis in diese Zeit ablief, zeigen auch die beiden Neubauten im Westen, die durch private Parzellierung von schon 1948 vorhandenen Feldgartenparzellen des Köthnerhofes m entstanden, wobei zuerst hintere Bauplätze besetzt wurden, die einen Stichweg mit Wendehammer notwendig machten.

Immerhin wird daran erkennbar, daß drei weitere Bauplätze schon vorgesehen waren.

---

[208] Siehe hierzu SCHWARZ (1953), S. 72
[209] Deutsche Grundkarte 1 : 5000, Northen, 1959
[210] Meßtischblatt Nr. 3623, 1 : 25 000, 1961

Die geringe Nachfrage, das zurückhaltende Bauplatzangebot bzw. beide zusammen sind für diesen seit dem ausgehenden 19. Jh. zu beobachtenden Ortsausbau in kleinsten Schritten verantwortlich zu machen.

Der Meßtischblattausschnitt 1954 zeigt, daß die östlichen und südlichen Nachbarorte mit ihren Kaliwerken und Zuckerfabriken einen erheblich stärkeren und großflächig-geplanten Ausbau von Wohngebieten verzeichnen konnten.

In beiden Neubaubereichen Everlohs haben sich Nachkommen aus dem Dorf wie auch die ersten Flüchtlingsfamilien niedergelassen. Darüber hinaus erscheinen bis zum Ende der 50er Jahre auf der Hofstelle HÖf — also erstmals inmitten des eigentlichen Dorfes, auf einem hofanschließenden Garten — zwei neue Wohngebäude. Sie beginnen, den Dorfkern zu verdichten und entstanden zum einen als Wohnhaus für die zum Hof HÖf gehörenden Landarbeiter und zum anderen als Wohngebäude — errichtet von der Kreissiedlung — für Wohnbedürftige, die sich seit dem 2. Weltkrieg mit der Masse der Ausgebombten und Flüchtlinge in Everloh einfanden.

Bis *1961* wird die östliche Siedlungserweiterung fortgeführt. Nun wurde auch in diesem Bereich erstmals eine neue Straße — zunächst eine Stichstraße — gelegt, die im Flurteil „Großes Bergfeld" nach Osten führt und an der nochmals sieben neue Häuser — ausschließlich für im Dorf verbleibende Heimatvertriebene — gebaut wurden.

Der Ortsausbau im Osten geht auf den Grundstücksverkauf der Höfe in der östlichen Dorfhälfte zurück, die auch weiterhin verkaufsfreudig und für die Neubauerschließung nach 1961 im Flurteil „Kleines Bergfeld"–„Großes Bergfeld" maßgebend bleiben.

Aus der Betrachtung der Deutschen Grundkarte 1948 wird deutlich, daß der gesamte östliche Erweiterungsbereich in Beilage 7A aus einer einzigen Ackerparzelle, d.h. von nur einem Hof — von VH b2 — stammt. Erst der nachfolgende Ausbau geht auf einen weiteren Hof — hKö — und nochmals auf VH b2 zurück. Der erste Verkauf hatte den Bann gebrochen und schon 1959 waren hier weitere vier Bauparzellen vermerkt, d.h. schon vermessen und an Flüchtlingsfamilien im Dorf verkauft. Die Baulanderschließung war also in Gang gekommen, wenngleich der Zuschnitt der vier nördlichen, 1959 noch unbebauten Parzellen ziemlich individuell erscheint und auch die genaue Aufteilung dieses Gebietes mit Wendehammer und den drei zuletzt erschlossenen Grundstücken nicht „vorgeplant" war. Die Erschließung dieses Gebietes in am Ende zehn Bauparzellen mit Stichstraße und Wendehammer hat sich also bis zu seinem Endzustand in kleinen Schritten entwickelt, so auch die Reihe der drei letzten, bis 1959 noch nicht vermessenen, mittleren Grundstücke.

Mit dem Bau der Stichstraßen beginnt hier in Everloh — ebenso wie in Stelingen und den beiden anderen Gemeinden auch — die flächenhafte Siedlungserweiterung. Dabei haben in Everloh keine Siedlungsgesellschaften den beginnenden wie auch späteren flächenhaften Ortsausbau geplant und durchgeführt. Die Heimatvertriebenen, die seit dem Ende der 50er Jahre im Siedlungsgrundriß mit neuen Wohnhäusern in Erscheinung treten, haben vielfach die Gebäude selbst mitaufgebaut.

Während viele der in Everloh untergebrachten Ausgebombten aus Hannover (Südstadt) und Heimatvertriebenen, die Everloh in den „Entlastungsjahren" wieder verließen, nach Kriegsbeendigung auch zu den Arbeitsstätten der etwas weiter entfernteren Industrien im nördlichen Stadtbereich (CONTI, VW etc.) mit dem Fahrrad pendelten (Fahrtweg = 1/2 Std. u. mehr), verblieben mehrere der in Everloh seßhaft Gewordenen bei den Kalibergwerken der Umgebung oder als Arbeiter auf dem sich wirtschaftlich intensivierenden Gut Erichshof.

Darüber hinaus fanden viele Everloher wie auch die im Ort untergekommenen Zuzügler des 2. Weltkrieges seit dem Ende der 50er Jahre Beschäftigungsmöglichkeiten im aufblühenden tertiären Sektor der Stadt Hannover. Etliche junge Everloher bemühten sich in diesem Zusammenhang auch, näher am städtischen Arbeitsplatz zu wohnen und zogen — besonders in den 60er Jahren — näher an das Stadtzentrum heran[211].

Die Siedlungserweiterungen von Everloh stellen besonders von der Jahrhundertwende bis 1948 eine nur geringfügige Ortsvergrößerung — gemessen am Zeitraum — dar. Damit ist diese Phase des Ortsausbaus vergleichbar mit jener von Wülferode.

Die Erweiterungen von Everloh erfolgten in direktem Anschluß an den bisherigen Gebäudebestand der Verkoppelungszeit, genauso wie in Wülferode. Dabei wurde in Everloh zunächst der Abbauerbereich „vor dem Dorf" verdichtet und beidseitig der Höferunde halbkreisförmig erweitert. Der Siedlungskern, die großbäuerliche Höferunde von 1853/54, wurde also durch die Ortserweiterungen bis 1961 von der südwestlichen bis zur südöstlichen Richtung nahezu zusammenhängend umschlossen und verdichtete sich selbst durch zwei einzelne Gebäude auf der hinteren Althofparzelle zur Randstraße hin. Die Zufahrt zur Flur im Westen, Norden und Nordosten blieb bis dahin unbehindert.

Zusammenfassend kann der Entwicklungsgang der Siedlungsgrundrisse der vier Untersuchungsgemeinden in dem rund 100 Jahre umfassenden Zeitraum von der Verkoppelung bis zum Ende der 50er Jahre dieses Jahrhunderts wie folgt charakterisiert werden: Während die beiden im Norden von Hannover gelegenen Siedlungen Altwarmbüchen und Stelingen die Ortsvergrößerungen zunächst locker und in unregelmäßiger Entfernung zum Altdorf der Verkoppelungszeit, d.h. in Anlehnung an das schon bestehende Wege- und Straßennetz, anschließen und erst im darauffolgenden Erweiterungsprozeß die dazwischen befindlichen Siedlungslücken auffüllen, schließen sich die Ausbauten bei Wülferode und Everloh gleich dichter an das Altdorf an, bzw. verdichten zunächst die frühen ersten Nachsiedlerbereiche und setzen sich daraufhin erst in noch unbebauten Gebieten fort.

Die großbäuerliche Höferunde wird bei Everloh wie auch bei Wülferode jeweils in einem Halbrund von den ehemaligen Stellen der Brinksitzer und Abbauer umschlossen, zu denen sich bis zum Ende der 50er Jahre die Häuser des neuzeitlichen Ortsausbaus gesellen. Der gesamte Erweiterungsbereich seit dem ausgehenden 19. Jh. hat sich bei beiden Dörfern an der von der hochwertigen Ackerflur abgekehrt liegenden Seite ausgebreitet.

Die großbäuerliche Höferunde bleibt bei Wülferode bis 1961 von einer Neubaudurchmischung gänzlich, bei Altwarmbüchen, Stelingen und Everloh fast vollkommen verschont. Bei diesen drei Gemeinden sind bis 1961 lediglich 1 oder 2 Gebäude in den großbäuerlichen Dorfverband der Verkoppelungszeit neu hinzugetreten. In Altwarmbüchen liegen diese Gebäude zudem am östlichen Ende der unbebauten Seite der Dorfdurchgangsstraße.

Bei allen vier Untersuchungsgemeinden erscheint seit dem Ende des 19. Jh. ein Siedlertypus, der gekennzeichnet ist durch einen außerlandwirtschaftlichen Hauptberuf (Handwerker, Arbeiter in Industrie, Gewerbetreibender) und einer landwirtschaftlichen Nebenerwerbsbetätigung. So gehören zu diesem Bevölkerungsstand, den Arbeiter- oder Handwerkerbauern, Wohnhäuser mit hausanschließenden Gärten, Stallungen für Kleinviehhaltung und vielfach auch Feldgärten oder Kleinfelder mit Wiesen für den landwirtschaftlichen Anbau. Damit gleicht diese Siedlungsweise den Werkssiedlungen z.B. der „Lengeder

---

[211] Hierzu auch IV.B.2

Hütte" bei Salzgitter, in denen solche Stellen für alle Arbeiter bis vor dem 1. Weltkrieg gezielt geschaffen wurden.

Während aber die beiden nördlichen Gemeinden bis zum Ende der 50er Jahre über eine größere Anzahl dieser landwirtschaftlichen Kleinststellen verfügen, werden sie als Wirtschaftsbetriebe in den südlichen Dörfern Everloh und Wülferode bis 1961, fast alle aufgegeben. Hier werden in der Zeit vor dem 2. Weltkrieg durch die ortseigene Bevölkerung nur sehr wenige neue Wohnstätten geschaffen, die − wie in den beiden nördlichen Untersuchungsgemeinden − in eben dieser typischen Weise angelegt wurden, und es fehlt bis zum Ende der 50er Jahre eine stärkere Flüchtlingsansiedlung, die weitere solcher kleinsten Betriebsstellen geschaffen hätte.

In den beiden nördlichen Dörfern werden 1939 schon mehr in Industrie und Handwerk Beschäftigte als in der Landwirtschaft Erwerbstätige gezählt. In den beiden südlichen Untersuchungsgemeinden überwiegt hingegen nach wie vor die Zahl der in der Landwirtschaft Erwerbstätigen. Die große Anzahl der landwirtschaftlichen Kleinststellen in Stelingen und Altwarmbüchen bis in die 50er Jahre hinein kann als ein charakteristisches Stadium gesehen werden im Wandlungsprozeß vom Bauerndorf zur großstadtnahen Wohnsiedlung, dessen letzte Phase in Abschnitt IV.C. dargestellt wird. Dabei charakterisiert die große Zahl dieser Nebenerwerbsstellen die bereits stärker vom Urbanisierungsprozeß betroffenen Umlandgemeinden und ist besonders in einer Übergansphase anzutreffen, die bereits im 19.Jh. ansetzt und sich bis in die 50er Jahre erstreckt.

Im Gegensatz zu Altwarmbüchen und Stelingen, die schon im 19. Jh. zum einen durch von außerhalb hineinpendelnde Arbeiter und zum anderen durch die ortseigene, nach außerhalb pendelnde Bevölkerung neue Impulse erhalten, bleiben Everloh und Wülferode nach außen hin eher verschlossen, zumal die in der Industrie arbeitende Bevölkerung von Everloh das Dorf schon frühzeitig endgültig verläßt.

Der Vergleich der Ortsvergrößerungen aller vier Untersuchungsgemeinden zeigt die größten Ausweitungen bis 1961 in der Gemeinde Altwarmbüchen, wo auch das erste Gewerbe bis dahin hinzugetreten ist (Ziegelei, Gärtnerei). In der Rangfolge des Ausmaßes der Siedlungserweiterung folgen Stelingen, Everloh und Wülferode. Besonders Altwarmbüchen und Everloh lassen mit einem neu ausgebauten Straßennetz − zunächst als Stichstraßen begonnen − die *neuartige Erweiterungsweise* der sich anschließenden *60er Jahre* erkennen, die nicht mehr nur entlang des schon bestehenden Wegenetzes verläuft, sondern *flächenhafte, regelmäßige* Gebiete erschließt.

2. Bevölkerungsentwicklung

Bevor auf die Bevölkerungsentwicklung der vier Untersuchungsgemeinden seit der Mitte des 19. Jh. eingegangen wird, soll ein kurzer Abriß über die *allgemeine Bevölkerungsentwicklung* von Dörfern seit der Mitte des 19. Jh. vorausgeschickt werden.

Die allgemeine *Bevölkerungsentwicklung* Deutschlands ist seit der Mitte des 19. Jh. durch eine *natürliche Zunahme* charakterisiert[212]. Während aber noch vor 1870 die Sterbe- (25−30‰) und Geburtenziffern (35−40‰) relativ hoch lagen und stark schwankten, setzte

---

[212] MACKENROTH (1953), S. 92f u. S. 56 u. S. 127f

nach 1870 eine stetige Verringerung der Sterbequote bei einer etwa gleichbleibend hohen Geburtenrate (um 36‰) ein.

Erst ab 1900 begann die Geburtenziffer rapide abzusinken. So entfernten sich die Geburtenrate und die Sterbequote in der Zeit von 1870 bis 1900 immer weiter voneinander, was einer Phase steigenden Geburtenüberschusses entspricht.

Von 1900 bis 1933 rückten beide Ziffern wieder enger aneinander, weil der weiterhin sinkenden Sterbequote eine noch stärker sinkende Geburtenrate gegenüberstand. Der Zeitraum von 1900 bis 1933 stellt also eine Phase sinkenden Geburtenüberschusses dar. Ab 1933 stabilisiert sich die Sterbeziffer auf einem Niveau von 10−12‰, während die Geburtenziffer bis zum 2.Weltkrieg und in diesen hinein wieder anstieg.

In der Zeit von 1870 bis 1933 läßt das Diagramm über den Entwicklungsgang der deutschen Bevölkerung eine „doppelte Scherenbewegung" erkennen: Zunächst ein Scherenöffnen durch das Auseinanderlaufen der beiden Kurven, danach ein Scherenschließen durch die Annäherung von Sterbe- und Geburtenkurven.

Aus dem Verlauf der Entwicklung von Geburten− und Sterbeziffern läßt sich entnehmen, daß der natürliche Bevölkerungszuwachs seit den 70er Jahren des 19. Jh. nicht mehr von einer steigenden Geburtlichkeit, sondern vielmehr von einer sinkenden Sterblichkeit getragen ist. Diese ergibt sich vor allem aus einer verminderten Säuglings- und Kindersterblichkeit. Hinzu kommt das „gegenüber früher verlangsamte Absterben der in den Jahren vor und um 1900 geborenen Generation"[213]. Die Besserung der Wohnverhältnisse auf dem Lande, der Ernährungsverhältnisse durch mehr Gemüsenahrung und Frischfleischkonsum im Winter wie auch die Fortschritte der Medizin und Hygiene im 18. Jh. können neben der Beendigung innerer Kriege als unmittelbare Ursachen für die Besserung der Sterblichkeitsverhältnisse genannt werden[214].

Neben dem hier geschilderten allgemeinen, natürlichen Bevölkerungszuwachs begünstigen zwei weitere Faktoren das Anwachsen der Dorfbevölkerung seit der Mitte des 19. Jh.: *Die Aufhebung des Ehekonsens*, der amtlichen Eheschließungsgenehmigung mit Nachweis eines Vollberufes, ermöglichte die Senkung des Heiratsalters und die Steigerung der Heiratshäufigkeit besonders auch in den unteren Bevölkerungsschichten[215]. Die institutionelle Regelung der Eheschließung reicht bis zur grundherrschaftlichen Zeit des Hochmittelalters zurück[216].

Die Grundherren waren wirtschaftlich an der Grundrente interessiert, die nur entstand, soweit sie nicht vom Bevölkerungswachstum aufgezehrt wurde. Die Grundherren strebten daher eine Bevölkerungsweise an, die Produktivitätssteigerungen in Grundrente und nicht in Bevölkerungswachstum umsetzte, wenigstens nicht dieses auf Kosten der Grundrente.

So zwangen sie − sobald die für sie ausreichende Bevölkerungsvermehrung eingesetzt hatte − über die Herrenrechte am Gesinde und am Boden Ehe− und Erbregelungen auf, die die Überzähligen zur Ehelosigkeit verurteilten[217].

---

[213] MACKENROTH (1953), S. 93
[214] ders. S, 473
[215] Siehe hierzu MACKENROTH (1953), S. 474 u. 428
[216] ders. S. 430
[217] ders. S. 427

Ebenso wie der agrarische Lebensraum in „Stellen" aufgeteilt wurde, die den jeweiligen Inhaber als Familiengründer oder aber als Ledigen klassifizierte[218], unterschied die Zunftverfassung im gewerblichen Bereich zwischen Vollstelleninhaber (Zunftmeister) oder Nichtvollstellenbesitzer. Letzterer ist Inhaber eines Arbeitsplatzes, der nicht tragfähig war für eine Familie und daher bis zum Aufrücken in eine Vollstelle Eheverbot erhielt[219]. Die Beschränkung der Zahl der Vollstellen und die Ehelosigkeit der nicht in tragfähige Stellen Einrückenden wurde von den Zünften und städtischen Obrigkeiten erzwungen.

Der absolute Staat übernahm für die untersten Sozialschichten die Zwangsfunktion der alten Grundherrenschicht aus dem agrarischen Raum wie auch jene der Zünfte. So sollte die Bevölkerungsvermehrung weiterhin nur über die Stellenvermehrung verlaufen. Die merkantilistische Populationistik ging mit einer restriktiven Bevölkerungspolitik einher.

Auch das Königreich Hannover betrieb mit Hilfe der Heiratsbewilligungen, die zusammen mit den Mobilitätsbeschränkungen für die unteren Bevölkerungsschichten erst nach der preußischen Okkupation von 1866 aufgehoben wurden, eine restriktive Bevölkerungspolitik. Das welfische Königreich hielt fest an einer konservativen Wirtschaftspolitik, die die Landwirtschaft und das zünftige Handwerk begünstigte.

Das Mittel der Umzugsbewilligung schränkte die Mobilität der Landbevölkerung noch in der ersten Hälfte des 19. Jh. so stark ein, daß jede industrielle Unternehmung größeren Stils durch die bestehende Domizilordnung nur dort möglich wurde, wo in dichtbevölkerten Distrikten auf engstem Raum ein ausreichendes örtliches Reservoir an unbeschäftigten Arbeitskräften bestand[220].

Erst nach 1866, in der zweiten Hälfte des 19. Jh., konnten mit Wegfall der Heirats- und Umzugsbeschränkungen Mobilitäten in der besitzlosen Landbevölkerung und damit innerhalb der ländlichen Siedlungen des Hannoverschen Raumes frei werden, die sich dann in der Bevölkerungsentwicklung der einzelnen Dörfer (z.B. Everloh) abzeichneten.

Neben dem allgemeinen natürlichen Bevölkerungszuwachs (1.) und dem Wegfall der Heirats- und Mobilitätsbeschränkungen (2.) in der 2.Hälfte des 19. Jh. konnte sich letztlich die Aufhebung des Zunftwesens und die eingeführte *Gewerbefreiheit* (3.) positiv auf die Bevölkerungsentwicklung der Dörfer auswirken. Vermehrte Berufsmöglichkeiten in der aufkommenden Industrie und im verstärkt einsetzenden Gewerbe (Niederlassung ohne Zunftgenehmigung) boten entweder einer schon am Ort bestehenden besitzlosen Landbevölkerung Arbeitsplätze oder zogen sogar den notwendigen Bedarf an Arbeitskräften an[221]: Georg EGESTORFF mußte für den Aufbau seiner Maschinenfabrik in Linden, dem Vorläufer der späteren Firma HANOMAG, um 1840 Meister und Vorarbeiter aus anderen Gegenden Deutschlands, aus England, Belgien und Frankreich werben. Das königliche Land Hannover stand ja einem industriellen Aufschwung ablehnend gegenüber, beabsichtigte den notwendigen Bedarf gewerblicher Güter im Land mit selbständigen Kleinbetrieben lokaler Bedeutung zu decken und sich möglichst nicht in gewagte Handelsunternehmungen einzulassen. So fehlte es den für Hannovers Industrie so bahnbrechenden Un-

---

[218] ders. S. 422
[219] ders. S. 431
[220] Hierzu ARNOLD (1978), S. 150f
[221] ARNOLD (1978), S. 150f

ternehmern Johann und Georg EGESTORFF schon zu Beginn des 19. Jh. an geeigneten und geschulten Arbeitskräften am Ort[222].

Auch der Ziegeleibetrieb im Dorf Altwarmbüchen an der Straße nach Hannover beschäftigte Arbeiter, die aus anderen Gemeinden während der Sommermonate herbeikamen und später vereinzelt in Altwarmbüchen seßhaft wurden. Diese Arbeiter waren jedoch keine geschulten Facharbeiter für die Ziegelei, sondern Handarbeiter, von denen es in Altwarmbüchen zunächst nicht genug gab, weil die Zahl der Kinder produzierenden Familien im ausgehenden 19.Jh. in Altwarmbüchen einfach noch nicht groß genug war.

Die Heirats- und Mobilitätsbeschränkungen fielen erst nach dem Anschluß Hannovers an Preußen und mit der Auflösung des Königshofes 1866. Ebenso wurden zu dieser Zeit erst die noch bestehenden erheblichen Gewerbebeschränkungen im Land Hannover aufgelöst und die liberale Gewerbeordnung des Norddeutschen Bundes eingeführt[223], die die ungehinderte Ausbreitung von Industrie und Gewerbe ermöglichte und damit den steilen industriellen Aufstieg der Stadt Hannover.

Vor dem Hintergrund der hier skizzenhaft dargestellten sozialen Bindungen und Privilegien sowie der allgemeinen Bevölkerungsentwicklung seit Mitte des 19. Jh. sollen im folgenden die *bevölkerungsgeschichtlichen Daten der 4 Untersuchungsgemeinden* betrachtet werden. Diese beziehen sich zunächst auf den Zeitraum von der Mitte des 19. Jh. bis zum Ende der 50er Jahre (1961).

Entsprechend dem allgemeinen natürlichen Bevölkerungswachstum in der 2. Hälfte des 19. Jh. sind auch die Bevölkerungszahlen der vier zu untersuchenden Dörfer von der Mitte des 19. Jh. bis zur Jahrhundertwende angewachsen (Tab.6). Altwarmbüchen erscheint bis dahin als die kleinste Gemeinde: Die Einwohnerzahlen liegen hier bis zur Jahrhundertwende lediglich über 100, bei den anderen Untersuchungsgemeinden hingegen über 200, bzw. bereits über 300 bei Everloh. Everloh, Wülferode und Stelingen hatten ja bis zum ausgehenden 19. Jh. weitaus mehr „Handwerker-Bauern" mit landwirtschaftlichen Nebenerwerbsstellen angesiedelt als Altwarmbüchen, wo allerdings die Ziegeleien — das erste größere Gewerbe — hinzukamen und sich nach der Jahrhundertwende entscheidend auf die Bevölkerungszahlen auswirken sollten.

Der Vergleich des Bevölkerungswachstums in der Zeit von 1885 bis 1939 ergibt zwar für alle vier Untersuchungsgemeinden ein stetiges Wachstum, hebt sich aber bei den Gemein-

Tabelle 6:
Bevölkerung zwischen 1848 bis 1961

	1848	1871	1885	1905	1933	1939	1946	1950	1956	1961
Altwarmbüchen	167	147	188	234	400	508	864	1054	1305	1710
Stelingen	252	237	285	332	369	414	771	815	698	728
Wülferode	280	284	292	312	344	351	630	727	625	607
Everloh	212	291	309	311	347	361	791	775	642	597

Quelle: Uelschen, G. (1966)

---

[222] Zur Industriegeschichte Hannovers siehe Kapitel IV.A.
[223] ARNOLD (1978), S. 151f SCHWARZ (1953), S. 64

den Altwarmbüchen und Stelingen deutlich von jenem innerhalb der Dörfer Wülferode und Everloh ab. Diese beiden Dörfer erhalten zwischen 1885 und 1939 nur ein Bevölkerungswachstum von 59 bzw. 52 Personen gegenüber Altwarmbüchen und Stelingen mit einem Anwachsen der Einwohnerzahl seit 1885 um 320 bzw. 129 Personen. Die Einwohnerzahl Altwarmbüchens steigt dementsprechend bis 1939 auf über 500, die von Stelingen auf über 400.

Die Bedeutung der *Zuwanderung* und *Abwanderung* für das Bevölkerungswachstum der Gemeinden läßt sich mittels der *durchschnittlichen natürlichen Vermehrungsrate*, errechnet nach MACKENROTH[224], grob erfassen. Die auf die jeweilige Gemeinde umgerechnete durchschnittliche natürliche Vermehrungsrate kündigt für den Zeitraum von 1905 − 1939 in Altwarmbüchen einen Bevölkerungszuwachs von 79 Personen an, der − verglichen mit dem tatsächlichen Zuwachs von 274 Einwohnern − auf eine erhebliche Zuwanderung deutet. Stelingen, das mit dem errechneten durchschnittlichen Wert einen Zuwachs von 113 Personen erhalten soll und in dem Zeitraum von 1905 − 1939 einen tatsächlichen Anstieg um 82 Einwohner verzeichnet, bleibt ohne einschneidende Zu- und Abwanderung.

Bei Wülferode und Everloh hingegen zeigt der Vergleich der errechneten natürlichen Vermehrung, die sich ergeben sollte, mit der tatsächlichen Bevölkerungszahl, welche 1939 erreicht ist, daß hier eine entgegengesetzte Entwicklung eingesetzt hat: Den Zuwachs von 105 Personen, den beide Dörfer von 1905 bis 1939 „natürlich" erhalten sollten, haben beide Gemeinden „tatsächlich" nicht bekommen. So ist Everlohs Einwohnerzahl in diesem Zeitraum nur um 50, die von Wülferode lediglich um 39 gestiegen.

Damit *entsprechen* die *Bevölkerungszahlen* der Entwicklung der *Ortsgrundrisse:* Wie in IV.B.1. bereits hervorgehoben, sind Wülferode und Everloh von der Jahrhundertwende ab bis zur unmittelbaren Vorkriegszeit nur geringfügig erweitert worden. In Wülferode setzte in den 20er- bzw. 30er Jahren eine fast nachkommenslose, d.h. erbenlose Phase vieler der großen Höfe ein, wodurch keine neuen Häuser für überzählige junge Bauernsöhne oder -töchter entstanden. Die Siedlungsentwicklung stagniert beinahe. In Everloh macht sich der Abzug der überschüssigen Bevölkerung in die benachbarten industrieerschlossenen Gemeinden seit der Jahrhundertwende bemerkbar, wo neben dem Arbeitsplatz außerhalb der Landwirtschaft Wohnmöglichkeiten in den reinen Arbeiterwohnvierteln bestanden.

In Stelingen steigt die Bevölkerungszahl seit der Jahrhundertwende stetig an, die Nachkommen des Ortes verbleiben im Dorf und pendeln von hier aus in die benachbarten Industrien nach Stöcken bzw. nach Hannover.

Altwarmbüchen, das den größten Bevölkerungszuwachs bis 1939 mit 320 zusätzlichen Einwohnern seit der Jahrhundertwende erhält, bekommt diesen Aufschwung durch die Ziegelei an der Hannoverschen Straße, deren Arbeiter entweder in den beiden von der Ziegelei gestellten Wohnhäusern untergebracht oder im Dorf seßhaft geworden sind. Für Altwarmbüchen werden ja bereits 1939 weitaus mehr in Industrie und Handwerk Beschäftigte gezählt als in der Landwirtschaft Erwerbstätige. Die Ziegelei, in der in den 30er Jahren 70 Personen beschäftigt waren (davon 50 Nichteinheimische), ist für diese sozialstrukturelle Aufschlüsselung neben den weiteren, außerhalb von Altwarmbüchen aufgesuchten Arbeitsplätzen (Hannover und Misburg) ausschlaggebend und auch für die bevölkerungsmäßige Entwicklung im Dorf ein entscheidender Faktor.

---

[224] MACKENROTH (1953), S. 57

Im Bevölkerungsgang der vier Untersuchungsgemeinden bis 1939 zeigen sich bereits die Auswirkungen der allgemeinen natürlichen Bevölkerungszunahme seit der Mitte des 19. Jh., die alle Dörfer zunächst charakterisiert, die der Gewerbefreiheit, die sich besonders im Entwicklungsgang von Altwarmbüchen äußert und auch die der Auflösung von Heirats- und Mobilitätsbeschränkungen, die sich im Dorf Everloh seit dem ausgehenden 19. Jh. abzeichnen, wo für etliche Personen der Überschußbevölkerung bekannt ist, daß sie abwanderten und sich in Badenstedt oder Davenstedt oder der Stadt Hannover verheirateten und dort verblieben.

Die Einwohnerzahlen aller vier Untersuchungsgemeinden wachsen in dem Zeitraum von 1939 bis 1950 jeweils über 100% an. Es ist dies der Zeitraum des 2. Weltkrieges, der unmittelbaren Vor- und Nachkriegszeit. Alle vier Dörfer beherbergen neben Ausgebombten aus der Stadt Hannover, von denen viele in ihre Heimatdörfer zurückkehren, Flüchtlinge, so daß die Bevölkerungszahlen zwischen 1939 und 1946, bzw. 1950 in allen vier Untersuchungsgemeinden rapide ansteigen. Allein auf der Hofstelle VHc in Everloh haben über viele Jahre 56 Flüchtlinge zusätzlich zu den Personen der Bauernfamilie gelebt und Unterschlupf gefunden.

Altwarmbüchens Bevölkerungszahl übersteigt in den frühen Nachkriegsjahren schon 1000 und wächst auch bis 1956 und 1961 kontinuierlich weiter. In dieser Gemeinde verbleibt ein Teil der zunächst aufgenommenen Heimatvertriebenen und siedelt sich an der heutigen „Krendelstraße", zwischen der Gärtnerei und Ziegelei oder am westlichen Dorfausgang — im Bereich der neuen Schule — in einem erstmals flächenhaft erschlossenen Gebiet mit neuen Straßen an. Im Gegensatz zu Wülferode, Stelingen und Everloh macht sich die Ansiedlung der Flüchtlinge in Altwarmbüchen schon frühzeitig, nach 1952, im Ortsbild durch neue Häuser bemerkbar, ganz offensichtlich dann zwischen 1955 und 1961.

Während Altwarmbüchen also spätestens nach dem 2. Weltkrieg die Entwicklung einer urbanisierten, großstadtnahen Landgemeinde einschlägt, läuft die Bevölkerungsentwicklung in Wülferode und Everloh bis 1961 rückläufig:

Die Abwanderung übersteigt den natürlichen Zuwachs. Diese auf der Land-Stadt-Wanderung beruhende Entwicklung ist charakteristisch für stark agrarisch orientierte und in der Regel stadtfernere Gemeinden. In unseren Beispielgemeinden können wir den Distanzfaktor vernachlässigen, da alle eine gleiche Nähe zu Hannover und ihren industrialisierten Randgemeinden haben.

Vor allem Everloh aber hatte nach dem Krieg ein durchaus nicht-agrarisches Bevölkerungspotential (Flüchtlinge), das mit der Ortsansiedlung eine ähnliche Entwicklung hätte einleiten können. Hier muß die Bereitschaft der Bauerngemeinde — der einzelnen Landbesitzer wie der politischen Gemeinde — zum Verkauf von Bauland und zur Erschließung von größeren Neubaugebieten berücksichtigt werden. Sie war offensichtlich weder in Wülferode noch in Everloh gegeben. Auf die Frage dahinterstehender Mentalität werden wir an anderer Stelle noch näher eingehen.

Die Umverteilung der Heimatvertriebenen und Ausgebombten in den Nachkriegsjahren führte bis 1961 in den Gemeinden Wülferode und Everloh zu einer offenbar erwünschten Bevölkerungsentlastung. Während in Everloh am Ende der 50er Jahre nur sehr wenige der hier untergebrachten Flüchtlingsfamilien seßhaft wurden und die ersten Häuser bauten, setzte die Nachkriegsbebauung in Wülferode sogar erst nach 1961, mit dem zufälligen Verkauf der Hofstelle HH g7 ein, so daß es einigen der hier bis dahin untergebrachten Heimatvertriebenen noch möglich wurde, im Dorf zu verbleiben.

Stelingen erhielt nach der vom Staat geförderten Flüchtlingsumsiedlung die bis 1956 zu einem Bevölkerungsrückgang führte, zu Beginn der 60er Jahre einen erneuten Aufschwung im Gang der Einwohnerzahlen, der mit der Ausweisung von Bauland in der Gemeinde einhergeht und offensichtlich hierdurch ausgelöst wird. Stelingen hält seine jungen Familien, insbesondere aus dem Kreis der noch verbliebenen Flüchtlinge.

Ähnlich spät wie in Wülferode begann in Stelingen die eigentliche Nachkriegsbebauung erst nach 1961. Mit dem Flächenverkauf des Hofes HH d4 (Lehrerwitwe) wurde es Flüchtlingen im Dorf möglich, sich hier anzusiedeln. Die Straßennamen (Neißer Straße, Stralsunder Straße) weisen darauf hin.

Altwarmbüchen zeigt bis 1961 die größte Bevölkerungszunahme. Diese entspricht der Siedlungserweiterung der Gemeinde bis 1961. Im Gegensatz zu den übrigen Untersuchungsgemeinden hält man hier von vornherein die meisten Flüchtlinge und ist bereit, Bauland abzugeben.

So nimmt das ehemals kleinste Dorf — gemessen an den Bevölkerungszahlen — nach dem rund 100 Jahre umfassenden Zeitraum von der Mitte des 19. Jh. bis zur Mitte des 20. Jh., besonders in den letzten zwei Jahrzehnten, erstmalig eine Vorrangstellung gegenüber den anderen Untersuchungsgemeinden ein.

Hervorgehoben sei an dieser Stelle, daß die Gemeinde Altwarmbüchen schon frühzeitig — zu Beginn der 50er Jahre — beschlossen hatte, Flächen zur Neubebauung auszuweisen, welche dann nach 1955 bereits durch einen Ortsplaner regelmäßig und zugleich flächenhaft als Baugebiete geplant wurden. Damit entstehen die Nachkriegserweiterungen in Altwarmbüchen nicht wie in den anderen Gemeinden aus zufälligen Verkaufssituationen einzelner Höfe, sondern durch konkreten Beschluß des Gemeindeparlaments. Mit der flächenhaften Wohnbebauung tritt erstmals ein städtisches Element in das dörfliche Erscheinungsbild.

3. Sozialstrukturelle Daten

Im ausgehenden 19. Jh. waren in allen vier Untersuchungsgemeinden Handwerker, Lehrer, Gemeindediener und Tagelöhner vertreten, also Erwerbstätige mit der hauptberuflichen Beschäftigung außerhalb der Landwirtschaft. Sie sind mit Ausnahme des Lehrers aus der jeweiligen, rein ländlichen Dorfbevölkerung hervorgegangen und verdienten sich entweder im Dorf allein (Schneider, Bäcker) oder auch außerhalb des Dorfes ihren Lebensunterhalt (Stelinger Ziegeleiarbeiter in Berenbostel oder Stöcken, Everloher Tagelöhner in Empelde oder Ronnenberg bzw. Linden, der Wülferoder Bäcker bot Backwaren über Land bis nach Hannover an).

Es sind dies die schon in III.B.1. erwähnten Handwerker- oder Arbeiterbauern, die im Dorf vielfach ein kleines Haus besaßen und auf einem hausanschließenden Großgarten oder Kleinfeld landwirtschaftliche Selbstversorgung betrieben. Mit anfänglich noch geringen Löhnen in den gerade entstandenen Industrien, waren besonders die nach außerhalb pendelnden Arbeiter — wie sie besonders schon im ausgehenden 19. Jh. für Stelingen bekannt sind — auf die landwirtschaftliche Selbstversorgung angewiesen.

Im Gegensatz zu Stelingen, Everloh und Wülferode sind für Altwarmbüchen in der 2. Hälfte des 19. Jh. keine Dorfbewohner bekannt, die vorwiegend außerhalb des Ortes beschäftigt waren. Im Gegenteil, hier sind zu dieser Zeit bereits die ersten Einpendler vorhanden, die in den Ziegeleien — besonders in der jüngeren an der Straße nach Hannover

Tabelle 7:

Erwerbstätige in den einzelnen Wirtschaftsbereichen 1939
und landwirtschaftliche Betriebe 1939

	Bevölk. gesamt	Von der Bevölk. waren Berufszugehörige der Wirtschaftsabteilung			Zahl der land- u. forstwirtsch. Betriebe mit einer Fläche von				
		Land- u. Forstw.	Industrie u. Handwerk	Handel u. Verkehr	0,5–5 ha	5–10 ha	10–20 ha	20–100 ha	über 100 ha
Altwarmbüchen	508	175	250	38	10	12	4	12	–
Stelingen	414	152	178	41	29	8	5	10	–
Wülferode	351	170	93	52	15	2	2	11	–
Everloh	361	174	97	20	10	–	1	5	1

Quelle: Statistik des Deutschen Reiches – Band 559,8, Volks-, Berufs- und Betriebszählung vom 17. Mai 1939.
Heft 8, Provinz Hannover, Oldenburg, Braunschweig, Bremen, Schaumburg-Lippe. NDS LVA – Statistik

– arbeiteten. Damit war hier der erste Schritt zur Aufnahme „fremder" Bevölkerung getan, die das Dorf Altwarmbüchen seitdem fortwährend ergänzt. Denn die Ziegeleiarbeiter waren in Altwarmbüchen nicht nur saisonal untergebracht, sondern sie wurden ja teilweise auch seßhaft.

Die Einordnung der Bevölkerung nach der *Berufszugehörigkeit* zu den verschiedenen Wirtschaftsabteilungen im Jahre *1939* zeigt in allen vier Untersuchungsgemeinden einen noch annähernd gleich hohen Anteil an Beschäftigten im Bereich Land– und Forstwirtschaft (Tab.7), der mit absoluten Zahlen von 152 Personen (Stelingen) bis 175 Personen (Altwarmbüchen) nur geringe Unterschiede aufweist. Einen großen Kontrast zeigen die Dörfer in der Zahl der jeweils in Industrie und Handwerk Tätigen.

Altwarmbüchen und Stelingen weisen 1939 bereits mehr in der Industrie und im Handwerk Beschäftigte auf als Hauptberufliche in der Landwirtschaft. In Wülferode und Everloh hingegen dominieren auch 1939 noch die im primären Sektor Beschäftigten.

Entsprechend der Gleichartigkeit im Gang der Bevölkerungsentwicklung bis 1939 stehen Altwarmbüchen und Stelingen wieder in Kontrast zu Wülferode und Everloh: Altwarmbüchen und Stelingen erhalten bis 1939 einen weitaus größeren Bevölkerungszuwachs und damit eine größere Anzahl von Arbeitenden außerhalb der Landwirtschaft. Während sich dieser Bevölkerungsteil in Altwarmbüchen sowohl aus den Reihen der ortseigenen, jüngeren Generation als auch ersten Zuwanderern, den ins Dorf gekommenen Ziegeleiarbeitern, ergibt, ist es in Stelingen allein die aus dem Dorf hervorgegangene Nachkommenschaft, die sich bis 1939 zunehmend im außerlandwirtschaftlichen Arbeitsbereich orientierte und dort hauptberuflich tätig wurde.

In Wülferode und Everloh, wo bis 1939 – gemessen an den beiden anderen Dörfern – ein nur geringer Bevölkerungszuwachs registriert wird, obwohl Everloh im 19. Jh. die größte Einwohnerzahl von allen hatte – erreichen die Beschäftigten in Industrie und Handwerk zusammen mit denjenigen in Handel und Verkehr nicht einmal die Größenordnung der Anzahl der im primären Sektor Arbeitenden.

In der Aufschlüsselung der Berufszugehörigkeit kündigt sich 1939 bereits an, daß Stelingen und Altwarmbüchen stärker vom Wirtschaftsbereich Industrie und Handwerk überformt und geprägt werden als die beiden südlichen Gemeinden. Hier ist ein großer Teil der jüngeren Generation in die benachbarten Industriebereiche abgewandert (Everloh) bzw. kein so starker Bevölkerungszuwachs eingetreten (Wülferode), der einen so großen Anteil an Industriearbeitern geschaffen hätte. Die südlichen Dörfer bleiben also weniger von der außerlandwirtschaftlichen „Arbeitswelt" berührt.

Entsprechend dem jeweiligen Ortsausbau seit dem Ende des 19. Jh. und dem Bevölkerungszuwachs bis 1939 erscheinen in den vier Dörfern *1939 landwirtschaftliche* Klein- und Kleinst*betriebe* mit einer Fläche unter 5ha; wir beziehen in den Vergleich auch kleine Mittelbetriebe mit einer Betriebsfläche von 5−10 ha mit ein, da auch deren Inhaber zum großen Teil hauptberuflich außerhalb der Landwirtschaft arbeiteten. Stelingen weist mit 29 Kleinstbetrieben neben 8 weiteren Stellen mit einer Fläche zwischen 5−10 ha die größte Anzahl auf. Hier hatten sich bereits in der 2. Hälfte des 19. Jh. einige Ortsnachkommen an der Straße bzw. dem Weg nach Heitlingen mit kleinsten Nebenerwerbsstellen angesiedelt. Hier besaßen sowohl die Tagelöhner wie auch die Handwerker des Dorfes am Ende des 19. Jh. und auch in den 30er Jahren noch landwirtschaftliche Kleinststellen zur Selbstversorgung. Dadurch, daß Stelingen seit der 2. Hälfte des 19. Jh. bis zur unmittelbaren Vorkriegszeit des 2. Weltkrieges einen stetigen Ortsausbau erfuhr, der sich aus der dörflichen Eigenentwicklung heraus ergab, und sich die Siedlungsweise in Gestalt der Arbeiterbauernstelle bis dahin fortsetzte, konnte im Dorf im Jahre 1939 eine so große Anzahl von Nebenerwerbsstellen registriert werden. Es war vom Gemeindetyp[225] her ein agrarisch geprägtes Arbeiter-Bauern-Dorf.

Auch in Everloh und Wülferode ist die Siedlungserweiterung in der 2. Hälfte des 19. Jh. durch die Ansiedlung von mehreren Handwerker-Bauern oder Tagelöhnern mit kleinen Häusern und Großgärten bzw. Kleinfeldern in Hausanschluß erfolgt, jedoch haben sie sich in diesen beiden Dörfern bis zur Vorkriegszeit des 2. Weltkrieges nicht in dem Maße vervielfacht wie in Stelingen. In beiden Gemeinden setzte kein so großer Bevölkerungszuwachs von der Jahrhundertwende bis 1939 ein wie in Stelingen, noch war der Ortsausbau in dieser Zeit bei beiden Dörfern etwa vergleichbar mit dem von Stelingen.

In Wülferode und Everloh, wo neben den Kleinstbetrieben unter 5ha nur wenige bzw. keine weiteren Kleinbetriebe in der Größenordnung von 5−10ha 1939 gezählt werden, waren landwirtschaftlichen Nebenerwerbsstellen größtenteils bereits zur Jahrhundertwende im Dorf vorhanden und haben sich durch Fortbestehen der Handwerker- oder Arbeiterbauern-Familien bis in die 20er/30er Jahre hier gehalten.

Auch Altwarmbüchen zeigt 1939 − ähnlich wie Wülferode und Everloh − 10 Stellen mit einer Betriebsfläche unter 0,5−5 ha, besitzt daneben aber weitere 12 kleine Betriebe mit einer Fläche zwischen 5 und 10 ha, die ihren Besitz durch Abteilung von den Vollhöfen und Kauf von Parzellen aus der umfangreichen ehemaligen Allmende erworben hatten. Diese Möglichkeit hatte in den bodengünstigen Gemeinden Wülferode und Everloh nicht bestanden − dort hatte es kaum noch kultivierbare Allmendreste gegeben, so daß hier diese größeren Kleinbetriebe nicht entstehen konnten.

Dadurch, daß sich das Dorf Altwarmbüchen zunächst bis zum ausgehenden 19. Jh. geringfügiger als die anderen drei Untersuchungsgemeinden erweitert hatte − Altwarmbüchen besaß die kleinste Bevölkerungszahl und die wenigsten Ansiedler durch Ortsnachkommen − und da die in die Ziegelei pendelnden Arbeiter erst nach der Jahrhundert-

---

[225] Zu Grundfragen der Gemeindetypisierung siehe LINDE (1952) und UHLIG et al. (1972)

wende ansässig wurden – auch hier in der oben beschriebenen Weise des Arbeiter-Bauern mit Haus und kleinem Feld und Stallungen für Schweine und übriges Vieh – kann davon ausgegangen werden, daß die Zahl dieser kleinsten und kleinen Betriebseinheiten in dieser Gemeinde hauptsächlich erst nach der Jahrhundertwende entstanden ist.

Altwarmbüchens Beschäftigtenzahl der in Industrie und Handwerk Erwerbstätigen von 1939 könnte eine noch größere Anzahl von Nebenerwerbsstellen im Dorf zu dieser Zeit vermuten lassen – geht man davon aus, daß die im Ort tätigen Arbeiter und Handwerker als Siedler mit Großgarten etc. seßhaft wurden. Die große Zahl der in Industrie und Handwerk Beschäftigten umfaßt 1939 aber auch diejenigen Arbeiter im Dorf, die in zwei extra von der Ziegelei gebauten Wohnhäusern zur Unterbringung der Arbeitskräfte wohnten, ohne sich landwirtschaftlich selbst zu versorgen. Dabei wohnten die Arbeiter hier während der Arbeitssaison bescheiden: Mehrere zusammen in kleinen Zimmern, mit dem Nötigsten ausgestattet.

Die Zahl der landwirtschaftlichen Betriebe 1939, die mit einer Betriebsfläche zwischen 20 und 100 ha bzw. darüber registriert sind, bezieht sich bei allen vier Untersuchungsgemeinden auf die eigentlichen, das ursprüngliche Dorf ausmachenden Hofstellen. In Altwarmbüchen, Stelingen, Wülferode und Everloh werden jeweils 12, 10, 11 und 6 Höfe dieser Größenordnung 1939 gezählt.

Bis *1949* (Tab.8) bleiben die Zahlen der *landwirtschaftlichen Betriebe* mit einer Fläche bis zu 5 ha – also die Anzahl der Kleinstbetriebe – in den Dörfern Stelingen, Wülferode und Everloh fast unverändert. Altwarmbüchens Zahl an kleinsten Betriebsstellen steigt hingegen um mehr als das Doppelte an. Hier werden 1949 21 Betriebe mit einer Fläche unter 5 ha gezählt. Zugleich vergrößert sich in diesem Dorf die Anzahl der in der Land- und Forstwirtschaft Erwerbstätigen im Zeitraum von 1939 bis 1950 (Tab. 7 u. 9). Beides ist in erster Linie auf die Arbeitslosigkeit im sekundären Sektor während der Kriegsjahre zurückzuführen. So ließen sich viele ehemalige Industriearbeiter als Voll-Landwirte registrieren, die vorher das zum Haus gehörende Grundstück, den Großgarten, als solchen nur nebenerwerblich bewirtschafteten. Darüber hinaus gehen in die Zunahme der absoluten Beschäftigtenzahl des primären Sektors auch diejenigen Personen mit ein, die vorübergehend als landwirtschaftliche Arbeiter tätig waren und versuchten, in den unmittelbaren Nachkriegsjahren des 2. Weltkrieges auf den größeren Höfen mitzuarbeiten. Dies ist neben eini-

Tabelle 8:
Landwirtschaftliche Betriebe 1949

mit einer Fläche von

	unter 2 ha (1)	2–5 ha	5–10 ha	10–20 ha	20–50 ha	50 ha u.m.	Betr. ges.	Betr. ohne (1)
Altwarmbüchen	12	9	10	6	10	–	47	35
Stelingen	14	13	7	8	5	–	47	33
Wülferode	10	4	1	3	9	1	28	18
Everloh	10	2	–	2	3	2	19	9

Betriebszahl ohne (1) = eigene Erhebung

Quelle: Gemeindestatistik Niedersachsen 1950, Teil 4. NDS LVA – Statistik

Tabelle 9:
Erwerbstätige in den Wirtschaftsbereichen 1950

	Erwerbstätige:			Bereich:							
	Wohnbev. gesamt	gesamt	in % der Wohnbev.	Land- u. Fw. Anz. / %		Ind. u. Hwk. Anz. / %		Vers./Verk. Handel/Geld Anz. / %		Dienstleist. Öffentl.Dienst/ Anz. / %	
Altwarmbüchen	1054	517	49	190	37	229	44	44	8,5	54	10,5
Stelingen	815	394	48	133	34	181	46	39	10	41	10
Wülferode	727	347	48	122	35	134	39	27	8	64	18
Everloh	775	362	47	160	44	129	36	25	7	48	13

Prozentangaben = eigene Berechnung

Quelle: Gemeindestatistik Niedersachsen 1950, Teil 2. NDS LVA – Statistik.

gen Altwarmbüchenern auch besonders von den im Dorf beherbergten Flüchtlingen bekannt. Gleichzeitig gestattete die vorübergehende Betriebsaufgabe bzw. die endgültige Betriebseinstellung von zwei Höfen über 20 ha Flächenanteil in der Zeit von 1939 bis 1949 das Hinzupachten von Wirtschaftsflächen, was sowohl von mittelgroßen Betrieben (10–20 ha) als auch von den Kleinbetrieben wahrgenommen wurde.

Während bis 1949 in Altwarmbüchen 16 Betriebe in der Größenordnung 5–20 ha weiterbestehen und sich endgültig nur ein großer Hof auflöst – der andere (über 20-ha-Betriebsfläche) wird bis 1960/61 wieder als solcher weiterbewirtschaftet – zeigt sich in Stelingen 1949 eine Rückstufung mehrerer größerer Betriebe in kleinere Einheiten: Von den insgesamt 10 Stellen mit einer Betriebsfläche über 20ha von 1939 existieren 1949 nur noch 5. Die Betriebe in der Größenordnung 5 und 20 ha haben hingegen zugenommen.

Während einer der fünf Höfe, die 1949 nicht mehr im Bereich über 20 ha gezählt wurden, durch Vermählung des Hoferben mit einem anderen zusammenfiel, sind bei den übrigen vier Bauernfamilien, die 1939 noch einen Hof mit mehr als 20 ha Fläche bewirtschafteten, im 2. Weltkrieg die Erbensöhne gefallen. Die alten Bauerneltern betrieben die Höfe zwar weiter, reduzierten aber die Wirtschaftsflächen auf eine Größe, die noch ihren Lebensunterhalt sicherte, zugleich aber mit dem Maß ihres mittlerweile geringeren Leistungsvermögens in der Bewirtschaftung bewältigt werden konnte. So verpachteten sie einerseits Land an die übrigen Betriebe, andererseits an die im Ort untergekommenen Flüchtlingsfamilien.

Da die Stelinger Bauern – ähnlich wie die Altwarmbüchener Bauern – den Flüchtlingen offen und abgabebereit gegenüberstanden, erhielten hier etliche Flüchtlingsfamilien Pachtland. Diese Flächen wurden bis in die 60er Jahre als Nebenerwerbsstellen bewirtschaftet, worauf die große Anzahl (29) von landwirtschaftlichen Kleinst- und Kleinstellen in der Betriebszählung von 1960/61 (Tab.10) noch hinweist.

Wie der Betriebsgrößenvergleich von 1949 mit 1960/61 (Tab. 8 und 10) zeigen wird, ergibt sich zu der betrieblichen Verkleinerung mancher großer Höfe eine Austauschbewegung durch die Aufstockung von zwei kleineren Betrieben aus dem Größenbereich 5–20 ha. Während die erste Erscheinung, die Bereitschaft Wirtschaftsflächen abzugeben, charakteristisch ist für diejenigen Dörfer, die auch in der Bauentwicklung, im Gang der Bevölkerung und in der Sozialstruktur die stärksten Tendenzen des Wandels aufweisen, ist der

Tabelle 10:

Struktur der landwirtschaftlichen Betriebe 1960/61

| | landw. Betriebe | davon hatten eine landw. Nutzfläche von . . . bis unter . . . ha | | | | | | | |
		0,01−05	0,5−2	2−5	5−7,5	7,5−10	10−20	20−50	50 u.m.
Altwarmbüchen	48	3	14	7	4	2	7	8	3
Stelingen	47	4	19	6	3	1	7	7	−
Wülferode	23	5	5	2	1	−	−	7	3
Everloh	8	−	1	−	−	−	1	3	3

Quelle: Gemeindestatistik Niedersachsen 1960/61, Teil 4. „Betriebsstruktur der Landwirtschaft".
NDS LVA − Statisktik

Vorgang der Aufstockung der Betriebe ein allgemein zu beobachtender, der sich aber nur mit der Verpachtung oder dem Verkauf von Wirtschaftsflächen bereits aufgegebener Betriebe ergibt.

In Wülferode und Everloh zeichnen sich demgegenüber bis 1949 − im Gegensatz zu den beiden nördlichen Untersuchungsgemeinden − keine nennenswerten Wandlungen in der Betriebsgrößenstruktur ab. Während in Wülferode bis 1949 ein Hof durch Brandkatastrophe (Bombentreffer) 1943 verloren ging, alle weiteren Betriebe aber wie 1939 erscheinen, erfolgte in Everloh bei einer Stelle die vorübergehende Verkleinerung auf unter 20 ha Betriebsfläche. Mit der Aufgabe der kleinsten landwirtschaftlichen Betriebe in Everloh nach 1949, d.h. bis 1960/61, ist der Hof durch erneute Aufstockung wieder in die Größenordnung über 20 ha aufgestiegen.

Während also Altwarmbüchen in der Zeit von 1939 bis 1949 die eigentlichen Veränderungen in der Betriebsgrößenstruktur mit der Zunahme des kleinsten Betriebsgrößenbereiches (unter 5 ha) zeigt, die hauptsächlich mit der vorübergehenden Aufnahme von landwirtschaftlichem Vollerwerb auf Kleinbetrieben durch etliche arbeitslose Industriearbeiter zu erklären ist, wird in Stelingen bis 1949 schon der Übergang von einigen Vollstellen zu späteren landwirtschaftlichen Nebenerwerbsstellen eingeleitet, der sich in der Zunahme der kleineren Betriebe zwischen 5 und 20 ha ankündigt.

Der Vergleich der *Erwerbstätigen* in den einzelnen Wirtschaftsbereichen von 1939 und *1950* (Tab. 7 u. 9) ergibt außer für Altwarmbüchen eine Verringerung der in der Land- und Forstwirtschaft Erwerbstätigenzahl und zugleich in den Dörfern Stelingen, Wülferode und Everloh eine Zunahme der Beschäftigten im sekundären und tertiären Sektor. Im Bereich Handel/Dienstleistungen erfährt auch Altwarmbüchen eine Zunahme.

Entsprechend dem starken Bevölkerungszuwachs bis zum Ende der 40er Jahre in allen Untersuchungsgemeinden, der sich durch die Aufnahme von Heimatvertriebenen und Ausgebombten bis dahin ergibt, steigen die Erwerbstätigenzahlen im sekundären und tertiären Bereich, die zusammengefaßt bei allen vier Dörfern die Anzahl der im primären Sektor Beschäftigten überragen. Die in den Gemeinden beherbergten Flüchtlinge haben bis 1950 begonnen, in der wiederaufgebauten Industrie zu arbeiten oder sich dem tertiären Sektor zugewandt, dessen eigentliche Entwicklung erst in diesen Nachkriegsjahren beginnt.

Fassen wir die dargestellten *Entwicklungstendenzen* zusammen: Bei allen vier Untersuchungsgemeinden hat bis 1950 eine Verschiebung und gleichzeitig Bereicherung der ur-

Tabelle 11:

Erwerbstätige in den einzelnen Wirtschaftsbereichen 1961

	Wohnbev. gesamt	Erwerbstätige: gesamt	in % der Wohnbev.	Bereiche: Land- u. Fw. Anz.	/ %	Prod.Gew. Anz.	/ %	Handel/Verk. Anz.	/ %	Dienstl./Sonst. Anz.
Altwarmbüchen	1710	799	47	96	12	461	58	127	16	115
Stelingen	728	378	52	78	21	218	58	52	14	30
Wülferode	607	317	52	71	22	147	46	43	14	56
Everloh	597	297	50	82	28	137	46	44	15	34

Quelle: Gemeindestatistik Niedersachsen 1960/61, Teil 1. „Bevölkerung und Erwerbstätigkeit".
NDS LVA – Statistik.

sprünglich rein agrarisch bestimmten Sozialstrukturen stattgefunden, wobei der sekundäre und tertiäre Sektor vereint gegenüber dem Bereich Land- und Forstwirtschaft die Oberhand gewinnen.

Die Kriegs- und unmittelbaren Nachkriegsjahre haben in den vier Untersuchungsgemeinden zwar keine Veränderungen im Ortsbild, im Sinne von Siedlungserweiterungen, gebracht, hingegen einen Wandel in der Bevölkerungszahl und in der Erwerbstätigenstruktur ausgelöst. Die landwirtschaftliche Betriebsgrößenstruktur ändert sich wesentlich bis 1949 nur bei Stelingen durch die Rückstufung einiger größerer Höfe und bei Altwarmbüchen durch den Zuwachs an Kleinst-Betriebsstellen.

Diese beiden Gemeinden, die sich bereits nach der Jahrhundertwende bis zur unmittelbaren Vorkriegszeit des 2. Weltkrieges in ihrer baulichen Weiterentwicklung von den beiden südlichen Dörfern abgehoben habe, zeigen auch jetzt – im Zeitraum zwischen 1939 und 1949/50 – stärkere Wandlungstendenzen als Wülferode und Everloh. Diese erhielten nach der Jahrhundertwende bis zum Ende der 40er Jahre keinen nennenswerten Ortsausbau, keinen so bedeutsamen Bevölkerungszuwachs wie Altwarmbüchen und Stelingen und auch nahezu keine betriebsstrukturellen Veränderungen in der Zeit zwischen 1939 und 1949. Wie die Entwicklung bis zur Gegenwart zeigen wird, lassen sie auch weiterhin nur geringere Wandlungstendenzen erkennen; die traditionelle landwirtschaftliche Komponente behält, wenn auch modernisiert, eine bedeutende Rolle.

Der Vergleich der *betriebsstrukturellen Daten* und der *Erwerbstätigenstrukturen* von 1949/50 und *1960/61* (Tab. 8–11) läßt bei allen vier Untersuchungsgemeinden eine Verschiebung des Erwerbstätigenanteils in den einzelnen Wirtschaftsbereichen zugunsten des sekundären und auch des aufkommenden städtischen tertiären Sektors erkennen. Wülferode und Everloh sind zwar nach 1950 von einem Bevölkerungsrückgang in Zusammenhang mit der Flüchtlingsentlastung bzw. Umverteilung aus den Dörfern in andere Gemeinden bzw. die Stadt betroffen, dennoch weisen auch sie 1960/61 niedrigere absolute Anzahlen Beschäftigter im Bereich Land- und Forstwirtschaft auf als in den anderen Sektoren. Lediglich in Everloh gleicht der primäre Beschäftigtenanteil etwa dem des tertiären Sektors.

Gemäß dem stärkeren Bevölkerungszuwachs von Altwarmbüchen und Stelingen während der Kriegs- und Nachkriegsjahre des 2. Weltkrieges und der nur teilweisen Flüchtlingsentlastung in Stelingen zählen diese beiden nördlichen Gemeinden 1960/61 weitaus mehr in der Industrie, aber auch schon im Dienstleistungssektor Beschäftigte als Wülferode und Everloh, wo neben dem Verbleiben von einigen Flüchtlingsfamilien ein stetiges Abwandern von Heimatvertriebenen bis 1960/61 eingesetzt hat.

Da der Anteil der in der Land- und Forstwirtschaft Erwerbstätigen 1960/61 die Anzahl von 1939 bei allen vier Untersuchungsgemeinden nicht mehr erreicht, ist bis 1960/61 in allen vier Dörfern ein Bedeutungsrückgang des primären Sektors hervorzuheben, der sich einerseits aus der Verminderung der Betriebsstellen zwischen 5 und 20ha ergibt und zum anderen in der Aufgabe von Kleinststellen unter 5ha. Alle vier Gemeinden verlieren bis 1960/61 einen Teil derjenigen landwirtschaftlichen Betriebe, die vollerwerblich genutzt zwischen 5 und 20 ha lagen und den Übergang zum landwirtschaftlichen Nebenerwerb ankündigten. Gleichzeitig ist − bis auf Wülferode − in den Dörfern eine Aufstockung der großen Betriebe (über 20 ha) zu beobachten, die Wirtschaftsflächen durch Zukauf oder Hinzupachten vergrößern konnten. Dies wurde vielfach mit der Aufgabe der kleineren Betriebe möglich.

Während bei den beiden nördlichen Dörfern bis 1960/61 aber noch eine Zunahme der kleinsten Betriebsstellen unter 5 ha zu beobachten ist, die mit der größeren Bereitschaft zur Abgabe von kleinen Flächen an im Ort untergebrachte Flüchtlinge erklärlich wird, tritt bei Wülferode der erste Verlust und bei Everloh die vollkommene Einstellung dieser kleinsten Betriebseinheiten ein. In Wülferode bewirtschafteten die im Ort wohnenden (bis dahin noch auf den Höfen untergebrachten Heimatvertriebenen) keine Großgärten oder Kleinfelder zur Selbstversorgung. Sie halfen nur auf den großen Höfen nach Beendigung der eigentlichen Arbeit. In Everloh, wo erst am Ende der 50er Jahre erste Wohnhäuser von Heimatvertriebenen entstanden, wurden keine Kleinstbetriebe neu eingerichtet. Vielmehr wurden bis 1960/61 alle Betriebsstellen unter 5 ha, die hier mit dem im Dorf befindlichen Handwerker- oder Arbeiterbauernstamm bestanden, völlig aufgegeben.

Diese waren seit dem Ende der 50er Jahre nicht mehr auf die landwirtschaftliche Nebenbetätigung ausgerichtet und orientierten sich zunehmend ausschließlich im sekundären, aber auch tertiären Sektor.

So verhalten sich die beiden südlichen Dörfer, insbesondere Everloh, in der „Entmischung" von Vollbauern und reiner Wohnbevölkerung progressiv, setzt diese Entwicklung sonst normalerweise erst nach 1960 ein. Gegenüber den beiden nördlichen Gemeinden bleiben sie aber in ihrer strukturellen Entwicklung bezüglich der Verstädterung zurück und erscheinen konservativ. Mehrere Faktoren haben in Everloh und Wülferode die frühere Aufgabe der Kleinsthöfe veranlaßt:

1. Die Bauern der großen Höfe haben sehr gute Preise für das Land geboten, so daß sich der Verkauf bzw. die Verpachtung der Besitzflächen der Kleinststellen lohnte.
2. Die städtische Lebensweise wurde von einigen Kleinstbauern im Süden schon früher attraktiver gefunden als von den nördlichen, was vor allem darauf zurückzuführen ist, daß den südlichen Klein- oder Nebenerwerbsbauern die (reichen) großen Höfe gegenüberstanden, deren Erträge ohnehin nie von den Kleinbauern erzielt werden konnten.

Für etliche südliche Nebenerwerbsbauern lohnte sich daher die Bewirtschaftung der zu kleinen Besitzflächen nicht mehr; sie nahmen das gute Kauf- oder Pachtangebot der großen Hofbesitzer im Dorf an.

In Altwarmbüchen und Stelingen hingegen bauten die Nebenerwerbsbauern auf den mäßigen Geestböden von vornherein eher zur Selbstversorgung an: Hier ließen sich ohnehin „nur" Roggen und Kartoffeln ernten, Schafe, Kleinvieh oder eine Kuh auf dem Grün-

Tabelle 12:
Berufspendler 1950

	Auspendler	Einpendler
Altwarmbüchen	181	7
Stelingen	204	6
Wülferode	160	7
Everloh	124	15

Quelle: Gemeindestatistik Niedersachsen 1950. Teil 2.
        NDS LVA – Statistik

Tabelle 13:
Berufspendler 1961

	Auspendler Anz.	in % der Erwerbspers.	Einpendler Anz.	in % der am Ort Arbeitenden
Altwarmbüchen	521	65	104	27
Stelingen	271	72	8	7
Wülferode	172	54	52	26
Everloh	182	61	12	9

Quelle: Gemeindestatistik Niedersachsen 1960/61. Teil 1. „Bevölkerung und Erwerbstätigkeit".
        NDS LVA – Statistik

land halten. Diese Wirtschaftsweise deckte grundsätzlich einen Teil des täglichen Bedarfs und wurde deswegen bis in die 60er Jahre hier fortgesetzt. Darüber hinaus befanden sich die kleinen Flächen, die man in Altwarmbüchen und Stelingen an die Hinzugekommenen abtrat, ohnehin nur in den ertragsgeringsten Bodenbereichen.

Zusammenfassend läßt sich hervorheben, daß ein relativer agrarwirtschaftlicher Bedeutungsrückgang in allen vier Untersuchungsgemeinden bis 1960/61 eingesetzt hat, insbesondere seit den Nachkriegsjahren des 2. Weltkrieges. Zugleich machte sich seitdem eine zunehmende betriebsstrukturelle Aufstockung in allen vier Dörfern bemerkbar, die sowohl aus landwirtschaftlichen Rentabilitätsgründen – der Einsatzmöglichkeit von Landmaschinen wie auch dem gesteigerten Bedarf an Wirtschaftsflächen eines einzelnen Hofes zur Steigerung der Ertragsfähigkeit – erklärlich wird.

Auffällig ist hingegen, daß die beiden nördlichen Untersuchungsgemeinden Altwarmbüchen und Stelingen die größte Anzahl an landwirtschaftlichen Kleinstbetrieben – auch bis 1960/61 noch – aufweisen und damit die Gruppe der ehemaligen Arbeiter- und Handwerkerbauern am längsten im Dorf behalten bzw. diese durch die einzelne Landverpachtung oder sogar durch Landverkauf bis zum Ende der 50er Jahre noch vermehren. Die – verglichen mit den Calenberger Bauern (Everloh) – ärmeren Bauern der beiden Geestdör-

114

fer waren also schon früh bereit, Land zu verkaufen oder wenigstens an Neuansiedler (Flüchtlinge) zu verpachten. Beide Dörfer, die dem Wandlungsprozeß vom Bauerndorf zur großstadtnahen Wohngemeinde stärker unterliegen als Wülferode und Everloh, werden also in einer Übergangsphase von der Jahrhundertwende bis hinein in die 50er Jahre von diesem Siedlertypus des Arbeiterbauern mit einem kleinsten Nebenerwerbsbetrieb besonders charakterisiert.

Ausdruck der sozialstrukturellen Wandlungen und der Umverteilung der Erwerbspersonen in die außeragrarischen Wirtschaftsbereiche sind auch die Daten von Tab. 12 und 13, die sich auf die *Berufspendler* beziehen.

Analog zu den *1950* im sekundären und tertiären Sektor Beschäftigten treten in allen vier Untersuchungsgemeinden 1950 Auspendler auf, die in Stelingen sogar den weitaus größten Anteil aller Erwerbspersonen − nämlich über 50% − ausmachen. In Wülferode liegt der Anteil unter 50%, in Altwarmbüchen etwa knapp über 30% und in Everloh bei 30% aller Erwerbspersonen.

Altwarmbüchen weist zwar 1950 einen weitaus höheren absoluten Auspendlerwert auf als Everloh, dieser liegt aber im Verhältnis zur Gesamterwerbstätigenzahl nur geringfügig höher als in der südlichen Gemeinde. In Altwarmbüchen finden 1950 viele Erwerbspersonen im Dorf selbst Arbeitsmöglichkeiten in der Ziegelei, so daß der Auspendleranteil nicht viel höher ist als in Everloh, wo 1950 noch viele Flüchtlinge untergebracht waren, die in die umliegenden Hannoverschen Industriebetriebe pendelten, weil es in dem reinen Bauerndorf Everloh außer der Lohnarbeit in der Landwirtschaft keine Beschäftigung gab.

Während sich in Stelingen und auch in Altwarmbüchen die Gruppe der Auspendler aus den Reihen der im Ort untergekommenen Heimatvertriebenen bzw. Ausgebombten und der ortseigenen Bevölkerung zusammensetzt, sind es in Wülferode und Everloh überwiegend die im Dorf beherbergten Flüchtlinge, die die Auspendlerzahl ausmachen, denn diese beiden Gemeinden besaßen schon 1939 deutlich weniger in der Industrie oder im Handel Beschäftigte als die beiden nördlichen Gemeinden.

Für Stelingen war das Pendeln vieler im Dorf Wohnender bereits vor und nach der Jahrhundertwende üblich und auch von Altwarmbüchen aus pendelten mehrere Ortsbewohner in den 30er Jahren bereits in die industrienäheren Gebiete in die Stadt oder nach Misburg.

Aus Wülferode und Everloh zogen, wie schon gesagt, bis zur unmittelbaren Vorkriegszeit die meisten in Industrie und Dienstleistung Beschäftigten fort, daher zeigen diese Gemeinden kein so extrem hohes Ansteigen der außeragrarischen Erwerbstätigenzahlen (vergl. Tab.7), so daß hier davon ausgegangen werden kann, daß erst mit dem Zustrom der Heimatvertriebenen und Ausgebombten bis 1950 ein wesentlicher Teil an Auspendlern hinzugekommen ist.

Bis *1961* erhalten alle vier Untersuchungsgemeinden einen Zuwachs in der absoluten Auspendlerzahl wie auch im prozentualen Anteil der Auspendler an der Gesamterwerbspersonenzahl. Die Intensität der Veränderung in der Auspendlerzahl hängt einerseits mit dem Gang der Bevölkerungszahlen zusammen und ist andererseits mit den Wandlungen innerhalb der landwirtschaftlichen Betriebsstrukturen zu erklären. Wülferodes Bevölkerungszahl nimmt im Zeitraum zwischen 1950 und 1961 ab. Zudem tritt nur eine unbedeutende Verringerung der Betriebe in der 5−20 ha-Größenordnung ein, d.h. beide Faktoren konnten keinen nennenswerten Zuwachs in der Auspendlerquote bis 1961 bewirken. In Everloh hingegen, wo sich die Zahl der Auspendler und auch der prozentuale Anteil an der Gesamterwerbspersonenzahl beträchtlich erhöht (auf über 60%!), ist zwar auch ein Bevölkerungsrückgang in Anlehnung an die Flüchtlingsentlastung bis 1961 eingetreten, es werden in diesem Dorf aber neben einem 5—20 ha-Betrieb alle Kleinstbetriebe aufgegeben, verursacht durch die berufliche Umorientierung der Besitzer: Everloh verlor sowohl die meisten Handwerksbetriebe, Tagelöhner in der Landwirtschaft und Gewerbetreibenden, die zu Arbeitsstätten des sekundären und tertiären Sektors in der Stadt Hannover oder im stadtnahen Bereich überwechselten und Pendler wurden. Entsprechend dem stärkeren Bevölkerungsrückgang von 1950 bis 1961 in Everloh verkleinert sich auch die Erwerbspersonenzahl in diesem Dorf stärker noch als in Wülferode. Zugleich setzt mit dem Berufswechsel der Landarbeiter ein größerer Zuwachs der Beschäftigten im Bereich Industrie und Handwerk, bzw. Prod. Gewerbe ein (vergl. Tab. 6, 9, 11).

Auch Altwarmbüchen und Stelingen weisen 1961 eine höhere Auspendlerquote auf als 1950. Beide Dörfer überragen sowohl mit ihrem absoluten wie auch prozentualen Auspendleranteil die südlichen Gemeinden. Entsprechend dem Bevölkerungsgang, bzw. -zuwachs bis 1961 steigen in Altwarmbüchen und Stelingen die Auspendlerwerte an. Hinzu kommt auch bei diesen beiden Dörfern die Aufgabe bzw. Rückstufung mehrerer 5—20ha-Betriebe in noch kleinere Stellen, und damit der Übergang zu landwirtschaftlichem Nebenerwerb in Zusammenhang mit einer außerlandwirtschaftlichen, hauptberuflichen Betätigung im sekundären oder tertiären Sektor. So verringert sich in Stelingen, entsprechend der Abnahme der Bevölkerung im Zeitraum von 1950 bis 1961, auch die gesamte Erwerbspersonenzahl, doch ist zugleich mit der betriebsstrukturellen Veränderung in der Landwirtschaft eine Umverteilung in das Prod. Gewerbe und den Dienstleistungsbereich eingetreten, die den Zuwachs der Auspendlerwerte begründet (vergl. Tab. 6, 9, 11).

Zusammenfassend kann vermerkt werden, daß *Stelingen* am frühesten und intensivsten mit der Stadt Hannover und ihren Arbeitsplätzen verflochten war (1950 bereits mehr als 50% Auspendler!). Mißt man die Stadtbeziehung am Umfang oder Anteil der Auspendler, so folgten 1950 zunächst Wülferode im Grad des Beziehungsgeflechtes, dann Altwarmbüchen und Everloh. Bis 1961 hat sich diese Abstufung jedoch verändert: Auf Stelingen — die am meisten auf die Stadt bezogene Gemeinde — folgen Altwarmbüchen, Everloh und Wülferode.

4. Vergleich

Der Entwicklungsgang der einzelnen Untersuchungsgemeinden bis zum Ende der 50er Jahre zeigt voneinander abweichende aber auch parallele Verlaufstendenzen.

Eine erste Klassifizierung der vier Gemeinden in Gruppen stärkerer und geringerer Strukturwandlungen ergibt sich durch den mehrfach analogen Entwicklungsverlauf bei Altwarmbüchen/Stelingen — den beiden nördlichen Umlandgemeinden — und bei Everloh/Wülferode.

Darüber hinaus lassen sich aber auch Gemeinsamkeiten bei der Betrachtung der Ortsbilder, d.h. der Siedlungsweise, wie auch der Bevölkerungszahlen und der sozialstrukturellen Daten erkennen, die alle vier Dörfer zugleich betreffen.

Die Zweiergruppierung ergibt sich daraus, daß Altwarmbüchen und Stelingen die Ortserweiterungen nach der Jahrhundertwende in zunächst lockeren Abständen an das Dorf anschließen und diese erst in den 50er Jahren verdichten. Beide Dörfer haben als Geestgemeinden bis in Ortsnähe teilweise nur mäßig gutes und auch schlechtes Land, das sie für neue Hausstellen abgeben können. Die begrenzt besten Wirtschaftsflächen werden für die

Bebauung nicht freigegeben. Dazu gehören in Stelingen auch die Wiesen- und Weidebereiche zwischen den einzelnen Hofstellen, die für das Vieh benötigt werden. Bei Altwarmbüchen wird die Neusiedlung bei den alten Höfen von vornherein durch die Siedlungsform ausgeschlossen: Vor und hinter den Höfen liegt das beste, älteste Ackerland, das nur im Ausnahmefall am Ende des 19. Jh. für die eigenen Söhne oder Verwandten als Bauplätze abgegeben wurde. Schon nach der Jahrhundertwende beschränkte sich die Bauplatzverteilung auf das schlechtere Land im Westen oder Osten des Dorfes, wo neben den eigenen Dorfnachkommen auch die ersten Ziegeleiarbeiter und in der 2. Hälfte der 50er Jahre einige der im Ort verbleibenden Heimatvertriebenen seßhaft wurden.

Die beiden flächig-geschlossenen Dörfer Wülferode und Everloh besitzen wertvolle Wirtschaftsflächen rund um das Dorf. Der Ortsausbau erfolgte daher seit dem Ende des 19. Jh. in direktem Siedlungsanschluß und größtenteils als Verdichtung der schon bestehenden Nachsiedlerbereiche des ausgehenden Mittelalters. Der Neubau erscheint bei beiden Dörfern dicht an die ursprüngliche Siedlung herangedrängt, wodurch die Siedlungstradition fortgesetzt wird.

Darüber hinaus ergibt sich die soeben erwähnte *Zweiergruppierung* aus dem *Gang der Bevölkerungszahlen*, der Sozialstrukturen wie auch aus der landwirtschaftlichen Betriebsgrößenentwicklung. Stelingen und stärker noch Altwarmbüchen erhalten bis 1950 wie auch im darauffolgenden Jahrzehnt den größten Bevölkerungszuwachs. Everloh und Wülferode dagegen sind nach 1950 bereits von einer Bevölkerunsabnahme gekennzeichnet, die auf die generell stärker einsetzende Bevölkerungsentlastung der Bördedörfer in den Nachkriegsjahren zurückzuführen ist.

Aus der Betrachtung der *sozial- und betriebsstrukturellen Daten* ergibt sich die Zuordnung der vier Untersuchungsgemeinden in die beiden Gruppen einerseits dadurch, daß noch 1939 in Wülferode und Everloh jeweils mehr Arbeitende dem primären Sektor angehörten als dem sekundären oder tertiären. In Altwarmbüchen und Stelingen hingegen dominierte bereits die Anzahl der im sekundären und tertiären Sektor Beschäftigten. Diese beiden Dörfer erhielten bis 1939 einen weitaus größeren Bevölkerungszuwachs als die südlichen Gemeinden Wülferode und Everloh und damit zugleich eine größere Anzahl von Arbeitenden außerhalb der Landwirtschaft. Zum anderen sind Altwarmbüchen und Stelingen diejenigen Gemeinden, die bis 1960/61 häufigeren Veränderungen innerhalb der landwirtschaftlichen Betriebsgrößenstruktur unterliegen:

In Altwarmbüchen setzte bis 1949 eine Zunahme des kleinsten Betriebsbereiches (unter 5 ha) ein, in Stelingen erfuhren bis 1949 mehrere der großen Betriebe eine Rückstufung in eine kleinere Betriebsklasse.

Everloh und Wülferode hingegen zeigten bis 1949 kaum bedeutsame betriebsstrukturelle Wandlungen. Erst in der darauffolgenden Zeit bis 1960/61 machten sich durch den Wegfall vieler Kleinst- und Kleinbetriebe in beiden Dörfern entscheidende Veränderungen bemerkbar, die darauf hinweisen, daß hier eine größere Anzahl landwirtschaftlicher Nebenerwerbsstellen bereits völlig aufgegeben, auf die anfangs noch kriegsbedingte Notwendigkeit der Selbstversorgung nun gänzlich verzichtet wurde. Die ehemaligen Inhaber dieser Nebenerwerbsstellen sind nun ausschließlich Beschäftigte im sekundären oder aufblühenden tertiären Sektor.

In beiden südlichen Untersuchungsgemeinden wurden für im Ort verbleibende Heimatvertriebene keine ausgesprochenen Nebenerwerbsstellen eingerichtet, da die Bauern hier − im Gegensatz zu den Geestbauern − nicht bereit waren, Land abzugeben.

Neben der Zuordnung der vier Untersuchungsgemeinden in die beiden Gruppen erge-
ben sich bei allen vier Siedlungen *parallele Erscheinungen* im Entwicklungsgang von der
Verkoppelungszeit bis zum Ende der 50er Jahre, die generell die Entwicklung ländlicher
Siedlungen charakterisieren:

Bis zu den 50er Jahren ist bereits bei allen vier Dörfern die Beschäftigtenzahl der in der
Land- und Forstwirtschaft Tätigen von der Erwerbspersonenzahl des sekundären und tertiären Sektors überflügelt. Dies ergibt sich von vornherein durch die Ortsnachkommen,
die — wie bereits am Ende des 19. Jh. beobachtet — außerlandwirtschaftliche Berufe er-
greifen müssen, weil nicht alle Nachfahren in der Landwirtschaft mitarbeiten können.

Zum anderen tragen alle in das Dorf neu Hinzugekommenen dazu bei, die Erwerbspersonenzahl des sekundären und tertiären Sektors anwachsen zu lassen. Bei Altwarmbüchen
sind dies neben den Heimatvertriebenen und Ausgebombten die schon frühzeitig ins Dorf
gekommenen Ziegeleiarbeiter.

Vergleicht man die Höfezahl der Verkoppelungszeit mit der Betriebsgrößenstruktur
von 1960/61, so wird offensichtlich, daß alle Untersuchungsgemeinden — wenn auch in unterschiedlicher Intensität — von einer Hofstellenverringerung im großbäuerlichen Bereich
betroffen sind. Gleichzeitig hat zwischen 1949 und 1960/61 bei allen vier Untersuchungsgemeinden eine Aufstockung der großen Betriebe eingesetzt, die mit der Aufgabe etlicher
Nebenerwerbsstellen möglich wurde.

Die Abnahme der Zahl der in der Land- und Forstwirtschaft Tätigen von 1939 bis 1960/
61 — besonders auch von 1950 bis 1960/61 — und die gleichzeitige Aufstockung der größten
Betriebe weist auf die generell einsetzende Rationalisierung innerhalb der Landwirtschaft
hin.

Ein weiteres, allen vier Siedlungen gemeinsames Entwicklungsmerkmal ist der bis 1961
von wesentlichen Strukturveränderungen verschonte Siedlungskern der Gemeinden.
Wenngleich bei allen Dörfern bis zum Ende der 50er Jahre eine Ergänzung des Brinksitzer-/
Abbauerbereiches durch jüngere Zuzügler eingesetzt hat, bleiben doch die großbäuerlichen Höfebereiche ohne bedeutsamen Siedlungseingriff erhalten. In jeder Gemeinde ist
die Erreichbarkeit der Hauptwirtschaftsareale bestehen geblieben, was bei Stelingen zum
Fortbestand der lockeren Ursprungssiedlung führte und bei Altwarmbüchen die Einheit
des Straßen- bzw. Reihendorfes mit gegenüberliegender Hauptflur und hofanschließenden
Grünlandbereichen erhalten ließ.

Die vier Untersuchungsgemeinden werden nach der Verkoppelungszeit durch Haus-
stellen erweitert, an die oftmals ein zur Selbstversorgung dienender Großgarten oder ein
Kleinfeld angeschlossen ist. In allen vier Dörfern sind es bis zur Jahrhundertwende zu-
nächst die eigenen Ortsnachkommen, die — mit der Hauptbeschäftigung außerhalb der
Landwirtschaft — als Handwerker- oder Arbeiterbauern mit ihren kleinen Häusern im
Siedlungsgrundriß in Erscheinung treten.

In den 20er/30er Jahren des 20. Jh. verfügt jede Gemeinde über einen gewissen Hand-
werkerstamm und über mehrere Gewerbetreibende, die durch die zunehmende Versorgungsfunktion der Stadt Hannover noch nicht verdrängt wurden und deren Kundenstamm
sowohl die bäuerliche wie auch die übrige Bevölkerung im Dorf einschloß. Auch für diese
Dorfbewohner ist die Siedlungsweise in der Einheit „Haus-Kleinfeld" oder „Haus-Feldgar-
ten" typisch, die sich in allen vier Dörfern bis zur unmittelbaren Nachkriegszeit hält. In
Everloh und Wülferode verringert sich die Zahl dieser Nebenerwerbsstellen (unter 5 ha)
bis 1960/61 oder sie werden sogar völlig aufgegeben, während die Anzahl in den beiden

nördlichen Gemeinden noch ansteigt. Hier bedeutet die Zunahme dieser Kleinststellen den Übergang einiger mittelgroßer Betriebe (5–20 ha) zu landwirtschaftlichem Nebenerwerb, denn sowohl in Stelingen wie auch in Altwarmbüchen werden einige Betriebe aus dem 5–20 ha-Bereich bis 1960/61 zu Kleinststellen abgestockt.

Zugleich findet aber auch eine Aufstockung mancher Betriebe aus der mittleren Größenordnung statt, ebenso wie in Everloh und Wülferode. In diesen beiden südlichen Gemeinden gehen jedoch neben den meisten Betrieben mittlerer Größe auch mehrere bzw. die meisten Kleinstellen bis 1960/61 verloren, so daß hier kein Übergang von Vollerwerbsbetrieben zu landwirtschaftlichen Nebenerwerbsstellen zu beobachten ist wie in Altwarmbüchen und Stelingen.

Diese beiden Geestgemeinden sind daher *mehr* von einer „schleichenden" Betriebsaufgabe der mittleren und kleineren Betriebe gekennzeichnet, d.h. von einem langsamen Übergang mehrerer mittlerer Betriebe zu landwirtschaftlichem Nebenerwerb.

In den beiden südlichen Dörfern hingegen erfolgt die Aufgabe der Betriebe bis zu 20 ha von 1949 bis 1960/61 abrupt, d.h. die bodenqualitativ bessergestellten Gemeinden Wülferode und Everloh verlieren bereits nach dem 2. Weltkrieg einen Teil der unrentableren Betriebsstellen. Hier konzentrieren sich die Wirtschaftsflächen bereits auf die größten Höfe, so ganz besonders in Everloh.

Die beiden südlichen Gemeinden sind also von einer rascheren Aufgabe der unrentableren, mittelgroßen und kleinen Betriebe bis 1960/61 gekennzeichnet, die durch die schon oben (Kap. IV.B.3.) angegebenen Faktoren begründet werden kann. Waren die wertvollen Böden schon 1939 nicht auf eine derartige Vielzahl mittelgroßer Höfe verteilt wie in Altwarmbüchen und Stelingen, so konzentrierten sich die Flächen schon bald nach 1949 auf die eigentlichen größeren Betriebe im Dorf.

Mit der Aufgabe der mittelgroßen, kleinen und kleinsten Stellen innerhalb der beiden südlichen Dörfer bis 1960/61 erfolgte die Abwanderung dieser ehemaligen Betriebsinhaber in außerlandwirtschaftliche Berufsgruppen.

Im Gegensatz zu Wülferode und Everloh bleiben aber in Altwarmbüchen und Stelingen die Kleinststellen (bis 5 ha) bis 1960/61 erhalten. Hier werden sogar mit der Ansiedlung einiger im Ort verbleibender Flüchtlinge auch nach 1950 noch mehrere Stellen mit landwirtschaftlichem Nebenerwerb eingerichtet. Sie gehen unmerklich in die Betriebsstellenzahl (unter 5 ha) von 1960/61 ein. Diese scheint sich im Zeitraum von 1949 bis 1960/61 offensichtlich nur durch die Abstufung ehemals größerer Betriebe zu Kleinststellen zu vergrößern, doch beinhaltet die veränderte Betriebsstellenzahl unter 5ha zugleich noch folgenden Wandlungsprozeß: Die Einrichtung einiger Kleinststellen für im Dorf verbleibende Flüchtlinge gleicht bis 1960/61 die Aufgabe derjenigen Stellen aus, die bis dahin bereits wieder aufgegeben wurden, weil ihre Besitzer nach Kriegsbeendigung mit dem verstärkten (Wieder-)Aufbau der Industrien und Dienstleistungsbetriebe die Arbeit außerhalb der Landwirtschaft wieder aufgriffen.

So läßt sich bei allen vier Untersuchungsgemeinden eine *spezielle Siedlungsweise* beobachten, die bereits mit der Ortserweiterung im 19. Jh. auftritt, sich bei Everloh und Wülferode bis zur Vorkriegszeit des 2. Weltkrieges fortsetzt und in Altwarmbüchen und Stelingen sogar noch mit der ersten Ansiedlung von Heimatvertriebenen im Dorf fortgeführt wird. Es ist dies die bereits oben angesprochene Siedlungsweise des *Handwerker- oder Arbeiter-Bauern*, der im Dorf ein Haus errichtet und zur Selbstversorgung, bzw. zum landwirtschaftlichen Nebenerwerb einen Großgarten oder gar ein Kleinfeld bewirtschaftete.

Während aber die Handwerker-Bauern des ausgehenden 19. Jh. vorwiegend innerhalb des jeweiligen Dorfes arbeiteten, waren die Arbeiter-Bauern bereits auf die Stadt Hannover und ihre Industriebereiche orientiert.

Vergleicht man die Berufszugehörigkeit zu den einzelnen Wirtschaftsabteilungen im Jahr 1939 (Tab.7), so ergibt sich für Stelingen und Altwarmbüchen schon frühzeitig eine hohe Anzahl an Arbeitern im Bereich Industrie und Handwerk im Dorf. Während aber ein Teil dieser Beschäftigten in Altwarmbüchen selbst arbeitete, diese Gemeinde sich also selbst mit dem Bau der Ziegeleien am Ende des 19. Jh. den Impuls gab, sich über das alte herkömmliche Bauerndorf hinaus zu entwickeln, war Stelingen frühzeitig zu den benachbarten Arbeitsstätten offen. Altwarmbüchen und Stelingen sind daher — gemessen an den beiden südlichen Dörfern — Gemeinden, die von vornherein einer stärkeren Wandlung unterliegen.

Diese wird nach der Jahrhundertwende dann besonders deutlich im Gang der Bevölkerungszahlen. Zwar sind alle vier Untersuchungsgemeinden während der Kriegsjahre des 2. Weltkrieges von einem starken Anwachsen der Einwohnerzahlen betroffen, doch hält das Ansteigen lediglich bei Altwarmbüchen und Stelingen über die Nachkriegsjahre hinaus an. Hiermit zeigt sich bereits die unterschiedliche Bereitschaft der einzelnen Dörfer, Land für neue Hausstellen abzugeben, die in Altwarmbüchen schon zu Beginn des 20. Jh. mit der Ansiedlung der ersten Ziegeleiarbeiter deutlich wurde und sich in der noch zu betrachtenden Zeit nach 1960/61 (Kap. IV.C.) besonders zu erkennen geben wird.

Die beiden nördlichen Gemeinden sind *intensiver* von den Stadt-Land-Beziehungen (Industriependler) gekennzeichnet, wenngleich der „ländliche" Typ des Arbeiter-Bauern-Betriebes länger in diesen Gemeinden erhalten bleibt. So werden die Geestgemeinden in ihrer Entwicklung geradezu von entgegengesetzten Tendenzen charakterisiert. In den südlichen Dörfern ist hingegen die „Entmischung" von reinen Bauern und reinen Nichtbauern = „dorfansässigen Städtern" und Abwanderern viel ausgeprägter. Wie oben bereits erklärt, hängt diese Entwicklung nicht — wie man zunächst annehmen könnte — von der Sozialstruktur der Dörfer ab, indem in den südlichen Dörfern der soziale Gegensatz zwischen Vollbauern und „kleinen Leuten" schärfer gewesen wäre als in den Geestdörfern; sondern sie hängt ab von dem guten Kaufpreis-/Pachtangebot der Vollbauern in den südlichen Dörfern sowie der unterschiedlichen Nutzungsmöglichkeit der nördlichen und südlichen Kleinbesitzflächen.

Die beiden nördlichen Dörfer sind also frühzeitiger und intensiver von Veränderungsimpulsen betroffen, die durch die außeragrarwirtschaftliche Bevölkerung dem Dorf übermittelt werden. Es sind dies in beiden Gemeinden die schon bald im Ort aufkommenden Arbeiter, die dazu beitragen, das Dorf an außerlandwirtschaftliche Bevölkerungsgruppen und ihre Verhaltensweisen zu gewöhnen. Damit beginnen die Gemeinden Altwarmbüchen und Stelingen sich eher von dem Ausganszustand des alten Bauerndorfes fortzuentwickeln als Wülferode und Everloh. In Everloh jedoch leitet die Entscheidung und der Verkaufswille zunächst eines einzelnen Bauern in den 50er Jahren diejenige Art von Ortsentwicklung ein, die generell für die nun folgenden Siedlungserweiterungen charakeristisch ist. Mit der Ansiedlung weniger Flüchtlingsfamilien wird das Dorf Everloh erstmals *flächenhaft* vergrößert, d.h. mit einem eindeutig *städtischen Element* versehen.

Auch in Stelingen und Altwarmbüchen beginnt bis 1960/61 die erste flächenhafte Ortserweiterung, welcher — besonders in Altwarmbüchen — bereits eine Planung von seiten der Gemeinde zugrundeliegt, worin sich zeigt, daß hier die „städtische" Entwicklung gezielt gefördert wurde.

Festgehalten werden kann, daß die stadtinternen Einrichtungen Hannovers, d.h. besonders die Industriebereiche, schon frühzeitig – am Ende des 19. Jh. – auf die Untersuchungsgemeinden Stelingen und Everloh eingewirkt haben. Während aber außerhalb der Landwirtschaft Beschäftigte in Stelingen wohnhaft blieben, verließen sie Everloh. Das dem Bauerndorf fremdartige sozial-strukturelle Element (Industriearbeiter) ist hier also eleminiert; die städtische Einflußnahme bleibt damit beschränkt.

Zum zweiten Mal wirkten sich die Hannoverschen Industriebereiche auf die Entwicklung der Untersuchungsgemeinden aus, als alle Dörfer während und nach dem 2. Weltkrieg von etlichen Ausgebombten aus der Stadt heimgesucht wurden. Die dritte Einflußnahme der stadtinternen Einrichtungen, die sich nun auch auf den städtischen Dienstleistungsbereich bezieht, ist am Ende der 50er Jahre in den Untersuchungsgemeinden – außer in Wülferode – zu verfolgen. Die in Industrie- und Dienstleistungsbetrieben der Stadt Hannover beschäftigten Heimatvertriebenen und Ausgebombten beginnen, mit ihrer Ansiedlung den jeweiligen Ort flächenhaft zu erweitern. Damit tritt erstmals ein dem Dorf bisher fremdes, städtisches Element optisch in Erscheinung.

Die stadtexternen Einrichtungen Hannovers haben bis 1960/61 vorwiegend für das Dorf Stelingen Bedeutung gehabt. Von mehreren Stelingern ist das Arbeitsangebot am Mittellandkanal und an der Autobahn Köln-Berlin aufgegriffen worden, wodurch sich neue Verschiebungen in der Sozialstruktur ergeben konnten.

Dennoch finden die Entwicklungsverläufe bei den Gemeinden Everloh und Stelingen keine 100%ige Übereinstimmung mit den vorher vermuteten Prozeßabläufen. Im Gegenteil, hier haben die möglichen Urbanisierungseinflüsse längst nicht derart nachhaltig einwirken können, wie vorher angenommen werden mußte.

Es stellt sich abschließend die Frage, warum gerade Altwarmbüchen, die ehemals kleinste ländliche Siedlung, bereits im frühen 20. Jh. – verstärkter dann mit Beendigung des 2. Weltkrieges in den 50er Jahren – eine erstmalige Vorrangstellung im dörflichen Entwicklungsgang einzunehmen beginnt. Die Ursache der rascheren und etwas stärkeren Fortentwicklung Altwarmbüchens findet ihre Begründung in der bereits oben erwähnten Offenheit der Dorfbevölkerung, der Einstellung der bäuerlichen Landbevölkerung zur Bewilligung von Grund und Boden für Neuansiedlungen.

Durch die seit dem ausgehenden 19. Jh. errichtete Ziegelei war das Dorf ja bereits an ortsfremde Einwohner gewöhnt[226]. Die Altwarmbüchener waren schon frühzeitig bereit, Flurstücke mit wenig ertragreichem Boden zu verkaufen. Daraus erklären sich die Ortserweiterungen in verstreuter, lockerer Art. Während gerade die wichtigen Kernflurbereiche „vor dem Dorfe" und die hofanschließenden Wiesen und Weiden auch bis 1961 von jeglicher Bebauung verschont blieben, wurden die nächstgelegenen, bodenqualitativ schlechteren Gemarkungsteile westlich von Altwarmbüchen verkauft. Der aufkommenden Zersiedelung wurde dann durch erstmaliges Einsetzen von Ortsplanern am Ende der 50er Jahre versucht entgegenzuwirken.

Der agrarwirtschaftliche Zusammenhalt der bäuerlichen Bevölkerung blieb auch bis 1961 bestehen, wenngleich bis dahin bei einigen mittelbäuerlichen Betrieben (5–20 ha)

---

[226] Die Belegschaft der Ziegelei umfaßte bei voller Beschäftigung in den 30er Jahren 70 Personen, von denen die Hälfte Saisonarbeiter aus Lippe waren
(KNIBBE 1934, S. 52)

eine Abstufung zu landwirtschaftlichen Nebenerwerbsstellen und die Abwanderung der Beschäftigten in die anderen Wirtschaftsbereiche erfolgt ist.

Strukturwandlungen im Siedlungsgrundriß treten daher lediglich außerhalb des östlichen und westlichen Dorfeingangs ein, nicht aber in der Einheit „Altdorf und Hauptflur".

Damit steht Altwarmbüchen in starkem Kontrast zu Everloh und Wülferode, wo kaum die Bereitschaft der Agrarbevölkerung zur Abgabe von Grund und Boden bestand. Die den Neuansiedlungen gegenüber zurückhaltende Einstellung erklärt sich hier aus den bodenqualitativ besten und besseren Böden des Hannoverschen Umlandes. Eine Zersiedelung, eine ungeordnete, verstreut-lockere Siedlungserweiterung ergibt sich nicht, ja wird wegen der hochwertigen landwirtschaftlichen Nutzflächen bewußt verhindert. Der Ortsausbau erfolgt hier deshalb bis 1961 in schon bebauten Siedlungsbereichen oder aber direkt in Ortsanschluß.

Eine Zwischenstellung in der ländlichen Verhaltensweise und Bereitschaft zum Bodenverkauf zeigte die Stelinger Landbevölkerung. Der eigentliche Höfeverband wurde auch bis zum Ende der 50er Jahre nicht verdichtet, was — ähnlich wie bei Altwarmbüchen — auf den dörflichen Zusammenhalt hinweist und darüber hinaus in der notwendigen Freihaltung der höfenahen Viehweiden eine Erklärung findet. Dennoch waren die Stelinger — so nach der Information heutiger Ortskenner — nach Beendigung des 2. Weltkrieges bereit, einige bis dahin im Dorf untergebrachte Flüchtlingsfamilien im Ort aufzunehmen, ihnen ein Grundstück abzugeben und so ihre Ansiedlung zu ermöglichen. Diese Bereitschaft bestand in Wülferode gar nicht und in Everloh nur teilweise. In Everloh bleibt die partielle Bereitschaft zur Abgabe von Grund und Boden auch über 1960/61 hinaus bestehen, während die Entwicklung Wülferodes zunächst entscheidend von der zufälligen Betriebsaufgabe eines Hofes geprägt sein wird.

C. Strukturwandlungen ab 1960/61

Im Gegensatz zum ersten Abschnitt (bis 1960/61) des Untersuchungszeitraumes wird der zweite Abschnitt, der mit den 60er Jahren beginnt, davon geprägt, daß die Urbanisierung der Dörfer nun erst richtig einsetzt (Beilgen 4A, 5A, 6A, 7A). Von nun an steuern zunehmend externe Interessen die dörfliche Entwicklung.

Aus dem Zusammenwirken externer (großstädtischer) Impulse und Interessen einerseits und den privaten und gemeindlichen Interessen andererseits ergeben sich jetzt Ortsbildveränderungen durch Neubautätigkeit, die z.T. noch ungeplant-zufällig beginnt und in der dann mehr und mehr eine Bebauungsplanung einsetzt.

Im folgenden sollen bei der Einzelanalyse der Untersuchungsgemeinden die unterschiedlichen „Kräftegruppen" wie auch ihr Zusammenwirken aufgezeigt werden, die für den Urbanisierungseinfluß, der das jeweilige Untersuchungsdorf bis heute erfaßt hat, maßgebend waren und die Dorfentwicklung entscheidend mitbestimmten.

1. Veränderungen im Ortsbild

Für den Untersuchungszeitraum seit Beginn der 60er Jahre lassen sich neben der jeweiligen Deutschen Grundkarte die ersten Flächennutzungs- und Bebauungspläne zur Feststellung der einzelnen Ortserweiterungen heranziehen.

Der Kartenvergleich von 1961 und 1967[227] zeigt in *Altwarmbüchen* eine Siedlungsergänzung auf der ursprünglich unbebauten Straßenseite im alten Dorfbereich, dem an sich wichtigen Zugang zum Ackerland. Außer einer Scheune sind zwei Tankstellen an der Dorfdurchgangsstraße, dem Hauptzubringer der nordsüdgerichteten E4, errichtet worden. Hier traten am Ende der 50er Jahre zwei Tankstellenfirmen an die Bauern heran, mit der Absicht, autobahnnahes Gelände für den Bau von Tankstellen zu pachten. Auch gegenwärtig noch sind die ehemaligen Ackerflächen, auf denen die Tankstellen gebaut wurden, im Besitz der jeweiligen Bauern. Diese waren und sind nach wie vor dazu bereit, die Grundstücke zu verpachten, wenngleich sie zum Hauptackerbereich gehören. Die Pachteinnahmen könnten durch die Bewirtschaftung dieser Flächen nicht annähernd so hoch und so bequem erzielt werden.

So erklärt sich dann auch die spätere Verpachtung weiterer den Höfen gegenüberliegende Ackerstücke (z.B. gegenüber von VH 3) an Wohnwagenhändler, die hier — an der hochfrequentierten B3 — ihre Wohnwagen ausstellen.

Der Hauptackerbereich bleibt von der eigentlichen Siedlungsentwicklung in den 60er Jahren verschont. Er wird nur an seinem äußersten Rand — entlang der B3 — in das Siedlungsgeschehen miteinbezogen, wodurch einigen Bauern der ursprünglich leichte Zugang zu den jeweiligen Wirtschaftsflächen verloren geht und sich auch der ehemalige einzeilige Siedlungsgrundriß aus der Mitte des 19. Jh. verändert. Die entscheidende Entwicklung aber erfolgte auch bis 1966/67 wieder im Westen: Das Gebiet südwestlich der Gärtnerei, entlang der Hannoverschen Straße, wurde bis dahin verdichtet. Nördlich der Schule, die durch ihre Lage bereits die Verschiebung des Siedlungsschwerpunktes nach Westen deutlich machte, setzte sich die *Ortsvergrößerung* in Anlehnung an schon bestehende Häuser an der Straße nach Isernhagen *flächenhaft* fort und deutet auf das lückenlose Auffüllen dieses gesamten Flurteiles. An kleinen Stichstraßen (z.B. An der Riehe) wurden Wohnhäuser mit dahinterliegenden Gärten teilweise für die ortseigene Bevölkerung, aber auch für auswärtige Zuwanderer angelegt, die aus der Umgebung (z.B. Isernhagen) stammen und in Altwarmbüchen durchaus näher zur Arbeitsstätte in Hannover oder Misburg wohnen.

Die flächenhafte Wohnbebauung kündigte sich vor 1961 bereits in Altwarmbüchen an und setzte sich dann bis 1967 fort. Wie vor 1961 schon wurde sie von einem Ortsplaner organisiert, der neben dem Straßennetz, welches entstehen sollte, auch die einzelnen Baugrundstücke zugeschnitten hat. Dies gilt sowohl für den Erweiterungsbereich nördlich der Schule, der bis 1961 zwischen „Farrelweg" und „Bernh.Rehkopf-Straße" entstand wie auch darauffolgend bis 1966/67 für das Neubaugebiet „An der Riehe". Hier wurden Häuser auf exakt vorher eingeteilten Bauparzellen entlang einer Straße und um einen Wendehammer errichtet. Diese Art Erschließung unterscheidet sich daher krass von derjenigen in Everloh, wo man an der östlichen Dorfseite eine (zu) große Parzelle privat mit einem Stichweg erschloß und dann Baugrundstücke, nicht völlig regelmäßig, je nach Bedarf einteilte und verkaufte.

Während in Altwarmbüchen der Bereich südwestlich der Gärtnerei, entlang der Hannoverschen Straße, die Häuser am „Farrelweg" an der Schule bis 1961 sowie der Erweiterungsbereich „An der Riehe" und z.B. die Gewerbeansiedlungen an der „Berliner Straße" bis 1966/67 auf die Organisation des Ortsplaners zurückgehen, wurden andere Bereiche wie z.B. „Entenpfuhl" und die Randgebiete ohne weitere Planung belassen. Diese entwik-

---

[227] Deutsche Grundkarte 1 : 5000, Altwarmbüchen, 1967 = Archivstück

kelten sich auch zu Beginn der 60er Jahre noch im gewohnten Rahmen: spontan-ungeplant.

Die schon vor 1961 begonnene Neubautätigkeit urbanen Charakters setzte sich in Altwarmbüchen in den 60er Jahren mehr und mehr fort: Die Ortserweiterung geschah flächenhaft-geplant mit einem vorher durchdachten, exakt-festgelegten Bauparzellengefüge und regelmäßigen Straßennetzen.

Wobei bemerkenswert ist, daß die Ortserweiterungen bereits *vor* der Aufstellung des ersten offiziellen Bebauungsplans von 1966 mit den ersten flächenerschließenden Straßennetzen geplant sind. Bis 1966/67 verdichten sich auch die schon in den 50er Jahren begonnenen Siedlungsreihen „Entenpfuhl" und „Krendelstraße", wo die Ansiedler in ursprünglich feuchtem Gelände kleine Häuser bauten. Die Grundstücke wurden entweder auf Erbpacht erworben oder aber von den Bauern gekauft. Auch hier siedelten sich − ebenso wie im Bereich nördlich der Schule − vorwiegend Leute aus der näheren Umgebung Altwarmbüchens oder direkt aus dem Ort Stammende an.

Neben der flächenhaften Ortserweiterung nach 1961 setzte also zugleich eine *Verdichtung der bisher verstreuten Wohngruppen* im Westen Altwarmbüchens ein.

Die Bauern waren hier verkaufswillig und durchaus bereit, Grundstücke abzugeben, wo die Betriebsflächen schlechtere Bodenqualitäten aufwiesen und ohnehin schon die ersten Wohnhäuser standen. Die Verkaufsbereitschaft einzelner Bauern führte letztlich zur Verkaufswilligkeit aller Landwirte, die in jenen Bereichen, wo bereits gebaut war, dann auch nicht mehr „ungestört" arbeiten konnten.

Zentrierend wirkte zum einen die neue Schule im Westen, wie die flächenerschließenden Straßennetze nördlich von ihr beweisen. Andererseits verfolgten aber auch die Altwarmbüchener nach 1961 bewußt das Ziel, alle Neubauten dort entstehen zu lassen, wo bereits einzelne Wohngruppen vorhanden waren. Die planlose, verstreute Siedlungsweise sollte − nach Meinung der Gemeinde − nun völlig unterbunden werden.

So erklärt sich auch die Entstehung des *ersten Gewerbegebietes* von Altwarmbüchen, das mit einigen Gewerbeeinrichtungen um 1961/62[228] an der östlichen Seite der Krendelstraße mehr oder weniger zufällig anzuwachsen beginnt. Hier entstand schon vorher, zu Beginn der 50er Jahre, die erste Gewerbeeinrichtung (zunächst Holzlieferant, später dann Metallhändler) auf einer abgeholzten Fläche[229]. Da zu Beginn der 60er Jahre Firmen an die Gemeinde herantraten, welche Baugrundstücke für ihre Lager oder sonstige gewerbliche Einrichtungen aufkaufen wollten, und da die Landbesitzer größtenteils bereit waren, in den wirtschaftlich unrentablen Bereichen Land an Gewerbeeinrichtungen zu verkaufen, die weit weg vom eigentlichen Dorf liegen würden, konnte in Altwarmbüchen ein Gewerbegebiet aufgebaut werden, daß bis heute zu großer regionaler Bedeutung angewachsen ist und von vielen Großstädten genutzt wird.

Die Entwicklung des Gewerbegebietes hing also grundsätzlich von der Nachfrage der bauwilligen Firmen ab und darüber hinaus vom Beschluß des Gemeinderates, diese Entwicklung anzustreben. Schon in den 50er Jahren stellten die Bauern im Ortsrat nicht mehr die Mehrzahl dar und auch die Dorfbürgermeister kamen nach dem 2. Weltkrieg nicht mehr aus der Reihe der Landwirte. Da die Mehrheit des Gemeinderates sowie die Bürgermeister der 50er/bzw. 60er Jahre und auch ein Großteil der Landwirte *für* den Verkauf von

---

[228] Deutsche Grundkarte 1 : 5000, Lahe-Nord, 1963
[229] Deutsche Grundkarte 1 : 5000, Lahe-Nord, 1963

124

unrentablen Betriebsflächen waren, die zur Einrichtung von gewerblichen Betrieben und daneben auch zum Aufbau von großflächigen Neubaugebieten mit rein urbanem Charakter (mehrgeschossige Wohneinheiten, Eigentumswohnungen) führen sollten, gab es auch für die wenigen übrigen Bauern keine andere Möglichkeit als die des Landverkaufs. Eine einzelne Ackerparzelle, umrandet von Neubauten, hätte sich ja nicht mehr bewirtschaften lassen.

Die Entwicklung der Altwarmbüchener Neubau- und Gewerbegebiete ist nicht auf etwa nur eine steuernde Person oder homogene Gruppe im Dorf zurückzuführen, sondern sie stellt sich als das Ergebnis eines Wirkungsgefüges unterschiedlicher Faktoren (die ersten Landverkäufe vor und nach dem 2. Weltkrieg an Nicht-Vollbauern – der erste Gewerbebetrieb an der Krendelstraße zu Beginn der 50er Jahre – der Dorfbürgermeister zu Beginn der 60er Jahre, welcher an der Krendelstraße wohnte und hier wegen des schon bestehenden Gewerbeunternehmens den geeigneten Standort für noch weitere Gewerbebetriebe sah – die Nachfrage an die Gemeinde nach Baugrundstücken von seiten einiger Gewerbeunternehmer, die Anfang der 60er Jahre neue Betriebe eröffnen wollten – die Verkaufsbereitschaft der meisten Bauern und die Anpassung der bäuerlichen Minderheit, welche schließlich doch noch verkaufte und dann einen großen Vorteil in Gewerbeunternehmen sah, deren steuerliche Abgaben die Gemeindegelder aufbesserten) dar.

Die Bauern als Landbesitzer nahmen in diesem Wirkungsgeflecht keine bremsende Rolle ein, wie sie schon – ähnlich den Stelinger Bauern – bei der Aufnahme der Flüchtlinge bzw. der Bereitschaft, kleine Flächen an sie abzugeben, bewiesen.

Mit dem Beginn des ersten Landverkaufs und der ersten flächenhaften Erschließung im Bereich der Schule war der Bann für die weiteren Ortsvergrößerungen endgültig gebrochen. Schon zu Beginn der 60er Jahre wurde der Gemeinde ein Gemeindedirektor zugeteilt, der für die „überhandnehmenden" verwaltungstechnischen Arbeiten zuständig sein sollte.

Der Ortsplaner übernahm vor der Erstellung des ersten Flächennutzungsplans bereits die Aufgabe, die begonnene Zersiedelung künftig zu verhindern. Gewerbe sollten sich also dort ansiedeln, wo schon welche bestanden (Krendelstraße).

Die gewerblichen Einrichtungen lagen dann verkehrsgünstig in unmittelbarer Nähe zur B3 und zur West-Ost-gerichteten Autobahn Dortmund-Berlin.

Durch das Ineinandergreifen unterschiedlichster Faktoren entstand nach 1961 eine Ortserweiterung westlich des alten Dorfes, die einerseits durch die aufkommende Gewerbeansiedlung ein neues urbanes Element und andererseits durch die flächenhafte Planung des Ortsplaners urbanen Charakter erhielt.

Gemessen an der Gesamterweiterung Altwarmbüchens bis zum Beginn der 60er Jahre[230] erscheint der Ortsausbau bis 1966/67 jedoch geringfügig, dabei aber als eine Fortsetzung der schon bestehenden Siedlungsgruppen, indem bis 1966/67 bewußt versucht wurde, an die Siedlungsbestände anzuknüpfen und die noch freien Wirtschaftsflächen nicht weiter zu zersiedeln.

Von verstärkt städtischem Charakter erscheint die Siedlungserweiterung Altwarmbüchens dann ab 1966/67. Nicht nur die Art der Bauweise (Geschoß- bzw. Hochbauweise), sondern auch der eigentliche Ablauf der Ortserweiterung enthält nun eindeutig *städtische Merkmale:* So wird einerseits mit der gesetzlich vorgeschriebenen Ausarbeitung eines *Flä-*

---

[230] Hierzu nochmals Meßtischblattausschnitt 1961, Beilage 4B

chennutzungsplans sowie *Bebauungsplans* der künftige Ortsausbau ausschließlich flächenhaft geplant. Andererseits treten *Bauträger* an die Gemeinde heran, die jeweils einen größeren, zusammenhängenden Flächenkomplex zur Bebauung aufkaufen. Daraus erklärt sich die sprunghafte Siedlungsaktivität bis 1970[231], die der 1965/66 erstellte 1. Altwarmbüchener Flächennutzungsplan und der älteste Bebauungsplan „Füllenfeld" von 1966 bereits ankündigen[232].

Flächennutzungs- und Bebauungspläne stellen den zweistufigen Aufbau einer Baulcitplanung dar, wie sie gesetzlich mit dem Inkrafttreten des Bundesbaugesetzes 1960 für einen Ortsausbau generell gefordert wurde. Beide Pläne haben zum Ziel, die Nutzung des Grund und Bodens zu regeln und die bauliche Entwicklung zu ordnen. Durch die Festlegungen der Pläne wird der Bodennutzung Inhalt und Richtung gewiesen[233]. So werden die Flächen einerseits bestimmten einheitlichen Nutzungen zugeordnet, die wiederum andere Nutzungsarten strikt ausschließen − z.B. Grünflächen, Flächen für Zwecke der Land- und Forstwirtschaft, reine Gewerbegebiete, reine Wohngebiete − oder andererseits von vornherein als „Mischgebiete" ausgewiesen. Der Flächennutzungsplan stellt für das ganze Gemeindegebiet und für einen längeren Zeitraum die sich aus der beabsichtigten baulichen Entwicklung ergebende Art der Bodennutzung in den Grundzügen dar. Im Verhältnis zum Bebauungsplan, der als zweite Planungsstufe die Darstellungen des FL-Plans über die bauliche Ordnung verdichtet und konkretisiert, ist der FL-Plan vorbereitender Bauleitplan. So lassen sich dem Bebauungsplan dann z.B. detaillierte Angaben über die Art des Wohngebietes, d.h. die Bauweise oder die Mindestgröße (-breite oder -tiefe) der Baugrundstücke entnehmen und Wohnbereiche mit reinen Einfamilienhäusern oder Gebiete mit Hochhaus- oder Mietblockbebauung erkennen.

Der FL-Plan wies in der Gemarkung Altwarmbüchens ein zusammenhängendes Gewerbegebiet zwischen Bothfelder Straße, Hannoversche Straße, Krendelstraße aus und erklärte die noch unbebauten Flächen nördlich der Gärtnerei als reine Wohngebiete. Darüber hinaus spiegelt der FL-Plan das Planungskonzept der Umverlegung der Straße nach Isernhagen wider (K 14).

Der erste Bebauungsplan sah die Erschließung des Flurteils „Füllenfeld" mit erstmalig verdichteter Bauweise vor: Hier entstanden mehrgeschossige Reihenhäuser und eine Kette von „Gartenhofbungalows" − erstmals also typisch urbane Eigenheimformen, die sich deutlich abheben von den bisherigen Arbeiter-Bauern-Häusern mit anschließenden Wirtschafts- oder Feldgärten.

Die Funktion der nun entstehenden Eigenheime und Wohnungen ist künftig nur noch eine reine „Wohnfunktion", verbunden mit einer Freizeitkomponente (kleiner Garten am Reihenhaus).

Dienten die Flächennutzungs- und Bebauungspläne, die seit der Mitte der 60er Jahre in Kraft traten, dazu, die Ortsentwicklung Altwarmbüchens gänzlich in den Griff zu bekommen und die zukünftigen Erweiterungen exakt zu planen, so übernahmen die verschiedenen staatlichen und privaten *Bauträger* die Ausführung der geplanten Siedlungsentwicklung.

---

[231] Siehe Meßtischblattausschnitt 1970, Beilage 4B
[232] Abb. 17
[233] BBauG 1979, XI

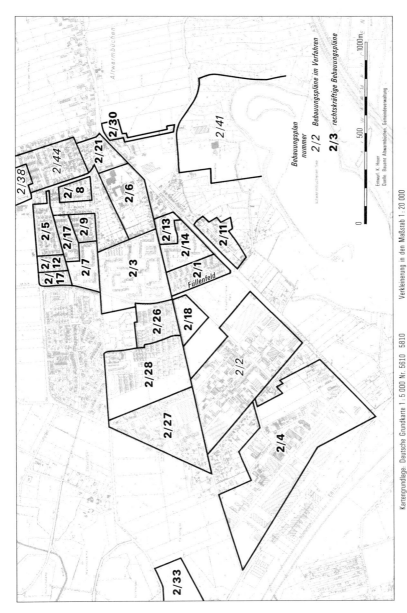

Kartengrundlage: Deutsche Grundkarte 1:5 000 Nr. 5610 5810   Verkleinerung in den Maßstab 1:20 000
Herausgegeben vom Katasteramt Hannover. Vervielfältigungserlaubnis erteilt am 21. 4. 86 durch das Katasteramt Hannover; AZ: A I   12247/86.

Abb. 17

Bebauungspläne von Altwarmbüchen

Neben dem Einzelbauherrn, der nach Dorftradition sein Eigenheim baut, tritt jetzt der große Bauträger, der gleich eine Vielzahl gleichartiger Wohneinheiten erstellt: Als Reihenhäuser oder als Mietwohnungen im Wohnblock. Mit der Realisierung des ersten Bebauungsplans von Altwarmbüchen erscheint der *großstädtische* Bauträgertyp als neuartiges städtisches Element in der Siedlungsaktivität der Gemeinde.

In der Beilage 4A sind die bebauten Bereiche der einzelnen Bauträger hervorgehoben. Dabei sind die Bauträger „GEFFER" und „ENGELHARD" der Bereiche 1, 2 und 3 bereits vor Inkrafttreten des 1. Altwarmbüchener FL- und Bebauungsplans in der Absicht des Bodenerwerbs an die Gemeinde und den damaligen Bürgermeister herangetreten. Die Bauern waren bereit, wie oben erwähnt, größere zusammenhängende Flächen im Westen zu verkaufen.

Ob die Gemeinde ihren ersten Flächennutzungs- und Bebauungsplan so angelegt hätte wie sie vorliegen, wenn die Bauunternehmen „ENGELHARD" und „GEFFER" nicht schon vorher bei der Gemeinde nach Baugrund gefragt hätten, kann heute nicht mehr festgestellt werden. Entscheidend bleibt jedoch, daß die Bauabsichten der beiden Unternehmen die Pläne beeinflußt bzw. gesteuert haben und FL- sowie Bebauungsplan in diesem Fall keine reine Planer-Konzeption darstellen, sondern vielmehr ein Resultat mehrerer Interessenten-Einflüsse. Wobei als „Interessenten" die beiden Bauträger zu nennen sind wie auch − und dies sicherlich von großer Bedeutung − der damalige der Bauaktivität in der Gemeinde wohlwollend gegenüberstehende Bürgermeister, der sich einflußnehmend auf die Landbesitzer und den gesamten Ortsrat zeigte.

Nach dem wirkungsvollen Einsetzen des 1. FL- und Bebauungsplans wandte sich dann auch die Gemeinde von sich aus an gewisse Bauträger und bot zu bebauende Flächen an.

Die Gemeinde wurde also selbst anschließend aktiv, d.h. sie lernte und übernahm als ursprüngliche Dorfgemeinde aus der Erfahrung städtisches Planungsverhalten.

Nach Information der Altwarmbüchener geschah der Verkauf des Baulandes im Westen des Dorfes in nahezu übereinstimmender Verkaufsbereitschaft aller Bauern. Sollte ein Bauer jedoch zuerst noch abgelehnt haben, Flächen zu verkaufen, schloß er sich letztlich doch der Mehrzahl der Verkaufsfreudigen an. Denn zum einen wäre die Bewirtschaftung des eigenen Ackers inmitten der verkauften Flächen nur noch unter Schwierigkeiten möglich gewesen und zum anderen war der Verkaufserlös vielfach verlockend. Von diesem erwarb man − so z.B. der Besitzer des Hofes GRETHE (VH 3) − einen zusätzlichen Hof in einer Gegend mit weitaus besseren Böden, der dann von dem Bauernsohn bewirtschaftet werden konnte.

Trotz der generellen Verkaufsbereitschaft, die die Altwarmbüchener Bauern also kennzeichnet, wurden die Höfe im Dorf weder bis zum Ende der 60er Jahre aufgegeben − wie dies im Abschnitt IV.C.3. noch deutlich wird − noch bis zur Gegenwart. Das älteste und beste Ackerland bewirtschafteten die Bauern weiter, während sie gleichzeitig versuchten, den Erlös aus den verkauften Flächen im Westen gewinnbringend − meist in Form von Immobilien − anzulegen.

Eine ausschließlich flächenhafte Siedlungserweiterung charakterisiert den Ortsausbau Altwarmbüchens also in den 60er Jahren, als neben den zusammenhängenden Wohnbereichen auch das erste Gewerbegebiet (Gewerbegebiet I) entstand.

Mit dem Ortsausbau stiegen sowohl die Einwohnerzahlen als auch der Anteil derjenigen Bevölkerung, die im sekundären und tertiären Sektor beschäftigt waren. Von 2418 Erwerbstätigen insgesamt hatten 1970 allein 2347 eine außerlandwirtschaftliche Beschäftigung. Dabei arbeiteten etliche Altwarmbüchener auch im ortseigenen Gewerbegebiet.

Mit der Zunahme der Bevölkerung Altwarmbüchens, die seit den 60er Jahren aus der Stadt Hannover, aber auch aus stadtentfernteren Gemeinden zuwanderte und sich unter dem Motiv des Eigentumerwerbs oder der kürzeren Entfernung zum Arbeitsplatz in Hannover hier ansiedelte, wuchs die Gewerbesteuerausgleichssumme[234]. Sie gestattete der Gemeinde die Einrichtung modern-kultureller Infrastrukturen städtischen Zuschnitts (Kap. II.D., Tab. 4).

Die ausschließlich flächenhafte Siedlungserweiterung kennzeichnet auch weiterhin den Ortsausbau von 1970 bis 1978 und darüber hinaus bis zur Gegenwart (Beilage 4A).

Zwischen dem westlichen ursprünglichen Dorfeingang und der Autobahnauffahrt Köln-Berlin im Südwesten des Kartenblattes erstreckt sich nunmehr die gesamte Ortsvergrößerung fast lückenlos. An das 1. und 2. Gewerbegebiet − getrennt durch die Krendelstraße mit ihrer Wohnbebauung aus den 50er Jahren, die auf diese Weise völlig isoliert liegt − schließt sich zunächst östlich ein weiteres typisch städtisches Element, der Altwarmbüchener Park an, der bewußt von jeglicher Bebauung freigehalten wurde. Er trennt als Grünzone die eigentlichen Wohngebiete von den westlichen Gewerbebereichen und schirmt sowohl den Lastwagen- wie auch den alltäglichen PKW-Verkehr der Einkäufer in den Gewerbegebieten, wo sich z.B. ein Einkaufszentrum mit Supermarkt − also abermals ein modernes städtisches Element − befindet, gegenüber den Wohnbereichen ab. Die gewerblichen Unternehmen haben sich bevorzugt hier in Altwarmbüchen angesiedelt, weil mit diesem Standort gute Verkehrsverbindungen zur Stadt Hannover, aber auch überregionaler Art (Nord-Süd-, West-Ost-Autobahnen) bestehen. So ist der Einzugsbereich der Käufer nicht nur auf die Bevölkerung Altwarmbüchens beschränkt, sondern schließt das gesamte nordöstliche Stadt- und Stadtrandgebiet mit ein.

Die Wohnbereiche sind bis 1978, bzw. bis zur Gegenwart, auf der Grundlage verschiedener Bebauungspläne erweitert worden und auch von privaten und öffentlichen infrastrukturellen Einrichtungen durchsetzt. Südlich der Ziegelei ist z.B. bis 1978 ein Sportzentrum errichtet worden, das bis zur Gegenwart vermehrt an Bedeutung gewonnen hat[235].

Außer Gebäudevergrößerungen und -ergänzungen auf den Höfen ist das alte Dorf im Zeitraum von 1967 bis 1978 nicht weiter umstrukturiert worden. Das eigentliche Dorf nimmt auch 1978 in der Betrachtung der Gesamtsiedlung − trotz Gebäudeerrichtungen entlang der ursprünglich unbebauten Straßenseite − eine Eigenstellung ein. Als abgeschlossener Siedlungskomplex, ohne jegliche Verflechtung mit den jüngeren Erweiterungen, hat sich der jahrhundertealte Siedlungsgrundriß in seinen prägnantesten Zügen bis zur Gegenwart erhalten.

---

[234] Gewerbesteuerauslgeich für Altwarmbüchen nach REHKOPF (o.J.)

Jahr	Einnahme	Ausgabe
1954	5 760.—	—
1956	15 318.—	980.—
1957	20 072.—	1 050.—
1964	53 757.60	8 160.—

[235] Siehe Kap. IV. D.

Für *Stelingen* ergibt der Grundrißvergleich von *1961 und 1967*[236] die ersten geregelt erscheinenden Siedlungserweiterungen, die sich bereits auf dem Meßtischblatt 1961 ankündigen:

So sind bis 1967 einerseits im Nordwesten und andererseits im Südosten zwei Neubaubereiche „angehängt" worden, die sich auf den ersten Blick von der übrigen Grundrißsubstanz als geschlossene Eigenbereiche abheben. Im Nordwesten, der bisherigen Ausbaurichtung — ebenso wie im Südosten — entstanden bis 1967 an einem Sackgassen- und Ringstraßensystem neue Wohnhäuser mit anschließendem Garten[237]. Hier siedelten sich neben einigen im Ort verbleibenden Flüchtlingsfamilien Industriebeschäftigte der nahen nördlichen Hannoverschen Industriebetriebe an. Die eigentliche Nachkriegsbebauung setzte also in Stelingen erst nach 1961 ein.

Die unmittelbar benachbarten Siedlungen Berenbostel, Garbsen oder Havelse, die noch näher zu den Hannoverschen Industrien lagen, waren bereits 1961 dicht besiedelt[238]. Die Industriebeschäftigten wichen daher mehr und mehr auf die noch wenig bebauten Umlandgemeinden — wie z.B. Stelingen — aus.

Während der südöstliche Erweiterungsbereich mit der „Stralsunder" und „Neißer Straße" durch das Aussterben und die Aufgabe eines Hofes (HH 4 d) bzw. den allmählichen Verkauf der dazugehörigen Wirtschaftsflächen entstand, ist der Grund für den Entstehungsbeginn des nordwestlichen und westlichen Neubaugebietes die Verkaufsfreudigkeit einzelner Bauern im Dorf. Hier waren besonders einige Besitzer der großen alten Höfe bereit, Flächen zu verkaufen. So haben die Hofstellen HH 2 b und HH 8 h einige Morgen Land in der nordwestlichen „Vogel"siedlung abgegeben.

Der Besitzer von HH3c verkaufte die Flächen im Bereich „Vor dem Hofe"[239], wodurch die südlichen Wirtschaftsflächen noch zusammenhangsloser wurden. Denn in diesem Gemarkungsbereich lagen umfangreiche Kiesgruben, die besonders seit der Nachkriegszeit des 2. Weltkrieges vom südlichen Höhenrücken aus bis an das Dorf heran ausgedehnt wurden[240]. Der Verkauf des Sandes wie auch der zu bebauenden Grundstücke schien den Bauern gewinnbringender als die Weiterbewirtschaftung der Flächen. Ähnlich wie in Altwarmbüchen haben auch die verkaufenden Bauern in Stelingen versucht, in Gegenden mit besseren Böden neue Betriebe aufzukaufen.

Darüber hinaus wurden vom Verkaufserlös Immobilien erworben, die vermietet wurden und so den weiteren Lebensunterhalb des Bauern garantierten.

Wie das nodwestliche Neubaugebiet entstand auch der südliche Neubaubereich „Vor dem Hofe" unabhängig von der Weiterbewirtschaftung des jeweiligen dazugehörigen Hofes. Hier waren die Bauern grundsätzlich verkaufsfreudig und bemüht, den Verkaufserlös möglichst gewinnbringend anzulegen.

Das südöstliche Neubaugebiet befindet sich zwar im alten Dorfkernbereich, verdichtet diesen aber im eigentlichen Sinne nicht. Eine Verdichtung, ein Auffüllen der Flächen zwischen den Höfen — in Form von lückenloser Aneinanderreihung jüngster Häuserstellen — setzte bis 1967 am südwestlichen Dorfausgang ein, wo zwischen den Höfen HH 3 c, HH

---

[236] Deutsche Grundkarte 1 : 5000, Stelingen, 1967
[237] Siehe S. 108ff
[238] Meßtischblätter Nr. 3523, 1 : 25 000, 1943 und 1961
[239] Deutsche Grundkarte 1 : 5000, Stelingen 1976
[240] Meßtischblatt Nr. 3523, 1 : 25 000, 1943; Deutsche Grundkarte 1 : 5000, Stelingen, 1948

2 b und VH 1 a auf rechteckig parzellierten Grundstücken Neubauten errichtet wurden. Hier verkauften insbesondere die Hofstellenbesitzer HH 2 b und Abb 23 × Bauplätze an Industrie- und Dienstleistungsbeschäftigte mit ihren Arbeitsplätzen in Hannover.

Während also Stelingen die charakteristischen Grundrißzüge des Altdorfes bis 1961 nahezu vollkommen bewahren konnte, setzte ein erster Verlust bis 1967 ein, der insbesondere auf der Siedlungsverdichtung des Altdorfes im Südwesten beruht. Das Höfehalbrund um den „Weizen- und Finckenkamp" und die Flächen um die Schule herum blieben hingegen in ihrer lockeren Siedlungsweise von jeglicher Gebäudeauffüllung unberührt.

Ähnlich wie Altwarmbüchen erfuhr Stelingen die *bedeutendste Siedlungserweiterung* dann in der zeit von *1967* bis *1976*. Dabei vergrößerte sich das Dorf in westlicher Richtung in geschlossener, kompakter Bauweise. Das Neubaugebiet schloß sich an das unregelmäßige Parzellengefüge des ehemaligen nordwestlichen Brinksitzer-/Köthnerbereiches der Verkoppelungszeit an. Hier waren es besonders die Besitzer der Hofstellen HH 6 f, HH 2 b und HH 4 d, die in diesem agrarwirtschaftlich ungünstigen Niederungsgebiet Flächen abgaben. Der Grund und Boden wurde bereits Ende der 50er Jahre von einem Makler aufgekauft, der nach mühevollem Zureden die zunächst ablehnenden Stelinger Bauern zum Verkauf dieser Flächen umgestimmt hatte. Danach war der Gemeinderat dann aber zu Beginn der 60er Jahre bemüht, für den westlichen Neubaubereich einen rechtskräftigen Bebauungsplan zu erhalten, der dem Dorf nun wenigstens die steuerlichen Vorteile bringen sollte, die sich durch die Bebauung ergeben konnten.

In Stelingen entwickelten sich, wie in Altwarmbüchen, die großflächigen Neubaugebiete westlich des Dorfes, auf ehemaligem Heide- und Niederungsland mit schlechter agrarischer Bodenqualität. Während aber in Altwarmbüchen die westliche Ortsvergrößerung von den Bauern befürwortet bzw. beabsichtigt war, entstand sie in Stelingen im Hinblick auf die bäuerlichen Landbesitzer eher zufällig und zunächst unbeabsichtigt. Hier mußten die Bauern erst mühsam überredet werden, Grund und Boden zu verkaufen.

Dabei kam der Anstoß zu dieser Ortserweiterung von außen, d.h. von einem privaten Landaufkäufer aus Hannover-Misburg, welcher als Makler beabsichtigte, Flächen in Gemeinden aufzukaufen und sie nach Erschließung wieder als Grundstücksparzellen zu veräußern. Der private Landaufkäufer und Erschließer ist also im Verstädterungsprozeß von Stelingen der eigentliche „Verstädterer" und „Prozeßauslöser". Die Wahl der westlichen des Dorfes gelegenen Flächen ließ dabei zwar die Bebauungsrichtung fortsetzen, war aber verkehrsmäßig nicht unbedingt günstiger für die Neusiedler als Pendler. Die nördlichen hannoverschen Industriebereiche (z.B. Stöcken) waren über Berenbostel ebenso günstig wie über das alte Dorf Stelingen zu erreichen. Die Route über Berenbostel bot aber eine Autobahnauffahrt zur schnelleren Erreichbarkeit der nordöstlichen Arbeitsstätten (z.B. Langenhagen).

Die unmittelbar benachbarten Siedlungskomplexe von Berenbostel, wo bereits die verdichtete städtische Bauform der Reihenhauszeilen dominiert, lassen das Zusammenwachsen der Stelinger und Berenbosteler Wohngebiete im Westen von Stelingen in Zukunft erwarten. Dies hat der private Landaufkäufer von Stelingen ursprünglich nicht vorausgesehen oder gar bei der Wahl des Bodenkaufs berücksichtigen oder in seine Planungsintentionen miteinbeziehen können. Dies ist eine zufällige Begebenheit, die sich gegenwärtig herausstellt.

Für das ursprüngliche Dorf dagegen hat das letzte Jahrzehnt keine neuartigen Veränderungsimpulse im Grundriß gebracht. Nur die südöstliche Siedlungserweiterung und auch der südwestliche Ortsausgang werden durch wenige Gebäude fast endgültig verdichtet.

Die seit 1967 hinzugekommenen Wohneinheiten im gesamten Ort führen aber fast zu einer Verdopplung der vorausgehenden Gesamtzahl, so daß jetzt mit der kurzfristig einsetzenden, starken Zuwanderung von *Ortsfremden* der bisherige soziale Typ der Dorfgemeinde stark verändert wird, sogar räumlich „gespalten": Im Westen die neuen Straßen, im Osten das Altdorf und die Alterweiterungen, die nur verdichtet wurden, wobei Einheimische noch stärker beteiligt waren.

Trotz größerer flächenhafter Siedlungserweiterung bis 1976 konnte der ältere Bereich von Stelingen zu einem größeren Teil die wesentlichen Merkmale einer Schwarmsiedlung in seinem gegenwärtigen Grundriß bewahren.

Die Stelinger Flächennutzungs- und Bebauungspläne[241] lassen den jüngeren Entwicklungsgang der Ortserweiterung mitverfolgen.

Die Numerierung der Bebauungspläne bezieht sich nicht auf ein zeitliches Nacheinander der Pläne und auch nicht auf die Abfolge der Rechtsverbindlichkeit. Sie kann an dieser Stelle nicht erklärt werden; vermutlich ist sie erst nachträglich eingeführt worden.

Bereits 1961 wurde der erste FL-Plan für die Gemeinde Stelingen aufgestellt, der durch einen neuen − gegenwärtig in Erarbeitung befindlichen − FL-Plan zukünftig abgelöst wird.

Nach dem ersten FL-Plan sollte die lockere landwirtschaftliche Bebauung des Dorfes als solche weiterbestehen. Es wurden jedoch bereits das südöstliche und südliche kleinflächige Neubaugebiet im Ackerbereich als reine Wohngebiete ausgewiesen. Verwunderlich ist, daß ein FL-Plan so einfach den Zufälligkeiten der Verkaufsbereitschaft und den vom Verkäufer angebotenen Flächen folgt. Das südöstliche Baugebiet wird ja wie ein Keil isoliert in das Ackerland hineingeschoben, anstatt es sinnvoll parallel zur vorhandenen Straße anzulegen. Auch im Westen entstehen die kleinen Baugebiete − vom Flächennutzungsplan „abgesegnet" − genau im Rahmen des alten Feldparzellennetzes zufällig dort, wo zuerst Land verkauft wurde. Erst das *große* Neubaugebiet seit 1967 hat ein völlig neues Straßen- und Parzellierungsnetz, das eine *Planung* nach städtebaulichen Prinzipien erkennen läßt. Diese Unterschiede im Verlauf der Ortserweiterungen ließen bereits die Ortsvergrößerungen von Altwarmbüchen und die von Everloh erkennen. Sie stellen einen offenbar regelhaft auftretenden Ablauf in der „Verstädterung" dar, welcher folgendermaßen beschrieben werden kann: Die Entwicklung der Dörfer zu urbanisierten Siedlungen verläuft am Anfang „autonom", d.h. durch die Dorfbewohner selbst, wenn sie dabei auch indirekt auf äußere Anstöße (Pendler-Beziehungen) reagieren.

Zunehmend setzen sich dann aktiv „*externe Kräfte*" durch: Die Wohnungsbauunternehmer treten an die Gemeinde bzw. an die Landbesitzer heran und der Großraumverband steuert schließlich die Planung, indem er seine regionalpolitischen Absichten durch Gebot und Verbot durchsetzt.

So sah z.B. der FL-Plan von Stelingen weitere reine Wohngebiete im Nordwesten − wie teilweise bis 1967 realisiert − und im Westen vor, die an der ortsabgelegenen Seite mit einem Industriegebiet abschließen sollten. Der Aufbau eines Industriegebietes hier widersprach jedoch den regionalplanerischen Intentionen des Großraumverbands. Der Aufbau wurde daher nicht realisiert[242].

---

[241] Abb. 18
[242] Vergl. Kap. IV.C.4.

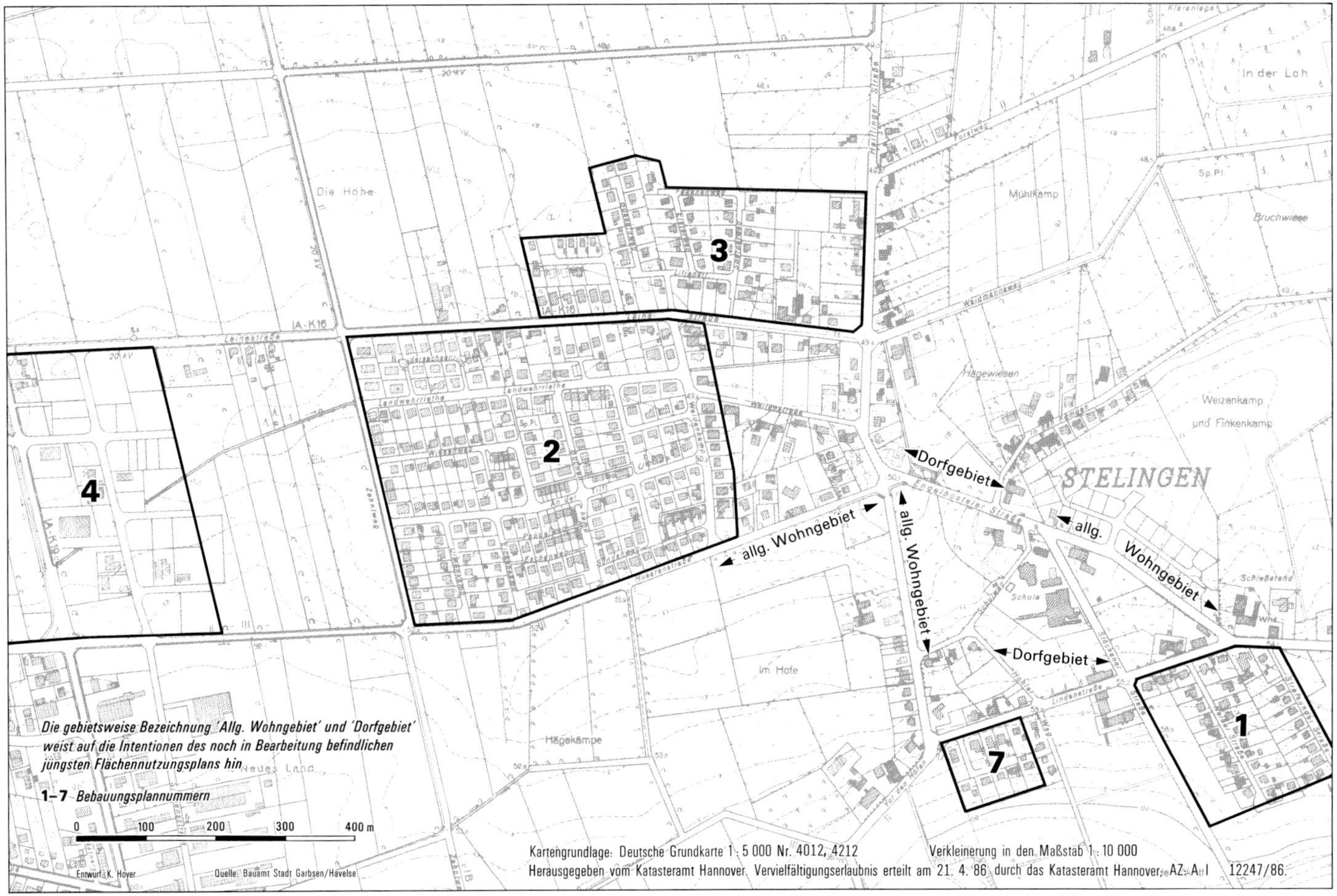

Abb. 18 Bebauungspläne von Stelingen

133

Die Dorfgemeinde wird also nach der Eingangsphase des Verstädterungprozesses zunehmend ein „Element" im großstädtischen „System", das nicht mehr autonom ist und entscheiden kann, sondern ein Glied einer übergreifenden Einheit darstellt, wo die steuernden Instanzen und Personen aus der großstädtischen „Zentrale" kommen. Im Fall Stelingen zeigt ja gerade die „Überredung" der Landbesitzer durch den Bauspekulanten, daß die Dorfbewohner das großstädtische System und die Art und Weise, wie es funktioniert, anfangs nicht überblicken konnten.

In Altwarmbüchen hingegen existierte zum einen ein fähiger Bürgermeister (später Gemeindedirektor), der das „großstädtische System" erkannte und zum anderen eine längere (Vorkriegs-)Erfahrung der Dorfbewohner hinsichtlich Neusiedlern und Ortserweiterungen. Diese Erfahrung führte dazu, daß in Altwarmbüchen der Einsatz eines *Ortsplaners* schon vor 1960 von *allen* Dorfbewohnern – auch den Landbesitzern – begrüßt wurde, der schließlich schon eine *Außen*steuerung darstellte: Der Planer kam mit Vorstellungen aus dem großstädtischen Siedlungsmuster, die er auf das Dorf übertrug. Dabei ist davon auszugehen, daß die Dorfbewohner von seinen Vorschlägen (Bauformen, Straßenführung) überzeugt wurden, besonders auch, weil die dörflichen Besitzverhältnisse, die Verkaufsbereitschaft u.a.m. dazu schon die Voraussetzung erfüllten.

Entsprechend dem Kartenvergleich von 1961, 1967 und 1976 (zusammengefaßt in Beilage 5A) wurden die ersten Stelinger Bebauungspläne (Nr. 1 und Nr. 7) für die beiden südlichen Neubaubereiche bereits 1964 und 1966 verwirklicht. Für die nordwestliche Ortserweiterung ist 1965/66 der Bebauungsplan Nr. 3 genehmigt worden und inkraftgetreten. Für den westlichen Ortsausbau bestand ab 1967 der Bebauungsplan Nr. 2 als rechtsverbindlich. Für die Siedlungsverdichtung im Südwesten von Stelingen bedurfte es nach § 34 BBauG[243] keines speziellen Bebauungsplans.

Die ersten regelhaften, geordneten und geschlossenen Ortserweiterungen erhält Stelingen also mit der Aufstellung mehrerer Bebauungspläne. Die größte Siedlungsausdehnung wird mit der Realisierung des Bebauungsplans Nr. 2 nach 1967, zu Beginn der 70er Jahre, erreicht.

Zusammenfassend kann festgehalten werden, daß Stelingen die größte Ortserweiterung seit Beginn der 70er Jahre erhielt. Ebenso wie die schon bis 1967 entstandenen Erweiterungsbereiche ist die westliche Ortsvergrößerung flächenhaft an das Dorf angeschlossen.

Alle Stelinger Erweiterungsbereiche, die nach 1961 entstanden, haben schließlich urbanen Charakter: sie sind geplante flächenhafte Ortsvergrößerungen mit Eigenheimen, einigen Stockwerkbauten für Mietwohnungen und Häusern mit Eigentumswohnungen, dem Dorf also teilweise fremdartige Elemente. Während das Eigenheim noch an entsprechende dörfliche Formen der Vorkriegszeit und auch der ersten Nachkriegszeit anschließt und der dörfliche Vorläufer der heutigen Mietwohnungen im Ort in den Kammern oder Schlafstuben der Landarbeiter zu sehen ist, die gegen ein geringes Entgelt oder mit ihrem Arbeitseinsatz auf den Bauernhöfen eine Unterkunft erhielten, sind mehrstöckige Eigentumswohnblöcke, im Unterschied zu den anderen neuen Einrichtungen, das urbanere Element. Eigentumswohnungen befinden sich in Stelingen – wie Beilage 5A zeigt – an der Leinestraße/Ecke Klosterweg (heutiger Zehntweg).

---

[243] Der § 34 des BBauG liefert die rechtsverbindlichen Bestimmungen ü. die Zulässigkeit von Bauvorhaben (ohne Bebauungspläne) innerhalb der im Zusammenhang bebauten Ortsteile.

Darüber hinaus erscheinen – ähnlich wie in Altwarmbüchen – seit den 60er Jahren urbane Bauträger, Bauunternehmen oder einzelne Makler, die die Bebauung der neuen Gebiete organisieren. Die unter IV.A. der vorliegenden Arbeit vermuteten Urbanisierungseinflüsse, die sich durch die stadtinternen Institutionen – besonders durch die Hannoverschen Industrien – ergeben sollten, haben also tatsächlich das Dorf erfaßt. Wie in den folgenden Abschnitten IV.C.2. und IV.C.3. noch belegt wird, ist Stelingen als industrienahe Gemeinde in das Interessenfeld vieler Industrie- und Dienstleistungsbeschäftigter geraten, die sich hier gern niedergelassen haben.

Dieser Dorfentwicklung geht aber grundsätzlich die Entscheidung der Bauern voraus, Grund und Boden zu verkaufen. Diese ergab sich bei Stelingen durch die Aufgabe eines Hofes (HH 4 d – Lehrerwitwe), durch die Verkaufsfreudigkeit weniger einzelner Bauern (z.B. HH 2 b, HH 3 c) wie auch aus der durch Überredung erreichten, raschen Zustimmung mehrerer Bauern (westl. Neubaubereich).

Wie in Kap. IV.B.1. bereits erwähnt, erweitert sich die Untersuchungsgemeinde *Wülferode* zu *Beginn der 60er Jahre* (1961/62) durch den Ausbau der schon begonnenen Neubebauung an der Kirchbichler Straße im Süden, der in Fortführung der schon vorhandenen Bauweise von Häusern mit kleinen, anschließenden Feldgärten gekennzeichnet ist (Beilage 6A). Neben Ortsabstammenden wurden hier etliche Flüchtlingsfamilien, die bisher noch engräumig im Dorf untergebracht waren, seßhaft. Der Bereich wurde von der Kreissiedlungsgesellschaft erschlossen und bebaut.

Die Bebauung dieses Flurteils ist durch den Verkaufswillen des Hoferben HH g 7 möglich gewesen. Der nicht in Wülferode lebende Hoferbe veräußerte einen Teil des zum Hof gehörenden Landes an die Niedersächsische Straßenbauverwaltung, die mit diesen Flächen diejenigen Bauern im Dorf entschädigte, die vom Autobahnbau im Osten zu Beginn der 60er Jahre betroffen wurden und verkaufte andererseits den Acker an der Kirchbichler Straße an die Kreissiedlungsgesellschaft. Die 1943 ausgebombte Hofstelle HH g 7 wurde schon gleich nach dem 2. Weltkrieg vom Bauern VH b 2 aufgekauft, der dann eine Scheune darauf errichtete. Da der Besitzer von VH b 2 keinen eigentlichen Hofnachfolger hatte und die Tochter außerhalb verheiratet ist, sind die Ländereien des Hofes heute an die noch bestehenden übrigen Bauern verpachtet, ebenso die Hofstelle mit dem Ausgang zum Wülferoder Platz. Der Bauer selbst hat sich nach 1966 am Hofstellenende von VH b 2 ein modernes Eigenheim gebaut, das er nun bewohnt.

Darüber hinaus wird Wülferode von *1961* bis *1966*[244] durch ein Gebäude an der Dorfdurchgangsstraße und durch sieben weitere Neubauten im Nordosten der Siedlung erweitert, außerhalb des eigentlichen Dorfverbandes. Der hier entstehende Neubaubereich wurde zunächst durch eine Sackgasse erschlossen, die dann bis 1978 in westlicher Richtung weitergeführt wurde und gegenwärtig das Dorf nördlich begrenzt.

Die Besitzer der Hofstellen HH f 6 und VH b 2 waren zu Beginn der 60er Jahre gewillt, im Nordosten Grundstücke zu verkaufen. Ein selbst im Ort wohnender Makler und Maurer übernahm und organisierte die Bebauung sowie den Verkauf der neuen Häuser.

Neben Leuten, die aus dem Ort stammten, bezogen bisher im Dorf untergekommene Heimatvertriebene die neuen Gebäude. Während aber der Bauer von VH b 2 die Landverkäufe auf das nordöstliche Neubaugebiet beschränkte und seit jeher versuchte, den Hof zu

---

244 Deutsche Grundkarten 1 : 5000, Wülferode-Ost, -West, -Nordost und Bemerode, 1965/66

modernisieren, verkaufte der Besitzer von HH f 6 kontinuierlich weiteres Land, auch zur Bewirtschaftung an die übrigen Bauern im Dorf. Dem Sohn und Erben dieser Hofstelle blieb letztlich eine zu geringe Wirtschaftsfläche, so daß er versuchte, den Hof und das restliche Land als Bauland (höherer Verkaufspreis) zu verkaufen und sich entschloß, in Nienburg einen neuen Hof zu erwerben. Die Nebengebäude der Hofstelle wurden geräumt und nach 1970 durch ein neugebautes Wohnhaus ersetzt. Das alte Bauernhaus, ein Fachwerkgebäude, wurde von dem Hoferben an einen Beschäftigten in der Stadt Hannover verkauft und steht damit heute inmitten des nordöstlichen Neubaubereiches. Die Aufgabe der Hofstelle HH f 6 und die Neubebauung erfolgte erst zu Beginn der 70er Jahre. So enthalten die entsprechenden Blätter der Deutschen Grundkarten „Wülferode West" (1966) und „Wülferode Ost" (1965) noch sämtliche Hofgebäude.

Der Beginn des Flächenverkaufs im NO stellt eine Zufälligkeit dar. Hier wohnte an der Niederfeldstraße der oben erwähnte Makler bzw. Maurer, der den beiden Bauern VH b 2 und HH f 6 „empfahl", in diesem Bereich Land zu verkaufen. Die Aussichten auf einen sich lohnenden Verkaufspreis waren an dieser Stelle, wo ein schöner Ausblick in nordöstlicher Richtung zur „Gaim" gegeben war und daher eine vorteilhafte Baulage bestand, vielversprechend.

Ähnlich wie bei Altwarmbüchen und Stelingen lag jedoch zum Zeitpunkt des Verkaufs weder ein FL-Plan, noch ein Bebauungsplan vor, der die zu verkaufenden Flächen in der Bebauung bereits „beplant" hätte.

Auch hier, in Wülferode, richtet sich also der erste Bebauungsplan (Abb. 19) nach den bereits verkauften Flächen aus und stellt zunächst nur eine *reagierende Planung* dar. Damit zeigt sich wieder der oben schon erwähnte, phasenhafte Verstädterungsablauf, der durch eine zufällige oder „überredete," Verkaufsbereitschaft und mit einem darauffolgenden Bebauungsplan beginnt, ohne daß eine autonome Planung vorausgegangen ist, die als eine Überlegung das *ganze* Dorf als Einheit berücksichtigt hätte und aufzeigen würde, wie sich Neubauviertel am besten in den bisher vorhandenen Baukörper einfügen. Zufälligkeiten, d.h. persönliche Entschlüsse zum Landverkauf oder Verkaufszwang wegen mangelnder Wirtschaftsfähigkeit einer Bauernfamilie sind also für den Verstädterungsprozeß und die Aufstellung der ersten Bebauungspläne nach 1960 von entscheidender Bedeutung. Ist erstmal ein größeres Areal „zufällig" bebaut worden, werden die angrenzenden Flächen „automatisch" zu Bauerwartungsland und mit großer Wahrscheinlichkeit in den Bebauungsplan aufgenommen. Der Bebauungsplan setzt in der Regel einmal eingeschlagene „Baurichtungen" eher fort, als daß völlig neue Flächen vorgesehen werden.

Eine beginnende Verkaufsfreudigkeit äußerte auch der Hofbesitzer HH k 10, der bis 1966 einen ersten Bauplatz an der bisher noch unbebauten Seite der Bockmerholzstraße freigab.

In der Zeit von *1965/66* bis *1978*[245] erhielt Wülferode dann einen weiteren Ortsausbau, in Anlehnung an den schon bestehenden Erweiterungsbereich im Norden des Dorfes, an der bisher unbebauten Seite der Bockmerholzstraße wie auch an der nördlichen Seite der Kirchbichler Straße.

Die Neubauten im Norden gehen auf die bereits erwähnten Grundstücksverkäufe der Hofbesitzer HH f 6 und VH b 2 zurück. Die Stelle HH e 5 fiel durch Heirat ebenfalls in den

---

[245] Deutsche Grundkarten 1 : 5000, Wülferode-Ost, -West, -Nordost und Bemerode, 1978

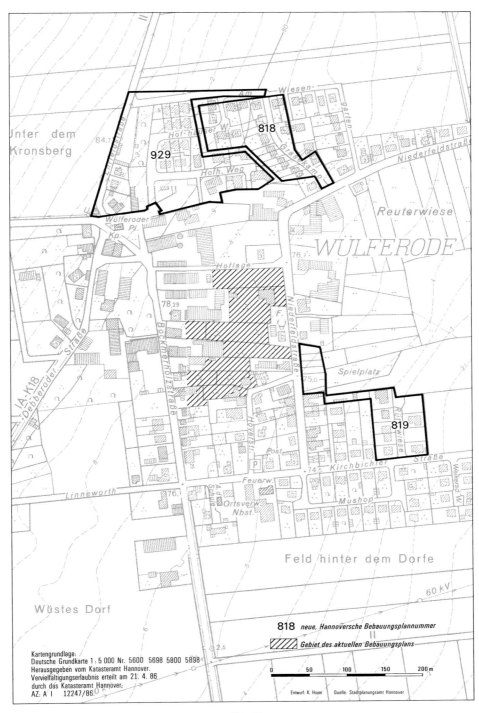

Abb. 19
Bebauungspläne von Wülferode

137

Besitz des Bauern VH b 2. Er verkaufte den Hof mit dem dazugehörigen Bauerngarten an die „Misburger Baubetreuungsgesellschaft" und behielt die restlichen Ländereien zur Weiterbewirtschaftung. Die Hofstelle HH f 6 hingegen wurde schrittweise, in einzelnen Parzellen, verkauft. So erklärt sich der Verlust der Hofgebäude auf beiden Höfen bis 1978 und die damit zusammenhängende Umgestaltung der Stellen. Während auf dem Hof HH e 5 gegenwärtig der „Hofhäuser Weg" verläuft, der unmittelbar am ehemaligen Hofeingang auf den Wülferoder Platz stößt, und der überwiegende Teil des ehemaligen Hofes mit mehreren Eigenheimen in Klinkerbauweise bebaut ist, wurden auf der Stelle HH f 6 mehrere moderne Bungalows errichtet.

Die völlige Neugestaltung der Hofstellen ist mit dem Bebauungsplan von 1976 legitimiert und ausgeführt worden.

Da die Höfe am Nordrand des Dorfes, in unmittelbarer Nachbarschaft des Neubauviertels liegen, ist die heutige Baugestaltung darauf räumlich angeglichen. Der Dorfkern wird nicht unbedingt beeinträchtigt, wenngleich modernste Häuser bzw. Bungalows auf einer alten Hofstelle schon eine entscheidende Veränderung innerhalb eines Dorfes darstellen und bei den beiden zuvor betrachteten Gemeinden Altwarmbüchen und Stelingen noch nicht aufgetreten sind.

Nach dem Verkauf der gesamten Hofstelle HH e 5 an die „Misburger Baubetreuungsgesellschaft" zu Beginn der 70er Jahre ist gleichzeitig auch für die angrenzenden Bereiche ein Plan erstellt worden, der ab 1976 rechtskräftig wurde und das Gebiet bis zum „Anderter Weg" und „Wülferoder Platz" miteinschließt.

Entsprechend dem schrittweisen Verkaufsvorgehen des Besitzers von HH f 6 sind auf dieser Hofstelle individuelle Bungalows entstanden, die in ihrem Baustil der zusammenhängenden Kette baulich aufeinander abgestimmter Klinkerhäuser auf der Stelle HH e 5 gegenüberstehen.

Der westliche Teil des nördlichen Neubaubereiches von Wülferode erhielt also, genau wie der erste Neubauteil, hier einen Bebauungsplan, der „nur" als „reagierende Planung" zu bezeichnen ist. Vorweg fiel die Verkaufsentscheidung der beiden Bauern.

Für die Zukunft ist die Ortserweiterung im östlichen Nordbereich zu erwarten, was zwar noch nicht planerisch festgehalten ist (weder im FL-Plan, noch durch B-Plan), als Idee aber auf dem Hannoverschen Planungsamt ausgesprochen wird. Der Zusammenhang der Neubauflächen wäre damit erhalten und die bereits eingeschlagene „Baurichtung" — wie oben erwähnt — fortgesetzt.

In der gleichen Weise wie der schon oben hervorgehobene Bauer von VH b 2 nach 1966 an seiner rückwärtigen Hofseite ein Eigenheim baute und bezog, sind zwischen 1966 und 1978 auf den nach Süden folgenden Hofenden Neubauten errichtet worden, so für den inzwischen im Ruhestand befindlichen alten Bauern von HH 8 b, der nun an der „Niederfeldstraße" in einem modernen Bungalow wohnt. Beide Wohnhäuser sind in ihrer Ausführung ein Zeichen für städtisch-modernen Geschmack und den Wunsch nach urbanem Lebensstil, bzw. Ausdruck für nachgeahmte städtische Vorbilder. Die nach rückwärts liegenden Bungalows der Alten stehen in großem Kontrast zu den älteren Gebäuden auf den vorderen Hofteilen.

Auch die weiter südlich folgenden Häuser auf den anschließenden Hofenden sind in modernster Bauweise errichtet und stellen 1. das neue Forsthaus, 2. ein modernes Wohnhaus und 3. — das Gebäude vor der Hoyerstraße — einen Neubau mit Tischlereibetrieb dar. Das ursprüngliche Forstgebäude wurde mit der Hälfte der Forststelle an den Bauern

HH h 8 verkauft, der das alte Forsthaus an ortsgebürtige Arbeiter mit Arbeitsplatz in Hannover vermietete. Auf dem rückwärtigen Grundstücksteil baute die Forstverwaltung zum Ende der 60er Jahre ein neues, dem modernen städtischen Baustil entsprechendes Forsthaus.

Der Hof KÖ o 14 ist 1971/72 an den südlichen Ortsausgang ausgesiedelt. Die ehemaligen Wirtschaftsgebäude werden auf dieser Hofstelle noch von der älteren Generation mitbewirtschaftet. Durchaus gewinnbringend erschien dem Bauern dieses Hofes der Verkauf des rückwärtigen Hofteils als Bauplatz für einen Bungalow, der dort erst nach 1978 von einem Ortsansässigen errichtet und bezogen wurde.

Die übrige Dorferweiterung, die Wülferode von 1966 bis 1978 erfaßte, ergibt sich aus den neuen, modernen Häusern entlang der Bockmerholzstraße, die durch den Verkauf von Bauplätzen des Bauern HH k 10 hier errichtet werden konnten. Hier siedelten sich vorwiegend neu in das Dorf Hinzugekommene an, die, ebenso wie in den anderen Untersuchungsgemeinden, seit der Mitte der 60er Jahre die immer stärker aufkommende Stadt-Land-Wanderung kennzeichnen.

Ähnlich wie in Stelingen und Altwarmbüchen — wenngleich auch in weitaus geringerem Maße — setzte in Wülferode in der 2. Hälfte der 60er Jahre ein Zustrom Auswärtiger ein, die in diesem Dorf einen Bauplatz erwerben konnten und mit dem Wohnhaus in nicht allzu großer Entfernung zu ihrer Arbeitsstätte innerhalb Hannovers oder den benachbarten Vororten, wie z.B. Laatzen, lagen.

Gleiches gilt auch für die Eigenheimbesitzer an der „Reuterwiese", deren Grundstücksparzellen in die Planung des Bebauungsplanes von 1972 gehören. Hier wurde nördlich der Kirchbichler Straße ein kleiner Erweiterungsbereich abermals „zufällig" erschlossen und mit einem Bebauungsplan versehen. Initiator dieses Ortsausbaus ist ein aus Wülferode stammender Architekt, der südlich des Spielplatzes ein Grundstück mit besonders attraktivem Lagemoment (Ausblick, Grünbereich) erwerben und bebauen wollte. Dies konnte nur geschehen, wenn die Erschließungsarbeiten für *mehrere* Baugrundstücke, also ökonomisch einsetzen sollten. Es gelang dem Architekten, einige Bauern zu veranlassen, ihre in diesem Bereich liegenden „Restparzellen", d.h. kleine Parzellen ohne intensive oder eigentliche Nutzung, zum Verkauf zu stellen. Nach der Entscheidung der Landbesitzer am Ende der 60er Jahre wurde ein Bebauungsplan aufgestellt, zum dritten Mal als „reagierende Planung", die die notwendigen Erschließungsarbeiten und damit die Baumöglichkeit für den Architekten garantierte.

Daraus zeigt sich erneut der Zusammenhang von Bauleitplanung und zufälliger oder überredeter Verkaufsbereitschaft, der — im Gegensatz zu Altwarmbüchen — in der Gemeinde Wülferode länger bestehen bleibt, ohne von einer den gesamten Ort umfassenden Planung endgültig abgelöst zu werden. Letztere könnte sich im aktuellen FL-Plan von Wülferode ankündigen bzw. ausdrücken. Aber auch dieser verplant die Wülferoder Gemeinde nach den bereits vorausgegangenen Entscheidungen, wie es weiter unten deutlich wird.

Entsprechend der Siedlungsaktivität in der Gemeinde, wachsen die Bevölkerungszahlen des Dorfes, die von 1961 mit 607 Einwohnern auf 863 Einwohner im Jahre 1970 ansteigen und bei diesem Wert bis 1978 stagnieren.

Dem Zustrom Auswärtiger läuft eine Abwanderung derjenigen Wülferoder entgegen, die als jüngere Generation nicht interessiert sind, weder die Hofstelle des Vaters zu übernehmen, noch im Dorf bei außerhalb liegender Arbeitsstätte wohnen zu bleiben.

Zusammenfassend läßt sich hervorheben, daß die modernen Ortserweiterungen, die Wülferode in der Zeit von 1961 bis 1978 erfuhr und die seit der 2. Hälfte der 60er Jahre flächenhaften Charakter haben, aus einer grundsätzlichen Verkaufsbereitschaft der Bauern hervorgingen. Dabei enstanden die Neubaubereiche im Norden, entlang der Bockmerholzsstraße und auch an den beiden südlich des Forsthauses gelegenen Hofenden jeweils durch die Verkaufsentscheidung der Bauern. Das Motiv, schneller und mit weniger Arbeitseinsatz Geld zu verdienen als durch die Landbewirtschaftung, steht bei diesen Bauern im Vordergrund. So auch bei den jüngsten Grundstücksverkäufen des Besitzers von HH l 11, wodurch modernste Bungalows inmitten des eigentlichen Dorfverbandes — kurz vor der Mündung der Bockmerholzstraße in den Wülferoder Platz — entstanden (Beilage 6A).

Darüber hinaus zeigt sich auch bei dem verkaufenden Bauern des südlichen Neubauteils die Bereitschaft zum Grundstücksverkauf, die aber gegenüber dem oben erwähnten Motiv andere Hintergründe hat. Hier war die interne familiäre Situation der Bauernfamilie des Hofes HH g 7 ausschlaggebend für die Landverkäufe. Der Hoferbe war auswärtig ansässig und nicht imstande, diesen Hof zusätzlich mitzubewirtschaften.

Ähnlich wie die Grundrißerweiterungen vor 1961 lehnen sich die Ortsvergrößerungen bis zur Gegenwart fest an das Dorf aus der Verkoppelungszeit an. Die stark gegliederten Neubaubereiche im Norden und Südosten sind nahezu miteinander verbunden durch die Kette verschiedener moderner Bauten „hinter" den Höfen. Analog zu den älteren Nachsiedlern der Verkoppelungszeit umschließen auch gegenwärtig die jüngsten Gebäude den großbäuerlichen Dorfteil halbkreisförmig zur Niederung hin.

Wenngleich bis 1978 eine Durchmischung bzw. Verdichtung innerhalb des Gesamtgrundrisses — wie er als Ausgangsbasis der Betrachtung zur Zeit der Verkoppelung bestand — in den Nachsiedlerbereichen einsetzte, blieb doch das großbäuerliche Zentrum am Wülferoder Platz bis zum Ende der 70er Jahre von einer Grundrißverdichtung verschont. Erst in der allerjüngsten Zeit konnte dann die Neubautätigkeit der Zuzügler auch auf den alten geschlossenen Höfebestand übergreifen[246] und diesen auf den wenigen privaten Grünflächen durchsetzen.

Die gesamte westliche Dorfseite blieb — wie seit jeher — zu den Hauptackerflächen des Kronsbergs offen und unbesiedelt. Der erste *Flächennutzungsplan* ist für Wülferode erst am Ende der 60er Jahre aufgestellt und 1971 rechtskräftig geworden. Als noch zu bebauende, reine Wohngebiete weist der Plan die teilweise unbebaute nördliche Neubaufläche und die noch zu besiedelnde Seite der Kirchbichler Straße aus. Eine wesentliche Veränderung sollte eine neue westliche Umgehungsstraße und damit die Entlastung der Dorfdurchgangsstraße schaffen. Bereits vor der rechtsverbindlichen Gültigkeit des ersten FL-Plans 1971 sind — wie oben schon ausgeführt — bis 1965/66 der östliche Teil des nördlichen Erweiterungsbereiches ohne Bebauungsplan und der mittlere Abschnitt nach 1966 mit dem ersten Wülferoder Bebauungsplan (Nr. 818)[247] errichtet worden.

Ebenfalls ohne Bebauungsplan entstand zu Beginn der 60er Jahre der südliche Ortsausbau, östlich der Schule. Zur Errichtung dieses Bereiches sind wiederum die Bestimmungen des BBauG nach § 34 geltend gemacht worden, so daß für diesen Ortsteil kein Bebauungsplan aufgestellt zu werden brauchte.

---

[246] Vergl. Kap. V.C.1.a)
[247] Abb. 19

Von den insgesamt drei Bebauungsplänen sind die beiden jüngeren seit 1972 und 1976 rechtskräftig. Sie zeigen die Entstehung von „reagierenden" Bebauungsplänen, d.h. sie reagieren auf schon Vorhandenes und stellen eine Art „Kettenreaktion" bzw. Anpassungsplanung dar.

Zusammenfassen läßt sich, daß die Gemeinde Wülferode die größten, flächenhaft zusammenhängenden Siedlungserweiterungen nach der Mitte der 60er Jahre erfuhr, welche mit dem Altdorf in enger Beziehung stehen und dieses durch die jüngst einsetzende Verdichtung an den Hofenden fast durchsetzen und halbseitig umschließen.

Der Dorfzusammenhang blieb in Wülferode gewahrt. Der Dorfkernbereich bildet auch weiterhin die Mitte, und das Dorf gerät nicht, wie bei Altwarmbüchen und Stelingen, in Randlage zur *Masse* der Neubebauung. In Wülferode sind die Erweiterungen kleinflächig und auf eine „autochthone" Steuerung, eine Steuerung aus dem Dorf selbst, zurückzuführen.

Ähnlich wie in Altwarmbüchen und Stelingen erscheinen in Wülferode mit den Ortserweiterungen zu Beginn der 60er Jahre Siedlungsgesellschaften, die die Bebauung und den Verkauf der neuen Häuser organisieren. So geht die südliche Ortserweiterung auf die Initiative der Kreissiedlungsgesellschaft, die nördliche Ortsvergrößerung auf die Misburger Baubetreuungsgesellschaft zurück. Die letztere initiierte den Bau von modernsten Atriumhäusern im nördlichen Ortsausbau, die von Städtern gekauft und bezogen wurden. Sie stellen eine reine Pendlerbevölkerung dar, die aus Hannover zugezogen ist, vom Einkommen her weit über dem Dorfdurchschnitt steht und sich durch absolute Isolierung, durch Nicht-Teilnahme am „Dorfleben" (korrekter: Stadtteilleben) völlig von der übrigen Bevölkerung abhebt. Ein Sommerstraßenfest in absehbarer Zeit soll dazu beitragen, diese Randgruppe dem Ort näherzubringen, sie allmählich doch noch (nach fast 10jährigem Wohnen hier) zu integrieren.

Die vierte Untersuchungsgemeinde *Everloh* schloß nach *1961* bis zur *Mitte der 60er*[248] Jahre einen nur geringen Ortsausbau an der östlichen Dorfseite − in Anlehnung an die wenigen dort bestehenden Gebäude − an (Beilage 7A). Von der den Ort umschließenden Ringstraße aus wurden in die bodenmäßig schlechteren Areale Sackgassen zur Erschließung des Neubaubereiches vorgeschoben. Der Siedlungskern, der Siedlungsgrundriß aus der Verkoppelungszeit, verdichtete sich bis 1965 durch lediglich ein neues Gebäude auf der Hofstelle K Ö h.

Der Kartenvergleich von *1965* bis *1978*[249] zeigt dann die weitere Auffüllung des östlichen Erweiterungsbereiches in den bereits 1965 vorparzellierten Flächen und darüber hinaus eine Gebäudeergänzung im älteren westlichen Ortsausbau, der sich direkt an den Hof KÖm anschließt.

Die östliche Dorferweiterung in den ehemaligen Wiesenbereichen zum Benther Berg hin geht auf die Verkaufsbereitschaft der Hofbesitzer VH b 2 und HHe (der zugleich den benachbarten Hof KÖ h aufgekauft hat) zurück. Dabei verkaufte der eine Bauer wegen der eigenen schlechten finanziellen Situation ein paar Grundstücke, der andere Bauer hingegen mit der Absicht, den Verkaufserlös in Modernisierungen an seinem Hof zu investieren. So sind es insbesondere die Hofbesitzer der östlichen Dorfhälfte, die seit Beginn der 60er Jahre die Ortserweiterungen auslösen und befürworten, während die Bauern der

---

248 Deutsche Grundkarte 1 : 5000, Northen, 1965
249 Deutsche Grundkarte 1 : 5000, Northen, 1978

westlichen Seite, bis auf wenige Ausnahmen, keine Grundstücke für Neubauten verkaufen.

Der westliche Ortsausbau, der sich mit wenigen neuen Häusern nach 1965 zwischen den Hof KÖm und den Dorfteich schob, ist auf den Grundstücksverkauf der südlich davon liegenden Hausbesitzer (Abb v, KÖ r) zurückzuführen. Diese haben hier ihr Feld- und Gartenland, das sie in den 60er Jahren nicht mehr bewirtschafteten, an Ortsnachkommen verkauft, bzw. an die eigenen Kinder abgegeben und damit die Neubebauung in diesem Teil fortgesetzt.

Zu den Zufälligkeiten und den internen und externen Anstößen bzw. Kräften, die bei Altwarmbüchen, Stelingen und Wülferode für die Ortserweiterungen oder deren Planung ausschlaggebend waren, gesellt sich also aus der Betrachtung der Ortsentwicklung von Everloh ein weiterer entscheidender Faktor, der die Ortserweiterung beeinflußt: Die Landbesitzverteilung durch die Verkoppelung, welche die Richtung des Ortsausbaus bestimmt. So wurden in Everloh die neuen größeren Parzellen in Dorf*nähe* bei der Verkoppelung so zugeteilt, daß sie zu den nächstgelegenen Höfen kamen. Die Bauern der Ostseite im Dorf erhielten also die Parzellen an der Ostseite, die westlichen Bauern die Anschlußparzellen im Westen. Der Bauer VHc besitzt heute eine 20 ha große Ackerparzelle, direkt hofanschließend hinter seinem Bauerngarten.

Die urbane Dorferweiterung in dieser oder jener Richtung kann also auch davon abhängen — so im Beispiel Everloh —, ob ein östlicher oder westlicher oder eventuell nördlicher Bauer geneigt ist, Land zu verkaufen oder gar in Not ist und aus diesem Grund Flächen abgeben muß.

Über die Verkaufsbereitschaft, die Lust zum Bodenverkauf oder die finanzielle Not hinaus, die zum Verkauf drängt, entscheiden und erleichtern aber auch die Bodenqualitätswerte den Verkauf von Ackerflächen. So sind die verkauften östlichen Böden der östlichen Bauern von Everloh geringwertiger (Bodengütezahlen 53/55, 69/77, 70/74) als die übrigen um das Dorf liegenden. Der Bauer VHc würde daher seine westlich hofanschließende Flurparzelle mit Bodenwerten um 82 und darüber nur im äußersten Notfall verkaufen, nicht aber aus spontaner innerer Verkaufsbereitschaft oder der Lust an gewinnbringenden Verkaufspreisen für Bauland. „Das hätte schließlich die unmittelbare Nachbarschaft von Neuansiedlern, Städtern in Bungalows zur Folge", was der Bauer VHc — im Gegensatz zu den östlichen Landbesitzern — grundsätzlich und so lange wie nur möglich ablehnen wird. Er hätte aber auch die bereits verkauften östlichen Flächen nicht so ohne weiteres veräußert und ist damit den östlichen Landbesitzern in seiner inneren Einstellung gegenüber dem Landverkauf nicht vergleichbar.

Bis *1978* setzte aber auch eine *Verdichtung in der eigentlichen großbäuerlichen Höferunde* ein. Neue Gebäude im modernen Eigenheimstil der 70er Jahre sind auf den Hofarealen VH 2 b, KÖ h, VH a, HH e und KÖ o entstanden und bis 1980/81 auch auf den Hofstellen HÖf und VH b 2 in größerer Zahl errichtet worden.

Die Neubauten sind aber im wesentlichen auf den hinteren Gärten entstanden, d.h. mit Zugang zur Ringstraße. Der Platzbereich im Inneren des Dorfes bleibt dadurch im Dorfbild noch ungestört.

Der Bau von vier Bungalows auf der Hofstelle HÖf hängt mit der Aufgabe dieses Hofes zusammen. Der alten Besitzerin von HÖf gehört zusätzlich der Hof VHd, den heute die nicht mehr in der Landwirtschaft tätige Tochter bewohnt. Alle Ländereien der beiden Höfe sind an ein weiteres Familienmitglied — einen Ausmärker — verpachtet. Diese Loslösung aus der Landwirtschaft mit der Umwandlung der Flächen in Pacht-und Verkaufsparzellen, erklärt den Bau modernster Bungalows in der westlichen Dorfhälfte.

Hier — wie auch in den Bungalows der übrigen Hofstellen — haben sich Städter niedergelassen, die täglich zum Arbeitsplatz nach Hannover pendeln.

Neben den bis zur Gegenwart flächenmäßig geringfügigen Siedlungsgesamterweiterungen setzte also eine lebhafte Durchmischung alter und moderner Gebäudesubstanzen nicht nur im ehemaligen Köthner- und Abbauerbereich ein, sondern auch auf den großbäuerlichen Hofstellen. Mit der Aufgabe der hofanschließenden Viehweiden und Gärten konnten gerade diese Höfe verschiedene innerdörfliche Flächen zur Neubaubesiedlung freisetzen.

Waren die ersten in Everloh ansiedelnden Städter zunächst außerhalb des eigentlichen Dorfes — im östlichen Erweiterungsbereich — seßhaft geworden, so verdichteten sie also nach 1965 auch das alte Dorf und tragen hier bereits zu hinderlichen Einengungen bei. Ähnlich wie die bisher verkaufsunlustigen Bauern, begrüßen aber auch die in Everloh angesiedelten Städter die insgesamt gesehen vergleichsweise geringe Siedlungsaktivität des Dorfes. Sie wünschen, die hier noch vorherrschende ländliche Atmosphäre als besondere Wohnqualität zu erhalten und lehnen weitere große Neubaugebiete ab.

In Everloh begegnen sich die Vorstellungen der Bauern und Städter hinsichtlich der Wohnqualität in übereinstimmender Weise: Beide Bevölkerungsgruppen wünschen, in modernen Gebäuden inmitten dörflich-ländlicher Atmosphäre zu wohnen. So z.B. die Besitzerin von HÖf wie auch die auf ihrem Hof wohnenden, ehemaligen Städter, die alle in der Landesbausparkasse in Hannover tätig sind. Einer dieser Bankangestellten war mit der Hofbesitzerin bekannt und über ihre Verkaufsbereitschaft informiert. Er zog weitere Mitarbeiter nach Everloh, indem er den „Geheimtip" über die Baumöglichkeit hier auf der Hofstelle HÖf seinem Kollegenkreis weitergab.

Hervorheben lassen sich *drei unterschiedliche Verkaufsmotive bei den Bauern* wie auch zwei wesentliche *Gründe der Ansiedlung von Städtern* in Everloh: Neben Geldmangel sowie Investitionsabsichten ist die Aufgabe eines Hofes wegen Ausbleiben von Hofnachfolgern ausschlaggebend für die einsetzende Verkaufsbereitschaft der Bauern.

Die Städter, die nach Everloh zuzogen, wünschten einerseits das Eigenheim im Westen von Hannover — also in Nähe zur Arbeitsstätte — andererseits eine ländlich-idyllische Umgebung mit Naherholungseffekt (Benther Berg). Dabei erscheint der Wunsch nach ländlicher Wohnweise noch nicht so ausgeprägt, daß auch das Eigenheim selbst ein „Landhaus" darstellen muß. Zum anderen waren diese Städter von der „neuen Welle" des Bauens im dorfgemäßen Stil (vergl. Kap.V.) noch nicht erfaßt bzw. gehören einer sozialen Schicht an, die das „neue" Bewußtsein über das angepaßte ländliche Bauen nocht nicht besitzt.

Begann die *obere gebildete Mittelschicht* seit den ausgehenden 70er Jahren als erste damit, das Bauen auf dem Lande auf die unmittelbare Umgebung des neu zu errichtenden Hauses abzustimmen, so bleibt für den normalen „Gut- oder Besserverdiener" der Stadtrand-Bungalows, der von der *oberen* Mittelklasse einst eingeführt wurde, auch über die 70er Jahre hinaus *die* sozial geschätze Wohnform, die der „Besserverdienende" bei der Umsiedlung aufs Land (in das Dorf) exportiert. Auch für die Altbauern von Wülferode war der städtische Bungalow, den sie in den 70er Jahren als Alterssitz am Ende ihrer Hofstellen bauten, *das* Ideal. Sie waren ebensowenig wie die nach Everloh zuziehenden Städter „bewußtseinsmäßig" schon in der Lage, ein dorf- oder ortsbildangepaßtes Haus als neue Wohnform zu wählen.

Für die Zukunft bahnt sich in Everloh die Fortsetzung des östlichen Siedlungsausbaus bis hin zu den Häusern am Benther Bergfuß an[250].

Auffällig wird im Entwicklungsgang des Siedlungsgrundrisses, daß Everloh während des gesamten Untersuchungszeitraumes keine explosionsartigen Dorfvergrößerungen erhielt, dafür aber — im jüngsten Abschnitt — eine verstärkt einsetzende Verdichtung gerade im östlichen Dorfsektor erfuhr. Ähnlich wie bei Wülferode setzte diese Verdichtung zunächst an den Hofrändern bzw. -enden und dann bei völliger Hofaufgabe (z.B. HÖf) auch inmitten der Hofstellen ein.

In beiden südlichen Dörfern erfolgt also bis zur Gegenwart kein umfangreicher Verkauf von Ackerflächen, dafür aber mehrfach eine Einzelbebauung auf den Hofstellen. Die Bauern verkaufen hier, um am Bauboom (= „Geldsegen") in irgendeiner Form auch teilhaben zu können, wenigstens Einzelbauplätze auf ihren Höfen, mit dem Vorteil, daß dies ohne Behinderung durch Bebauungspläne (entsprechend § 34 BBauG) erfolgen kann. Aufgrund der fehlenden *großen* Verkaufsflächen, bzw. der wirtschaftlichen Erwägungen, die besten Böden nicht als solche freizugeben, sind die Bauern der beiden südlichen Untersuchungsgemeinden zunächst auf diese Lösung ausgewichen.

Demgegenüber erfolgte in Altwarmbüchen und Stelingen ein umfangreicher Verkauf von Ackerflächen „außerhalb" der Dörfer, bei dem *alle* Bauern zu Geld kamen. Ein Verkauf auf den Hofplätzen ist hier nicht nötig gewesen (auch nicht bei der Lehrerwitwe in Stelingen = HH 4 d).

Für die Grundrißuntersuchung von Everloh lassen sich weder *Bebauungspläne* noch ein Flächennutzungsplan heranziehen. Die Siedlungserweiterungen des Dorfes sind nach 1960 unter den Bestimmungen des BBauG § 34 durchgeführt worden, der eine Bebauung „innerhalb der im Zusammenhang bebauten Ortsteile" ohne Bebauungsplan durchaus zuläßt. Ein *Flächennutzungsplan* über allgemeine Besiedlungsgebiete ist bisher nicht aufgestellt worden[251]. Lediglich der Kreuzungsausbau am südlichen Dorfausgang ist in einem Bebauungsplan konzipiert, bisher aber nicht realisiert worden.

Everloh ist bis zur Gegenwart in seinem dörflichen Inneren von dem Verschwinden zweier Hofstellen (HÖ f, VH a = Gut ERICHSHOF) und der Verdichtung durch verschiedene Neubauten in jüngster Zeit betroffen worden. Dabei hat der dörfliche Aufriß entscheidende Charakterzüge verloren. Steht man auf dem inneren Dorfplatz, der nur noch eine Erweiterung der Dorfdurchgangsstraße darstellt, stören besonders die Bungalows von HÖf. Diese sind — im Gegensatz zu den neuen Häusern auf der Stelle HHe — bis an den inneren Dorfplatz herangebaut und beeinträchtigen daher das Dorfbild.

Dennoch lassen sich die ursprünglichen Grundrißzüge aus der Verkoppelungszeit im gegenwärtigen Siedlungsbild noch klar erkennen. So hat Everloh zumindest noch einen Teil der prägnantesten Grundrißzüge bewahrt.

Abschließend sei hervorgehoben, daß auch Everloh — ähnlich den übrigen Untersuchungsgemeinden — seit den 60er Jahren von einem Zustrom Stadt-Land-Wanderer erfaßt wurde und mit ihnen die ersten flächenhaften Ortserweiterungen erfuhr. Im Gegensatz zu den übrigen betrachteten Dörfern treten aber in Everloh keine Bauunternehmen in Erscheinung, die den flächenhaften Ortsausbau organisiert hätten. Hier fand und findet lediglich eine Einzelbebauung statt, die von privaten Bauherren getragen wurde/wird.

---

[250] Information der Everloher Einwohner
[251] Siehe Kap. IV.D.

Gemessen an dem Ortsausbau der übrigen Untersuchungsgemeinden bleibt die Siedlungsentwicklung von Everloh bis zur Gegenwart nur geringfügig. Der Ansiedlung bauwilliger Städter im Dorf steht in den 60er Jahren die Abwanderung derjenigen ländlichen Bevölkerung gegenüber, die bereits außerhalb der Landwirtschaft beschäftigt war. Hierzu gehörte insbesondere auch ein Teil der jüngeren Generation, die geneigt war, in noch größerer Nähe zum industriellen Arbeitsplatz und dazu in der Stadt zu wohnen.

Insgesamt haben die für Everloh denkbaren Urbanisierungseinflüsse[252], die insbesondere von den Hannoverschen Industriebereichen und auch den industriellen Vororten, wie z.B. Empelde oder Ronnenberg, ausgehen sollten, längst nicht so nachhaltig auf das Ortsbild des Dorfes eingewirkt, wie zunächst vermutet wurde. Everloh verfügt über beste Bodenqualitäten innerhalb der Calenberger Börde. Die überwiegend reichen Bauern befinden sich zwar auch hier im Bereich des wachsenden Urbanisierungseinflusses der nahen Stadt Hannover, brauchen ihn aber schließlich nicht über sich ergehen zu lassen. Mit den hier vorherrschenden qualitativ besten agrarwirtschaftlichen Voraussetzungen sind die Bauern Everlohs auch heute noch nicht gezwungen, „sich völlig urbanisieren zu lassen". Ein Großteil der Landwirte der beiden nördlichen Untersuchungsgemeinden hingegen sah und sieht auch heute die Notwendigkeit, dem wachsenden Urbanisierungseinfluß – ausgehend vom Innovationszentrum Hannover – aufgeschlossen gegenüberzustehen, wollen sie dem Lebensstandard der reichen Bördedörfer gleichkommen oder ihre weitaus weniger gewinnbringenden Betriebe noch aufrecht erhalten. Denn die Besitzer der nördlichen Betriebe mit ihren weniger ertragreichen Wirtschaftsflächen waren und sind vielfach bereit, Grund und Boden zu verkaufen, um in den eigenen Hof zu investieren, d.h. ihn zu modernisieren und damit der geforderten Wirtschaftlichkeit auch künftig nachzukommen. Die Entscheidung des Verkaufs von Bauflächen ist also neben innerfamiliären Situationen eines Hofes indirekt abhängig von der allgemeinen Bodenqualität der Wirtschaftsfläche des Dorfes.

2. Bevölkerungsentwicklung[253]

Der Gang der Bevölkerungszahlen einer ländlichen Gemeinde stellt neben den Veränderungen im Ortsbild und den Wandlungen der Sozialstrukturen, wie sie in den Kapiteln IV.C.1. und IV.C.3. aufgezeigt wurden/werden, einen Indikator für den Verstädterungsprozeß dar und gibt zugleich Aufschluß über das Ausmaß der bereits eingetretenen Urbanisierungseinflüsse. Während die Entwicklung der Bevölkerungszahlen aber schon in der Entwicklung des Ortsbildes ihren Ausdruck findet und die Ortsbildbetrachtung durchaus der Untersuchung der Bevölkerungszahlen vorausgeschickt werden kann, lassen sich die sozialstrukturellen Wandlungen eines Dorfes ohne die vorausgehende Betrachtung der Bevölkerungsentwicklung nur unzureichend erklären.

Es wird daher im folgenden erst auf den Gang der Bevölkerungszahlen der vier Untersuchungsgemeinden eingegangen, bevor die sozialstrukturellen Veränderungen in Kap. IV.C.3. aufgezeigt werden.

---

[252] Siehe Kap. IV.A.
[253] Abb. 20

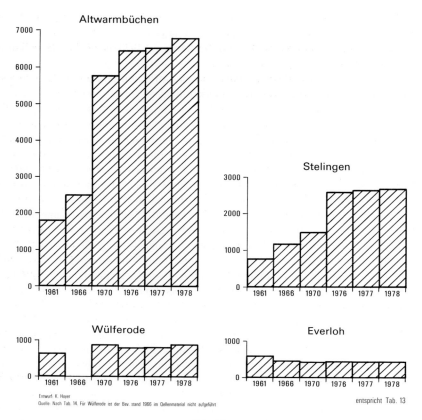

Abb. 20
Die Bevölkerungsentwicklung der Untersuchungsgemeinden zwischen 1961 und 1978

Tabelle 14:
Bevölkerungszahlen zwischen 1961 und 1978

	1961	1966	1970	1976	1977	1978
Altwarmbüchen	1710	2400	5682	6325	6452	6698
Stelingen	728	1017	1420	2564	2596	2640
Wülferode	607		863	834	848	859
Everloh	597		491	486	466	473

Quelle: Uelschen, G. (1966); Gemeindestatistik 1970, Teil 2. „Bevölkerung und Erwerbstätigkeit",
Heft 1 NDS LVA – Statistik; Dorfchronik Altwarmbüchen, II. Teil;
Christophers, E. (1978), S. 235; Statistischer Vierteljahresbericht Hannover –
Jahresübersichten 1976–1978, 77. Jg. 1978.

146

Die Bevölkerungszahlen von 1961 und 1978 spiegeln die explosionsartige Siedlungserweiterung von *Altwarmbüchen* wider (Tab. 14). Die Einwohnerzahl hat sich seit Beginn der 60er Jahre nahezu vervierfacht. Altwarmbüchen weist 1978 die höchste Bevölkerungszahl aller vier Untersuchungsgemeinden auf.

Auch die Einwohnerschaft von *Stelingen* hat sich zwischen 1961 und 1978 mehr als verdreifacht, jedoch erreicht die absolute Zahl nicht die von Altwarmbüchen. Der Entwicklungsgang der Bevölkerungszahlen korreliert sowohl bei Altwarmbüchen als auch bei Stelingen mit der Errichtung der großflächigen Neubaubereiche. Mit Erstellung und rechtskräftiger Verbindlichkeit des ersten Bebauungsplans (Füllenfeld) ab 1966 und weiterer darauffolgenden Plänen erhielt Altwarmbüchen bereits bis 1970 den größten Bevölkerungszuwachs, der in den meist mehrgeschossigen Neubauten aufgenommen werden konnte.

Auch die Stelinger Bevölkerungszahl steigt zwischen 1961 und 1970 um das Doppelte − auf 1420 − an. Die bis dahin südöstlich und nordwestlich begonnenen Neubaubereiche und die erste innerdörfliche südwestliche Verdichtung weisen darauf hin. Den größten Bevölkerungszuwachs erhielt die Gemeinde jedoch mit dem Ausbau des gesamten westlichen Erweiterungsbereiches erst ab 1970. Insgesamt bleiben die Stelinger Bevölkerungszahlen − analog dem Ausmaß der Ortsvergrößerung − hinter denen von Altwarmbüchen zurück. Beide Gemeinden zeigen aber bis zur Gegenwart einen positiven Bevölkerungsgang auf, was sie von den Dörfern *Wülferode* und *Everloh* unterscheidet.

Während die Bevölkerungszahlen von Wülferode zwischen 1961 und 1970 in Zusammenhang mit der Errichtung des nördlichen und südlichen Neubaugebietes leicht ansteigen, fallen sie bei Everloh bis 1977 ab. Die Einwohnerzahl Everlohs liegt am Ende der 70er Jahre nur um etwa 100 Personen über derjenigen von 1939. Hingegen beträgt die Zunahme z.B. von Altwarmbüchen in diesem Zeitraum etwa 6200.

Während die geringe Neubautätigkeit und der geringe Zustrom von Zuzüglern in Everloh die Abwanderung von dörflicher Bevölkerung auch bis 1978 nicht auszugleichen vermochte, setzte im Wülferoder Bevölkerungsgang zumindest ein Gleichgewicht in der Wanderungsbilanz zwischen 1970 und 1978 ein.

Rückblickend läßt sich zusammenfassen, daß der Gang der Bevölkerungszahlen der vier Untersuchungsgemeinden dem voraus beschriebenen Erweiterungsprozeß des jeweiligen Siedlungsgrundrisses entspricht und Altwarmbüchen mit großem Vorsprung eine Vorrangstellung gegenüber den anderen Orten einnimmt. Gleichzeitig steht diese Gemeinde in großem Kontrast zu Everloh, wo sich gerade im Bevölkerungsgang eine Rückläufigkeit abzeichnet, wie sie für viele Landgemeinden außerhalb der engeren Stadtregion typisch ist. Inwieweit dieser Sachverhalt einhergeht mit spezifischen Veränderungen in der agrarwirtschaftlichen Situation, soll im folgenden aufgezeigt werden.

3. Sozialstrukturelle Daten

Um die Veränderungen der Sozialstrukturen und der landwirtschaftlichen Betriebszahlen in den 60er und 70er Jahren aufzuzeigen, wird vergleichsweise an dieser Stelle nochmals auf die Ausgangswerte von 1950 zurückgeblickt (Kap. IV.B.3.).

Die Volkszählungen von *1950* und *1961* ergaben insgesamt eine Abnahme der Gesamterwerbspersonenzahl für Stelingen, Wülferode und Everloh (Tab. 9 u. 11), die der Abnahme der Wohnbevölkerung durch Abwanderung parallel geht.

Letztere Gemeinde ist von der Verringerung am stärksten betroffen. Altwarmbüchen hingegen zeigt bis 1961 eine Zunahme der Erwerbspersonen. Der Gang der Bevölkerungszahlen bis zum Beginn der 60er Jahre spiegelt sich also in den Wandlungen der Gesamterwerbspersonenzahl wider: Zwischen 1950 und 1961 war Altwarmbüchen die einzige Untersuchungsgemeinde mit positiver Bevölkerungsentwicklung, die ihren Ausdruck findet in einer bereits beträchtlichen Neubauviertelbildung. Damit gehört Altwarmbüchen zu denjenigen Nachbargemeinden Hannovers, die sich im Zeitabschnitt von 1950−1961 deutlich als Wachstumsgebiete hervorheben[254]. „Es sind dies insbesondere die nordwestlichen Nachbargemeinden Havelse, Garbsen, Berenbostel und Letter in der Nähe der großen Industriebetriebe (VW, CONTI, VARTA) sowieLangenhagen im Norden"[255]. Aber auch im Süden setzte sich die Bevölkerungszunahme in den Industrie− oder industrienahen Gemeinden (Laatzen, Grasdorf) weiter fort. Die Bevölkerungsentwicklung in der Zeit von 1950 bis 1961 wurde beherrscht vom Fortzug der Flüchtlinge in andere Bundesländer sowie in die Nähe der Arbeitsplätze, wodurch die Stadt Hannover, wie alle weiteren Städte[256], eine Bevölkerungszunahme in diesem Zeitabschnitt aufweist und auch die Industrie- oder industrienahen Nachbargemeinden der Stadt bereits dieser Land-Stadt-Zuwanderung unterliegen. Die Arbeiter-Pendler von Altwarmbüchen pendelten z.B. zum GEHA-Werk und der BAHLSEN-Keks-Fabrik in Hannover oder zu den Misburger Zementfabriken (gegr. 1870) und der Misburger Erdölraffinerie der „DEURAG-NERAG" (gegr. 1932)[257] − mit dem Fahrrad in maximal 30 Minuten zu erreichen.

Die anderen drei Gemeinden repräsentieren hingegen den Trend, der in den 50er Jahren fast alle Landgemeinden im weiteren Umkreis großer Städte kennzeichnet: Die Abwanderung von der Gemeinde, die Land-Stadt-Zuwanderung. Erst nach 1961 kommen Stelingen und Wülferode in den erweiterten Zuwanderungsring, wobei sowohl Zuwanderer aus der inneren Großstadt wie aus dem weiteren Umland in diese verstädternden Dörfer zuwandern. So führt die Wohlstandssteigerung der 60er Jahre zu einer umfangreichen Auflockerung der Wohnbevölkerung. Neben dem Beginn der Massenmotorisierung setzte der private sowie öffentlich geförderte Wohnungsbau ein, der auf das Umland übergriff. „Die Stadt Hannover verliert in diesem Jahrzehnt 8,6% Einwohner"[258], was insbesondere auf die starke Abnahme in den Altbaugebieten um die Stadtmitte zurückzuführen ist.

Gegenläufig zur Entwicklung Hannovers steigt die Einwohnerzahl des Landkreises im Zeitraum 1961− 1970 um 32%.

So blieb der Konzentrationsprozeß, der im Jahrzehnt 1950−1961 mit der Entwicklung der Stadt und der industrienahen Nachbargemeinden einsetzte, nur eine vorübergehende Erscheinung.

Während Stelingen und Wülferode nach 1961 der Wachstumszone im Stadt-Umland zufallen und auch die Bevölkerungszahl von Altwarmbüchen weiterhin steigt, bleibt Everloh atypisch[259] und weiter mit einer Bevölkerungsabnahme gekennzeichnet, die den Gemeinden in der äußeren Umland-Region entspricht, wo die Abwanderung auch nach 1961 noch

---

[254] Statistisches Amt d. Landeshauptstadt Hannover (1983), dort Abb.2
[255] RIPPEL (1983), S. 59
[256] vergl. THOMI (1983), S. 422
[257] ARNOLD (1978), S. 165
[258] RIPPEL (1982), S. 59
[259] Statistisches Amt der Landeshauptstadt Hannover, (1983), dort Abb.3

anhält. Altwarmbüchen ist also unter den vier Gemeinden ein „Vorreiter" der Verstädterung des Stadtumlandes, d.h. der Entwicklung zum „Ballungsraumglied".

Prägnante Veränderungen zeigten sich bis 1961 für alle Gemeinden im Wirtschaftssektor *„Land- und Forstwirtschaft"*. Bei allen vier Dörfern setzte ein erheblicher *Rückgang* sowohl im prozentualen Anteil – was bei Altwarmbüchen durch die Steigerung der Erwerbspersonenzahl nur wahrscheinlich sein konnte – als auch in der absoluten Anzahl aller Beschäftigten im Agrarsektor bis 1961 ein.

Auffällig ist, daß Altwarmbüchen zu Beginn der 60er Jahre noch die höchste absolute Zahl aller in der Land- und Forstwirtschaft Tätigen aufweist und die agrarwirtschaftlich bessergestellte Gemeinde Everloh damit übertrifft.

Auch im Sektor des *Produzierenden Gewerbes* haben bis 1961 Verschiebungen eingesetzt, die bei allen vier Untersuchungsgemeinden nun eine absolute wie auch prozentuale *Zunahme* aller hier *Beschäftigten* zeigen. Altwarmbüchen und Stelingen weisen dabei die größten Anteile auf.

In den Bereichen *„Handel"* und *„Dienstleistungen"* zeigen ebenfalls alle vier Gemeinden eine *Zunahme* dieser Erwerbspersonen im prozentualen und absoluten Wertebereich. Auch hier steht Altwarmbüchen den anderen Orten durch eine intensivere Zunahme voran.

Bis 1961 setzte also eine alle vier Untersuchungsgemeinden gleich bestimmende Veränderung in den Sozialstrukturen ein, die auf einen Rückgang der landwirtschaftlichen Bedeutung zugunsten der anderen Wirtschaftsbereiche – insbesondere des sekundären Sektors – hinauslief. Am prägnantesten zeigt sich dieser Entwicklungsgang bei Altwarmbüchen, das durch eine Zunahme der Bevölkerungszahl und Erwerbspersonenzahl gekennzeichnet ist, die einherging mit der ersten Aufgabe von kleinsten landwirtschaftlichen Nebenerwerbsstellen und der Abstufung einiger mittlerer Betriebe im 5–20 ha-Bereich[260]. Durch die Rückstufung einiger mittelgroßer Betriebe zu Kleinststellen und die gleichzeitige Einrichtung kleinster Nebenerwerbsstellen für wenige Flüchtlingsfamilien nach 1950 vergrößerte sich jedoch die Zahl der Kleinststellen noch bis 1960/61[261].

Der Vergleich der Gliederung der *Sozialstrukturen* von *1961* (Tab. 11) und *1970* (Tab. 3) ergibt nur teilweise eine Kontinuität der bis 1961 eingetretenen Entwicklungstendenzen.

Entsprechend dem Bevölkerungsgang wurde Everloh von einer Fortsetzung des Rückgangs der *Gesamterwerbstätigenzahl* bis 1970 betroffen, die drei anderen Gemeinden zeigen eine Zunahme. Der Ausbau des ersten größeren Altwarmbüchener Wohnbereiches bis 1970 kündigt sich in der hohen Erwerbstätigenzahl von 2418 an.

Während bei allen vier Untersuchungsgemeinden auch bis 1970 eine weitere Abnahme der Erwerbstätigenzahl im land- und forstwirtschaftlichen Sektor zu beobachten ist, mußte dies Everloh auch für den sekundären Sektor verzeichnen, der aber dennoch 1970 absolut und prozentual am stärksten in Erscheinung trat. Mit der oben erwähnten Abwanderung gerade auch der jüngsten Generation aus Everloh verringert sich der Beschäftigtenanteil des Produzierenden Gewerbes.

Eine ähnliche Struktur ergab sich 1970 in Stelingen, wo auch der sekundäre Sektor in der Erwerbstätigengliederung noch die Vorrangstellung einnehmen konnte.

---

[260] Siehe S. 166
[261] Information der Altwarmbüchener

Insbesondere in Wülferode, aber auch bei Altwarmbüchen, zeigt der Entwicklungsgang der Sozialstruktur bis 1970 eine erstmalige Vorrangstellung des tertiären Bereiches, die in Altwarmbüchen geringer ausgeprägt erscheint und durch die „einheimischen" Industrie- und Gewerbegebiete bereits etwas ausgeglichen wurde.

Auffällig wird, daß die beiden Gemeinden mit nachbarschaftlicher Lage zu den Hannoverschen Industriebereichen − Stelingen und Everloh − bis in die jüngste Zeit die meisten Erwerbstätigen im Wirtschaftsbereich „Prod. Gewerbe" verzeichneten, die industriefernere Gemeinden Wülferode und Altwarmbüchen hingegen im tertiären Sektor. Weiterhin bemerkenswert erscheint 1970 der absolute − gemessen an den drei anderen Gemeinden − hohe Wert der in der Land- und Forstwirtschaft Erwerbstätigen von Altwarmbüchen. Die agrarwirtschaftlich begünstigte Gemeinde Everloh zählte dagegen 1970 lediglich 39 Personen und wurde von einem größeren Rückgang aller in der Land- und Forstwirtschaft Erwerbstätigen bestimmt (Verlust in Everloh zw. 1961 und 1970: 43 abs. − Verlust in Altwarmbüchen zw. 1961 und 1970: 25 abs.).

Die weitaus höhere Erwerbstätigenzahl Altwarmbüchens im agrarwirtschaftlichen Bereich dürfte 1970 durch die höhere Gesamtbetriebszahl, d.h. durch die größere Anzahl der Mittel − und Großbetriebe bedingt sein.

Der Vergleich der *Betriebsstrukturdaten* von *1950* und *1961* (Vergl. Tab. 8 u. 10) zeigt für Wülferode und Everloh eine Abnahme, für Altwarmbüchen dagegen eine Zunahme der Gesamtbetriebszahl um eine zusätzliche Stelle. Im Gegensatz zu den drei übrigen Untersuchungsgemeinden verlor Everloh schon bis 1961 fast alle kleinbäuerlichen Betriebe und Nebenerwerbsstellen unter 2 ha bzw. 5 ha. Das Dorf wurde nicht nur von einer allgemeinen Bevölkerungsabwanderung bis zu Beginn der 60er Jahre gekennzeichnet, die sich insbesondere aus dem Wegzug der zuvor hier zugeströmten Flüchtlinge und Ausgebombten ergab, sondern auch diejenige Dorfschicht umfaßte, die zu den ehemaligen Dorfhandwerkerfamilien bzw. Gewerbetreibenden zählten.

Diese hatten, wie in IV.B.1. dargestellt, ja schon vor dem 2. Weltkrieg und auch nach den Kriegsjahren kleine landwirtschaftliche Nebenerwerbsstellen eingerichtet, die der Selbstversorgung dienten. Während aber diese Selbstversorgerstellen in den drei anderen Untersuchungsgemeinden auch 1961 noch bestehen, wurden sie in Everloh bereits in den 50er Jahren aufgegeben.

Die Aufgabe wird hier begründet mit der Abwanderung gerade der jüngeren Generation dieser Stellen, die das Dorf nach 1950 verließen und keine Nebenerwerbslandwirtschaft mehr betreiben wollten. Sie suchten Arbeit in der hannoverschen Industrie.

Während auch in der mittleren Betriebsgrößenzahl bei 10−20 ha in Everloh ein Betrieb weniger als 1950 erschien, ist in den großbäuerlichen Betriebsgrößenbereich (50 ha u.m.) eine weitere Stelle aufgerückt. Vor 1961 setzte also in Everloh die beginnende Betriebsgrößenkonzentration der größeren Betriebe neben der Abnahme der kleinsten Betriebsstellen ein.

Auch in Wülferode haben sich die Betriebsgrößen im Bereich 50 ha u.m. konzentriert, die großbäuerlichen Höfe bis 1961 weiter aufgestockt. Während Wülferode aber auch zu Beginn der 60er Jahre noch die herkömmliche Kleinststellenzahl im Bereich bis 5 ha etwa beibehielt, setzte ein Rückgang − wie auch in Everloh − in der Zahl der mittleren Betriebsgrößen (10−20 ha) ein.

Die sich zu Beginn der 60er Jahre abzeichnende Tendenz der Betriebsaufstockung bei den ohnehin schon großbäuerlichen Stellen und die Ausdünnung der Betriebszahlen im mittleren Betriebsgrößenwert läßt sich auch in Stelingen und Altwarmbüchen verfolgen. Beide Gemeinden zeigen Zunahmen im Größenwert über 20 ha, dagegen Abnahmen im Bereich 5—20 ha.

Im Gegensatz zu Everloh und Wülferode stieg aber in Stelingen und Altwarmbüchen die Zahl der Kleinst- und Kleinbauernstellen bis 1961 geringfügig.

Nach Informationen der Dorfbevölkerung geschah dies einerseits vorwiegend durch die Abstockung der Mittelbetriebe, zum anderen aber auch vereinzelt durch die Einrichtung kleiner landwirtschaftlicher Selbstversorgerstellen für im Ort verbliebene Flüchtlinge. Hingegen haben bereits auch hier die ersten Kleinstbetriebsinhaber den landwirtschaftlichen Nebenerwerb in den 50er Jahren eingestellt, so daß auf diese Weise — nach Meinung der Befragten — die Zahl der Betriebe bis 5 ha bis 1961 geringfügig ansteigt und so in etwa erhalten bleibt.

Im Zuge der intensiven Mechanisierung und Technisierung, des Prinzips der Rentabilität und Wirtschaftlichkeit sowie des immer stärker werdenden Konkurrenzkampfes innerhalb der Agrarwirtschaft setzte sich der Entwicklungsgang der Betriebsgrößenstrukturen mit der Tendenz der Konzentration und Betriebsaufstockung fort.

Alle vier Untersuchungsgemeinden zeigen bis 1970 (Tab. 15) eine Zunahme der großen Betriebe (20—50 ha, 50 ha u.m.), während gleichzeitig in allen vier Dörfern in den Größenbereichen zwischen 5—20 ha und 2—5 ha die Höfezahl zurückgeht. Einen weitaus größeren Verlust zeigen Stelingen, Altwarmbüchen und Wülferode 1970 nun auch im kleinstbäuerlichen Betriebsbereich unter 2 ha.

Mit der Ansiedlung der Zuzügler in den ersten Neubaubereichen und der endgültigen Aufgabe der Nebenerwerbsstellen verlieren gerade diese Gemeinden zwischen 1961 und 1970 einen Großteil der kleineren Betriebe (Stelingen z.B. 20 Stellen unter 2 ha).

Dies spiegelt sich in der Gesamtabnahme aller Betriebe in den Dörfern Stelingen, Altwarmbüchen und Wülferode bis 1970 wider.

Die Betriebsstellengesamtzahl von Everloh blieb hingegen bis 1970 konstant, hier war sie schon zu Beginn der 60er Jahre auf das ursprüngliche Maß reduziert worden. Die alten herkömmlichen Nebenerwerbsstellen des Dorfes (z.B. Handwerker-Bauern-Stellen) wa-

Tabelle 15:
Struktur der landwirtschaftlichen Betriebe 1970

| | landw. Betriebe insgesamt | davon hatten eine landw. Nutzfläche von . . . bis unter . . . ha | | | | | | | |
		unter 2	2—5	5—10	10—15	15—20	20—30	30—50	50 u.m.
Altwarmbüchen	26 (68%)[1]	5	1	1	—	3	4	11	1
Stelingen	21 (40%)	3	4	3	3	—	3	4	1
Wülferode	12 (40%)	1	1	—	1	—	1	3	5
Everloh	8 (47%)	1	—	—	—	—	1	2	4

[1] Die Angaben in Prozent sind die prozentmäßigen Betriebsanteile der Betriebe von 1939 (Tab. 6)
Quelle: eigene Erhebung.

Quelle: Gemeindestatistik Niedersachsen 1970, Teil 4, A. Ergebnisse der Grunderhebung zur Landwirtschaftszählung vom Mai 1971. NDS LVA — Statistik

ren schon 1960 von der jungen Generation, die sich den Arbeitsplätzen der Stadt Hannover vermehrt zuwandte, aufgegeben worden. Dies ist eine Auswirkung der Urbanisierung, die in dieser Hinsicht Everloh zuerst ergreift, wo schon nach der Jahrhundertwende die Abwanderung derjenigen Dorfbevölkerung einsetzte, die im Dorf nicht mehr unmittelbar „gebraucht" wurde. Durch die berufliche Zuwendung und teilweise Abwanderung der jüngeren Generation in die benachbarte interessante, moderne Stadt Hannover und ihre Vororte, bewahrt sich das Dorf andererseits einen Teil seiner traditionellen Strukturen: Ein Teil derjenigen, die nicht unmittelbar mit der Landwirtschaft und den notwendigen dörflichen infrastrukturellen Einrichtungen verbunden sind, verläßt den Ort. „Fremdartig Urbanes" bleibt damit größtenteils weiterhin außerhalb des Dorfes.

Insgesamt weisen Everloh und Wülferode − die agrarwirtschaftlich günstiger gestellten Gemeinden − 1970 weitaus weniger Betriebe, diese aber konzentrierter in den größeren Betriebsbereichen auf.

Eine größere Streuung zeigt sich hingegen 1970 bei Stelingen und Altwarmbüchen. Dennoch sind diese landwirtschaftlich weniger begünstigten Gemeinden nicht unbedingt stärker von der Aufgabe der Landwirtschaft betroffen als die beiden südlichen Dörfer bis 1970. Dieses ergibt der Vergleich von Tab. 7 und Tab. 15. Während Stelingen und Wülferode seit 1939 Verluste in der Zahl der Betriebe über 20 ha erlitten, nahm diese bei Everloh und Altwarmbüchen in der Zeit zwischen 1939 und 1970 geradewegs zu. Der Rückgang der Gesamtbetriebszahl von 1939 bis 1970 basiert bei allen vier Untersuchungsgemeinden insbesondere auf dem Verlust der kleinen Betriebe und Nebenerwerbsstellen, nicht aber auf jenem der großbäuerlichen Betriebe. Stärker als Altwarmbüchen und Everloh sind also zwischen 1939 und 1970 Stelingen und Wülferode − zwei Gemeinden mit völlig unterschiedlichen Bodenwerten der Wirtschaftsflächen − vom allgemeinen Rückgang bzw. der Aufgabe

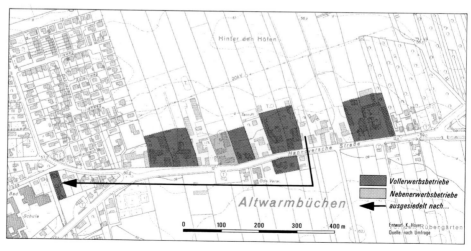

Abb. 21
Altwarmbüchen: Agrarwirtschaftliche Betriebe um 1982

der Landwirtschaft betroffen. Ein Zusammenhang dieses Prozesses mit der geringeren Qualität der Nutzflächen der nördlichen Gemeinden ist also nicht gegeben.

Die größere Betriebsanzahl von Stelingen und Altwarmbüchen bedingte 1970 die höhere Anzahl der in der Landwirtschaft Erwerbstätigen.

Den aktuellen Stand der landwirtschaftlichen Betriebe zu Beginn der 80er Jahre vermitteln nach eigenen Erhebungen die Abbildungen 21, 23, 24 und 25. Es werden hier aber lediglich die bewirtschafteten Stellen der ursprünglichen ländlichen Siedlungen erfaßt.

Weitere eventuell vorhandene (Kleinst-)Stellen in den jüngeren Ortserweiterungen sind nicht aufgeführt.

Von den ehemaligen 15 *Altwarmbüchener* Höfen zur Zeit der Verkoppelung werden gegenwärtig 10 Stellen (66%) – davon eine nebenerwerblich – bewirtschaftet (Abb. 21). Die Besitzer der übrigen Betriebe sind vielfach nach Erbschaft oder Heirat in Höfe anderer Gemeinden verzogen, haben die zu bewirtschaftenden Flächen an die Altwarmbüchener Bauern verpachtet und die Wirtschaftsgebäude an Gewerbebetriebe aus Hannover vermietet (persönliche Informationen). Einer gewerblichen Nutzung (Abb. 22) unterliegen vielfach auch – *seit* Aufgabe der Viehhaltung – die Nebengebäude der noch vollerwerblich genutzten Hofstellen. Mit dem Verkauf an Baugrund in den heutigen Neubaugebieten, der den Bauern einen finanziellen Rückhalt geschaffen hat – indem sie sich vom Verkaufserlös hauptsächlich Immobilien mit laufenden Einnahmequellen (Mieten, Pacht) gekauft haben – war es den Landwirten möglich, die mühevolle und ganzjährig belastende Viehwirtschaft aufzulösen. Die starke arbeitszeitmäßige Bindung durch die Großviehhaltung, insbesondere Milchvieh, das wiederum das meiste Geld bringt, ist im großstädtischen Bereich zudem besonders „anti-urban", d.h. der Bauer hat durch die Milchviehhaltung kaum die Möglichkeit, die in die Gemeinde eingedrungene urbane Lebensweise mitzumachen

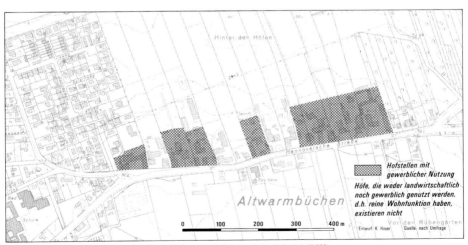

Kartengrundlage: Deutsche Grundkarte 1 : 5 000 Nr. 5810   Verkleinerung in den Maßstab 1 : 10 000
Herausgegeben vom Katasteramt Hannover. Vervielfältigungserlaubnis erteilt am 21. 4. 86 durch das Katasteramt Hannover; AZ: A I   12247/86.

Abb. 22
Altwarmbüchen: Hofstellen mit gewerblicher Nutzung um 1982

(Freizeitverhalten). So zeigt sich neben der ohnehin mühevollen Arbeit bei der Großviehhaltung ein weiterer Faktor, der hier in Altwarmbüchen zur Aufgabe der Viehhaltung drängte.

In Altwarmbüchen wurden aber nicht etwa die Flächen verkauft, die für die Viehwirtschaft gebraucht wurden. Die eigentlichen Grünlandflächen lagen ja, von der großen Bauaktivität im Ort unversehrt, „hinter den Höfen".

Durch moderne Drainagetechniken konnten ca. 3/4 dieser hofanschließenden Grünlandbereiche zur Ackerbewirtschaftung erschlossen werden, so daß der gesamte Ackeranteil 1980 rund 436 ha umfaßte, bei einer landwirtschaftlichen Nutzfläche von rund 532 ha und einem Grünlandanteil von etwa 91 ha[262].

Bis auf zwei größere und einen kleinen Betrieb, d.h. bis auf insgesamt drei Betriebe, haben alle Höfe die Viehwirtschaft aufgegeben, wobei die beiden größeren Stellen von der Milchviehwirtschaft auf Veredelungswirtschaft umgestellt haben. Aber auch diese drei noch Viehwirtschaft betreibenden Höfe haben Anteil am Verkauf von Baugrund im Westen des alten Dorfes.

Die heutigen Größen der Betriebsflächen liegen zwischen 75 ha, der Fläche des größten Hofes, und 12 ha, dem Land des kleinsten Betriebes. Eine viehlose Landwirtschaft auf Geestboden wäre in Altwarmbüchen, ohne den Verkauf von Bauflächen nicht so ohne weiteres möglich gewesen, hätten die Betriebsflächen dann doch mindestens 80−90 ha je Betrieb umfassen müssen, um mit reinen Ackererträgen den Unterhalt der Familien zu sichern.

Die Reihenfolge der Entscheidungen und der ursächliche Zusammenhang besteht also darin, daß mit Einsetzen des Flächenverkaufs die Viehhaltung bei den meisten Bauern nach und nach eingestellt wurde und *darauffolgend dann* die leerstehenden Nebengebäude an Lagerfirmen vermietet wurden. Nicht aber wurde die Viehwirtschaft aufgegeben, weil die Nachfrage mit hohem Mietpreisangebot nach gewerblich nutzbaren Scheunen und Stallgebäuden im Vordergrund stand und die Nachfrage etwa der Aufgabe der Viehwirtschaft vorausging und diese dann auslöste.

Die Vermietung der Nebengebäude an Lagerfirmen, die am unmittelbaren hannoverschen Stadtrand ihre Verkaufsstellen haben, geschah − nach Einstellung der Großviehhaltung − wechselhaft, sowohl durch das Werbungsangebot, das die Bauern für ihre Scheunen und Ställe machten, als auch durch die Nachfrage von Firmen in diesem Bereich.

Voraussetzung für die Nachfrage dieser Firmen nach gewerblichen Räumen mit entsprechender Miethöhe ist jedoch die Lage Altwarmbüchens im Nahbereich der Großstadt, die verkehrsmäßig günstige Lage am Autobahnkreuz bzw. den Autobahnen, über die die Ware schnell um Hannover transportiert werden kann, wie auch der Verstädterungs- und Industrialisierungsgrad von Altwarmbüchen, der hier eine solche Nachfrage sinnvoll erscheinen läßt (größere Wahrscheinlichkeit leerstehender, gewerblich nutzbarer Nebengebäude, Werbungsmöglichkeit der Lagerfirmen).

Im Kontrast dazu stehen die anderen, nicht so stark urbanisierten Beispielgemeinden, wo − bis auf Wülferode − die Nachfrage fehlt.

In Altwarmbüchen wären bis heute mehrere Höfe aufgegeben worden, hätten die Bauern nicht an den Baulandverkäufen teilgehabt und zusätzlich Mieten bzw. Pacht erhalten

---

[262] Angaben des Altwarmbüchener Gemeindebüros („Blick in die Gemeinde")

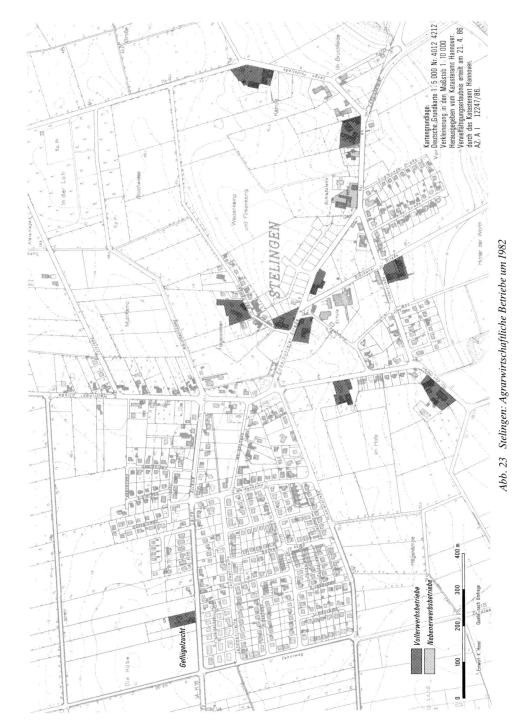

Abb. 23   Stelingen: Agrarwirtschaftliche Betriebe um 1982

Kartengrundlage:
Vor. Deutsche Grundkarte 1 : 5 000 Nr. 4012 4212
Verkleinerung in den Maßstab 1 : 10 000
Herausgegeben vom Katasteramt Hannover.
Vervielfältigungserlaubnis erteilt am 21. 4. 86
durch das Katasteramt Hannover.
AZ. A I   12247/86.

STELINGEN

Geflügelzucht

Vollerwerbsbetriebe
Nebenerwerbsbetriebe

0   100   200   300   400 m

Quelle: nach Umfrage
Entwurf: K. Hoyer   IB

155

können. Daraus ergibt sich, daß Verstädterungseinflüsse wie z.B. die Baulandexpansion, die Gewerbeansiedlung in der Gemeinde, die gewerbliche Nutzung von Nebengebäuden als Phänomene einer verstädterten großstadtnahen Randgemeinde auch *positive Erhaltungseffekte* für die Landwirtschaft auslösen können und diese damit der Gemeinde erhalten.

Eine etwa gleich hohe Betriebszahl von gegenwärtig bewirtschafteten Voll- und Nebenerwerbsbetrieben weist *Stelingen* auf (Abb. 23). Hier werden von den 20 großen Hofstellen (ohne Abbauer und Häuslinge) der Verkoppelungszeit noch 13 Betriebe (65%) agrarwirtschaftlich genutzt. Diese gehören schon zum damals großbäuerlichen Höfebestand. Die Höfe HH 5 e und HH 7 g werden jedoch von den Betrieben HH 6 f und HH 8 h mitbewirtschaftet, da sie durch familiäre Verbindungen zusammenhängen und durch Pachtverträge betrieblich zusammengefaßt wurden.

Die Zahl der tatsächlichen Betriebseinheiten beträgt daher 11. Die Aufgabe der agrarwirtschaftlichen Nutzung der anderen Stellen ist z.T. durch die Überalterung der Besitzer und fehlender Nachfolger bedingt; sie haben einen Teil der Wirtschaftsflächen im Zuge der Neubautätigkeit verkauft und die noch verbliebenen Flächen an die Vollerwerbsbetriebe verpachtet.

Neben dem Verkauf der Ländereien setzt − wie auch in Altwarmbüchen − mit der Hofaufgabe die Verpachtung von Wirtschaftsflächen an die noch bestehenden Vollerwerbsbetriebe ein, die bestrebt sind, sich zu vergrößern.

Die Stelinger Hofstellen sind gegenwärtig von keiner gewerblichen Nutzung durchsetzt, die Nebengebäude werden, wenn ein Hof nicht mehr landwirtschaftlich betrieben wird, z.B. als Garage genutzt oder von den übrigen Bauern zur Unterbringung von Landwirtschaftsmaschinen gepachtet.

Im Gegensatz zu Altwarmbüchen ist in Stelingen keine Nachfrage nach gewerblichem Raum. Stelingen liegt im Großstadtumland verkehrsmäßig benachteiligter angebunden als Altwarmbüchen und Wülferode, wo die nahen Autobahnen mit ihren Auffahrten eine Zubringer- und Verteilerfunktion für die Lagerfirmen darstellen, welche die gewerblichen Lager- und Abstellräume bevorzugt bzw. nur in verkehrsmäßig gut angeschlossenen und daher schnell erreichbaren Gemeinden mieten.

Weitaus stärker ist der Rückgang der Zahl der landwirtschaftlichen Betriebe in *Wülferode* (Abb. 24). Von den über 20 Stellen aus der Verkoppelungszeit haben sich bis heute nur noch 4 Vollerwerbs- und 2 Nebenerwerbsbetriebe gehalten (30%), von denen der Hof KÖ o 14 an den südlichen Dorfeingang ausgesiedelt ist. Während die kleineren Betriebe aus Gründen der Unrentabilität aufgegeben wurden, veranlaßten auf den großbäuerlichen Höfen z.B. Desinteresse der Nachkommenschaft gegenüber der Weiterbewirtschaftung des Hofes, Ausbleiben von Erben oder der Wegzug der Nachkommen in andere ländliche Regionen die Aufgabe dieser Betriebe. Die wegziehenden Hoferben verließen das Heimatdorf, weil die Wirtschaftsflächen des elterlichen Hofes zur künftigen Bearbeitung nicht mehr ausreichten und schon zuviel Flächenanteile davon als Bauland verkauft wurden. Da sie sich weiterhin *für* den landwirtschaftlichen Beruf entschieden, den sie erlernt hatten und an dem sie Spaß hatten, blieb keine andere Möglichkeit, als einen neuen Hof zu kaufen und den „zerstückelten" elterlichen Hof völlig aufzugeben. Das Motiv zur Abwanderung war also kein „anti-urbanes", keine Flucht in die ländliche Idylle, sondern er ging aus der rationalen Entscheidung für den landwirtschaftlichen Beruf hervor.

Abb. 24   Wülferode: Agrarwirtschaftliche Betriebe um 1982

157

Dieser Prozeß gilt als charakteristisch für urbanisierte großstadtnahe Dörfer, denn nur dort besteht ein umfangreicher Verkauf von Bauland, der das nötige Geld zum Erwerb eines neuen Hofes bringt (1.) und darüber hinaus (2.) zu einer Verkleinerung der Besitzflächen durch eben die Wohnbebauung führt, so daß für die noch bestehenden Höfe die Konkurrenz um das restliche Land wächst.

Da alle Höfe heute die Tendenz zur Flächenvergrößerung haben, nehmen schließlich einzelne Landwirte die sich aus Baulandverkauf (1.) und Besitzflächenverkleinerung (2.) ergebende Konsequenz wahr und weichen in eine stadtfernere Zone aus, wo sie mit ihrem Kapital als Käufer gute Einkaufschancen haben.

Die Baulandsituation in der Verstädterungszone ist also für die Abwanderung der Nachkommen in stadtfernere Gebiete der auslösende Faktor. Er stellt ein Zeichen des wachsenden Urbanisierungseinflusses der nahen Stadt Hannover dar.

Darüber hinaus verursachen spezifische familieninterne Situationen, die sich auch bei den anderen Untersuchungsgemeinden aufzeigen lassen, die betriebliche Einstellung von Höfen.

Schließlich stellt auch das Desinteresse der Erben an der Hofübernahme einen weiteren Grund für die Hofaufgabe dar. Die nicht mehr an der Landwirtschaft interessierten Bauernsöhne und -töchter strebten das Leben in der Stadt an, daneben urbane moderne Verhaltensweisen und das Angebot zahlreicher großstädtischer, zentraler Einrichtungen.

Ein landwirtschaftliches Desinteresse von Hoferben ist jedoch ein Phänomen, das weit über den engeren Großstadtbereich hinausreicht.

Der weitaus größere Höfeverlust in Wülferode auf nur noch 30% der Betriebe der Verkoppelungszeit gegenüber dem Rückgang in Altwarmbüchen und Stelingen (Höfeverlust auf 2/3 der Höfezahl der Verkoppelungszeit) zeigt, daß der stärkere Rückgang in Wülferode lediglich einen „lokalen Zufall" darstellt.

Nur zwei der ursprünglichen größeren Wülferoder Betriebe sind ausgefallen, weil die Besitzer beruflich einen bequemeren Beruf mit günstigerer Arbeitszeitverteilung einzuschlagen gedachten.

Eine Reihe landwirtschaftlicher Nebengebäude befindet sich gegenwärtig — wie in Altwarmbüchen — in gewerblicher Nutzung, worin sich — wie oben bereits angesprochen — ein „Standortvorteil" (von Wülferode) im Verstädterungsraum ausdrückt. Die Wirtschaftsgebäude werden unter dem Aspekt der gewerblichen Vermietung/Mietung erst interessant, wenn sie von den Firmen „einfach", d.h. rasch erreichbar sind.

Geht man davon aus, daß gewerblich zu mietender Raum am ehesten dort auftritt, wo bereits ein gewisser Verstädterungsgrad im Dorf erreicht ist — wie es mit Altwarmbüchen auch bestätigt ist —, so ist das alte Dorf von Wülferode urbanisierter als dasjenige von Stelingen, wo aber die Gesamtsiedlung als solche mit ihren großflächigen Neubaugebieten weitaus verstädterter erscheint.

Die gewerblich genutzten Gebäude in Wülferode sind die Scheunen und Ställe der aufgegebenen Betriebe, deren Wirtschaftsflächen zwar an die noch existenten Höfe verkauft oder verpachtet sind, nicht aber die Nebengebäude der Hofstellen selbst.

Diese Gebäude werden von den pachtenden Vollerwerbsbetrieben nicht mitbenötigt und daher nicht mitgepachtet oder -gekauft. Ohnehin bevorzugen die Eigentümer, sie an Gewerbebetriebe/Werkstätten zu verpachten, die hier Verkaufsgüter deponieren und von denen sie mehr Miete erhalten können als von einem Landwirt im Dorf. Die Wohnhäuser der Hofstellen sind entweder noch von einem Teil der Bauernfamilie bewohnt oder an den entsprechenden Gewerbeunternehmer mitverpachtet/ -verkauft.

Im Gegensatz zu Wülferode wird die großbäuerliche Höferunde in *Everloh* − wie zur Zeit der Verkoppelung − auch gegenwärtig noch fast vollständig von landwirtschaftlichen Vollerwerbsbetrieben gebildet (Abb. 25).

Bis auf die kleinbäuerlichen Stellen in den Nachsiedlerbereichen wurde eigentlich nur ein vollbäuerlicher Betrieb von insgesamt 11 völlig aufgelöst: Die Hofstelle o KÖ ist aus Gründen der beruflichen Veränderung aufgegeben worden. Die Ländereien des Betriebes wurden an die übrigen Vollerwerbsbetriebe verkauft.

Hingegen sind die Betriebe HHe und hKÖ sowie die Höfe mKÖ und nKÖ wie auch die Stellen f HÖ und VH d jeweils durch Einheirat und weitere familiäre Verschiebungen schon vor dem 2. Weltkrieg zusammengefallen, so daß 1939 schon diejenigen 7 Betriebe in der großbetrieblichen Größenordnung gezählt wurden, die sich bis heute in dieser Konstellation erhalten haben. Die Zusammenheirat von 6 Betrieben (von 11) ist erstaunlich. Die Veranlassung − zufällige Häufung oder Besitzpolitik der Bauern, die durchaus der Nüchternheit der Zuckerrübenbauern entspricht − kann heute nicht mehr eindeutig aufgedeckt werden. Die Wirtschaftsgebäude wurden und werden, solange sie den Ansprüchen genügen, als solche weiter genutzt.

Die Kontinuität der Everloher Höfe seit 1939 läßt sich anhand der Tabellen 7, 9 und 15 verfolgen.

Ausgehend davon, daß die Höfe HH e und h KÖ sowie m KÖ und n KÖ heute zusammengehören, zeigt sich auch seit der Zählung von 1971 keine Änderung in der großbäuerlichen Betriebszahl. Das Rittergut ERICHSHOF − südöstlich von Everloh − stellt den Betrieb mit der größten Fläche dar.

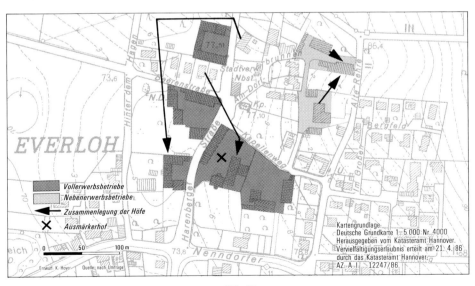

Abb. 25
Everloh: Agrarwirtschaftliche Betriebe um 1982

Insgesamt spiegelt sich die Abnahme der Gesamtbetriebszahl, der Rückgang der in der Landwirtschaft Beschäftigten und die Konzentration der Wirtschaftsflächen auf wenige größere Betriebe bis 1970 bei allen vier Untersuchungsgemeinden im heutigen Bild der noch vorhandenen Hofstellen wider. Dabei ist Everloh im Bereich der Haupthöfe am wenigsten von entscheidenden Verlusten betroffen worden.

Auch in den beiden durch Neubaugebiete stark verstädterten Gemeinden Altwarmbüchen und Stelingen wurden bis heute keineswegs überproportional viele vollbäuerliche Höfe aufgegeben, verglichen mit stadtferneren Landgemeinden. Nur Wülferode verzeichnet nicht nur den Ausfall aller kleinbäuerlichen Nachsiedlerstellen, sondern auch entscheidende Verluste in der ehemals dominierenden Höferunde des Dorfkerns.

Everloh wies zwar in den vergangenen Jahrzehnten bis 1970 die niedrigsten Gesamtzahlen aller Betriebsstellen und der in der Landwirtschaft Erwerbstätigen auf, zeigt aber gerade darin bis heute die stärkste betriebsstrukturelle Kontinuität und die geringsten betriebsstrukturellen Umschichtungen. Die Gebäude der dortigen Hofstellen sind gegenwärtig noch keiner gewerblichen Nutzung zugeführt, sondern von den Bauern landwirtschaftlich genutzt oder, wie bei dem Hof VH d, an den Pächter mitverpachtet. Zudem besteht in Everloh keine Nachfrage nach gewerblichem Raum, was hier auf den geringen Verstädterungsgrad der gesamten Gemeinde und auf die „intakten" vollbäuerlichen Höfe im alten Dorf zurückzuführen ist, die die Nachfrage von vornherein auf andere Gemeinden ausweichen lassen. Hinzu kommt die fehlende Anbindung an Autobahnen, die die Lagerfirmen gerne voraussetzen.

Analog dem Gang der Bevölkerungszahlen, den Wandlungen der Siedlungsgrundrisse und den bisherigen sozialstrukturellen Daten von 1960 und 1970 ergeben sich die Werte der *Berufspendler* der vier Untersuchungsgemeinden. Altwarmbüchen wies *1960* die höchste absolute Auspendlerzahl auf (Tab. 13), gefolgt von Stelingen, Everloh und Wülferode.

Während aber Altwarmbüchen und Wülferode bereits von einer Anzahl Einpendler in kleine Handwerksbetriebe aufgesucht wurden, blieb dieser Wert für Stelingen und Everloh 1960 unbedeutend.

1970 heben sich die Daten der Berufspendler (Tab. 16) Altwarmbüchens krass von denen der drei weiteren Untersuchungsgemeinden ab. Altwarmbüchen wies 1970 nicht nur

Tabelle 16:
Berufspendler 1970

	Auspendler Anz.	in % aller Erwerbst. am Wohnort	Einpendler Anz.	in % der Erwerbst. am Arbeitsort
Altwarmbüchen	1536	63,5	945	51,7
Stelingen	453	83,6	10	10,1
Wülferode	277	66,4	33	19,1
Everloh	142	64,5	7	8,2

Quelle: Gemeindestatistik Niedersachsen 1970, Teil 2. „Bevölkerung und Erwerbstätigkeit", Heft 1, Heft 3. NDS LVA – Statistik

die höchste Erwerbstätigenzahl überhaupt auf, sondern daneben auch den größten absoluten Auspendlerwert aller vier Gemeinden. Aus dem prozentualen Auspendlerwert von 63,5% ergibt sich, daß ein nicht geringer Teil aller Erwerbstätigen am Ort selbst beschäftigt ist, zusätzlich zu den Einpendlern (945 Personen). Diese arbeiten in den Großhandelsfirmen im Altwarmbüchener Gewerbegebiet, das hier nur aufgrund der erfolgreichen Werbungspolitik des noch heute amtierenden Gemeindedirektors wie auch aufgrund des Lagevorteils von Altwarmbüchen an den Nord-Süd- sowie West-Ost-gerichteten Autobahnen entstand. So lassen sich neben mehreren Supermärkten, Möbelfirmen mit Verkaufsstellen finden, darüber hinaus Schuhgroßhandelsfirmen, mehrere Heimwerkermärkte sowie Getränkeabhollager und vieles mehr, die mit hochaufragenden Werbungsschildern auch von den Autobahnen aus gesehen werden können.

Den drei anderen Untersuchungsgemeinden fehlt ein solches, nicht ganz unbeträchtliches Gewerbegebiet.

Diese wurden 1970 daher von einem geringen Einpendlerzustrom und von einer der Ortsentwicklung entsprechenden Auspendlerbewegung charakerisiert. Diese Berufspendlerdaten entsprechen wiederum den Gesamtbevölkerungszahlen von 1970 und den Ortserweiterungen.

Mit Hilfe der Zahlen der *nichtlandwirtschaftlichen Arbeitsstätten 1970* erklären sich die *Einpendlerdaten* der vier Untersuchungsgemeinden (Tab. 17): Altwarmbüchen hatte ja

Tabelle 17:
Nichtlandwirtschaftliche Arbeitsstätten 1970

	Arbeitsstätten gesamt	Beschäftigte gesamt	darunter Prod. Gew.		Priv. Dienstlg.		Gebietskörpersch./	
			AS	BE	AS	BE	AS	BE
Altwarmbüchen	197	2378	59	1266	128	1010	4	67
Stelingen	21	48	5	14	14	26	2	8
Wülferode	28	140	4	17	22	117	2	6
Everloh	17	50	5	20	10	26	2	4

Quelle: Statistischer Vierteljahresbericht der Landeshauptstadt Hannover, 1972, 71. Jg., Heft II.

Tabelle 18:
Nichtlandwirtschaftliche Arbeitsstätten (ohne öffentl. Verw.) 1950

	Arbeitsstätten gesamt	Beschäftigte gesamt	darunter Gewerbl. Urprodukt.		Bau- u. Ausbaugewerbe		Großhandel		Einzelhandel	
			AS	BE	AS	BE	AS	BE	AS	BE
Altwarmbüchen	21	117	8	91	–	–	1	4	5	9
Stelingen	26	47	10	15	2	5	–	–	7	15
Wülferode	16	27	5	8	–	–	–	–	4	7
Everloh	26	59	14	37	1	3	1	2	3	5

Quelle: Gemeindestatistik Niedersachsen 1950, Teil 3.
    NDS LVA – Statistik

bis 1970 bereits einen Teil seines Gewerbegebietes (I) erbaut und stellte sowohl einer Anzahl Ortsansässiger wie auch den 1970 registrierten Einpendlern 197 Arbeitsstätten zur Verfügung. Wülferode wurde hingegen statistisch nur mit 28, Stelingen mit 21 und Everloh mit 17 außerlandwirtschaftlichen Arbeitsstätten erfaßt.

Besonders deutlich zeigt sich die Entwicklung der nichtlandwirtschaftlichen Arbeitsstätten im Vergleich der Daten mit 1950 (Tab. 18).

4. Vergleich:
Unterschiede und Gemeinsamkeiten im Entwicklungsgang
− Hintergründe für die Entwicklungsverläufe

Im folgenden soll zunächst eine beschreibende Zusammenfassung die Unterschiede und Gemeinsamkeiten im Entwicklungsgang − von 1960 bis zur Gegenwart − der vier Untersuchungsgemeinden hervorheben. Unterschiede und Gemeinsamkeiten gehen aus dem Vergleich von Fakten hervor, welche eine Indikator-Bedeutung für die Intensität der Verstädterung und der Verstädterungsbereitschaft haben.

Nach dem zusammenfassenden Überblick der Entwicklungsverläufe, der alle Indikatoren nochmals anführt, die die Intensität der Urbanisierung der vier Untersuchungsgemeinden aufzeigen, schließt sich sogleich die Erklärung der Entwicklungsverläufe und damit des bisher erreichten Verstädterungsgrades an.

Vom Beginn der 60er Jahre bis zur Gegenwart wurden alle vier Untersuchungsgemeinden von Veränderungsimpulsen ergriffen, die sich in den jeweiligen Siedlungsgrundrissen abzeichneten.

Ein allen Untersuchungsgemeinden gemeinsames Merkmal im Werdegang des Ortsgrundrisses ist der verstärkt einsetzende Erweiterungsprozeß seit dem Ende der 60er Jahre, der die vier Gemeinden seitdem jedoch in unterschiedlicher Intensität erfaßt. Es ergibt sich daraus die Rangfolge Altwarmbüchen, Stelingen, Wülferode, Everloh.

Während bei Stelingen seit Ende der 60er Jahre eine Verdichtung des Dorfgrundrisses aus der Verkoppelungszeit im großbäuerlichen Bereich einsetzte, blieben Everloh und Wülferode bis zur Mitte, bzw. zum Ende der 70er Jahre noch davon verschont. Im Gegensatz zu Wülferode und Everloh verfügt Stelingen über hofanschließende und -umgebende, größere Wiesen und Gärten, die sich zur Siedlungsverdichtung geradezu anboten. In Wülferode und Everloh war seit jeher eine Ortsverdichtung im Zentrum, z.B. am Wülferoder Platz oder an der Schule in Everloh, lediglich durch Wegfall einer Hofstelle denkbar und realisierbar.

Die Neubauten, die in beiden Platzdörfern bis heute entstanden, ohne daß vorausgehend eine Hofstelle aufgegeben wurde und damit Bauplätze direkt am Platz frei wurden, liegen rückwärtig an den Hofenden. So stehen die Bungalows der Altbauern in Wülferode und die Neubauten der Pendler (ehemalige Hannoveraner) in Everloh jeweils an den rückwärtig verlaufenden Straßen, an der Niederfeldstraße in Wülferode wie an der Ringstraße in Everloh, die eine rückwärtige Erschließung der Gärten und Hofplätze erlaubten.

Die Platzrunde ist in beiden Fällen, bis auf eine „labile Stelle" in Everloh, grundsätzlich resistent, nicht aber dagegen die Rückfront.

Die „labile Stelle" in Everloh ist auf der Verkoppelungskarte mit dem weit zum Platz vorgezogenen Hofgarten von HHe leicht als solche zu erkennen. Tatsächlich hat der heutige Besitzer auf dem Gartenvorsprung zum Platz hin zwei Bauplätze in den 70er Jahren verkauft, auf denen heute zwei moderne Neubauten stehen. Die Platzrunde ist dadurch nicht völlig gestört, der Aufriß lediglich beeinträchtigt. Eine neue „labile Stelle" stellt die „Kapellenwiese" südlich der Kapelle dar. Diese offene Stelle war ursprünglich der Platz des Hofes VHa, des heutigen Gutes ERICHSHOF. Die Kapellenwiese gehört mit zum Hof VHc, dessen Besitzer sie vom Gut abgekauft hat und nicht — angeblich auch nicht unter verlockenden Kaufpreisangeboten — beabsichtigt, sie als Bauplatz zu verkaufen.

Im Gegensatz zu Wülferode und Everloh fehlt bei Altwarmbüchen jegliche rückwärtige Wegeerschließung in den Niederungswiesen „hinter" den Höfen. In Altwarmbüchen ist daher die Rückfront resistent. Dennoch nimmt diese Untersuchungsgemeinde bei der Betrachtung der Siedlungsverdichtung des Dorfkerns mit Gebäuden der jüngsten Zeit eine Zwischenstellung ein. Aus Platzgründen konnte sich bei diesem Siedlungstyp nicht von vornherein eine Durchmischung alter und neuer Gebäude ergeben. Altwarmbüchen wurde bis zur Gegenwart aber durch eine zweite Gebäudereihe gegenüber dem Altdorf „ergänzt".

Daraus ergibt sich zusammenfassend die *Resistenz der jeweiligen Ortsformen(typen)* gegenüber einer Verdichtung durch Hofstellenverbauung. Während das engbebaute Straßen- oder Zeilendorf (Altwarmbüchen) ebenso wie die siedlungsdichten Platzdörfer (Wülferode und Everloh mit einer „labilen Stelle") grundsätzlich keine Aufnahme neuer Häuser oder sogar Höfe im alten Dorfkern zulassen und daher resistent gegen jede Durchmischung alter und neuer Hausstellen erscheinen, ist die Schwarmsiedlung (Stelingen) generell weniger resistent gegen die Siedlungsverdichtung.

Vorausgesetzt werden muß aber die *Zustimmung* der Bauern zur Siedlungsveränderung, ohne die die Verdichtung des Dorfkerns auch dort nicht einsetzen kann, wo sie grundsätzlich denkbar bzw. realisierbar ist.

So erklärt sich der nach wie vor lockere Siedlungscharakter von Stelingen, wo die Bauern erst in der jüngsten Zeit bereit waren, innerhalb des eigentlichen Dorfes neue Häuser aufzunehmen.

Wülferode und Altwarmbüchen hätten von vornherein keine Siedlungsverdichtung erfahren können — selbst wenn die Bauern diese nicht abgelehnt, sondern befürwortet hätten. Für Everloh ist die einzige Ausnahme bereits oben genannt.

Der eigentliche Dorfkern, der historische Ortsformtyp des Platz- und des engen Zeilendorfes, läßt also nicht so ohne weiteres entscheidende Siedlungsveränderungen durch Gebäudeverdichtungen zu. So bleibt der Altwarmbüchener Dorfkern mit seinen charakteristischen Merkmalen bis zur Gegenwart erhalten, er zeigt sich resistent. Die Einheit „Dorf und Hauptacker" aber verändert sich entscheidend und wird gestört durch die zweite Gebäudereihe im Altdorf.

Die Veränderung des alten Dorfes, die wahrgenommene oder bisher nicht wahrgenommene Veränderungsmöglichkeit der historischen Strukturen, ist eine nur partielle Aussage über die Verstädterungsbereitschaft der bäuerlichen Bevölkerung. So kann ein Dorf — wie z.B. Altwarmbüchen — einen hohen Verstädterungsgrad erreicht haben, ohne in seinen historischen Strukturen völlig zerstört worden zu sein. Wenngleich die Resistenz der Dorfform *für* die Erhaltung des historischen Dorfteils spricht, wäre aber die Aufgabe der landwirtschaftlichen Betriebe in Altwarmbüchen mit dem Aufbau der Ortserweiterungen durchaus denkbar gewesen und sogar vorauszusetzen. Daß dieses nicht der Fall ist, besagt, daß die Bauern eine Verstädterungsbereitschaft zeigten, die aber nicht das „alte Dorf" miteinbezog. Die gleiche Verhaltensweise läßt sich dem noch heute offenen Siedlungsgrundriß des „alten Dorfkerns" von Stelingen entnehmen.

Auch die *Anwendung von Flächennutzungs- und Bebauungsplänen* ist ein wesentlicher Indikator für die Verstädterungsbereitschaft und die Intensität der Verstädterung. Dabei geben die Pläne Einzelheiten über die „Richtung" der Verstädterungsbereitschaft und die genaue urbane Lokalität wieder, die einen Teil des Verstädterungsgrades der Gemeinde schließlich ausmacht.

In der Aufstellung von FL- und Bebauungsplänen zeigen die vier Untersuchungsgemeinden wesentliche Unterschiede.

Für die beiden nördlichen Gemeinden lassen sich FL-Pläne und Bebauungspläne zur Veranschaulichung der Ortsentwicklung heranziehen, die bereits in den früheren 60er jahren entwickelt worden sind.

Wülferodes FL-Pläne und Bebauungspläne stammen hingegen aus jüngerer Zeit und für Everloh sind gar keine planerischen Konzepte zum Nachvollzug des Siedlungswerdegangs vorhanden. Damit zeigen die beiden nördlichen Gemeinden analog den ausgedehnten Siedlungserweiterungen eine frühere und viel stärkere konzeptionelle Durchplanung als Wülferode und Everloh.

Eine weitere Gemeinsamkeit ergibt sich für Altwarmbüchen und Stelingen aus dem *Bevölkerungsgang*. Beide Untersuchungsgemeinden weisen seit Beginn der 60er Jahre ein kontinuierliches Anwachsen der Einwohnerzahlen auf.

Während Wülferode eine Bevölkerungszunahme zwischen 1961 und 1970 erfährt, vermindert sich die Einwohnerzahl von Everloh in demselben Zeitraum. Bei beiden Gemeinden stagnieren die Bevölkerungswerte dann ab 1970.

Alle vier Gemeinden sind im Zeitraum zwischen 1961 und 1970 von einer *Verringerung der landwirtschaftlichen Betriebsstellenzahl* gekennzeichnet, wobei besonders Altwarmbüchen und Stelingen, aber auch Wülferode einen Großteil der kleinbäuerlichen Betriebe verlieren.

Parallel zu diesem Verringerungsprozeß kann bei allen Dörfern bis 1970 eine Betriebskonzentration in den großbäuerlichen Bereichen beobachtet werden, die einhergeht mit der Aufgabe verschiedener Höfe und der Weiterverpachtung bzw. des Verkaufs ihrer Wirtschaftsflächen an die noch existenten Betriebe, welche aus ökonomischen Gründen an der Betriebsaufstockung teilhaben müssen.

Der Tabellenvergleich der Betriebsstrukturdaten von 1939 und 1970 läßt nicht von vornherein auf eine schnellere Aufgabe der Landwirtschaft in den beiden nördlichen Gemeinden mit den ungünstigeren Bodenverhältnissen schließen. Im Gegenteil: Altwarmbüchen wird auch gegenwärtig von einer leistungsfähigen Agrarwirtschaft bestimmt und besitzt noch etwa 10 Betriebe im Altdorf unter landwirtschaftlicher Nutzung. Neben den explosionsartigen Ortserweiterungen im westlichen ehemaligen Allmendebereich ist der Hauptacker gegenüber dem bäuerlichen Dorfteil erhalten geblieben.

Parallel zu der alle Gemeinden betreffenden agrarwirtschaftlichen Entwicklung − der allgemeinen Aufgabe der unrentablen kleinen Betriebe und dem Ersatz der ländlichen Arbeitskräfte durch fortschreitende Mechanisierung − setzten bis 1970 in allen Untersuchungsgemeinden *sozialstrukturelle Verschiebungen* ein, die mittlerweile den sekundären und tertiären Wirtschaftsbereich über den primären dominieren lassen. Dabei zeigen Wülferode und Altwarmbüchen − die zu den Hauptindustriezonen Hannovers am entferntesten liegenden Siedlungen − die größten sozialstrukturellen Anteile im tertiären Sektor.

164

Der Hannoversche innerstädtische Dienstleistungsbereich stellt einem Großteil der Auspendler dieser beiden Gemeinden die Arbeitsstätten.

Aus der Betrachtung der jeweiligen Siedlungsentwicklung der vier „Dörfer" ergeben sich zwei aufeinander bezogene Trends, die nicht immer oder unbedingt gegenläufig sein müssen: So zeigt jede Untersuchungsgemeinde ein gewisses Maß an „*Verstädterungsintensität*" (Trend 1) – ausgedrückt in den oben erwähnten Indikatoren – und zum anderen einen Grad an „*Ländlichkeitserhaltung*" (Trend 2) – ebenso ausgedrückt in den obigen Indikatoren –, vor allem im Grad der Erhaltung der Landwirtschaft, der Nichtverbauung des Altdorfes und der Erhaltung des bäuerlichen Hofbildes, was ja bei der gewerblichen Verpachtung oder dem Bau eines modernen Bauernhauses (= Bungalow anstelle des alten auf dem Hof) leidet.

Während der erste Trend zu einer *Entwicklungsrangfolge* der vier Untersuchungsgemeinden führt, zeigt der zweite Trend keine so eindeutige Abstufung und schon gleich gar keine Abhängigkeit von der Verstädterungsrangfolge: Wie erklärt es sich zum Beispiel, daß gerade Altwarmbüchen mit der bedeutendsten Siedlungserweiterung sowie dem größten infrastrukturellen Angebot *nicht* von einer Gesamtaufgabe der Landwirtschaft betroffen wurde und auch der alte Dorfkern erhalten blieb, ist die Gemeinde doch längst nicht mit den hochwertigen Böden der Börde ausgestattet? Die Begründung für den jeweils unterschiedlichen Siedlungswerdegang, der sich in den prägnantesten Formen erst Ende der 60er Jahre abzeichnet, soll im folgenden vor dem Hintergrund dieser beiden Trends (Verstädterungsintensität-Ländlichkeitserhaltung) aufgezeigt werden.

Grundsätzlich lassen sich zur Erklärung des jeweils unterschiedlichen Siedlungswerdegangs *zwei Faktoren* nennen, die den Entwicklungsgang der Untersuchungsgemeinden von den 60er Jahren bis zur Gegenwart initiiert und entscheidend bestimmt haben. Es sind diese *1.* der Träger der regionalen Planung – der *Großraumverband Hannover* – und *2.* die *dorfspezifische Einstellung der Landbevölkerung* gegenüber Erhaltung oder Veräußerung von Grundbesitz, dem Familienerbe, und gegenüber der bäuerlichen Tradition schlechthin.

Die übrigen einflußnehmenden Faktoren, die in mehr oder minderem Maße die Siedlungsentwicklung der einzelnen Untersuchungsgemeinde mitbestimmt haben, traten lediglich zu den beiden genannten Hauptfaktoren hinzu und bildeten mit ihnen und auf sie abgestimmt ein Wirkungsgefüge für die jeweilige Siedlungsentwicklung.

In welcher Weise sich die Kette der einflußnehmenden und prozeßauslösenden Faktoren im einzelnen aneinanderreiht, zeigt der untersuchte Beobachtungszeitraum von den 60er Jahren bis zur Gegenwart bei den vier gewählten Gemeinden folgendermaßen: Der Großraumverband Hannover und sein erster Verbandsplan von 1967 strebten die Verhinderung von Fehlentwicklungen und die Steuerung der räumlichen Entwicklung des Verbandsgebietes und der in ihm befindlichen Orte an[263].

Dabei setzte der Verbandsplan in Anlehnung an die vorgegebenen Ziele der Raumordnung und Landesplanung[264] fest, daß Agrargemeinden mit gesunder Struktur oder mit wertvollen landwirtschaftlichen Böden als solche erhalten werden sollten[265].

---

[263] HAUBNER/HEUWINKEL (1978), S. 102

[264] Runderlaß des Niedersächsischen Ministers des Innern vom 25.09.1963, HAUBNER/HEUWINKEL (1978), S. 100

[265] Verbandsplan 1967, Teil B Rechtsgrundlagen, S. 5

Darüber hinaus bestimmte der Verbandsplan gewisse Gemeinden als künftige regionale Siedlungsschwerpunkte und solche, in denen keine besondere Siedlungsaktivität einsetzen sollte, die daher von „Eigenentwicklung" bestimmt bleiben sollten.

Im ersten Teil des Verbandsplans wurden die Gemeinden einer Gemeindegröße (Einwohnerzahl) und Funktionen im Raum zugeordnet, woraus sich für jede Siedlung das künftige Entwicklungskonzept ergab[266]. Gemeinden, die also bis zur Aufstellung des ersten Verbandsplans keine oder nur wenige Neubaubereiche erschlossen hatten und von gesunder agrarwirtschaftlicher Struktur bestimmt waren, konnten und sollten durchaus als dörfliche Siedlung weiterbestehen. Da es galt, die Zersiedlung der Landschaft zu verhindern[267], mußte sich z.B. der Aufbau von Gewerbegebieten an bereits bestehende anlehnen oder aber neu in konzentrierter Weise geplant werden.

Daraus ergibt sich, daß die Untersuchungsgemeinde Altwarmbüchen bereits durch frühere Entscheidungen des Landverkaufs und des Aufbaus erster Gewerbegebäude im westlichen Neubaubereich auch in den künftigen Verbandsplänen dafür prädestiniert war, weitere Gewerbegebiete zu erhalten und die begonnenen Wohnbereiche aufzufüllen. Aus der ursprünglichen Verhaltens- und Entscheidungsweise der Landbevölkerung ergab sich also vielfach die Planungsreaktion des Großraumverbands, wie auch die Entwicklung der Gemeinde Everloh bis heute zeigt.

Als Siedlung mit agrarwirtschaftlich gut ausgestatteten Böden lehnte die großbäuerlich geprägte Gemeinde Everloh den Landverkauf und die Errichtung großflächiger Neubaubereiche ab. Diese Entscheidungsweise und die gesunde Agrarstruktur der Gemeinde — auch in den 60er und 70er Jahren — bewirkte die Zuordnung von Everloh 1967 zum Nutzungsprogramm „Dörfliche Siedlung und Erholung"[268].

Im Gegensatz zum Ortsrat Altwarmbüchens, in dem die Bauern schon in den 60er Jahren keine Mehrheit mehr bildeten und in den die hinzugekommenen Städter bereits seit den Nachkriegsjahren des 2. Weltkrieges Eingang fanden, setzte sich das Dorfparlament von Everloh bis zur Eingemeindung als ziemlich homogene Interessengruppe[269] überwiegend aus den Bauern bzw. der Altbevölkerung des Dorfes zusammen. Hier hat die Ansiedlung erster Städter und damit einer weiteren Interessengruppe nicht — wie in Altwarmbüchen — dazu geführt, den Bauern allmählich die Entscheidung im Ortsrat aus der Hand zu nehmen. In Altwarmbüchen hingegen verloren die Bauern immer mehr Ortsratsitze, so daß gegenwärtig nur noch ein einziger Landwirt im Gemeindeparlament vertreten ist (1983/84).

Die ursprünglich getroffene Entscheidung, Städter und Gewerbe ansiedeln zu lassen, geschah aber in Altwarmbüchen ohne Voraussicht der zukünftigen bäuerlichen Stimmenverluste im Ortsrat und des Überstimmtwerdens durch die städtischen Neubürger. Sie wurde nur in Hinblick auf den Verkauf des schlechten und abgelegenen Bodens im Westen getroffen. Die Angst, die die Bauern in Everloh bestimmte, von den ins Dorf Hinzugekom-

---

[266] Verbandsplan 1967, Teil A, S. 7ff

[267] ders., S. 5

[268] Verbandsplan 1967, Teil A, S. 23

[269] Vergl. hierzu MAIER, der zu einer „sozialgeographischen Verhaltensgruppe/Interessengruppe" Menschen zählt, die in einer vergleichbaren sozialen Lage sind und infolgedessen Verhaltensweisen entwickeln, die vergleichbare Einflüsse auf räumliche Prozesse und Strukturen ausüben (S.50, 1977).

menen im Ortsrat überstimmt und damit ihrer agrarwirtschaftlichen Interessen entmündigt zu werden, war bei den Altwarmbüchener Bauern ursprünglich nicht vorhanden.

Hier, in Altwarmbüchen, siedelten die Hinzukommenden ja weit weg vom eigentlichen Dorf, am Westrand der Gemarkung. Die Bauern fühlten sich — ganz anders als die Everloher sich hätten fühlen müssen — *nicht* von den Zusiedlern bedrängt.

Mit der vermehrten Ansiedlung seit der 2. Hälfte der 50er Jahre geschah dann in Altwarmbüchen der zunächst unvorhergesehene Wechsel der Stimmenmehrheit im Gemeinderat. Von nun an dominierten die Nicht-Bauern, die hier darauf bedacht waren, in der Gemeinde die bestmöglichen öffentlichen und privaten infrastrukturellen Einrichtungen (Schulen, Schwimmbad, Läden etc.) entstehen zu lassen.

So tritt neben die anfängliche *fehlende Voraussicht* der Altwarmbüchener Bauern, jemals im Ortsrat von Städtern überstimmt werden zu können, gleichzeitig die *Lage* der Neubaugebiete als Einfluß auf die Entscheidung zum Bodenverkauf. Denn wo hätte man in Everloh und Wülferode in Ortsferne (zum Altdorf wie in Altwarmbüchen) Neubaugebiete errichten können, ohne dabei das Altdorf zu stören? Altwarmbüchen und auch Stelingen verfügten über *abgelegene*, ehemalige Allmenden, die zufällig in Richtung Stadt und Verkehrsstraßen günstig lagen, so daß sich Konflikte wegen aufkommenden innerdörflichen Fahrzeugverkehrs kaum entwickeln konnten. Stelingen und Altwarmbüchen sind in ihren Altdorfbereichen daher auch einigermaßen ungestört geblieben.

Die Möglichkeit des Bodenverkaufs in Ortsferne, in schlechteren ehemaligen Allmendebereichen, beeinflußt schließlich die Grundsatzentscheidung der Bauern zum Landverkauf und läßt gleichzeitig ein gewisses „Sicherheitsgefühl" bei den Bauern bestehen, nicht unmittelbar von den Zusiedlern „gestört" zu werden und umgeben zu sein. Die sich später daraus ergebenden gemeindeparlamentarischen Konsequenzen werden dabei zunächst nicht gesehen.

Lag es nach 1960 in der Absicht der Gemeinde, einen Flächennutzungsplan aufzustellen, so war die jeweilige ländliche Siedlung verpflichtet, vom Großraumverband Hannover ein für sie eigens ausgearbeitetes Planungskonzept anzufordern, das die Grenzen des aufzustellenden FL-Plans festlegte. Für Altwarmbüchen, Stelingen und Wülferode liegen diese *„landesplanerischen Rahmenprogramme"* vor und geben Aufschluß über die vom Großraumverband mitgeteilten Planungsverbindlichkeiten.

Für *Everloh,* das keinen FL-Plan aufstellte, ist dementsprechend kein landesplanerisches Rahmenprogramm ausgearbeitet worden, lediglich im Verbandsplan von 1967 die oben erwähnte Zuordnung der Gemeinde getroffen worden.

Das landesplanerische Rahmenprogramm von *Altwarmbüchen*[270] wies — entsprechend dem Verbandsplan 1967 — der Gemeinde aufgrund der noch gesunden agrarwirtschaftlichen Strukturen ein Nutzungsprogramm vor, das die Land- und Forstwirtschaft anderen Nutzungen voranstellte, die dörfliche Siedlung beizubehalten gedachte, daneben aber gewerbliche und industrielle Arbeitsstättenansiedlungen sowie neue Wohnbereiche in der künftigen Gemeindeentwicklung zuließ.

Die bereits vor Erstellung des ersten FL-Plans eingesetzte Siedlungsentwicklung wurde damit weiterverfolgt und lehnte sich an die bereits in den 50er Jahren getroffenen Entscheidungen der Altwarmbüchener Landbevölkerung an. Positiv wirkte sich zudem auf die Ge-

---

[270] Verband Großraum Hannover, Landespl. Rahmenprogramm für die Gemeinde Altwarmbüchen vom 10.09.1971

werbeentwicklung der überregionale Verkehrsanschluß Altwarmbüchens aus. Ein Teil der Industrie- und Gewerbeansiedlungen liegt mit Werbung und Reklame ja sogar in Sichtweite der West-Ost-Autobahn Köln-Berlin.

Das landesplanerische Rahmenprogramm der Gemeinde *Wülferode* vom September 1969 sah für Wülferode lediglich „Eigenentwicklung" vor, d.h. die dörfliche Siedlung sollte auch weiterhin — aufgrund der noch intakten Agrarstruktur und der qualitativ höherwertigen Bodenverhältnisse — vorwiegend durch Land- und Forstwirtschaft genutzt werden[271].

Die Gemeinde sollte sich bemühen, ihre geschlossene Ortslage zu erhalten, indem sie neues Bauland an schon vorhandenen Straßen ausweist und damit die Ortslage weiterhin abrundet[272]. So wie die Gemeinde bisher im südlichen Neubaubereich für Ortsansässige wie auch für im Ort verbliebene Flüchtlinge den Siedlungsgrundriß durch neu errichtete Gebäude erweitern konnte, sollte auch künftig kein planmäßiger Zuzug von Auswärtigen angestrebt werden. Damit greift das landesplanerische Rahmenprogramm von Wülferode, bzw. der Verbandsplan von 1967 auch hier die bestehende Entwicklungstendenz der ländlichen Siedlung auf.

Auch für die Untersuchungsgemeinde *Stelingen* sah das ausgearbeitete landesplanerische Rahmenprogramm vom Nobember 1968 lediglich „Eigenentwicklung" ohne Aufbau industrieller und gewerblicher Nutzungsbereiche vor. Aufgrund der noch gesunden Agrarstruktur sollte der Land- und Forstwirtschaft auch hier weiterhin erhebliche Bedeutung zukommen[273].

Die westlichen Neubaubereiche sollten entsprechend den Entwicklungsvorstellungen des Rahmenprogramms die Siedlungsfläche für „Eigenentwicklung" über das Jahr 2000 gewährleisten.

Eine Zuwanderung, wie sie inzwischen bis zur Gegenwart eingesetzt hat, war also nicht vorgesehen. Die im ersten Stelinger FL-Plan ausgewiesenen Industriebereiche wurden daher im Rahmenprogramm untersagt. Daraus ergibt sich ein die Stelinger Entwicklung beeinflussendes Wirkungsgeflecht, welches wiederum beruht auf den planerischen Konzeptionen des Großraumverbands zum einen und den Entscheidungsprozessen der Stelinger Landbevölkerung zum anderen. Die Entscheidung einiger Bauern, größere Flächen im Westen der Siedlung zu verkaufen und diese mit Hilfe eines Bebauungsplans zu erschließen, ging den Planungsabsichten des Verbandsplans 1967 voraus und lag nicht im eigentlichen Interesse des Großraumverbands. Die Ansiedlung von Wohnstätten sollte nach dessen Konzeption vielmehr in größerer Nähe zu den Arbeitsplätzen geschehen, etwa in Garbsen[274].

Darüber hinaus galt der nördliche Teil des Gemeindegebietes als „Siedlungszone in Flughafennähe" und daher als „Konfliktbereich"[275], was allerdings das westliche Neubaugebiet wie auch das Berenbosteler Wohnbaugebiet nicht mehr betrifft. Daß die Gemeinde Stelingen dennoch versuchte, die bereits an den Einzelunternehmer verkauften Flächen baldmöglichst zu besiedeln und darüber hinaus Gewerbe und Industrie in diesen Bereich hineinzuziehen, wird aus den finanziellen Vorzügen für den Gemeindehaushalt erklärlich.

---

[271] Verband Großraum Hannover, LR-Programm f. die Gemeinde Wülferode vom 15.09.1969, S. 5
[272] ders, S. 9
[273] LR—Programm f. die Gemeinde Stelingen vom 27.11.1968, S.6
[274] HAUBNER/HEUWINKEL (1978), S. 101
[275] Landesplanerisches Rahmenprogramm, S. 5

Die verkauften Flächen sollten nach Zuzug von Lohn- und Gehaltsempfängern und Gewerbesteuer zahlenden Betrieben durch vermehrte Steuereinnahmen den Stand der Gemeindefinanzen aufbessern.

Hier ergab sich also ein *Interessenkonflikt* zwischen Gemeinde und Großraumverband. Er wurde mit einem Kompromiß gelöst, indem der Gemeinde die Wohnbebauung zugestanden, die Gewerbeansiedlung jedoch untersagt wurde.

Daß mehrere Bauern Wirtschaftsflächen verkauften und die Gemeinde dann versuchte, diese schneller als geplant zu besiedeln, daß aber andererseits der Großraumverband Hannover den Ausbau von Industrie- und Gewerbebereichen nicht zuließ, beweist ein konflikthaftes Aufeinanderstoßen von planerischen Konzeptionen (des Großraumverbands) und davon abweichenden Entscheidungsprozessen der ländlichen Bevölkerung.

Die Entwicklung Stelingens wurde also seit den 60er Jahren von den Landverkaufsinteressen der Landbesitzer in Stelingen und festgelegten Planungskonzeptionen des regionalen Planungsträgers bestimmt. Dabei lag das Nutzungsprogramm, Stelingen als dörfliche Siedlung mit Land- und Forstwirtschaft in „Eigenentwicklung" zu belassen, im eigentlichen und ursprünglichen Interesse auch derjenigen Bauern, die die westlichen Bauareale an den Makler verkauften, der sie im Dorfgasthaus beim Abendschoppen dazu überredete.

Zusammen mit der übrigen Gemeinde konnten die verkaufenden Bauern dann nur noch den Versuch machen, dem Flächenverkauf eine positive Wende zu geben[276]. Der Verkauf des westlichen Neubaugebietes am Ende der 50er Jahre geht im wesentlichen auf die Hofbesitzer HH 6f, HH 4d (gleichzeitig der damalige Dorfschullehrer), HH 2b und GroßKÖ 12 m zurück. Obwohl diese Hofbesitzer ihre Ländereien noch voll bewirtschafteten und nicht beabsichtigten, das Land als Bebauungsland herzugeben, ist es einem Einzelunternehmer aus der Stadt gelungen, ihnen große Parzellenstreifen abzukaufen. Nach mehreren überredenden Gesprächen und durchaus verlockenden Preisangeboten im Dorfwirtshaus haben die Hofbesitzer schließlich dem Verkauf zugestimmt. Dem Dorf konnte der verkaufte westliche Bereich künftig nur noch dann von Nutzen sein, wenn er als Bauland ausgewiesen und durch einen rechtskräftigen Bebauungsplan erschlossen würde. Dieses strebte der Stelinger Ortsrat schließlich an.

Im Gegensatz zu Everloh und zu Wülferode, wo lediglich im Süden — an der Kirchbichler Straße — ein größeres, zusammenhängendes Neubaugebiet als *ein* Komplex verkauft wurde, sonst aber nur Einzelparzellen, sind die Neubaubereiche in Stelingen alle als *ganze* Baugebiete „en-bloc" verkauft. Eine Zwischenstellung nimmt das Dorf Altwarmbüchen ein, das bis zu Beginn der 60er Jahre zunächst überwiegend vom Verkauf einzelner Bauparzellen gekennzeichnet ist, darauffolgend dann von großflächigen, zusammenhängenden Baulandverkäufen. Insgesamt kann bei den unterschiedlichen Verkaufsabläufen nicht von einer Beispielwirkung naher Nachbargemeinden, etwa als Vorbilder, ausgegangen werden. Vielmehr haben sich die Verkaufsprozesse in allen vier Untersuchungsgemeinden aus der jeweiligen „Dorfgeschichte", der Entwicklung der einzelnen Höfe und ihren familienspezifischen Situationen und Verhaltensweisen ergeben.

Insgesamt stellten sich die Untersuchungsgemeinden in ihrer Baulandentwicklung seit den 60er Jahren folgendermaßen dar: Bei den Landbesitzern in Altwarmbüchen bestand schon seit der Vorkriegszeit die Neigung zum Grund- und Bodenverkauf. Einige Stelinger

---

[276] Informationen der Stelinger Bevölkerung

Bauern erwiesen eine *spontane Neigung* zur Flächenabgabe. In Wülferode wurde lediglich einem Teil Zugezogener und Ortsansässiger der Hausbau ermöglicht. Die Bauern verkauften generell aber keine weiteren Wirtschaftsflächen, ebenso wenig wie die Bauern in Everloh, die *nur wenige Parzellen* für die Neubebauung hergaben.

Vor allem zwei Gründe sprachen – wie oben bereits erwähnt – in der bäuerlichen Haltung hier gegen den Landverkauf. Die ländliche Bevölkerung von Everloh und von Wülferode befürchtete, durch Neuansiedler in Gemeindeversammlungen überstimmt werden zu können und darüber hinaus Arbeitserschwernisse auf sich nehmen zu müssen, indem die Neubaubereiche den Zugang zu den Wirtschaftsflächen versperren könnten und dadurch besonders auch der sonn- und feiertägliche Einsatz der Landmaschinen zu Beschwerden über Lärmbelästigungen führen würden. Dem einmaligen Erlös des Flächenverkaufs stünde eine permanente Konfliktsituation zwischen Landbevölkerung und Neuansiedlern gegenüber.

Problemreich erscheint auch in dieser Hinsicht die innerörtlich unterschiedliche Einstellung der Landbevölkerung gegenüber dem Bodenverkauf, wie sie sich durch die Entwicklung zweier Interessengruppen in jüngster Zeit in Everloh ergab: Im Gegensatz zu den Betrieben im westlichen Dorf (VHc, KÖ m) neigen die Hofbesitzer der östlichen Dorfhälfte gegenwärtig zum Verkauf weiterer Areale im östlichen Neubaugebiet und einzelner Parzellen im Hofstellenbereich selbst (VH b2, KÖ h). Der Verkauf der Bauplätze auf den einzelnen Hofstellen bedeutet gewissermaßen eine Erfahrungssteigerung im Landverkauf, einen gewissen Lerneffekt. Die Bauern der östlichen Dorfhälfte sind schon länger daran gewöhnt, Bauland abzugeben und zeigen jetzt direkt „Spaß am Landverkauf". Sie stehen so als die eine modern-aufgeschlossene Verhaltensgruppe des Dorfes der noch konservativen anderen Verhaltensgruppe mit wenigen oder gar keinen Verkaufserfahrungen gegenüber[277]. Das heißt, daß bei den Bauern der östlichen Dorfhälfte schon der ursprüngliche Bann gebrochen ist, keine Bauplätze zu verkaufen. Nun wagen sie nicht nur, Land außerhalb des Dorfverbandes zu verkaufen, sondern sogar innerhalb des eigentlichen Dorfes, auf ihren eigenen Hofstellen, in der unmittelbarsten Nachbarschaft.

Die Bauern der östlichen Hälfte erzielen dabei attraktive Verkaufserlöse, tragen aber zum Unwillen der übrigen Landwirte zu einer ernsten Arbeitserschwernis und dadurch zu innerörtlichen Konfliktsituationen bei.

Im Gegensatz zu Everloh spiegeln die Neubaubereiche Wülferodes nicht ausschließlich die Verkaufsfreudigkeit einzelner Landwirte wider. Mit dem Bau der nord-süd-verlaufenden Autobahn östlich von Wülferode setzte eine Umverteilung des Grund und Bodens der Hofstelle HHg7 ein. Wie oben bereits angesprochen, verkaufte der außerhalb Wülferodes lebende Erbe dieses Betriebes einen Teil der Nutzflächen als Neubauland (Kirchbichler

---

[277] Hier sei betont, daß mit der Kennzeichnung „modern-aufgeschlossen" bzw. „konservativ" nur eine *Beschreibung* des Verhaltens, aber keine *bewertende Einstufung* verbunden ist. Eine solche müßte selbstverständlich die Auswirkungen für das Dorf unter verschiedenen Aspekten berücksichtigen, was am Beispiel von Wülferode in Kap. V. erfolgen soll.
Nach der sozialgeographischen Definition stellt die Verkaufsbereitschaft das Element dar, das die Bauern der östl. Dorfhälfte als eine „sozialgeogr. Verhaltensgruppe" bestimmt. Das Element läßt sich aus Reaktionsketten, den vermehrten Landverkäufen an Städter, ableiten. Die Reaktionketten führen schließlich zur Auslösung räumlicher Prozesse, in dem Fall zur Ortserweiterung bzw. -verdichtung.
Vergl. hierzu MAIER (1977), S. 50

Straße) an die Kreissiedlungsgesellschaft, den weiteren Teil an die Niedersächsische Straßenbauverwaltung, die mit diesen Flächen die übrigen betroffenen Landwirte zum Ausgleich der östlichen, für den Autobahnbau benötigten Wirtschaftsflächen entschädigte. Die Hofstelle selbst ging in den Besitz des Betriebes VHb2 über. Die Landverkäufe dieses Hofes erfolgten also aus einer familienspezifischen Situation heraus und wären möglicherweise sogar unterblieben, wenn nicht durch den Autobahnbau das Angebot eines überdurchschnittlichen Verkaufspreises für die landwirtschaftlichen Flächen dieses Hofes erfolgt wäre. Erst in dieser Situation der Gesamtaufgabe des Landbesitzes nahm der Eigentümer die Gelegenheit zum großflächigen Baulandverkauf wahr.

Die jüngere Besiedelung nördlich und nordöstlich von Wülferode geht hingegen auf Landverkäufe zurück, die die individuelle Verkaufsfreudigkeit der Hofstellenbesitzer von HHf6 und VHb2 widerspiegeln. Während aber der Besitzer von VHb2 den Verkaufserlös in den eigenen Betrieb investierte und dadurch den Hof modernisierte, verkleinerten sich die Wirtschaftsflächen des Betriebes HHf6 durch den schrittweisen Bodenverkauf und der Hof löste sich beinahe auf. Der Hoferbe war bei Übernahme mit dem nur noch geringen Bestand an Wirtschaftsflächen und dem längst unmodernen Betrieb gezwungen, den Hof völlig aufzugeben. Der Hofplatz und die restlichen Flächen wurden als Baugelände verkauft und der gern landwirtschaftlich arbeitende Sohn erstand dann, zusammen mit noch vorhandenen Geldern aus den vorherigen Verkäufen, in einem stadtferneren Raum einen neuen, tragfähigen Betrieb. So war also weder die Hofaufgabe von HHf6 noch der Verkauf der meisten zugehörigen Wirtschaftsflächen eine beabsichtigte Familien„politik", indem man Geld durch Baulandverkäufe verdiente und dann gezielt in einen stadtferneren Raum umzog. Hier „rutschte" die Familie allmählich durch die spontane Verkaufsfreudigkeit des Besitzers — ungewollt — in die Situation hinein. Für Wülferode kann abschließend festgehalten werden:

Neben der Verkaufsfreudigkeit zweier Landwirte beeinflußte auch eine individuelle familiäre Situation — ein auswärtig lebender Hoferbe (HHg7) — den Entwicklungsgang und führte hier zu einem einmaligen Ausbau von Neubaubereichen, wodurch die Siedlung zwar eine Erweiterung erfuhr, des weiteren aber auf dem erreichten Entwicklungsstand verharrte, denn die übrigen Wülferoder Landwirte lehnten ja weiterhin den Verkauf größerer Bodenareale ab.

Auf die Frage, warum sich die jüngsten Ortserweiterungen in Stelingen und Altwarmbüchen gerade in westlicher Richtung erstrecken, muß mit dem Argument des geringerwertigen Bodens gerade in diesem Bereich geantwortet werden. Ihr relativ niedriger landwirtschaftlicher Ertragswert, dem auch ein niedriger Verkaufswert als landwirtschaftlicher Boden entsprach, kontrastierte vorteilhaft zu dem hohen Verkaufswert als Bauland, bei dem Bodenertragszahlen keine Rolle spielen.

Diesen in finanzieller Hinsicht attraktiven Angeboten konnten sich die Landwirte nicht entziehen. Die Großflächigkeit der vorhandenen Ländereien dieser Qualität wiederum machte es für entsprechend potente Bau(land)-Unternehmer attraktiv, von vornherein große Flächen für dementsprechend umfangreiche Bauprojekte aufzukaufen.

So unterscheiden sich die Neubaugebiete von Altwarmbüchen und Stelingen auch im Stil von den bescheideneren Dorferweiterungen in Wülferode und Everloh, wozu nicht zuletzt auch bei den beiden ersten Gemeinden noch ein entsprechender Ausbau an Versorgungseinrichtungen gehört, der allerdings nur in Altwarmbüchen „urbane" Ausmaße erreicht.

Für Altwarmbüchen waren die Ortserweiterungen zudem nur in westlicher Richtung möglich, wollte das Dorf nicht die Hauptwirtschaftsflächen hinter und gegenüber den Höfen verlieren. Im Osten von Altwarmbüchen schließt sich hingegen unmittelbar die nächste Siedlung an.

Die Baugrundkarten des Stadtplanungsamtes Hannover schließen ähnliche Lagezufälligkeiten der zu bebauenden Gebiete auch in diesen Gemeinden künftig aus.

Ein weiterer die Siedlungsentwicklung der Untersuchungsgemeinden bedingender Faktor zeigt sich in der Person des Gemeindedirektors. Da sich die Größe des Verwaltungsapparates, die Urbanität der Gemeinde und auch die Besoldung des Gemeindedirektors mit der höheren Einwohnerzahl der Gemeinde steigert, sahen die Gemeindedirektoren einen Anreiz darin, Neubaubereiche aufzubauen und damit die Bevölkerungszahlen zu vergrößern, wie es z.B. in Altwarmbüchen auf diese Weise geschah. In dieser Hinsicht erwies es sich für den Altwarmbüchener Gemeindedirektor als sehr nutzbringend, seine engen Beziehungen zum Großraumverband Hannover in ihrer Wirksamkeit voll auszuschöpfen (Inf. von Altwarmbüchener Einwohnern).

Während die bisher erwähnten Faktoren mit ihren Veränderungsimpulsen direkt auf den Entwicklungsgang der Untersuchungsgemeinden einwirkten, bedingten das überregionale Verkehrsnetz der Autobahnen und der aufblühende innerstädtische Dienstleistungssektor von Hannover den Werdegang nur mittelbar und indirekt. So ist der Großteil der im tertiären Sektor Erwerbstätigen von Wülferode nicht in Wülferode seßhaft geworden, weil dies die Lage des hannoverschen Dienstleistungssektors dort bedingte.

Der Aufbau der Altwarmbüchener Gewerbegebiete ist auf die Auswirkungen mehrerer Faktoren zurückzuführen: Primär mußten Nutzflächen für diesen Bereich von der Landbevölkerung abgegeben und das Gebiet als Gewerbegebiet vom regionalen Planungsträger ausgewiesen werden. Dann war die Nähe der Autobahnen und des Autobahnkreuzes von entscheidender Bedeutung für die Gewerbegebiete wie allgemein die Lage Altwarmbüchens in der Wachstumszone jenseits der Stadtgrenze, die in den Jahrzehnten 1950−1961, 1961−1970 und auch 1970−1982 mit stetig zunehmenden Einwohnerzahlen gekennzeichnet ist[278]. So wird auch der Standort des großen Einkaufszentrums im Gewerbegebiet II hier plausibel.

Es kann an dieser Stelle sicherlich nicht entschieden werden, welcher der Faktoren den Aufbau nun primär − als Voraussetzung − auslöste und welcher ihn sekundär förderte oder mitbedingte.

Hingegen ist eindeutig, daß die nördlichen hannoverschen Industriegebiete unmittelbar und direkt auf die Ortsentwicklung − so auf die von Stelingen − Einfluß genommen haben, wenngleich es nicht von vornherein so offensichtlich ist. Hier war der Einzelunternehmer nur deshalb interessiert, Bauland großflächig aufzukaufen, weil er davon ausgehen konnte, daß die in der Nähe Arbeitenden das Baulandangebot wahrnehmen würden, ebenso wie dieses in Berenbostel bereits geschah. So ist die rasche Besiedlung Stelingens zunächst direkt auf den Flächenaufkauf des Einzelunternehmers, letztlich aber doch auf die Nähe der Gemeinde zu den nördlichen hannoverschen Industriebereichen zurückzuführen.

---

[278] RIPPEL(1983), S. 59

Dadurch, daß das nördliche Vorfeld der Industrien von Hannover geradezu prädestiniert war für den Wohnsiedlungsausbau und sich besonders die südlichen Nachbargemeinden von Stelingen dem Neubaubedarf öffneten (z.B. Garbsen, Havelse, Berenbostel bis 1961), konnte der Landaufkäufer davon ausgehen, daß das Stelinger Potential an Baugebiet erschlossen werden würde, wenn es ihm nur gelänge, die Bauern zum Verkauf zu überreden, wobei ihm die landwirtschaftliche Geringwertigkeit des Bodens im Westen zu Hilfe kam. In Everloh wäre ihm die Überredung nicht gelungen, ist doch der Boden hier zu gut und sind doch die großen Höfe hier finanzell besser gestellt.

Der Flächenverkauf von den Stelinger Bauern vollzog sich schließlich in der Weise, daß, als der erste „umfiel" und verkaufsbereit war, die anderen um so leichter dem Nachahmungseffekt unterlagen und sich der Verkaufsbereitschaft anschlossen.

Der Großraumverband Hannover nahm dann eine sekundäre – wenngleich auch ungemein wichtige – Stellung für den Entwicklungsprozeß des Dorfes ein. Er war schließlich ausschlaggebend für die endgültige Ausweisung der zu besiedelnden Flächen.

Die Einflußnahme mehrerer Faktoren und nicht nur einer einzigen Institution zeigt das mehrschichtige Wirkungsgeflecht, das endgültig für die jeweilige Siedlungsentwicklung ausschlaggebend war oder ist. Dabei läßt sich eine Rangfolge der einflußnehmenden Faktoren erkennen. Für die westliche Stelinger Ortserweiterung ist sie in der Abfolge „Nähe der Gemeinde zu den hannoverschen Industriegebieten – daher Interesse des Einzelunternehmers am Baulandkauf – zögernde Zustimmung der Bauern zur Flächenabgabe-Ausweisung und Genehmigung des Baulandes durch den Großraumverband Hannover" zu nennen.

Dabei ist das Interesse des Einzelunternehmers am Baulandkauf nicht ohne die Nähe der Gemeinde zu den städtischen Industriezonen denkbar, andererseits aber auch nicht die Entstehung des westlichen Stelinger Neubauviertels ohne die vorausgehende Zustimmung der einzelnen Bauern zum Bodenverkauf.

Das Verhalten und die bäuerliche Einstellung bedingen gegenwärtig die agrarwirtschaftliche Situation in den Untersuchungsgemeinden. So zeigen die Abb. 21 und 23 längst noch keine Aufgabe der Landwirtschaft in den stark städtisch gewachsenen Siedlungen Altwarmbüchen und Stelingen. Im Gegenteil, hier steht man der Agrarwirtschaft erneut positiv gegenüber und nimmt die im Vergleich zu städtischen Berufen schwere, freizeitärmere Arbeitsweise für Unabhängigkeit im Berufsleben, Sicherung gegen Arbeitslosigkeit und Arbeit in und mit der Natur in Kauf[279].

Wie kontrastreich verändernd schließlich aber auch die familiengeschichtlichen Entwicklungen auf den Werdegang einer Gemeinde einwirken können, zeigt die gegenwärtige Betriebssituation von Wülferode (Abb. 24). Trotz einer der Landwirtschaft traditionell eng verbundenen und daher positiv gegenüberstehenden Landbevölkerung ist eine vermehrte Aufgabe von Höfen eingetreten. Entgegen den regionalplanerischen Konzepten, diese Untersuchungsgemeinde als dörfliche Siedlung mit gesunder Agrarstruktur weiterbestehen zu lassen, sind bis zur Gegenwart mehrere Betriebe aufgegeben worden, deren Wirtschaftsflächen die verbleibenden Höfe übernommen haben. Dies ist auf den Werdegang und das Auslaufen mehrerer traditionsreicher großbäuerlicher Familien zurückzuführen. Unvor-

---

[279] Nach Befragungen der Landwirte durch d. Verf.
Die Argumente der Informanten decken sich mit denen, die OTREMBA (S. 98, 1953) bereits vor 30 Jahren ermitteln konnte.

hergesehene, spontane Situationen im sozialen Bereich wirken der traditionellen bäuerlichen Haltung und dem ursprünglichen Planungskonzept entgegen und führen mittlerweile zu einer beinahe völlig neuen Ausgangssituation für künftige Planungskonzepte.

Zusammenfassend ergibt sich, daß der überwiegende Teil der ländlichen Bevölkerung aller vier Untersuchungsgemeinden bis in die jüngste Zeit generell nicht geneigt war, die landwirtschaftliche Tätigkeit aufzugeben und die Betriebe einzustellen. Unabhängig von der naturräumlichen Ausstattung, insbesondere von den Bodenqualitäten der Nutzflächen, zeigten sich nicht nur in Everloh und Wülferode, sondern auch in Stelingen und Altwarmbüchen der Agrarwirtschaft gegenüber positive Haltungen.

Unterschiedliche Verhaltensweisen hinsichtlich des Verkaufs von Grund und Boden charakterisierten − unabhängig der soeben erwähnten bäuerlichen Haltungen − *Altwarmbüchen* und Everloh. Spontane Verkaufsentscheidungen, innerfamiliäre Besitzverschiebungen und familienspezifische Entwicklungen − also keine eindeutigen in der Gemeinde dominierenden Einstellungen − begleiten hingegen den Entwicklungsgang von Stelingen und Wülferode im Zeitraum von 1961 bis zum Ende der 70er Jahre.

Alle vier Untersuchungsgemeinden wurden seit den 60er Jahren in ein regionales Planungskonzept eingeordnet, welches in den einzelnen Siedlungsentwicklungen zu Beginn der 60er Jahre eine Ausgangssituation für die künftigen Planungen vorfand. Die Ausgangssituationen der vier gewählten Dörfer wurden wesentlich von den gemeindlichen Einstellungen hinsichtlich des Bodenverkaufs und der Aufgabe der Landwirtschaft bestimmt. Daraus ergab sich eine gewisse „Planungseinschränkung", bzw. Richtweisung für den regionalen Planungsträger, der aber andererseits auch beschränkend auf gewisse gemeindliche Entscheidungen der Untersuchungsgmeinden wirken konnte.

Die Entwicklung der Dörfer zwischen 1961 und der Gegenwart wurde daher von einem mehrschichtigen, Veränderungsimpulse auslösenden Wirkungsgefüge bedingt, dessen *bedeutendste Faktoren* die jeweilige dörfliche *Verhaltensweise* und der *Großraumverband Hannover* mit den dazugehörigen Planungskonzepten darstellten.

D. Zukünftige Entwicklungstendenzen nach den Flächennutzungsplänen

Die gegenwärtig maßgeblichen Flächennutzungspläne deuten auf die künftigen Entwicklungen und Siedlungsveränderungen der vier Untersuchungsgemeinden hin und lassen mögliche Interessenkonflikte − z.B. zwischen Landwirten und reiner Wohnbevölkerung im Altdorf − schon jetzt erkennen.

Das aktuelle Konzept des Flächennutzungsplans von *Altwarmbüchen* (1979 veröffentlicht) strebt neben einer Abrundung der Siedlungsflächen an, die ursprüngliche dörfliche Siedlung aus der Verkoppelungszeit auch weiterhin als Dorfgebiet bestehen zu lassen und die noch vorhandene Landwirtschaft weder mit Wohn- noch mit Gewerbegebieten zu belasten[280].

Diese werden auch weiterhin − im Sinne der Siedlungsabrundung[281] − in den noch zu bebauenden Lücken des westlichen Erweiterungsbereiches ausgewiesen. Neue „Allge-

---

[280] Gemeinde Isernhagen (1979), S. 75
[281] ders., S. 74

meine Wohngebiete" und eine Fläche für Gemeinbedarf können zusätzlich lediglich an der ehemaligen Straße nach Isernhagen, nördlich des ursprünglichen westlichen Dorfeingangs, erschlossen werden. Während die Hauptwirtschaftsflächen des Dorfes „vor" und „hinter" den Höfen auch künftig der agrarwirtschaftlichen Nutzung unterliegen sollen und daher – wie auch von der ländlichen Bevölkerung bestätigt – nicht mit der Aufgabe der Landwirtschaft zu rechnen sein wird, treten zwei wesentliche Veränderungen im Altwarmbüchener Moor ein. Zum einen ist die Verlegung der hochfrequentierten und den Dorfbereich sehr beeinträchtigenden B3 durch das Altwarmbüchener Moor als „Moorautobahn" geplant und baulich bereits nahezu abgeschlossen (1983)[282], zum anderen ist der Ausbau eines großzügigen Freizeit- bzw. Erholungsgebietes südlich der Altwarmbüchener Ziegelei[283], zwischen alter und neuer B3, begonnen worden, der neben herkömmlichen Sporteinrichtungen eine größere Wasserfläche (rd. 45 ha), den Altwarmbüchener See, für den Freizeitsport bereits zur Verfügung stellt[284]. Der Aushub des Sees wurde für den Bau der Moorautobahn genutzt.

Der noch in Ausarbeitung befindliche aktuelle Flächennutzungsplan von *Stelingen*[285] weist neben der Fortsetzung des westlichen Erweiterungsgebietes nach Westen Veränderungen im ursprünglichen Dorfbereich vor. Zwischen den Betrieben HH3c und der ehemaligen Großköthnerstelle 12 m sind die noch unbebauten Straßenseiten als „Allgemeine Wohngebiete" ausgewiesen, ebenso wie das Dorfgebiet zwischen den Höfen HH9i und Brinkköthner 15p (Abb. 18). Damit würde das alte lockere Haufendorf in seinen Siedlungslücken entscheidend aufgefüllt werden und sein überkommenes Siedlungsbild nahezu restlos verlieren. Da mit der Aufgabe der Landwirtschaft in Stelingen nicht zu rechnen ist, wird nach „Eindringen" weiterer Neusiedler in den ursprünglichen Dorfverband die Aussiedlung mancher Betriebe künftig nicht auszuschließen sein.

Der seit 1978 rechtsverbindliche Flächennutzungsplan der Landeshauptstadt Hannover zeigt keinerlei Entwicklungsvorhaben für den „Stadtteil" *Wülferode*.

Über die bisher besiedelten Flächen hinaus sind keine weiteren Neubaubereiche ausgewiesen. Dennoch tritt künftig eine entscheidende Wandlung im bisher bebauten Siedlungsverband durch einen jüngst konzipierten Bebauungsplan auf[286], der die bauliche Verdichtung an den Hofenden Kö o14, HHg7, HHh8 und den sich südlich anschließenden Parzellen vorsieht und die weitere bauliche Verdichtung im alten Dorf dort hinlenken soll (siehe Abb. 19).

Da auch in Wülferode künftig nicht mit der Aufgabe der noch bestehenden Voll- und Nebenerwerbsbetriebe zu rechnen sein wird[287], ergeben sich die Planungsintentionen einer Verdichtung des landwirtschaftlichen Dorfbereiches durch Wohnhäuser, insbesondere für den größten landwirtschaftlichen Betrieb HHh8 aufgrund der von ihm ausgehenden Im-

---

[282] Siehe Deutsche Grundkarte 1 : 5 000, Altwarmbüchen, 1983

[283] Zu den künftigen alternativen Nutzungskonzepten für das Ziegeleigelände siehe Gemeinde Isernhagen (1980), S.1–4

[284] Gemeinde Isernhagen (1979), S. 127

[285] Einzusehen im Planungsamt Garbsen; der FL-Plan liegt vorerst aus und ist daher noch nicht rechtsverbindlich.

[286] Einzusehen im Stadtplanungsamt Hannover, hier in Abb.19

[287] Zur Rentabilität einer Tätigkeit in einer Nebenerwerbslandwirtschaft siehe auch HOTTES (1967), S. 58

missionsbelastungen für seine Umgebung, Schwierigkeiten in der reibungslosen Weiterbewirtschaftung[288].

Der Stallgeruch führt zu Klagen der unmittelbar benachbarten Wohnbevölkerung, d.h. es wird ein Konflikt zwischen dem Tierhaltungsbetrieb und den benachbarten Wohnhäusern entstehen, wie er auch gegenwärtig in Stelingen zwischen den Viehhaltungsbetrieben und den neuen Wohnhäusern zu beobachten ist. Everloh bleibt davon unbetroffen, ist doch die Viehhaltung hier eingestellt. Neben der Geruchsbelastung wirkt sich die Belastung durch Motoren- oder Maschinengeräusche nachteilig aus, besonders in der nicht-regulären Arbeitszeit, so etwa am Wochenende, die dann zu erneuten Konfliktsituationen zwischen Bauern und Wohnbevölkerung führt.

Der sich noch in der Ausarbeitung befindliche Flächennutzungsplan der Stadt Gehrden und damit der Gemeinde *Everloh*[289] zeigt für Everloh keine neu ausgewiesenen, reinen Wohn- und Gewerbegebiete. In Anlehnung an den Fortbestand der hochproduktiven Agrarwirtschaft in dieser Gemeinde wird der gesamte Siedlungsbestand als „Dörfliche Siedlung" festgelegt. Die Ergänzung der östlichen Siedlungserweiterungen, bis hin zum Fuß des Benther Bergs, läßt sich aber aufgrund der Verkaufsinteressen der jeweiligen Grundstücksbesitzer vermuten. Endgültige Angaben lassen sich diesem Flächennutzungsplan ebenso wenig sicher entnehmen wie dem von Stelingen, haben doch die jeweils von der Planung betroffenen Einwohner nach Aushängung des FL-Plans die Möglichkeit, Einspruch zu erheben und damit die weitere Überarbeitung zu fordern.

Aus den Planungsgrundlagen der aktuellen Flächennutzungspläne ergibt sich für jede Untersuchungsgemeinde auch künftig der Fortbestand der agrarwirtschaftlichen Tätigkeit. Mit vermehrten Schwierigkeiten — wie oben dargestellt — dürfte sie jedoch nach den vorliegenden Konzepten in Wülferode und Stelingen für verschiedene Landwirte auszuführen sein.

Die größte Siedlungsaktivität wird in unmittelbarer Zukunft also in der Gemeinde Altwarmbüchen einsetzen. Mit dem Ausbau des Freizeit- und Erholungsgebietes im Altwarmbüchener Moor wird Altwarmbüchen das höchste Maß an städtebaulicher Variationsbreite und städtischer Infrastruktur erhalten, die sich über Bereiche der Landwirtschaft, der Wohn- und Gewerbegebiete wie auch über einen großzügigen Erholungsraum erstreckt. Es muß an dieser Stelle aber nochmals darauf hingewiesen werden, daß das Dorf über eine ideale räumliche Gesamtstruktur verfügt, die sich aus der „Verstädterung" im Westen und dem Bauerndorf im Osten ergibt. Beide Bereiche stören sich gegenwärtig nicht. Diese Gesamtstruktur hätte auch Stelingen bis heute erhalten können -die Gemarkung hätte dazu die Möglichkeit geboten.

E. Die Dorfentwicklung unter großstädtischem Urbanisierungseinfluß — ein Weg in die „Entdörflichung"?

Im folgenden sollen die Ergebnisse der Entwicklungsverläufe der vier Untersuchungsgemeinden in einem Überblick zusammengefaßt und dabei das Spektrum an Urbanisierungseinflüssen — ausgehend vom Innovationszentrum Hannover — hervorgehoben wer-

---

[288] 1. Gutachten der Landwirtschaftskammer Hannover zum Bebauungsplan 1980/81.
[289] Einzusehen im Planungsamt Gehrden

den. Anhand der vier gewählten Dörfer wird eine unterschiedliche Urbanisierungsintensität aufgezeigt, die die Gemeinden bis heute jeweils erfaßt hat und damit auf das Maß an „Entdörflichung" hingewiesen, welches die Untersuchungsgemeinden bis heute erhalten haben. Verstädterung geht mit „Entdörflichung" einher. Während aber die dörfliche Lebens- und Siedlungsform durch ein Höchstmaß an Verstädterungseinfluß ihre eigenständige Struktur verliert und durch radikale Umformung in eine echte Vorstadtsiedlung verwandelt werden kann, führen weniger stark ergreifende Urbanisierungseinflüsse nur zu einem gewissen Maß an „Entdörflichung", das heißt, zu einer „Zwitter"-Situation, die das Altdorf nicht mehr als Dorf aber auch noch nicht als „vorstädtische Siedlung" erscheinen läßt. Diese „Zwitter"-Situation soll an konkreten Beispielen aus den Untersuchungsdörfern illustriert werden, wobei eine Auswahl von typischen Beispielen der Störung bzw. Zerstörung — wie sie zu Beginn des „Entdörflichungsprozesses" überall zu finden ist — getroffen wird.

Der Beobachtungszeitraum von der Mitte des 19. Jh. bis zur Gegenwart ergab in vielen Aspekten einen für alle vier Dörfer ähnlich verlaufenden Entwicklungsgang. Im ausgehenden 19. Jh. zeigten sich Parallelverläufe mit der sich überall gleichermaßen ansiedelnden jüngeren Dorfgeneration, die vielfach als Handwerker- oder Arbeiterbauern beschäftigt war.

In der Zeit von der Jahrhundertwende bis zu den frühen Nachkriegsjahren des 2. Weltkrieges wurden ebenfalls noch analoge Tendenzen in den einzelnen Siedlungsentwicklungen beobachtet, doch dann setzten — besonders seit Ende des 2. Weltkrieges — wesentliche Unterschiede in den weiteren Entwicklungsverläufen ein, die bereits in den frühen Nachkriegsjahren die Art und die Intensität der Siedlungsentwicklung zwischen 1960 und der Gegenwart ankündigten.

Als deren Ergebnis lassen sich hinsichtlich der typischen Merkmale des Entwicklungsganges die vier Untersuchungsgemeinden in der Zuordnung Altwarmbüchen/Stelingen und Wülferode/Everloh gruppieren, mit den beiden Extremen Altwarmbüchen und Everloh.

Der Vergleich der Sozialstrukturen und der Betriebsstellenzahlen von 1939 und 1970 führte zu der Feststellung, daß die beiden nördlichen Untersuchungsgemeinden — insbesondere Altwarmbüchen — nicht viel stärker von der Aufgabe der Agrarwirtschaft in diesem Zeitraum betroffen waren als die beiden südlichen Dörfer, obgleich diese weitaus günstigere Bodengütezahlen in ihren Nutzflächen aufweisen. Hierin spiegelt sich die alle Siedlungen gleichsam charakterisierende positive bäuerliche Haltung gegenüber der Fortführung der landwirtschaftlichen Tätigkeit wider. Neben dieser grundsätzlichen Haltung ließen sich jedoch unterschiedliche Verhaltensweisen hinsichtlich der Verkaufsbereitschaft von Grund und Boden aufzeigen, die die jeweilige Dorfentwicklung entscheidend mitbedingten.

Während diese soziologischen Momente in Zusammenhang mit dem Planungsträger „Großraumverband Hannover" als die entscheidendsten prozeßauslösenden und -hemmenden Faktoren ermittelt wurden, konnte den übrigen, dem Innovationszentrum Hannover mittelbar und unmittelbar zugehörigen Institutionen nicht die einflußnehmende Bedeutung im konkreten Entwicklungsverlauf der Untersuchungsgemeinden zuerkannt werden, wie zu Beginn dieser Arbeit bereits vermutet. Sie erschienen im Siedlungsgang nicht als die direkt prozeßauslösenden Faktoren, die Veränderungsimpulse sendend auf die Gemeinden in sozialstruktureller, demographischer und siedlungsgeographischer Hinsicht einwirkten. Sie ergaben vielmehr erst in Zusammenhang mit den genannten Hauptfaktoren ein Wirkungsgefüge und bedingten die jeweiligen Siedlungsveränderungen lediglich indirekt, als steuernde und Möglichkeiten der Verstädterung eröffnende Rahmenbedingungen.

In dem rund ein Jahrhundert umfassenden Untersuchungszeitraum folgte in den vier gewählten Dörfern auf die bis etwa 1960 abgelaufene „spontane" Dorfentwicklung eine „geplante", die in unterschiedlichem Maße durch die vorausgelaufene spontane Entwicklung bereits einen gewissen Entwicklungtrend erhielt.

Siedlungsveränderungen zeigten sich nicht nur durch Ortserweiterungen am Siedlungsrand, sondern auch durch Wandlungen in dem alten Dorfbereich aus der Verkoppelungszeit.

Die *Bewertung des Persistenzvermögens der jeweiligen dörflichen Siedlungsform* erscheint rückblickend nicht ganz einfach.

Vorausgesetzt werden muß, daß im allgemeinen die Landbevölkerung bereit ist zu einer Durchmischung des eigentlichen Dorfbereiches mit Neusiedlern und die regionale Raumplanung dies auch prinzipiell zuläßt. Wo eine solche Durchmischung nicht eintrat, kann davon ausgegangen werden, daß sowohl eine Schwarmsiedlung wie auch ein dichtgeschlossenes Platzdorf gegenüber Urbanisierungseinflüssen persistent bleibt.

Dies ergibt sich aus der Entwicklung im Beobachtungszeitraum für die vier Untersuchungsgemeinden folgendermaßen (Abb. 26): Sowohl Stelingen als Schwarmsiedlung wie auch die Platzdörfer Wülferode und Everloh erschienen in ihrem großbäuerlichen Höfeverband bis in die 60er Jahre und weiterhin persistent, ebenso das enge Zeilendorf Altwarmbüchen. Die kleinbäuerlichen Nachsiedlerbereiche der Köthner-/Brinksitzer-oder An-/Abbauerstellen wurden hingegen in allen vier Dörfern viel eher −seit der Jahrhundertwende − von einer Durchdringung und Ergänzung neuer Gebäude sowie einer Zerstörung des ursprünglichen Gefüges betroffen. Dies führte in Altwarmbüchen zu einem zweizeiligen Siedlungsausbau, der die ursprüngliche großbäuerliche Siedlungszeile nachhaltiger in ihrer historischen Gesamterscheinung beeinträchtigte als dies die allmählich veränderten Nachsiedlerbereiche der beiden Platzdörfer und der Schwarmsiedlung, der lockeren Siedlungsform von Stelingen, taten. Diese lagen ja eher „abseits" der eigentlichen Hofstellen und nicht − wie bei Altwarmbüchen − in unmittelbarer Front zu diesen.

Während aber Altwarmbüchen selbst bei Zulassung von Neuansiedlern im historischen Dorfverband − aufgrund der Gebäudeabstände zueinander − keine Durchsetzung der alten Hofstellen mit zusätzlichen Siedlern erfahren konnte, erfolgte dieser Prozeß bei den drei übrigen Gemeinden besonders in jüngster Zeit. Mit dem *veränderten Entscheidungsverhalten* der dörflichen Bevölkerung setzte die *Zerstörung der historischen Dorfgestalt* dahingehend ein, daß die herkömmlichen Freiflächen der Bauerngärten, Kälber- und Schweineweiden im großbäuerlichen Dorfverband aufgefüllt wurden und damit eine zunehmende Durchdringung und Verdichtung den alten Dorfkern bestimmten.

Die Gemeinde Stelingen, die über größere Bereiche innerdörflicher Grün- oder Gartenflächen verfügt, ist von diesem Zerstörungsprozeß betroffen und zeigt sich daher weniger persistent als Altwarmbüchen.

Wülferode und − bis auf einen einzigen Ausnahmemoment − auch Everloh nehmen eine Zwischenstellung ein. Der Platzdorfkern war bereits von Gehöften größtenteils derart dicht bebaut, daß er nur an wenigen Stellen Neuansiedlungen zuließ und daher persistenter als Stelingen verblieb.

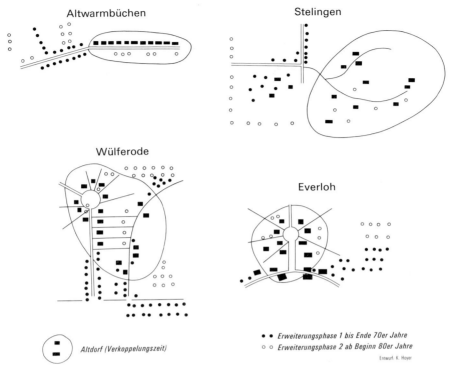

Altwarmbüchen   Stelingen

Wülferode

Everloh

● ● Erweiterungsphase 1 bis Ende 70er Jahre
○ ○ Erweiterungsphase 2 ab Beginn 80er Jahre

Entwurf: K. Hoyer

Altdorf (Verkoppelungszeit)

Abb. 26
Entwicklungstendenzen der Altdörfer in idealtypisch-modellhafter Vereinfachung

Unabhängig von Hofaufgaben, die ja zuweilen den Abriß der Wirtschaftsgebäude mit sich führen und auf der Hofstelle dann mehrere moderne Wohngebäude zulassen, kann nach den Ergebnissen der vorliegenden Arbeit davon ausgegangen werden, daß sich die Siedlungsform des dichten Straßen- bzw. Zeilendorfes gegenüber Platzdörfern oder auch einer Schwarmsiedlung persistenter verhält, selbst wenn eine Neuansiedlung im Dorfkern von der dortigen Bevölkerung beabsichtigt oder befürwortet wäre.

Die historische Siedlungsform des einzeiligen Straßendorfes wird zwar mit dem vom Haustyp her „asymmetrischen" Ausbau der zweiten Seite in ihrer Ursprünglichkeit beeinträchtigt, läßt aber so ohne weiteres keine Durchdringung des älteren Dorfverbands mit neuen Siedlerstellen zu (ebenso wenig wie der enge Rundling) und zeigt daher insgesamt ein größeres Persistenzvermögen als dies bei den Platzdörfern und der Schwarmsiedlung zu beobachten war.

Die beobachtete Entwicklung von der Verkoppelung bis zur Gegenwart erwies daher eine *Abhängigkeit des Persistenzvermögens* einer Siedlung von der *Bebauungsdichte* wie auch von der bäuerlichen Entscheidungs- und *Verhaltensweise*.

Als weniger persistent erwiesen sich bei allen vier Untersuchungsgemeinden die jüngeren kleinbäuerlichen Dorfbereiche, die die ersten Angriffspunke bei der Zerstörung der historischen Gestalt darstellten.

Die Entwicklung der vier Untersuchungsgemeinden läßt Urbanisierungseinflüsse der Großstadt Hannover auf die benachbarten Dörfer erkennen, die generell in Verstädterungsregionen aufgezeigt werden können[290].

Dabei erzeugen diese Einflüsse des Innovationszentrums Hannover mit all seinen stadtexternen wie auch stadtinternen urbanisierenden Institutionen sowohl optisch wahrnehmbare Verstädterungserscheinungen wie auch solche der Lebensformen, also sozialgeographische Veränderungen.

Während — wie bei den vorliegenden Untersuchungsgemeinden — die Entstehung von Neubauvierteln mit Eigenheimen, die Verdichtung des Dorfinneren mit modernen Bungalows, die Aufgabe landwirtschaftlicher Betriebe und die Umfunktionierung dieser zu gewerblichen Stellen (wie etwa in Wülferode zu einem Weindepot) optisch wahrnehmbare Verstädterungserscheinungen darstellen und jedem Besucher im Ort erkennbar sind, lassen sich die veränderten Wertvorstellungen der bäuerlichen Bevölkerung und auch die veränderte ländlich-bäuerliche Lebensform[291], die sich durch den Verstädterungsprozeß ergeben hat, nicht in jedem Falle und sofort durch Äußerlichkeiten im Dorf erkennen.

„Durch die Differenzierung der Sozialstruktur wird eine Differenzierung der Lebensgewohnheiten und -bedürfnisse begründet. Die enge Verflechtung der bäuerlichen und der städtischen und großstädtischen Gesellschaft, . . ., bedingt eine Angleichung der Geisteshaltung und der Verhaltensweisen an die großstädtische Lebensform. Dieser bedeutsame sozialpsychologische Vorgang führt dazu, daß die Traditionsgebundenheit gerade in den Schichten schwindet, deren Beziehung zur Stadt besonders intensiv sind. Eine Entwicklung, die, wenn auch in zeitlichem Abstand, von den anderen Schichten der Landbevölkerung nachvollzogen wird. Begünstigt wird dieser Prozeß durch die modernen, von der Stadt ausgehenden Kommunikationsmittel"[292]. So bewirkt der sozialpsychologische Umwandlungsvorgang, der sich durchaus unterschiedlichem Ausmaß innerhalb der Landbevölkerung der vier Untersuchungsgemeinden vollzieht, zu einem gewissen Teil die Entwertung der eigenen Lebensform.

Wenn POSECK generell davon ausgeht, daß die Stadt für die Landbevölkerung schlechthin den Ort des zivilisatorischen Komforts, des technischen Fortschritts, der geringeren Arbeit, der geregelten Freizeit, der kulturell-geistigen Anregungen darstellt[293], so kann diese Einstellung auch bei der Landbevölkerung der vier Untersuchungsgemeinden festgestellt werden.

Sowohl diejenigen Altwarmbüchener Bauern, die gegenüber der eigenen Hofstelle — auf der ursprünglich unbebauten Straßenseite — kleine Parzellen verkauften oder an Wohnwagenaufsteller gegenwärtig verpachten, wie auch die verkaufsfreudigen Bauern der östlichen Dorfhälfte Everlohs zeigen bereits veränderte Einstellungen und Verhaltensweisen: Mit dem Wunsch der Übernahme städtischer Lebensgewohnheiten[294], insbesondere urbaner Formen der Freizeitgestaltung — nicht zuletzt der Urlaub, ein der bäuerlichen Le-

---

[290] Hierzu POSECK (1966), S. 9ff
    LINDAUER (1970), S. 25ff
    SCHÜSSEL (1972)
[291] POSECK(1966), S. 234ff
[292] ders. S. 234
[293] ders. S. 235
[294] Hierzu auch NEULOHet al. (1967)

benswelt bisher fremdes Element — verkaufen oder verpachten die Bauern Grundstücke und erlangen so schneller und leichter das Geld, das sie für die neuen Bedürfnisse benötigen.

Als sichtbare Indikatoren für den Wandel der bäuerlichen Wertskalen können aber auch sofort erkennbare Veränderungen im Siedlungsbild, in der Dorfphysiognomie, auftauchen. So weisen das Verschwinden der Dunggruben vor den Bauernhäusern, erneuerte Fenster und Türen nach städtischen Modellen, Aufstockungen und Ausbauten an Wohnhäusern, bis hin zum gänzlichen Neubau im Bungalowstil auf die neuen Bewertungsmaßstäbe hin.

Zahlreiche Objekte, die ihrem Besitzer früher Sozialprestige verliehen, wurden umbewertet und durch andere ersetzt. „Heute gilt vielfach nicht mehr die größte Dunggrube vor dem Haus als Zeichen eines großen Land- und Viehbesitzes als Prestigesymbol, sondern das „vornehm" gekachelte Bad oder ... Einrichtungsgegenstände wie Kunstwerke und Antiquitäten. Alle Einrichtungen, die der Hygiene und Sauberkeit dienen, erfahren eine Hochschätzung, ...“[295].

Die ländliche Lebensauffassung und die Siedlungsform werden durch den Verstädterungsprozeß also mindestens teilweise der städtischen angenähert. In welchem unterschiedlichen Ausmaß dies geschehen kann, zeigen die Entwicklungsverläufe der vier Untersuchungsgemeinden. Alle vier Dörfer sind verstädtert, aber in unterschiedlicher Intensität. Und dies, obwohl sie in etwa gleich weiter Entfernung zum Innovationszentrum Hannover liegen. Damit sei an dieser Stelle schon betont, daß sich generelle Entwicklungsverläufe und Verstädterungserscheinungen in ländlichen Siedlungen zwar erkennen lassen, diese aber nicht unbedingt in Abhängigkeit von der (räumlichen) Entfernung des Dorfes zur Stadt gesehen werden können, wie dies POSECK behauptet[296].

Im Hinblick auf das Dorf und seine ländlichen Bewohner kann der Verstädterungsprozeß, der die Siedlungen z.B. im nahen Umland von Hannover ergreift, *positiv* aber auch *negativ* in seinen Auswirkungen *bewertet* werden. Eine plötzlich verstärkt einsetzende Wertschätzung der Stadt und urbaner Normen innerhalb des Bauerntums, die letztlich zur Entwertung der eigenen Lebensform führt, kann mit kritikloser Nachahmung der städtischen Verhaltens- und der Wohnweise verbunden sein. Neben der Aufgabe der Landwirtschaft — also der Einstellung des ländlich-bäuerlichen Tätigkeitsbereiches — werden die charakteristischen Strukturen im dörflichen Siedlungsbild dann gestört oder gar zerstört. Um der städtischen Wohn- und mehr noch der Lebensweise nachzukommen, verändern die Dörfler ihre alten, typischen Bauernhäuser und Straßen und nehmen dem Dorf damit wesentliche ursprüngliche Züge.

Eine solche kritiklose Übernahme der städtischen Verhaltensweisen und Lebensformen muß negativ bewertet werden. Sie führt das Dorf in die „Entdörflichung".

Typische Beispiele der Störung und Zerstörung, die den Prozeß der „Entdörflichung" ankündigen und zugleich auf die zunehmende Verstädterung hinweisen, sind auch in allen vier Untersuchungsgemeinden zu finden.

So haben alle Gemeinden längst asphaltierte, meist verbreiterte Dorfdurchgangsstraßen mit Peitschenleuchten erhalten, die als urbane Elemente im Dorfkern zu der oben angesprochenen „Zwitter"-Situation (nicht mehr Dorf, aber noch nicht vorstädtische Sied-

---

[295] LINDAUER(1970), S. 26
[296] POSECK (1966), S. 230

lung) führen. Neben den modernen Bungalowbauten auf ehemaligen Hofstellen, die zwar in Everloh das eigentliche Dorfinnere – den Platz – nicht zerstören, dafür aber den ursprünglichen Charakter des gesamten Altdorfes beeinträchtigen, sind Reklameschilder auf den gewerblich genutzten Höfen – wie z.B. in Altwarmbüchen – und künstlich angelegte, mit Rasen besäte Verkehrsinseln auf dem Dorfplatz – wie z.B. in Wülferode – Störfaktoren für den alten Dorfkern.

Einen besonderen Schritt zur „Entdörflichung" stellt dann die Veränderung oder gar der völlige Abriß und moderne Wiederaufbau des Bauernhauses eines Hofes dar, wie er auf der Stelle VHc in Everloh eingetreten ist. Wenngleich sich das neue Bauernhaus noch in das Hofbild einpaßt, weil es nicht im Bungalowstil, sondern „nur" als verklinkertes, langgestrecktes Bauernwohnhaus mit zeitentsprechendem Innenkomfort (z.B. modern ausgestattete Bäder) wiedererrichtet wurde, zeigt es die Veränderung der Lebensform dieser Bauernfamilie, die die Landwirtschaft beibehält, dennoch aber nicht mit weniger Komfort leben möchte als die urbane Bevölkerung. Daß für die Gestaltung des neuen Innenkomforts das alte Haus nicht etwa bloß nur umgebaut, sondern gänzlich abgerissen wird, deutet – soweit dies nicht unbedingt für die Umbauten notwendig war – darauf hin, daß man den Innenkomfort nun auch gern nach außen demonstriert: mittels einer neuen urbanen Fassade.

Daß es vielfach Ziel oder Traum- bzw. Wunschvorstellung der Bauern ist, in einem modernen Eigenheim zu wohnen, z.B. in einem Bungalow, so wie es die Städter in den Neubaugebieten am Dorfrand tun, beweisen die Bungalows in heller Klinkerbauweise auf den Hofenden in Wülferode. Hier führt das Nebeneinander von Bauernhäusern und Wirtschaftsgebäuden und den rückwärtig erbauten Bungalows nicht allein zu der oben angesprochenen Zwitter-Situation für das gesamte Altdorf, sondern auch zu einer Zwitter-Situation des entsprechenden Hofes: Dieser ist nicht mehr nur Bauernhof, aber auch noch kein reines Bauland für moderne Eigenheime.

So stellt sich das Maß an „Entdörflichung", welches eine Gemeinde bis heute erreicht hat, sowohl partiell im Dorf, an einzelnen Details, wie auch in der Gesamtheit des Altdorfes dar.

Positiv hingegen ist die Tatsache, daß der Verstädterungsprozeß überhaupt neue, d.h. andere als die traditionellen Bewertungsmaßstäbe bei der ländlichen Bevölkerung auszulösen vermag: Die Bauern verharren nicht „blindlings" in traditionsgebundenen, nicht mehr zeitgemäßen Lebensformen, sondern stehen offen allen Innovationen gegenüber. Werden die dörflich-bäuerlichen Lebensbedürfnisse und Lebensgewohnheiten den städtischen dahingehend angepaßt, daß diese Anpassung nicht einhergeht mit der totalen Entwertung der ländlich-bäuerlichen Lebensform, sondern einhergeht mit wieder wachsendem Selbstbewußtsein und Wertschätzung des eigenen Lebensraumes, dürfte der Entwicklungsprozeß der ländlichen Siedlungen nicht in die Phase der „Entdörflichung" führen. Das Dorf könnte als solches mit seinen charakteristischen Merkmalen weiterbestehen. In ihm würde eine Bevölkerung leben, die die Lebensbedürfnisse den modernen, urbanen anpaßt, ohne dabei den eigenen Lebensraum in seiner Ursprünglichkeit und charakteristischen Beschaffenheit geringschätzig aufzugeben.

Die Übernahme von Neuem wäre dann nicht eine *kritiklose* Nachahmung von Städtischem sondern eine *bewußte* Anpassung der Lebensform an moderne Wohn- und Verhaltensweisen mit Rücksicht auf den durchaus als wertvoll eingeschätzten ländlichen Lebensraum.

V. ERHALTENDE DORFERNEUERUNG.
ZIELE, MÖGLICHKEITEN UND GRENZEN
— DARGESTELLT AN ZWEI FALLSTUDIEN —

A. Literatur- und Forschungsstand

Auf die geplanten Siedlungsentwicklungen seit den 60er Jahren schließt sich seit der jüngsten Zeit eine Lenkungsphase an, die das Augenmerk nicht mehr nur — wie im herkömmlichen Sinne — auf die zu planenden Ortserweiterungen im ländlichen Raum richtet, sondern darüber hinaus auch auf die Altsiedlung, die überkommenen historischen Strukturen. Veränderte Bewertungsmaßstäbe gegenüber dem ländlichen kulturhistorischen Gut verlangen nun nach dessen Erhaltung und widersetzen sich seiner bisher fortwährenden unbedachten und rücksichtslosen Zerstörung[297].

Das vom Europarat initiierte Jahr des Denkmalschutzes 1975 hat mit zum Bewußtseinswandel beigetragen, dem ungehemmten Abriß der kulturhistorischen Dorfsubstanzen entgegenzutreten[298] und den ländlichen Raum durch entsprechend gesetzliche Ordnungs- und Förderungsmaßnahmen zu unterstützen.

Weitaus weniger als die Stadtentwicklung[299] wurde seit den Nachkriegsjahren die ländliche Siedlungsentwicklung geordnet und gefördert, wie es auch das Beispiel des Städtebauförderungsgesetzes von 1976 belegt, „das praktisch für Dörfer bis heute noch nicht wirksam geworden ist"[300].

In der Literatur zum Thema „Flurbereinigung" und „Dorferneuerung" spiegelt sich mannigfach das geringe Bewußtsein gegenüber ländlichen kulturhistorischen Güter wider, wie es zum Beispiel die Flurbereinigungsbehörden bei ihren rein nach rationell-ökonomischen Maßstäben durchgeführten Umgestaltungen der Fluren sowohl Ende der 60er Jahre wie auch noch zu Beginn der 70er Jahre zeigten[301].

Ziel der im Zusammenhang mit einer Flurbereinigung durchgeführten Dorferneuerungsmaßnahmen war damit vielfach „eine durchgreifende städtebauliche Erneuerung des Ortes unter Beseitigung aller alten Wohngebäude mit menschenunwürdigen Wohnungen und aller Wirtschaftsgebäude, die ihren Zweck nicht mehr erfüllen konnten"[302]. Angestrebt wurde darüber hinaus der Aufbau von Fremdenverkehrs- und Industrieeinrichtungen in der Gemarkung, die durch das Angebot neuer Erwerbsmöglichkeiten die durch Rationalisierungsmaßnahmen freiwerdenden ländlichen Arbeitskräfte auffangen und der Abwanderung aus dem ländlichen Raum entgegenwirken sollten[303].

Die zwischen Stadt und Land bestehenden Disparitäten waren in den Ortsregulierungsmaßnahmen insbesondere durch Ausbau eines begradigten asphaltierten „städtischen"

---

[297] FEHN (1979), S. 432
[298] HENKEL (1978b), S. 27
Zur Argumentation für die Erhaltung des architektonischen Erbes auf dem Lande siehe SCHWENKE (1980), S. 290
[299] Hierzu GERLACH/KOTHE (1979)
[300] HENKEL (1979c), S. 95
[301] Z.B. MIKUS (1968b); ERNST (1967), S. 378ff.; OSTHOFF (1967), S. 34ff., BORN (1977), S. 198; ERNST (1968); MIKUS (1968a), S. 73ff.
[302] OSTHOFF (1967), S. 35
[303] ders. S. 33 f

Straßennetzes und durch Modernisierung der Altbauten in „städtebaulicher" Architektur abzubauen[304].

Übereinstimmende Vorstellungen besagten noch in den 60er Jahren, daß Höfe, die verkehrstechnisch ein Hindernis bedeuteten oder sich gut zur Anlage von Grünflächen, Spielplätzen und Parkräumen eigneten, nach Aussiedlung des Betriebes abgerissen werden konnten, oder es sollten sich die im Dorf verbleibenden Hofstellen auf den neuen Freiflächen vergrößern und moderne Betriebsgebäude errichten[305].

Ohne Wertung und jegliche Bedenken teilt ERNST (1967) mit[306], daß die neuen Aussiedlerhöfe und die zeitgemäß errichteten Betriebsgebäude keine landschaftsspezifischen Unterschiede mehr aufweisen und es sich „in der Regel um reine Zweckbauten handelt, die als Produktionsstätten ähnlich den Fabriken, die modernen Baustoffe wie Eisenbeton und Eternit bevorzugen. Ihre Konstruktion ist genormt und wird teilweise mit vorgefertigten Teilen im Baukastensystem nach abgestimmten Rastermaßen errichtet".

Wie konträr zu den heutigen Zielvorstellungen die Planungsabsichten der Dorferneuerung am Ende der 60er Jahre sich abzeichnen, mag folgende Äußerung von OSTHOFF bestärken: ". . . Es ist ja auch natürlich, daß sich ein Hauseigentümer viel leichter zur Aufgabe seines alten Gehöftes entschließt, wenn er sieht, wie das neue Eigenheim seines Nachbarn − dem er nicht nachstehen will − am Ortsrande in schöner Lage schon aus dem Boden wächst, oder wenn er gar erlebt, wie dessen Altgebäude abgerissen werden"[307].

So wurde im Zuge der *Flurbereinigung* die *Aussiedlung* im Dorfkern bisher vielfach als Allheilmittel gegen städtebauliche Problemsituationen bewertet[308] und mit ihr oftmals die Verödung des Altdorfes eingeleitet[309].

Einen Umschwung markiert das am 1. April 1976 novellierte *Flurbereinigungsgesetz*, mit dem die *Dorferneuerung* auf eine wesentlich erweiterte und in den Zielen veränderte Gesetzesgrundlage gestellt wurde (§ 37). Die gestalterischen Grundsätze für die Dorferneuerung betonen nun die *Sanierung und Erhaltung bedeutsamer baulicher Ensembles* und historischer Bausubstanzen und darüber hinaus das Verbleiben der Gehöftstandorte im Dorfkern, soweit dies die Gesamtfunktion des Ortes zuläßt[310].

Daraus ergibt sich die inhaltliche Erweiterung des Terminus „Dorferneuerung" durch eine erhaltende Komponente zum Begriff der *„erhaltenden Dorferneuerung"*, die im künftigen Flurbereinigungsverfahren hinzutritt[311].

Neben dem novellierten Flurbereinigungsgesetz sind der Dorferneuerung, d.h. der erhaltenden Dorferneuerung, durch das Bundesbaugesetz vom 18. August 1976 (§§ 34 u. 35), durch das Städtebauförderungsgesetz vom 18. August 1976 (§ 1 Abs. 1 und Satz I) und durch das Zukunftsinvestitionsprogramm (1977 − 1980) − um nur die wichtigsten zu nennen − Mittel und Wege bereitgestellt[312].

---

[304] ders. S. 23
[305] ERNST (1967), S. 380
[306] ders. S. 378
[307] OSTHOFF (1967), S. 37
[308] ERTL (1953), S. 100
[309] ERTL (1979), S. 13
[310] Das neue Flurbereinigungsgesetz, 1976, S. 42ff.; PETZET (1978), S. 406
[311] Zur Definition von Dorferneuerung u. synonymen Begriffen vergl. HENKEL (1979a), S. 137f
     ders. (1978a), S. 154; HENCKEL (1979), S. 353/2044
[312] HENKEL (1978b), S. 27ff.; ders. (1979a), S. 138f

Hierbei sind die *Voraussetzungen* für die Bereitstellung staatlicher Förderungsmittel für die Maßnahmen der (erhaltenden) Dorferneuerung zum einen *Siedlungsstrukturen, die durch die Land- und Forstwirtschaft wesentlich geprägt* sind und zum anderen die Durchführung der Dorfverbesserungsmaßnahmen auf der Grundlage eines *Dorferneuerungsplans.*

Das Zukunftsinvestitionsprogramm (ZIP) gewährleistete sowohl Gemeinden wie auch Teilnehmergemeinschaften und Einzelpersonen die Förderungsmittel zur Dorferneuerung[313].

Ergänzend zu den oben genannten planungs-, bau- und bodenrechtlichen Vorschriften des Bundes wirken die *Denkmalschutzgesetze* der einzelnen Länder. Auch die Denkmalpflege beschränkte sich im ländlichen Raum bisher vorwiegend auf die Erhaltung kulturhistorisch wertvoller Schlösser, Burgen, Dorfkirchen oder Gutshäuser, vernachlässigte aber die Pflege ganzer Dorfbereiche, historischer Ensembles[314].

Das Niedersächsische Denkmalschutzgesetz vom 30.Mai 1978[315] integriert nun die ländlichen historischen Siedlungssubstanzen in die schützens- und erhaltenswerten Kulturdenkmale (§ 3) und verlangt darüber hinaus deren künftige Inventarisation (§ 4)[316].

Das Ziel der *Inventarisation[317]* ist es, zur Erklärung und Aufschlüsselung kulturhistorischer Prozesse beizutragen und ein Bewußtsein zur Wertschätzung historischer Gebäude zu schaffen, worauf letztlich die Erhaltung und Pflege der historischen Bauten aufbaut.

Dabei soll die Verständnisbasis − die Erfassung und Dokumentation historischer Gebäude − vor allem geschaffen werden (1.) für die Bewohner und Benutzer dieser Bauten, (2.) für denkmalpflegende und planende Institutionen sowie (3.) für Forschung und Wissenschaft.

Den Bewohnern der historischen Gebäude (1.) soll die Inventarisation helfen, bzw. dienen, die sozialen und baulichen Besonderheiten eines Stadt- oder Dorfteils zu erkennen und daraus schließlich ein Engagement für die Erhaltung und Pflege der vertrauten Umgebung zu entwickeln. Das Bewußtsein von der Geschichtlichkeit des Lebensraumes und die Möglichkeit des Erkennens und Verstehens dieses Entwicklungsprozesses soll mit der Inventarisation gefördert werden, wobei noch zu überlegen gilt, auf welche Weise die Inventarisation an die Ortsbewohner übermittelt werden kann.

Den planenden Institutionen (2.) soll die Inventarisation Entscheidungshilfen für ihre Arbeit geben. Durch Anstöße und Hinweise sollen die Planer veranlaßt werden, erhaltenswerte Bauten und Objekte besser als bisher bei künftigen Planungen zu berücksichtigen, „damit nicht weiterhin aus Unkenntnis wichtige historische Zeugnisse zerstört und damit gesellschaftlicher „Reichtum" vernichtet wird"[318].

Darüber hinaus kann die Inventarisation denjenigen denkmalpflegenden Institutionen Grundlage liefern, die nach § 94 der NBauO Verzeichnisse von Baudenkmalen aufzustellen haben.

---

313 ERTL (1979), S. 86ff.; Anhang Sonderrahmenplan 1977 - 1980
314 ders. S. 15; hierzu auch DÖLLING(1974), S. 9ff.; und BENDERMACHER(1978), S. 413
315 vergl. DSI 2/78, 2. Jg., S. 4
316 Zum Verfahren der Inventarisation vergl. auch BENDERMACHER (1978), S. 414f.; WILKENING(1978), S. 186ff.
317 WILKENING (1978), S. 186
   WILKENING ist einer von 8 wissenschaftlichen Mitarbeitern der TU Hannover, die an der Inventarisation der Großstadt Hannover u. weiterer Bereiche mitarbeiten.
318 WILKENING (1978), S. 186

Der Forschung und Wissenschaft (3.) kann die Inventarisation zum Findbuch werden, indem sie z.B. verschiedene Disziplinen, wie z.B. der Stadtbauforschung oder der Kunsthistorischen Forschung Grundlagenmaterial liefert.

Gerade für die Bauten des 19. und 20. Jh. steht datiertes Bild- und Planmaterial bisher nur in begrenztem Umfang zur Verfügung, das aber für vergleichende Untersuchungen die wichtigste Voraussetzung darstellt.

Die Zielsetzungen der *Denkmalpflege* gingen so einher mit jenen des *Zukunftsinvestitionsprogramms,* woraus sich eine starke *Zusammenarbeit* zwischen den für die Förderung der Dorferneuerung im Rahmen des Programms (ZIP) und den für Denkmalpflege zuständigen Behörden ergab und bei Einsetzen künftiger Programme auch erneut ergeben wird.

Aber nicht nur die in Kraft getretenen Gesetze und Förderungsprogramme des Bundes und der Länder deuten auf die allseitig erkannte Notwendigkeit der Dorferneuerungsmaßnahmen im ländlichen Raum, sondern auch die zahlreichen von den Hochschuldisziplinen (z.B. Architektur/Ländl. Siedlungswesen, Geschichte, Geographie etc.) publizierten Aufsätze und Diskussionsprotokolle[319].

Als besondere Aufrufe zur erhaltenden Dorferneuerung erscheinen auch die „Resolution des Deutschen Nationalkomitees für Denkmalschutz zu Maßnahmen der Energieeinsparung und Dorferneuerung" sowie der Appell des 5. Europarat-Symposions in Granada 1977 (Appell von Granada)[320].

Dabei sind sich der Gesetzgeber, die Wissenschaftler und bereits ein Teil der Raumplaner bewußt, daß die Ziele der Dorferneuerung nicht nur die Verbesserung der Agrarstruktur (1.) und die Beseitigung der raumordnungspolitischen Disparitäten, vor allem im Bereich der Infrastruktur (2.), anstreben sollten, sondern darüber hinaus auch die baustrukturelle Ortsverbesserung unter besonderer Berücksichtigung der Denkmalpflege (3.) berücksichtigen müssen (erhaltende Dorferneuerung, Dorferneuerung im engeren Sinne)[321].

Vielfach noch nicht zu dieser Einsicht gekommen sind hingegen die Betroffenen, die ländlichen Bewohner selbst[322]. So stellt sich neben der Erarbeitung des Dorferneuerungsplans zugleich die Aufgabe und Schwierigkeit, die beabsichtigten baulich-erhaltenden Maßnahmen der betroffenen Bevölkerung erklärend zu vermitteln und darüber hinaus vielleicht noch Initiativen zu wecken, die auf privater Ebene künftig die realisierten Planungskonzeptionen ergänzen könnten[323].

Die der Durchführung der Dorferneuerungsmaßnahmen vorangestellte und begleitende Aufgabe ist daher die Aufklärung und Bewußtmachung der ländlichen Bevölkerung gegenüber den kulturhistorischen Gütern im ländlichen Raum[324]. Denn nur das Bewußtsein gegenüber dem kulturellen Erbe verleiht den dörflichen Einwohnern die Identifikation

---

[319] Hierzu HOLL (1979), S. 14; SCHMIDT (1979), S. 11f.; EISENMANN (1979), S. 9; GUT-KNECHT (1979), S. 21/25; ANDERS (1979), S. 44; TEMPEL (1979), S. 69; GERCKE (1979), S. 90; HENKEL (1978a), S. 154; HAUPTMEYER (1980), S. 40; ROLLI/KONIECZNY (1979), S. 353/2039; BRAUN/KISSEL (1979), S. 362/2048; SCHWENCKE (1980), S. 292; WICHMANN (1978), S. 345ff.; FORUM I,S. 3/6; FORUM III, S. 4 (Arbeitskreis für …)

[320] DSI, 2/78, 2. Jg. S. 5/13

[321] HENKEL (1978b), S. 28

[322] HENKEL (1979a), S. 140; MAIER (1978), S. 295

[323] HOLL/PFANNSCHMIDT (1980), S. 563

[324] FEHN (1979), S. 432; o.V. (1980a), S. 291 Der Europ. Denkmalschutzkongreß plädierte besonders für eine Zusammenarbeit der Denkmalpflege mit den Medien (Presse, Rundfunk, Fernsehen). Innerhalb der Schulen könnte diese Themenbehandlung ergänzt werden.

mit demselben und kann zu einer erfolgreichen Durchführung des erhaltenden Dorferneuerungskonzeptes führen[325].

Die Aufklärung und Bewußtmachung der ländlichen Bevölkerung stellt aber ein Problem dar. Nicht jeder Denkmalpfleger und Planer ist befähigt – ohne vorher dafür ausgebildet worden zu sein –, diese „Vermittlung" an die ländliche Bevölkerung zu übernehmen. So genügt ja zur Ermittlung eines kultur- historischen Bewußtseins nicht nur die Verlesung und Erklärung des Inventars durch den Denkmalpfleger oder Planer, sondern fordert eine didaktisch aufbereitete Vermittlung von historischen Sachverhalten, d.h. der Siedlungs- und Sozialgeschichte des Dorfes und seiner Umgebung. Die Durchführung der Dorferneuerungsmaßnahmen muß gewissermaßen mit einem Programm der „Erwachsenenbildung" beginnen, sollen die Dorfbewohner mehr als nur eine Aufzählung der kultur-historisch bedeutsamen Elemente im Dorf, nämlich ein echtes kultur- historisches Bewußtsein über ihren Lebensraum erhalten.

Die Zusammenarbeit von Planern, Denkmalpflegern und z.B. Lehrern, die in der Erwachsenenbildung (z.B. Volkshochschulkurse) tätig sind und im schulischen Bereich Fächer wie z.B. Geographie oder Geschichte vertreten, könnte ein didaktisch sinnvoll aufbereitetes Programm zur Bewußtseinsvermittlung ergeben und damit den ersten Schritt zur Durchführung der Dorferneuerungsmaßnahmen einleiten.

Die Förderung von Dorferneuerungsmaßnahmen nach dem Zukunftsinvestitionsprogramm setzte die Aufstellung eines *Dorferneuerungsplans* voraus[326]. „Aus den bisherigen programmatischen Entwürfen der Landwirtschaftsministerien und ersten fertigen Plänen wird eine prinzipielle Dreigliederung des Dorferneuerungsplans deutlich"[327], die sich aus der *Bestandsaufnahme* (I), der *Bestandsprognose* (II) und dem *Planungskonzept mit Maßnahmenplan* (III) ergibt.

Hilfestellungen zur detaillierten Erarbeitung der Bestandsanalyse und Bestandsprognose geben verschiedene Veröffentlichungen zum Thema „Dorferneuerungsplan"[328].

Entscheidungsgrundlagen für die Bewertung der erhaltenswerten Dorfsubstanzen liefert KUNZE (1980). Versuche bilden auch das von NAGEL (1979)[329] vorgelegte Konzept zur Erfassung von erhaltenswerten kultur-geographischen Elementen in ländlichen Siedlungen und das von NOHL (o.J.)[330] vorgeschlagene Foto-Ordnungsverfahren zur Beurteilung dörflicher Bauten.

---

[325] Hierzu HENCKEL (1979), S. 361/2047; ZDF-Manuskript (1980), S. 15; EISENMANN (1979), S. 9f; GALLUSSER (1977b), S. 252; KONIECZNY/ROLLI (1979), S. 22ff; ANDERS (1979), S. 44; WALLENREITER (1979), S. 6; HENKEL (1982), S. 47

[326] ERTL (1979), S. 87; GUTKNECHT/ROEDIG (1978), S. 321f

[327] HENKEL (1979c), S. 97

[328] HENKEL (1979c)
Arbeitsgruppe beim Deutschen Nationalkomitee für Denkmalschutz (1978)
HAUPTMEYER (1979); GERCKE (1979), S. 89ff.; Arbeitskreis Dorfentwicklung Wiesbaden (1979), S. 93ff.; KUNZE (1980)

[329] NAGEL (1979)
Jedoch teilt NAGEL in seinem Konzept keine Auswahlkriterien zur Erfassung der erhaltenswerten Kulturgüter mit. Vergl. im Gegensatz dazu KUNZE (1980)

[330] NOHL (o.J.)
Mit Hilfe von Fotos, die nach klar beschriebenen Regeln von Versuchspersonen beurteilt werden, kann der Planer erfassen, welche baulichen Ensembles im Bewußtsein der Dorfbewohner besonders wichtig sind. Er gewinnt daraus wesentliche Entscheidungsgrundlagen für seine weitere Planung. Vergl. hierzu HERMS (1978), S. 319

Unterschiedliche Auffassungen[331] bestehen bei den beteiligten siedlungshistorischen Forschern darüber, bis zu welchem früheren (historischen) Zustand man die Entwicklungsgeschichte des zu erneuernden Dorfes erforschen und darstellen muß, um die Verständnisbasis für die erhaltenden Erneuerungsmaßnahmen zu gewinnen bzw. die Verhinderung von Zerstörungen historischer Strukturen/Elemente zu erreichen.

So finden sich in entsprechenden Darstellungen sowohl die beschreibenden Rekonstruktionen ursprünglicher Siedlungssituationen aus der mittel- und vormittelalterlichen Zeit, wie auch erst aus dem vorindustriellen 19. Jh., je nachdem, wann und in welchem Ausmaß bereits entscheidende Siedlungswandlungen den jeweiligen Ortsgrundriß bzw. das Ortsbild ergriffen haben und inwieweit sich überhaupt noch ursprüngliche Spuren im Ort wiederfinden lassen.

Beispiele für Planungskonzepte, d.h. für die auf Veränderungs-und Verbesserungsmaßnahmen zielenden Teile der Dorferneuerungspläne, geben die bereits realisierten Dorferneuerungspläne, z.B. derjenige von Mandelsloh, Waldfeucht oder Borgentreich.

Gestaltungsanregungen[332] für die erhaltende Dorferneuerung, insbesondere für die Gestaltung von Häusern, Straßenräumen und Plätzen, bieten mit reichhaltigem Bildmaterial Broschüren des Deutschen Nationalkomitees für Denkmalschutz, des Niedersächsischen Ministeriums für Ernährung, Landwirtschaft und Forsten, des Kuratoriums für Technik und Bauwesen, wie auch − in entsprechenden Fachzeitschriften − mannigfache Publikationen über bereits durchgeführte Dorferneuerungsmaßnahmen.

Zwar wurden diese Orientierungshilfen zunächst vor allem für die in den Jahren 1977 bis 1980 tätigen Planungsgruppen im Rahmen des ZIP's formuliert, doch richten sie sich auch an Einzelpersonen, die unabhängig von Gesamtdorferneuerungsverfahren ihr kulturhistorisch wertvolles Gebäude restaurieren möchten, und sind selbstverständlich auch für alle dem ZIP folgenden Fortsetzungsprogramme auf Länderebene von Bedeutung. Das ZIP bedeutete aber den Beginn der Dorferneuerung auf breiter Front und gab den beteiligten Planern, Architekten und Wissenschaftlern einen starken Impuls.

Neben den inzwischen ausgelaufenen Finanzierungshilfen zur Instandsetzung von Kulturdenkmälern im Rahmen des ZIP's können Privatpersonen weiterhin von der Denkmalpflege, den Gemeinden und Landkreisen Zuschüsse bewilligt werden. Darüber hinaus können sich beim Erwerb und der Instandsetzung von erhaltungswürdigen Gebäuden − als materielle Anreize − erste Steuervorteile aus folgenden Gesetzen ergeben:

1. Gesetz zur Erhaltung und Modernisierung kulturhistorisch und städtebaulich wertvoller Gebäude vom 22.12.1977[333],
2. Einkommenssteuergesetz in der Fassung vom 5.9.1974,
3. Vermögenssteuer-Bewertungsgesetz in der Fassung vom 26.9.1974,
4. Erbschaftssteuergesetz/Schenkungssteuergesetz vom 17.4.1974,
5. Grundsteuergesetz vom 7.8.1973 und
6. § 7b Einkommenssteuergesetz mit der Abfassung vom 1.1.1977[334].

---

[331] GLAESSER (1979), S. 126ff.; HAUPTMEYER (1979), S. 73ff.; HOLLet al. (1980), S. 560
[332] GERLACH (o.J.a); ders. (o.J.b); GATZ (o.J.); VOLK (1979); KÖRTE (1979); KÜHNE (1979); KALESKY (1980); BRAUN et al. (1978); GERNER (1978); o.V. (1979); WIELAND (1979); Zentralverband Werbetechnik (o.J.)
[333] o.V. (1978); Der Landkreis 1978/5, S. 190-192
[334] WIELAND (1979), S. 69ff

Für Besitzer von kulturhistorisch wertvollen Gebäuden mit Grundstücken ergibt sich hieraus im günstigen Falle die Aufhebung der Grunderwerbssteuer sowie der Grundsteuer[335].

Solche materiellen Anreize können bei noch fehlender Einsicht in die kulturhistorische Bedeutung und den Sinn der Erhaltung des einmaligen baulichen Charakters des Dorfes dazu beitragen, daß möglichst viele solche Einzelmaßnahmen durchgeführt werden. Denn oft erscheinen Abriß und Neubau oder radikaler Umbau billiger als eine erhaltende Erneuerung, was die Einsicht in solche aufwendigen Maßnahmen nicht gerade fördert und Abwehrhaltungen hervorruft.

Daher forderte der Europäische Denkmalschutzkongreß 1980 für private Eigentümer in vermehrtem Maße finanzielle Unterstützung für die Erhaltung architektonisch oder historisch bedeutsamer Gebäude. Neben Steuerermäßigungen plädierte der Kongreß für Beihilfen und Darlehen zu niedrigen Zinssätzen[336], sind doch die Eigentümer nach § 6 und § 7 des Niedersächsischen Denkmalschutzgesetzes von 1978 zur Erhaltung der Kulturdenkmale − bis zu einer gewissen wirtschaftlichen Zumutbarkeit für den einzelnen − zur Instandhaltung der Gebäude verpflichtet. Es sollten künftig mehr finanzielle Vorteile für Kulturdenkmalbesitzer bzw. -erwerber gewährleistet sein, damit der Anreiz, ein kulturhistorisch erhaltenswertes Gebäude zu besitzen und zu bewohnen, auch von den Interessenten in die Tat umgesetzt werden kann und nicht bloße Traum- und Ideenvorstellung bleibt[337].

Als Vorläufer zu den geplanten Dorferneuerungsmaßnahmen der Gegenwart wird vielfach der bundesweite Wettbewerb *„Unser Dorf soll schöner werden"* gesehen, der seit den 60er Jahren durchgeführt wurde und mittlerweile schon oft im Kreuzfeuer der Kritik gestanden hat.

Fürsprecher bejahen die Fortsetzung des Wettbewerbs, wobei der Wettbewerb ausgerichtet sein soll auf die künftige Entwicklung der Gemeinden[338] und nicht etwa verstanden werden soll als ein Gemeindevergleich im Sinne der Dorferhaltung, der Denkmalpflege[339].

Denkmalschutz und Dorfverschönerung bzw. Dorfbildpflege könnten sich aber ergänzen und würden ausschalten, daß die Dorfbewohner in diesem bundesweiten Wettbewerb weiterhin überfordert wären, gewannen doch vermehrt Fragen des Städtebaus und der Raumplanung Einfluß auf die Bewertungskriterien des Wettbewerbs. Übersehen werden sollte nach Meinung der Fürsprecher nicht, daß dieser Wettbewerb ursprünglich initiiert wurde mit dem Titel „Unser Dorf in Grün und Blumen"[340]. Die Kritiker hingegen lehnen den Wettbewerb, der sich in ihren Augen vielfach in „Einmalaktionen" mit „Feiertagsdekorationen" erschöpft, schon von der Benennung her ab und fordern den Aufruf „Unser Dorf soll schön bleiben"[341]. Für sie stellt der Wettbewerb ein Negativsymbol für die gestalterische Verwahrlosung dar, die durch Blumenschmuck und Rustikalkitsch im Wettbewerb

---

[335] Zur Befreiung von der Grunderwerbssteuer siehe auch § 33 des Niedersächsischen Denkmalschutzgesetzes von 1978

[336] o.V. (1980a); Der Landkreis (1980/6), S. 291; Hierzu MAIER (1976), S. 16; WICHMANN (1978), S. 351

[337] Hierzu RÖHER (1980), S. 565, welcher in der Altbauerneuerung den zukunftsträchtigsten Markt prognostiziert.

[338] Hierzu KALESKY (1980), S. 1916 SEMMLER (1978), S. 200f

[339] MOSEL (1980), S. 1917

[340] KALESKY (1980), S. 1912

[341] o.V. (1980b); Bauwelt 43, 1980, S. 1899

selbst der Tarnung unterliegt. Zur Verunstaltung der Dörfer haben nach Meinung der Kritiker die Dorfbewohner oft selbst dahingehend beigetragen, daß sie sich ihrer Vergangenheit schämten, den geschichtlich-traditionellen Sinn für den dörflichen Charakter nicht bewahrten und somit Asphaltierungen, Zersiedlungen der Ortsränder und dem Gebrauch von modernen Baustoffen zustimmten[342]. Für die Kritiker bleibt daher der Wettbewerb ein „Blumenkastenwettbewerb" ohne tiefergehende und fortwährende Effizienz.

Ganz anders bewertet werden dagegen die Ziele und Maßnahmen des *Zukunftsinvestitionsprogramms,* die von vornherein denkmalpflegerische Belange integrierten. Sie sollten aber keine zeitlich begrenzte Aufgabe sein, sondern in einer größeren Zahl von Gemeinden den Dorferneuerungsprozeß anregen und beginnen, der in Nachbargemeinden die Nachahmung stimulieren könnte[343].

Erste Erfahrungen[344], die sich aus der Arbeit mit dem ZIP ergeben, zeigen eine rege Nachfrage nach der Beteiligungsmöglichkeit an der Dorferneuerung. Die Finanzierungsmittel konnten längst nicht alle diejenigen Gemeinden miteinbeziehen, die den Antrag auf Dorferneuerung gestellt haben[345]. Darüber hinaus ergab sich die Einsicht, daß von entscheidender Bedeutung nicht allein die Planung, sondern in der Ausführungsphase der Maßnahmen eine kontinuierliche Begleitberatung der betroffenen Bevölkerung ist und auch bereits mit Einsetzen der Planung die Einwohnerschaft dazu gebracht werden muß, sich mit der Planaussage zu identifizieren.

Die Erfahrungen mit dem ZIP lehrten, daß die „flankierenden Maßnahmen der Dorferneuerung" (z.B. Merkblätter für die Bauherren über Gestaltungsprinzipien, Fortbildungskurse für das örtliche Handwerk und die ansässigen Architekten, Betreuung von Bürgerinitiativen und Dorfplanungsausschüssen) bei jedem Planungsvorhaben verstärkt einsetzen müssen[346], um auch über das zeitlich und inhaltlich begrenzte Erneuerungsvorhaben hinaus die Aktivität und Kreativität in der ländlichen Bevölkerung für weitere Erneuerungsmaßnahmen anzuregen. Ein verstärkt kulturhistorisches Bewußtsein wird aber nicht allein bei der ländlichen Bevölkerung künftig geweckt werden müssen, sondern — wie es auch das Ergebnis der vorliegenden Arbeit zeigen wird — ebenso bei vielen Planern, die sich in ihrem Arbeitsfeld ohnehin grundsätzlich in der Konfliktsituation befinden, einerseits den ökonomischen, andererseits den ökologischen und denkmalpflegerischen Aspekten in gerechtem Maße nachzukommen[347].

Die folgenden Ausführungen werden die oben angesprochenen Möglichkeiten von erhaltenden Dorferneuerungsmaßnahmen an Fallstudien konkretisieren. Neben den grundsätzlichen Problemen, Schwierigkeiten und Hemmnissen bei der Durchführung von erhaltender Dorferneuerung werden bereits realisierte Verfahren vorgestellt und kommentiert,

---

[342] o.V. (1980b); Bauwelt 43, (1980), S. 1899; STRACK (1980), S. 284; ders. (1980b), S. 567; HENKEL (1980)

[343] DÜTHMANN (1980), S. 1920

[344] Hierzu DÜTHMANN (1980) HENCKEL (1979), S. 359/2045ff NERRETER (1981), S. 76

[345] Zu den Auswahlkriterien für die erneuerten hessischen Dörfer nach dem ZIP siehe NERRETER (1981), S. 112f

[346] BENDIXEN (1979), S. 150ff.; Zur denkmalpflegerischen Beratungsmöglichkeit d. die Landkreise siehe v.d.HEIDE (1978), S. 410f

[347] BAUM/POTRATZ (1980) ALBERS (1979), S. 197/1037f SCHWENCKE (1978), S. 295

die sowohl auf Privat- bzw. kommunale Initiativen, wie auch auf den Einsatz des Amts für Agrarstruktur in Hannover – einer der Bewilligungsbehörden für Finanzierungen im Rahmen des ZIP's – zurückgehen.

B. Dorferneuerung im Umfeld von Hannover

1. Dorferneuerung nach dem Zukunftsinvestitionsprogramm, Fallstudie Mandelsloh

Als Fallstudie für ein positiv verlaufenes und bereits realisiertes Dorferneuerungsverfahren wird die ehemalig selbständige Dorfgemeinde *Mandelsloh*[348] vorgestellt, die nach dem Grad ihrer baulichen Verstädterung mit Everloh vergleichbar ist.

Mandelsloh, nordöstlich von Neustadt a.Rbge. gelegen, bildet gegenwärtig, zusammen mit sieben Altgemeinden, die Gemeinde Mandelsloh.

Das ehemalige Dorf Mandelsloh ist aus zwei siedlungsgenetisch und soziologisch unterschiedlichen Teilen zusammengewachsen, den Bereichen „Mandelsloh überm See" und „Mandelsloh in der Wiek"[349].

Den älteren der beiden Dorfbereiche „Mandelsloh in der Wiek" (erste urkundliche Erwähnung Ende des 10. Jh.) stellt die auf einem Geländesporn über der Leineaue entstandene Wieksiedlung mit der St.Osdag Kirche dar, in der Handel, Handwerk und Gewerbe Vorrang hatten. Die einzelnen an der alten Straßenachse der inzwischen haufendorfartig erweiterten Siedlung aufgereihten Stellen waren mit einer nur geringen Landfläche von 1–2 Morgen ausgestattet.

„Mandelsloh überm See" lag nördlich eines ehemals vorhandenen Sees, der gegenwärtig – nach Trockenlegung – der landwirtschaftlichen Nutzung unterliegt. „Mandelsloh überm See" stellte sich ursprünglich als ein weitläufiges, einseitig bebautes Wegedorf dar, das, im Gegensatz zur Wieksiedlung, rein agrarwirtschaftliche Funktionen hatte[350].

Die „Rahmensetzenden Grunddaten" des von der Niedersächsischen Landesentwicklungsgesellschaft mbH (NILEG) entwickelten Dorferneuerungsplans für Mandelsloh[351], die gleichzusetzen sind mit dem Terminus „Bestandsaufnahme/Bestandsanalyse", umfassen Angaben über die Größe und Lage des Dorfes im Raum, seine historische Entwicklung, die Bevölkerungs- und Erwerbstätigenstruktur, das Ortsbild und die ortsbildprägenden Elemente, die gegenwärtige Verkehrssituation, die vorhandenen Bauformen und die Infrastruktur sowie Daten über die aktuelle agrarwirtschaftliche Situation. Danach hat die Landwirtschaft – trotz einer rückläufigen Zahl von Betrieben – nach wie vor in Mandelsloh eine erhebliche Bedeutung. Auch wird das Ortsbild, vor allem der nördliche Dorfbereich „Überm See", wesentlich von landwirtschaftlich genutzten Gebäuden geprägt. Diese

---

[348] Siehe Abb.27. Die Dorferneuerungsmaßnahmen wurden ohne Flurbereinigungsmaßnahmen vollzogen, ohne die die Dorferneuerung nach dem Flurbereinigungsgesetz von 1976 nicht möglich gewesen wäre.

[349] Siehe Beilage 8A. NILEG (1977/78), S. 3

[350] NILEG (1977/78), S. 4

[351] NILEG (1977/78), S. 1 – 23

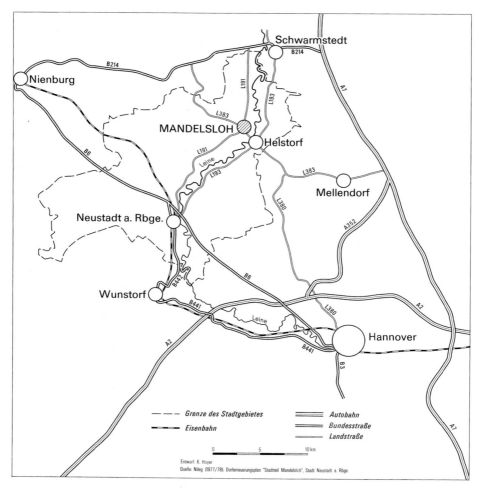

Abb. 27
Lage des Planungsgebietes Mandelsloh

Tatsache stellte die entscheidende Voraussetzung für die Aufnahme von Mandelsloh in das Zukunftsinvestitionsprogramm dar[352].

Da Mandesloh darüber hinaus nach den Richtlinien des Regionalen Raumordnungs-programms zusammen mit dem auf dem anderen Leineufer gegenüberliegenden Helstorf als Nebenzentrum mit grundzentralen Funktionen auszubauen war[353] und damit der Bevöl-

---

[352] ERTL. (1979) In der Schriftenreihe des Bundesministers f. E.,L.u.F. Reihe B, Flurbereinigung, Sonderheft 1979, S.87, heißt es unter 2.1: "Maßnahmen der Dorferneuerung werden nur in solchen Gemeinden und Ortsteilen gefördert, deren Siedlungsstruktur durch die Land− u. Forstw. wesent-lich geprägt ist."

[353] Siehe Anhang aus dem Erläuterungsbericht zum FL−Plan 1976/78

kerungs- und Funktionsentleerung des nordöstlichen städtischen Einzugsbereiches von Neustadt begegnet werden sollte, ergänzten sich die erhaltenden Dorferneuerungsmaßnahmen mit jenen von infrastruktureller Art.

Der Mandelsloher Dorferneuerungsplan umfaßt daher (zusammengefaßt in Beilage 8A) in seinem zweiten Abschnitt, dem Entwicklungskonzept, neben einem Ortsbild- und Verkehrskonzept ein Funktionskonzept und Aussagen über den Ausbau der Versorgungs- und Dienstleistungseinrichtungen. Diese beziehen sich im Plan bereits auf die Stärkung der nebenzentralen Funktionen (Dorferneuerungsplan = NILEG 1977/78, S. 44).

Das *Nutzungskonzept* (Beilage 8A) weist den zu entwickelnden, zentralen dörflichen Bereich für Einrichtungen des Gemeinbedarfs zwischen „Mandelsloh überm See" und „Mandelsloh in der Wiek", im westlichen Abschnitt IV, aus. Wie auch der Entwurf des Flächennutzungsplans der Stadt Neustadt von 1976/78[354], sieht das Nutzungskonzept ein noch zu entwickelndes, dörfliches Wohngebiet im Norden vor, welches wiederum die Stärkung der Versorgungs- und Dienstleistungseinrichtungen mitverlangt.

Das auf der Karte 4 des Erneuerungsplans der NILEG (Beilage 8A) dargestellte *Dorfbildkonzept* vermittelt neben den zu gestaltenden Straßenbereichen und Plätzen die erhaltenswerten Gebäude von hohem denkmalpflegerischen Wert. Die einzelnen Gebäude − insgesamt 19 − sind entsprechend der denkmalpflegerischen Auflistung numeriert. Hier einige wenige *typische* Beispiele mit hoher Lagequalität für das Dorfbild:

1. Bauernhaus, 4-Ständer-Typ, dat. 1859, Krüppelwalme und regelmäßiges Gefüge, Hofbild mit kleinem Stallvorbau.
2. − 5. Umgebaute Fachwerkbauten am Eingang zur St.Osdag−Straße in städtebaulich bedeutsamer Lage. Traufenständige Wohnhäuser mit Zwerchgiebeln über Mittelrisaliten als herausgehobene Einzelobjekte innerhalb der geschlossenen Bebauung. 2. Hälfte 19. Jh.
6. Fachwerkhaus des Erntennentyps, straßenseitig verbrettert. Mitte 19. Jh., über dem Wohnteil Zwerchgiebel. Besondere Beziehung zum Kirchbau.
    …
10. Fachwerk-Wohnhaus, Mitte 19. Jh. Langgestreckter, traufenständiger Bau mit ortsbildwichtigem Südgiebel. Mit gegenüberliegendem Gasthaus Bildung einer raumhaltigen Eingangssituation.
14. Fachwerkscheune. 2. Hälfte 19. Jh. In städtebaulich wichtiger Lage der Kurve.
15. Hofanlage bestehend aus massivem Wohnhaus und Fachwerkscheune in der Sichtachse der Straße an entscheidender Stelle der Gabelung.
    …
19. Bauernhaus. Ehemaliger 4-Ständer-Typ mit massivem Erdgeschoß. Mitte 19. Jh. Hofbildung mit kleinem vorgelegten Stallgebäude in wichtiger Lage an der Wegegabel[355].

Das Dorfbildkonzept nennt die anzustrebende Begrünung und die umzugestaltenden Gebäude. Darüber hinaus wird die Siedlung Mandelsloh in drei Bereiche städtebaulicher Gestaltung gegliedert:

---

[354] Einzusehen im Bauamt Neustadt
[355] NILEG (1977/78), S. 9 − 11

- *Bereich I* Historischer Dorfkern „In der Wiek". Bereich mit besonders hohen Anforderungen an die Gestaltung der baulichen Anlagen. Hier wird im öffentlichen Interesse eine sehr enge Eingrenzung der gestalterischen Variationsmöglichkeiten gesehen.
- *Bereich II* Übriger alter Dorfbereich. Es werden hohe Anforderungen gestellt, soweit es sich um bauliche Anlagen handelt, die von öffentlichen Verkehrsflächen eingesehen werden können. Ansonsten ist eine breitere Spanne individueller Gestaltungsmöglichkeiten gegeben.
- *Bereich III* Neuzeitliches dörfliches Wohngebiet. Bei der baulichen Gestaltung sind die Anforderungen der NBauO zu berücksichtigen sowie eine Anpassung an die allgemeine dörfliche Bauweise, d.h. städtische Bungalows, Flachdachbauten etc. werden nicht erlaubt sein[356].

Das übergeordnete Ziel des Ortsbildkonzeptes strebt an, das *typische, teilweise unverwechselbare Bild des Dorfes Mandelsloh* zu erhalten, zu ergänzen bzw. *wiederherzustellen*[357], wobei sich die baulichen Erneuerungsmaßnahmen 1977/78 nur auf den Bereich um die St.Osdag-Kirche beschränken sollten bzw. konnten.

Die Vorstellungen über den zu gestaltenden Straßenbereich bzw. Kirchplatz vor der St.Osdag-Kirche, im ältesten Dorfbereich, heben im Plan den Teil „Mandelsloh in der Wiek" gesondert hervor und enthalten neben der Angabe der ortsbildprägenden Gebäude bereits die ergänzende Neubebauung und die umzugestaltenden Bauten.

Die ergänzende Neubebauung soll entsprechend älterer Dorfbilder (Grundrisse) hinzukommen.

Die Umgestaltung betrifft nur einzelne Gebäude, an denen die in den letzten Jahrzehnten − oft schon seit der Jahrhundertwende − vorgenommenen Baumaßnahmen Gestaltungselemente in das Dorfbild hineingebracht haben, die diesem fremd sind und das Gesamtbild stören. Sie wurden als „modern" und „praktisch" angesehen, ohne daß dabei die „Nebenwirkung" auf das Dorfbild mitbedacht wurde. So sollen nun in Mandelsloh bei den umzugestaltenden Bauten z.B. Eternitverkleidungen und Blechdächer entfernt oder stilistisch unpassende Türmodelle ausgewechselt werden. Die Gestaltungsauflagen sollen aber die Wohn- und Nutzungsqualität der Häuser in keiner Weise einschränken.

In der Beilage 8A werden darüber hinaus die wichtigsten *verkehrskonzeptionellen Maßnahmen* und Entscheidungen hervorgehoben. Das Verkehrskonzept beabsichtigt neben allgemeinen Straßenverbesserungsarbeiten zugleich die Pflasterung der bisher asphaltierten St.Osdag-Straße und der Pummergasse im ältesten Dorfbereich wie auch die Verkehrsumlegung bzw. Verkehrsberuhigung in „Mandelsloh in der Wiek" durch Auf- und Abstufung von Kreis- und Landesstraßen. Der Ausbau der St.Osdag−Straße und der Pummergasse mit Kopfsteinpflasterung − dies bedeutet die Wiederherstellung eines früheren Straßenbildes − sieht dementsprechend auch wieder den Bürgersteig in gleicher Höhe wie die Fahrbahn vor. Beide Bereiche sollen lediglich durch eine „Gosse" voneinander getrennt werden, wobei der Bürgersteig zusätzlich mit andersfarbigen Pflastersteinen versehen werden soll[358].

Dem Nutzungs-, Dorfbild- und Verkehrskonzept sowie den detaillierten Ausführungen über die zu entwickelnden Versorgungs- und Dienstleistungseinrichtungen des Gesamtab-

---

[356] NILEG (1977/78), S. 29
[357] ders. S. 28
[358] NILEG (1977/78), S. 39

194

schnitts „Entwicklungskonzept" folgt im Dorferneuerungsplan das *„Durchführungskonzept"* mit einem *Maßnahmenplan* (Beilage 8B). Die kurzfristigen Maßnahmen (bis 1985) umfassen die Erhaltungs- und Gestaltungsmaßnahmen an ortsbildprägenden Gebäuden im Rahmen des Dorferneuerungsprogramms, die Schaffung weiterer Gemeindebedarfseinrichtungen (Sporthalle, Kindergarten) sowie die Verbesserung der örtlichen Verkehrsverhältnisse. Diese sieht den Ausbau der St.Osdag−Straße/Pummergasse und der Straße „In der Wiek" vor, mit anschließender Entlastung vom Durchgangsverkehr durch Umwidmung. Darüber hinaus soll möglichst rasch der gesamte Ortsrand durch Bepflanzung bzw. Begrünung von der Umgebung abgehoben werden[359], was dem bis heute auf der Niederungsseite erhaltenen Dorfbild mit seinen zahlreichen Hecken entspricht.

Die weiteren, über das ZIP-Programm hinausgehenden, mittel- und längerfristigen bzw. permanenten Maßnahmen streben u.a. die Entwicklung des dörflichen Zentrums mit weiteren Dienstleistungseinrichtungen, die Restaurierung und Pflege denkmalpflegerisch bedeutsamer Gebäude wie auch die Schaffung von Freizeiteinrichtungen in Zusammenhang mit Maßnahmen zur Erhaltung historischer, ortsbildprägender Bauten an[360].

Die *Durchführung* der *Dorferneuerungsmaßnahmen* im Rahmen des ZIP in Mandelsloh[361] beschränkte sich im wesentlichen auf das Jahr 1978[362]. Nachdem die Stadt Neustadt für Mandelsloh im Jahr 1977 im Rahmen des ZIP's einen Förderungsantrag bei der zuständigen Flurbereinigungsbehörde − dem Amt für Agrarstruktur Hannover − gestellt hatte, erfolgte die für eine Beurteilung und Entscheidung der Förderung notwendige Ortsbesichtigung von den dafür zuständigen Behörden und Planungsgruppen, wie z.B. des Amts für Agrarstruktur, der Bezirksregierung, des Landkreises und der NILEG.

Nach positivem Beschluß und Finanzierungszusicherung wurden die dargestellten Maßnahmenschritte unverzüglich in Angriff genommen.

Bereits Ende 1978 waren der Ausbau der St.Osdag-Straße, der Pummergasse und der Straße „In der Wiek" wie auch die kurzfristig zu gestaltenden Gebäude fertiggestellt[363], bei denen entweder eine Fassadenverkleidung oder sonstige Kunststoffelemente (z.B. Eingangstür) entfernt oder ausgetauscht wurden, oder bei denen einfach „nur" eine unzureichende Gebäudepflege vorlag.

Im Juni 1979 konnte unter großer Beteiligung von Neu- und Altbürgern die Fertigstellung und Einweihung der erneuerten Dorfbereiche in einem Mandelsloher Dorffest gefeiert werden.

Dem raschen Verfahrensverlauf der Dorferneuerungsmaßnahmen in Mandelsloh kam die große Kooperationsbereitschaft der Bevölkerung zugute. Nach eingehenden Informationsabenden in Ortsratssitzungen wurden sowohl die im wesentlichen von den Dorferneuerungsmaßnahmen selbst Betroffenen (Pummergasse etc.), wie auch Neubürger und Jugendliche über die Pläne informiert.

---

[359] ders. S. 46f

[360] ders. S. 47

[361] Angaben nach Ausführungen des entsprechenden Baudirektors des Planungsamtes Neustadt

[362] Gegenteilige Einstellungen zur Dauer von Dorferneuerungsverfahren teilen Referenten der Bleiwäsche−Tagung vom 17. − 19.3. 1982 mit.
In: HENKEL(1982a)

[363] Hingegen ist die im Dorferneuerungsplan angestrebte Umverlegung der südl. Ortseinfahrt und damit die Auf- bzw. Abstufung der Kreis- und Landesstraße bisher noch nicht erfolgt.

Schwierigkeiten ergaben sich bei der Durchführung des Dorfbild- bzw. des Verkehrskonzeptes aus folgenden unterschiedlichen Vorstellungen seitens des Planungsamtes Neustadt, der Bewohner von Mandelsloh und der Kirche:

1. Die Planungsbehörden beabsichtigten den Straßenausbau in „Mandelsloh in der Wiek" in Form von Kopfsteinpflasterung. Da die Anlieger der betreffenden Straßenzüge gewisse Straßenbaubeiträge − zusätzlich zu den Förderungsmitteln des ZIP's und den Zuschüssen der Stadt Neustadt − aufzubringen hatten, um die Durchführung der Erneuerungsarbeiten zu ermöglichen, neigten sie dazu, die Baubeiträge möglichst gering zu halten. Statt einer Pflasterung sollte wiederum die übliche geteerte Straßendecke gewählt werden, die preiswerter und „pflegeleichter" ist. In eingehender Erörterung und gezielter Bewußtmachung konnte es den Planungsbeauftragten gelingen, die Anlieger von der Bedeutung einer ortsbildprägenden, traditionellen Pflasterung zu überzeugen.

2. Beim Ausbau der St. Osdag-Straße und der Pummergasse beabsichtigte das Planungsamt, einen Teil des Kirchvorplatzes mit in die Erneuerungsarbeiten der Pflasterung einzubeziehen. Der Ausbau eines größeren Platzes vor der Kirche − und damit eine Verkleinerung des Kirchgrundstückes − wurde aber seitens der St. Osdag-Kirche verweigert. Die mangelnde Mitwirkungsbereitschaft der Kirche an der Wiederherstellung eines traditionell geprägten Dorfbildes zeigt sich darin, daß auf dem Kirchvorplatz mit Beendigung der Dorferneuerungsmaßnahmen eine „moderne" Fertigbaugarage errichtet wurde. Sie ist von der Kirche gebaut worden und gehört zum Pfarrhaus.

Die Durchführungsmaßnahmen in Mandelsloh wurden nicht nur von den entsprechenden Planern und den Baudezernenten der Stadt Neustadt, sondern auch von Denkmalpflegern der Niedersächsischen Landesdenkmalpflege und des Landkreises beobachtet und gelenkt. Nur wenige planerische Eingriffe ergaben sich durch das Amt für Agrarstruktur, die aber bei anderen Dorferneuerungsverfahren[364] durchaus umfangreicher sein können.

Die Kontroll- und Überwachungsfunktion lag bereits in der kooperativen Zusammenarbeit der Denkmalpfleger und des Planungsamtes der Stadt Neustadt. Im Gegensatz zu den meisten kommunalen oder städtischen Bauämtern wirken in Neustadt a. Rbge. Planer mit starkem kulturhistorischen Bewußtsein und großem Interesse an Sanierungs- und erhaltenden Erneuerungsverfahren. Als positiv für jegliche Dorferneuerungsmaßnahmen dürfte sich auch die „mittlere Größe" des Neustädter Verwaltungsapparates und damit des Planungsamtes auswirken, in dem weniger Anonymität und daher weitaus mehr Diskussionsmöglichkeit zwischen den einzelnen Planern bestehen kann.

Der im ZIP angestrebte „Sanierungseffekt" wurde mit den Dorferneuerungsmaßnahmen in Mandelsloh erreicht. Das heißt: Über die bereits beendeten Maßnahmen hinaus setzten Erneuerungsarbeiten durch die *Eigeninitiative mehrerer Bewohner* ein, die im Sinne der erhaltenden Dorferneuerung Fassaden, Mauern oder Hecken wieder herrichten ließen. Dabei muß aber hervorgehoben werden, daß diejenigen Dorfbewohner, die aus eigener Initiative weitersaniert haben, im Osdagviertel oder direkt benachbart davon wohnen und nicht zu den Landwirten zählen, die bei der spontanen Hauserneuerung bisher nicht aktiv erschienen. So ist es schon verwunderlich, daß gerade der nördliche Dorfteil als der landwirtschaftliche Teil bei der Durchführung der erhaltenden Dorferneuerungsmaß

---

[364] Beispiele für bereits abgeschlossene Verfahren nach dem ZIP stellen Emmerthal, Uetze, Helstorf, Harsum/Ortsteil Adlum Kr. Hi., Eberholzen Kr. Hi sowie Sibbesse Kr. Hi. dar

nahmen „leer" ausging, spielten doch die Landwirte in der Förderungsvoraussetzung für das ZIP eine entscheidende Rolle.

Die Beurteilung der beendeten Dorferneuerungsmaßnahmen in Mandelsloh, die ohne das sonst übliche Flurbereinigungsverfahren vollzogen wurden, ist von seiten des Neustädter Bauamtes nicht in jeder Hinsicht positiv: Der Verlauf sei *zu schnell* gewesen[365], um optimale langfristige Erfolge zu sichern.

Eine nachhaltig wirkende Bewußtseinsbildung bei der Bevölkerung und eine noch stärker einsetzende Eigeninitiative hinsichtlich der anfallenden Sanierungsmaßnahmen hätte nur ein längerer Verfahrensablauf − durch das Zusammentreffen der Mandelsloher Bewohner mit Planern und Denkmalpflegern, d.h. durch immer wieder neu aufkommende, intensive Diskussionen und Beratungen − mit sich bringen können. Die Dorferneuerungsintentionen in Mandelsloh sind von Planern des Neustädter Bauamtes der Bevölkerung vermittelt worden. Hier waren es die Planer, die sich über die Bauernhaustypen − wie sie in der denkmalpflegerischen Bestandsaufnahme gekennzeichnet sind − und über die historische Dorfform von Mandelsloh informiert und die Vermittlung dieser Sachkenntnisse an die Dorfbevölkerung übernommen haben. Die didaktische Vermittlung der Forschungsergebnisse über das Dorf (z.B. Pläne über den alten Dorfgrundriß, Angaben über die alten Dorffunktionen und deren Ausdruck im Aufriß der Gebäude) übersteigt aber den eigentlichen Aufgabenbereich des Planers, so auch des Denkmalpflegers. Diese sollten vielmehr Kulturlandschaftsgeographen bzw. siedlungsgenetisch ausgebildete Geographen, das bedeutet, deren Fachwissen und Arbeitsweise, zur Erforschung des alten Dorfes heranziehen, d.h. diese Wissenschaftler in das Verfahren der erhaltenden Dorferneuerung integrieren und darüber hinaus pädagogisch geschulte Fachkräfte der Erwachsenenbildung − wenn möglich der ländlichen Erwachsenenbildung − hinzuziehen, um eine optimale didaktische Vermittlung über die Dorfentwicklung und die Bedeutung seiner Erhaltung zu erreichen.

In gleicher Weise legt HENKEL[366] den Hochschulfächern, die „ihre Kapazitäten zur Dorferneuerung" besitzen, dringend nahe, ihre Leistungen den Planern und Praktikern bekannt zu machen und damit partiell an der neuen Aufgabe "erhaltende Dorferneuerung" mitzuarbeiten. Nach ihm deutet sich die Gefahr an, daß die reichen einschlägigen Kenntnisse − insbesondere des Faches Geographie − der Dorferneuerung nicht zugutekommen[367]. Wobei gerade „die Mitarbeit der Geographie an der Dorferneuerung über den fachlichen Beitrag hinaus den zusätzlichen Vorteil einer direkten Umsetzung dieses Themas"[368] (über Lehrerausbildung) im Schulunterricht hat und damit die didaktische Vermittlung des Themas Dorferneuerung an die betroffenen *Dorfkinder* übernehmen könnte.

Aus der Praxis ergibt sich für Mandelsloh zwar weniger die Kritik an der mangelhaften interdisziplinären Zusammenarbeit der oben angesprochenen Fachrichtungen, als mehr noch an dem nur 3 Jahre umfassenden Förderungszeitraum des nicht zuletzt als Konjunkturmaßnahme für das ländliche Gewerbe konzipierte ZIP.

---

[365] Hierzu nochmals HENKEL (1982a)

[366] HENKEL (1978a), S. 156

[367] Zur dringend notwendigen „Öffentlichkeitswirksamkeit" der genetischen Siedlungsforschung siehe DENECKE (1981), S. 432

[368] HENKEL (1978a), S. 156

Unabhängig von jeglichen Förderungsmitteln durch Dorferneuerungsprogramme beabsichtigt das Planungsamt Neustadt künftig, die Erneuerungsarbeiten in den Dörfern Hagen und Mardorf durchzuführen, wobei man für das letztgenannte Dorf einer solchen Gestaltung eine große Bedeutung auch für die Förderung des Fremdenverkehrs beimißt.

Rückblickend läßt sich *zusammenfassen*, daß Mandelsloh aufgrund dreier wesentlicher Voraussetzungen die Förderungsmittel des ZIP's in Anspruch nehmen konnte. Neben der agrarwirtschaftlichen Ausrichtung des Ortes war Mandelsloh zugleich im Regionalen Raumordnungsprogramm des Großraumverbandes Hannover als ein zu entwickelndes Nebenzentrum bestimmt, was über seine Bevorzugung gegenüber anderen Gemeinden bzw. Stadtteilen entschied.

Darüber hinaus unterstand Mandelsloh einem Baudirektor mit großem kultur-historischen Bewußtsein und Interesse[369].

Die Auswahl derjenigen Gebäude und Straßenzüge, die in Mandelsloh restauriert und mit dem Dorferneuerungsverfahren in ihrem traditionellen Charakter wieder hergestellt wurden, war von zwei Kriterien abhängig: Zum einen entschied der Standort des kulturhistorisch bedeutsamen Gebäudes innerhalb des Dorfes über die Einbeziehung in die erhaltenden Dorferneuerungsmaßnahmen, zum anderen die Summe der zur Verfügung stehenden Förderungsmittel. Das heißt, daß sich die Dorferneuerungsmaßnahmen im Rahmen des zeitlich eng begrenzten Programms nur auf ein zusammenhängendes Gebiet im Dorf beschränken sollten bzw. konnten und nur das „Ensemble" um die St.Osdag-Kirche in die Dorferneuerungsmaßnahmen einbezogen werden konnte. Die durch das ZIP unterstützten Erhaltungsmaßnahmen richteten sich daher nur an den Bereich der St.Osdag-Straße und der Pummergasse. Außerhalb davon liegende Bauten hätten − selbst, wenn sie kulturhistorischen Wert besäßen − nicht von vornherein in die Erhaltungsmaßnahmen einbezogen werden können.

2. Erhaltende Dorferneuerungsmaßnahmen außerhalb des Zukunftsinvestitionsprogramms

Unabhängig von Dorferneuerungsprogrammen und Dorferneuerungsplänen tritt gegenwärtig vermehrt eine Art „erhaltende Dorferneuerung" im Umland von Hannover ein, die auf die Initiative verschiedener Personen oder Gruppen zurückzuführen ist.

Einmal sind es Einzelpersonen, die als ehemalige Städter mittlerweile die ländliche Wohnweise bevorzugen und traditionell-ländliche, ortsbildprägende Gebäude aufkaufen, restaurieren und unter Bewahrung der äußeren historischen Gestalt durch Umbau im Inneren zu Wohn- oder Arbeitszwecken umfunktionieren, so etwa in Bissendorf oder in Oegenbostel, in der nördlich von Hannover gelegenen Wedemark[370]. Hier finden sich auch vorher nicht zusammengehörige, nun restaurierte Gebäude aus unterschiedlichen Gemeinden nebeneinander, die dort fachmännisch abgebaut und an ihrem neuen Standort wieder aufgebaut wurden.

Dies bedeutet eine „künstlich erhaltende Dorferneuerung", die zwar die denkmalpflegerisch wertvollen Bauten sichert, die aber andererseits durch vermehrtes Aneinanderrei-

---

[369] Hierzu Presseinformation vom 6.6.1980, Allg. Bauzeitung
[370] MÖLLER (1978)

hen dieser Gebäude in einer für sie fremden Lagesituation hier wiederum zum Verlust der ursprünglichen Siedlungsstruktur beiträgt.

Das gleiche Verfahren verfolgt der *Bauernhausverein Isernhagen*[371], der 1976 mit 18 Mitgliedern — damals nur Landwirte — gegründet wurde und 1980 bereits 100 Vereinsteilnehmer zählte. Die überwiegende Anzahl der Mitglieder sind nun ehemalige Städter, die freigewordene Bauernhäuser in Isernhagen aufgekauft und restauriert haben.

Da der Bauernhausverein daran interessiert ist, auch außerhalb von Isernhagen zum Verkauf stehende, historische Gebäude, Fachwerkwohnhäuser sowie Speicher oder Scheunen zu erwerben und sie nach der Verlagerung nach Isernhagen an Interessenten weiterzuverkaufen, ist der Verein auf kapitalkräftige Vereinsmitglieder angewiesen, die die fehlenden finanziellen Mittel über die Gesamtmitgliedsbeiträge eines einzelnen Jahres hinaus bereitstellen[372].

Der Abbau, Transport und die Wiedererrichtung der Gebäude in Isernhagen geschieht in unbezahlter Arbeit am Wochenende durch die Vereinsmitglieder, vielfach von Jugendlichen.

Konfliktsituationen ergeben sich oftmals nach Vermittlung der wiedererrichteten Häuser an Interessenten daraus, daß sich diese bei der Restaurierung/Renovierung der Gebäude an gewisse denkmalpflegerische Abmachungen zu halten haben, auf die der Verein vor den Sanierungsarbeiten bereits hinweist und die schon vor dem Verkauf an den Städter mit diesem abgesprochen werden. Dennoch lehrt die Erfahrung des Vereins, daß einzelne Interessenten, trotz Absprache gewisser Restaurierungssatzungen, oftmals geneigt sind, statt der abgesprochenen Baustoffe moderne (unpassende) zu verwenden. Dies weist darauf hin, daß ein Großteil der Interessenten nicht mit historischem Bewußtsein an den Kauf denkmalpflegerisch wertvoller Gebäude herantritt. Wie die Beobachtung des Vereinsvorstandes ergibt, geschieht dies eher aus einem derzeitigen Nostalgiegefühl heraus. Die große Nachfrage vieler wohlhabender Städter, meist Akademiker, an ländlichen Gebäuden steht in Zusammenhang mit dem Image-Denken, in Isernhagen ein historisches Fachwerkhaus zu bewohnen und zu besitzen, weil es eben „chic" ist, in dieser Gemeinde zu leben, noch dazu in einem denkmalpflegerisch wertvollen bzw. geschützten Gebäude.

Darüber hinaus ist bei allen Fachwerkhauserwerbern ein gewisser Spaß an kreativer Eigenarbeit zu beobachten, der der Restaurierung des Gebäudes zugute kommt.

Die Begründung dafür, warum sich vermehrt die Nachfrage nach historischen Häusern in Isernhagen und nicht in anderen Gemeinden stellt, birgt die geschichtliche Vergangenheit Isernhagens[373]. Darüber hinaus erlitten die Isernhagener auch keine bedeutenden Gebäudeverluste — wie etwa die Altwarmbüchener — bei Dorfbränden oder anderen schadenstiftenden äußerlichen Einwirkungen.

---

[371] Alle folgenden Angaben sind Mitteilungen des Vereinsvorsitzenden

[372] Hierzu Bauwelt 1979, Heft 2, S. 53 "Aktiengesellschaft betreibt Denkmalpflege" — Vieux Luxembourg

[373] Die ortsgeschichtliche Forschung konnte nachweisen, daß das überdurchschnittliche, individuelle Schmuckbedürfnis an den Schauseiten der Häuser sich bereits in der Blütezeit des Isernhagener Hopfenhandels (Mitte 16.Jh.–1700) entwickelte. Wirtschaftliches Vermögen und die Aufnahmebereitschaft/-möglichkeit der Isernhagener für baulich-gestalterische Variationen (Vorbild = Bürgerhäuser) waren durch die Hopfenfahrten gegeben.
Hierzu GRIEMSMANN (1979), S. 75, 138, 154

Die ungeplanten, einzelnen erhaltenden Dorferneuerungsmaßnahmen, die auf die Initiative von Privatpersonen oder eines Vereins zurückgehen, hatten in den oben genannten Beispieldörfern ähnliche Folgewirkungen: Die erste Ansiedlung von ehemaligen Städtern in Gemeinden mit historisch wertvollen Gebäuden zog weitere Städter an. Diese *Kettenreaktion* führte dann, nach Erschöpfung des örtlichen Bestandes an käuflichen Altbauten zur Umverlagerung ganzer, kulturhistorisch wertvoller Gebäude aus anderen Dörfern, wodurch sich in einigen Gemeinden eine „Fachwerkhauslobby" zu konzentrieren beginnt. Werden die umverlagerten Gebäude im Umland von Hannover nicht auf Abrißstellen anderer Gebäude und daher als „Lückenfüller" wiedererrichtet, so darf die Auffüllung des jeweiligen historischen Ortsbildes oder der Ausbau gar neuer Wohnviertel durch diese neu hinzugekommenen, alten Gebäude sicher nicht ohne Kritik hingenommen und akzeptiert werden (hierzu Kap. VI.).

Der Isernhagener Bauernhausverein organisiert zwar die Versetzung (das „Translozieren") von erhaltenswerten Fachwerkhäusern, dennoch ist Isernhagen kein künstliches *Bauernhausmuseum* – kein Museumsdorf –, sondern ein „richtiges" Dorf, dessen siedlungshistorische Form als Hagenhufen-Reihendorf durch die Reihung alter Fachwerkbauernhäuser wieder deutlich sichtbar gemacht wird.

Denn in Museumsdörfern werden bekanntlich ganze Dorfensembles nachgeahmt und zusammengetragen (wie etwa in Cloppenburg). Während diese von Volkskundlern nach wissenschaftlichen Gesichtspunkten aufgebaut und als Museum nach didaktischen Prinzipien Besuchern geöffnet werden, ist das von wohlhabenden Braunschweiger Bürgern, neben dem alten Kloster Riddagshausen, nach und nach oft aus entfernten Dörfern zusammengekaufte und hier aufgebaute Ensemble schöner alter Bauernhäuser, die nun als „Landhäuser" bewohnt werden, bestenfalls als „Schickeria-Museumsdorf" zu bezeichnen, in dem man nur das bemerkenswert gut restaurierte Äußere von der Straße aus betrachten kann.

Die Beispiele aus dem Hannoverschen Raum stellen gewissermaßen „nur Kreuzungen" aus Museumsdörflichem und Dorferneuerung dar.

Als Dorf mit siedlungshistorisch dokumentierendem Charakter und gleichzeitig „richtiges, lebendiges" Dorf kann der *Rundling*[374] Lübeln im Hannnoverschen Wendland gelten. Das Dorf ist nämlich als Ganzes mit seinen charakteristischen Zügen erhalten worden und stellt so ein „Paradebeispiel" für die charakteristische Siedlungsform eines Rundlings dar.

Wenngleich dieser Rundling über ein in einem Fachwerkhaus eingerichtetes Kulturzentrum verfügt, das Informationsmaterial über die Rundlinge im Wendland bereithält, wird das Dorf noch von einer bäuerlich-ländlichen Bevölkerung geprägt.

Lübeln gehört zu den rund 20 Rundlingen im Hannoverschen Wendland, die der „*Verein zur Erhaltung von Rundlingen*" versucht zu erhalten.

Wie auch im Bauernhausverein von Isernhagen sind die Mitglieder (Gesamtzahl 1983/ 84 = 450) des Rundlingsvereins zum größten Teil ehemalige Städter, die vor der Mitgliedschaft außerhalb des Landkreises, z.B. in Hamburg oder Berlin, gewohnt haben und nun ihren 1. oder zumindest 2. Wohnsitz im Hannoverschen Wendland eingerichtet haben.

Mit der fortschreitenden Stadt-Land-Bewegung in den 1970er Jahren erwarben etliche Großstädter charakteristische alte Bauernhäuser oder Fachwerkscheunen in Wendländischen Rundlingen.

---

[374] Persönliche Angaben von KULKE, Mitglied des Rundlingsvereins (1983/84).

Die Stadt-Land-Bewegung kam hier also der erhaltenden Dorferneuerung zugute. Die Städter waren, bzw. sind – ebenso wie alle Mitglieder des Rundlingsvereins – vor allem Menschen, die geprägt sind durch eine gewisse „Aversion" gegen die moderne, nüchterne Großstadt. Ihr Verhalten repräsentiert eine neue Phase der Großstadtkritik. Sie handeln nicht nur emotional („Nostalgie"), sondern erkennen geschichtsbewußt („aufgeklärt") den kulturhistorischen Wert dieser dörflich-bäuerlichen Siedlungsstruktur. Sie wollen diesen Wert aktiv erhalten und verbinden diese Intention mit dem praktischen Nutzen des Wohnens im „ruhigen, großstadtfernen" Wendland.

Der „Verein zur Erhaltung von Rundlingen" besteht seit 1969 und organisiert für alle Mitglieder eine Tagung pro Jahr. Diese findet in einem der Rundlinge statt, die der Verein zur Erhaltung mit ausgesucht hat.Neben der Diskussion von siedlungsgenetischen Fragestellungen über den „Rundling" steht eine Rundlingswanderung auf dem Programm der Jahrestagung. Bei der Rundlingswanderung schließen sich den Vereinsmitgliedern Beschäftigte der Kreisverwaltung und des Regierungspräsidiums in Lüneburg an, die, zusammen mit dem Vereinsvorstand, dann vor Ort über die anstehenden Dorferneuerungsmaßnahmen beratschlagen.

Dem Rundling, in dem die Jahrestagung stattfindet, fallen die Mitgliedsbeiträge für das entsprechende Jahr zu.

Im Gegensatz zum Bauernhausverein von Isernhagen übernimmt der Rundlingsverein des Hannoverschen Wendlandes *nicht* die Vermittlung von erhaltenswerten Bauernhäusern an kauffreudige Städter. Diese wird dem freien Markt überlassen.

C. Wülferode, Fallstudie für eine Art gedankliches Experiment zum Thema „Erhaltende Dorferneuerung"

Das erfolgreiche Dorferneuerungsverfahren im Ort Mandelsloh und die gelungenen Erhaltungs- und Gestaltungsmaßnahmen in anderen Gemeinden –so z.B. in Borgentreich oder Waldfeucht[375] – führten die Verfasserin zu der Überlegung, ob nicht auch in Wülferode ein Verfahren der erhaltenden Dorferneuerung realisiert werden könnte. Wülferode bietet sich für diese Untersuchung gegenüber den übrigen Untersuchungsgemeinden geradezu an: Das Dorf stellt eine Siedlung mit Ausnahmesituation dar, die sich daraus ergibt, daß Wülferode seit 1974 ein Stadtteil von Hannover ist und daher dem Hannoverschen Planungsamt zugeordnet wird. Dieses besitzt, verglichen mit dem für Mandelsloh zuständigen Planungsamt der Stadt Neustadt a. Rbge., eine weitaus größere Komplexität und einen umfangreicheren verwaltungstechnischen Aufbau. Da aber die Landeshauptstadt gegenwärtig in ihrem Stadtteil Linden Sanierungsarbeiten[376], d.h. Modernisierungsmaßnahmen in Verbindung mit Restaurierung, durchführen läßt, kann zunächst davon ausgegangen werden, daß auch für weitere Stadtbereiche Interesse für erhaltende Erneuerungsmaßnahmen besteht. Ein geeigneter Fall wäre Wülferode mit seiner im Erholungswert hoch eingestuften Umgebung[377] und seinem noch weitgehend unzerstörten alten Dorfkern.

---

375 SCHRÖDER/BAVAJ G. (o.J.)

376 Die Lindener Sanierungsgebiete standen als Beispiel für modellhafte Stadterneuerung bei der Eröffnungsveranstaltung der „Europäischen Kampagne zur Stadterneuerung" – initiiert vom Europarat – am 5.Februar 1981 in Hannover zur Diskussion

377 Verband Großraum Hannover (1969), S. 5/7

Eine entscheidende Vorarbeit für einen zu entwickelnden Dorferneuerungsplan wurde zudem bereits von der Niedersächsischen Landesdenkmalpflege durch die Inventarisation Wülferodes geleistet, die neben der Auflistung der alten, überlieferten Bauten bereits jenen Ortsteil kennzeichnet, der unbedingt zu erhalten ist.

Die Verfasserin hat die Dorfinventarisation der Landesdenkmalpflege aufgegriffen, die neben den eigenen Kenntnissen über die siedlungsgenetische Dorfentwicklung von Wülferode und neben den oben vorgestellten und in der Literatur aufgeführten Modell-Beispielen (Mandelsloh u.a.) die Grundlage für den Entwurf eines Dorferneuerungs-plans für Wülferode darstellte. Den Modell-Beispielen sind die Methodik für den Plantent-wurf wie auch die Bewertungskriterien entnommen, die für die Erarbeitung eines Dorf-neuerungsplans und damit für die Abgrenzung des zu erhaltenden Dorfteils Voraussetzung sind.

Da die Verfasserin aber keinen konkreten Auftrag erhalten hat, der eine Realisierung des Dorferneuerungsplans für Wülferode in absehbarer Zeit möglich werden ließe, ist der hier vorgestellte Plan zunächst so etwas wie ein *Gedankenexperiment*. Darüber hinaus stellt er nur die *Entwurfsphase* eines endgültigen, überarbeiteten Dorferneuerungsplans dar.

Der Plan dient dazu, die eventuellen Möglichkeiten und Grenzen aufzuzeigen, die sich bei dem Versuch, ein Dorferneuerungsverfahren stattfinden zu lassen, bzw. es der Dorfbe-völkerung und den Planern zu unterbreiten, ergeben.

Die Diskussionen mit der Dorfbevölkerung und den für Wülferode zuständigen Pla-nern und Verwaltungsbeamten, die diese Möglichkeiten und Grenzen für die Realisierung eines Dorferneuerungsverfahrens hier aufzeigen sollten, ließen sich allerdings nur im Um-fang von „Tests" durchführen, die keinen vollkommen ausgearbeiteten Dorferneuerungs-plan als Diskussionsgrundlage verlangten.

Daß hier trotzdem von der Verfasserin ein Dorferneuerungsplan entworfen und vorge-stellt wird, obwohl von vornherein nicht unbedingt Realisierungschancen erkennbar sind, geht auf das gegenwärtige *wissenschaftliche Interesse* der Verfasserin zurück, zu erfahren, inwieweit ein mit historisch-genetischen Methoden und Betrachtungsweisen vertrauter und zugleich pädagogisch ausgebildeter Siedlungsgeograph (bzw. Kulturgeograph) auf-grund seiner Qualifikation einen solchen Plan entwerfen kann und in welcher Form er da-bei Neues hinzufügen kann − aufgrund seiner fachspezifischen Kompetenz −, worauf andere Verfahren, die ohne die beratende und informierende Gegenwart eines Siedlungs-geographen (+ Pädagogen) abgelaufen sind, ganz oder teilweise verzichten mußten. Nach HENKEL[378] bedeutet die Mitarbeit eines Kultur- oder Siedlungsgeographen an einem Dorferneuerungsprojekt in jedem Fall eine intensive Aufschlüsselung der Siedlungsgenese des zu bearbeitenden Dorfes sowie eine entwicklungsgeschichtliche Erklärung der Kultur-landschaft, welche das Dorf und seine Nachbardörfer umgibt. Für Wülferode ist diese Auf-schlüsselung, die im Dorferneuerungsplan Mandelsloh lediglich die Zweiteilung des alten Dorfkerns hervorhebt und die Entwicklungsgeschichte der umliegenden Kulturlandschaft ganz vernachlässigt, im einzelnen gegeben. Dem von der Verfasserin entworfenen Dorfer-neuerungsplan geht durch einen wissenschaftlichen Vorspann eine Zuordnung der alten Siedlungsform des Dorfes zu den „rode-Dörfern" am Kronsberg vorweg und damit gleich-

---

[378] HENKEL (1978a), S. 159

zeitig eine siedlungsgenetische Erklärung und Datierung der umliegenden Nachbardörfer. Das Dorf Wülferode wird daher nicht − wie die Dörfer der anderen beendeten Verfahren (z.B. Mandelsloh, Borgentreich) − völlig isoliert in seiner historischen Siedlungsstruktur erforscht, um dann danach erneuert zu werden, sondern wird bezugnehmend auf die umgebende Kulturlandschaft betrachtet. In eben dieser Betrachtungsweise, die den anderen, oben erwähnten Dorferneuerungsplänen völlig fehlt, liegt die Informationsbereicherung, die die Mitarbeit des Geographen bei Dorferneuerungsverfahren bewirken kann.

Ein zweiter großer Vorteil ergibt sich, wenn der mitarbeitende Geograph zugleich auch pädagogisch, z.B. schulpädagogisch ausgebildet ist[379] (andernfalls müßte ein Pädagoge mit herangezogen werden): Er kann die *didaktische Vermittlung*, d.h. die Umsetzung der wissenschaftlich und planerisch vorgedachten Ideen des Dorferneuerungsplans theoretisch entwerfen und daraufhin praktisch übernehmen, indem er z.B. eine Unterrichtseinheit zum Thema, bzw. zur Problematik „erhaltende Dorferneuerung" konzipiert[380] und diese dann in den Klassen der betroffenen Dorfkinder durchführt. Andererseits kann die Mitarbeit pädagogisch geschulter Wissenschaftler die optimale *didaktische Vermittlung* der geplanten Dorferneuerungsmaßnahmen gerade auch an die Erwachsenen im Dorf bedeuten, die ja eine gewisse Voraussetzung für den „längerfristigen" Erfolg des Dorferneuerungsverfahrens darstellt. Die didaktische Vermittlung an die Erwachsenen im Dorf kann z.B. durch Vorträge oder Diskussionen/Gespräche eingeleitet werden, die von Pädagogen mit Erfahrungen in der Erwachsenenbildung (insbesondere der ländlichen) erarbeitet bzw. vorbereitet werden.

Der Dorferneuerungsplan kann also durch die Mitarbeit eines Geographen, noch dazu eines pädagogisch ausgebildeten Siedlungsgeographen, um einen erheblichen Teil an fachspezifischer Information in der Bestandsaufnahme (TeilI des Dorferneuerungsplans) bereichert werden und darüber hinaus konkrete Hilfestellung für die *didaktische Vermittlung* der Dorferneuerungsmaßnahmen an die Dorfbevölkerung erhalten, die bei den bisher betrachteten Dorferneuerungsplänen gänzlich fehlen.

Dabei sei hier betont, daß es bei der didaktischen Vermittlung nicht bloß um das „Überstülpen" von fremden Ideen geht, die von dorffernen Städtern im städtischen Milieu erdacht worden sind. Vielmehr geht es um die wissenschaftliche Bewertung der dörflichen „Welt", im Vergleich mit anderen Siedlungsstrukturen im Übergangsbereich zur Stadt („verstädtertes Dorf", „Vorstadt" etc.).

Der Zwittertyp des halbverstädterten Dorfes stellt von der Lebensqualität wie von der siedlungsstrukturellen Eigenständigkeit her (fehlende „Individualität", „Unverwechselbarkeit", „Indentifizierbarkeit") die am wenigsten wertvolle Siedlungsform dar. Bei der Wiederherstellung des individuellen Siedlungscharakters (bezugnehmend auf die traditionelle Form) kommt dann das Bewußtsein der Dorfbevölkerung über das „historische Erbe" im Dorf als ein *verstärkendes* Moment hinzu.

So lag es auch im Interesse der Verfasserin, die „didaktischen Probleme" zu erfahren, die sich allgemein bei einer *Sensibilisierung* und *Aufklärung* der Dorfbewohner für den Sinn einer erhaltenden Dorferneuerung ergeben würden, ganz speziell bei der Erhaltung der traditionellen Siedlungsstruktur von Wülferode und der Erhaltung der hier noch vor-

---

[379] Siehe DENECKE (1981), S. 434
[380] Für das Projekt Wülferode ist eine Unterrichtseinheit in Kapitel VII. angeschlossen

handenen Qualität ländlich-dörflichen Wohnens/Lebens. Diese didaktischen Probleme sollten hier aber aus Interessensgründen nicht nur erfahren, sondern darüber hinaus auch in Anschluß an den vorliegenden Dorferneuerungsplan methodisch aufbereitet werden.

Das hier vorgestellte „gedankliche Experiment" zielt nicht auf die endgültige Realisierung von erhaltenden Dorferneuerungsmaßnahmen in Wülferode ab, d.h. es wurde nicht davon ausgegangen, den von der Verfasserin erarbeiteten Vorschlag eines Dorferneuerungsplans wirklich in die Tat umzusetzen bzw. umsetzen zu können. Dieses wäre bei dem derzeitigen Fehlen der dazu notwendigen Voraussetzungen mit Sicherheit zu vermessen. Andererseits könnte der Planungsvorschlag eines Tages eventuell eine Diskussionsgrundlage bilden, bedenkt man den *langfristigen* Trend, der eine Erneuerung auch im ländlichen Raum auf breiterer Front schließlich erwarten läßt.

Zu Beginn des gedanklichen Experiments konnte bei den Dorfbewohnern nur *die* Einstellung zur erhaltenden Dorferneuerung vorausgesetzt werden, die auch von bereits beendeten Dorferneuerungsverfahren – z.B. dem von Mandelsloh – bekannt ist: Die Wülferoder müssen demgemäß erst vom Sinn eines Erneuerungsverfahrens überzeugt werden und ihre grundsätzlich ablehnende Haltung, die sich aus ihren positiven Wertvorstellungen von einer anzustrebenden Modernisierung im vorstädtischen Stil ergibt, durch eine entsprechende kulturhistorische Bewußtseinsbildung verlieren.

Eine positive Haltung gegenüber Dorferneuerung hingegen wurde bei den für Wülferode zuständigen Planern erwartet.

Letztlich erwartete die Verfasserin eine gewisse Initiativwirkung, für die das Planungsamt und die Dorfbewohner durch den konkreten Vorschlag zur Dorferneuerung von Wülferode eventuell hätten gewonnen werden können. Eine positive Erwartungshaltung zu einer Realisierung des weiter unten vorgeschlagenen Dorferneuerungsplans konnte allerdings schon allein deswegen kaum oder gar nicht entstehen, weil weder das Planungsamt noch eine „finanzkräftige Quelle" diesen Plan protegierten.

Die Motivation, am Beispiel Wülferode die Möglichkeiten und Grenzen bei der Initiierung eines Dorferneuerungsplans zu erproben, erwuchs nicht nur aus den Kenntnissen von erfolgreichen Dorferneuerungsverfahren. Entscheidend waren auch die Kenntnisse über die ältere Dorfstruktur Wülferodes, die sich aus den Untersuchungen über den Entwicklungsverlauf des Dorfes ergaben. Die Kenntnis über die Wülferoder Siedlungsstruktur zur Zeit der Verkoppelung und über die Datierung der Siedlung in die hochmittelalterliche Rodungsperiode, in der die Entstehung von wenigen Höfen in einem Halbrund am heutigen Wülferoder Platz vermutet werden kann, beansprucht weitervermittelt zu werden an diejenigen, die mit den überlieferten und kulturhistorisch bedeutsamen Siedlungsstrukturen am meisten konfrontiert sind und mit und in ihnen leben. Es sind dies die Dorfbewohner.

Der *Dorferneuerungsplan* Wülferode geht in seiner methodischen Erarbeitung auf die prinzipielle *Dreigliederung* eines Dorferneuerungsplans nach den Vorschlägen des Kulturgeographen HENKEL (1979c) zurück. Danach besteht der Plan aus den Teilen I. Bestandsanalyse *(mit Bestandsbewertung), II. Bestandsprognose* und III. *Planungskonzept* (mit Maßnahmenplan) Diese Dreigliederung ergibt sich aus etlichen bisherigen programmatischen Entwürfen, vor allem des Hessischen Landwirtschaftsministeriums wie auch aus ersten fertigen Plänen[381].

---

[381] HENKEL (1979c), s. 97

Während unsere Bestandsanalyse mit ihrem ersten Abschnitt − der historisch-geneti-schen Analyse − auf die methodische Vorgehensweise nach HENKEL (1979c) zurückgreift und anhand etlicher „Einzelstrukturen" genetische Erläuterungen zum heutigen Sied-lungsbild, bzw. den gegenwärtigen Strukturen, liefert, greift die Arbeit mit dem zweiten Abschnitt der Bestandsanalyse − der Bestandsaufnahme der gegenwärtigen Situation − die methodische Verfahrensweise von KUNZE (1980), einem Planer und Mitarbeiter der KTBL (Kuratorium für Technik und Bauwesen in der Landwirtschaft) − Arbeitsgemein-schaft „Planung im ländlichen Raum", auf.

Die beiden ersten Teile des Dorferneuerungsplans, die Bestandsanalyse (I.) und die Bestandsprognose (II.), sind inhaltlich durch die vorgegebenen Daten und Fakten ausge-füllt, die das Dorf Wülferode mit seiner Genese bis heute liefert.

Der III. und letzte Teil des Dorferneuerungsplans geht mit seiner inhaltlichen Ausfül-lung auf die eigenen Ideen der Verfasserin zurück, die sich jedoch − wie bereits einleitend ausgeführt − inhaltlich an der historisch-genetischen Struktur orientieren und metho-disch in der *Einteilung des Planungskonzeptes* (in Nutzungs-, Verkehrs- und Dorfbildkon-zept) dem erfolgreichen Dorferneuerungsplan Mandelsloh folgen.

Bei der Erarbeitung des Wülferoder Dorferneuerungsplans wurden die Daten und Fak-ten liefernden Ergebnisse der Abschnitte II., III. und IV. der vorliegenden Arbeit zugrun-degelegt, die besonders für den ersten Teil der Bestandsanalyse − für die historisch-geneti-sche Rückschau − von größter Bedeutung waren.

Damit wird noch einmal deutlich, daß die Siedlungsgeographie mit ihren historischen Forschungsergebnissen geradezu „prädestiniert" ist, an der neuen Aufgabenstellung „er-haltende Dorferneuerung" zu partizipieren[382]. Nun endlich finden die vielen Untersu-chungsergebnisse der Dorfforschung eine praktische Anwendung: Der Umbau der Dörfer geschieht nicht mehr unkontrolliert und ohne Bezug zu den möglichen Hilfen kompetenter Fachleute und nicht mehr ohne „historischen Hintergrund", sondern in Zusammenarbeit mit Wissenschaftlern, die die notwendigen Kenntnisse über die Entwicklungsgeschichte ei-nes Dorfes und die Erklärungen über die spezifischen genetischen Strukturen liefern kön-nen, was in der Regel bei Planungsfachleuten, aber auch bei Denkmalpflegern mit rein kunsthistorischer Ausbildung nicht vorausgesetzt werden kann.

Dabei könnte der Siedlungsgeograph eine bisher fehlende „Anwaltsfunktion" im Pro-zeß „Dorferneuerung" einnehmen[383].

Dem bereits zu einem Teil realisierten Dorferneuerungsplan von Mandelsloh wird mit den folgenden Ausführungen die Dorferneuerungskonzeption der Verfasserin von Wülfe-rode gegenübergestellt. Während nämlich die Durchführungsarbeiten in Mandelsloh einen positiven Verlauf zeigten, steht Wülferode mit seiner bisherigen Entwicklung als Negativ-beispiel für private und kommunale Dorferneuerungsmaßnahmen modernisierender Art. Das „gedankliche Experiment" wird also die andere Erfahrungsseite bei der erhaltenden Dorferneuerung zeigen: Die geringen Möglichkeiten und die vielen Hemmnisse bei der Realisierung eines Konzeptes, das die Erhaltung und Wiederbelebung historisch wertvol-ler Dorfstrukturen zum Ziele hat.

Der Aufbau unseres Konzeptes eines Dorferneuerungsplans folgt − wie oben bereits erwähnt − dem praktizierten Muster von Mandelsloh, jedoch greift es zusätzlich die me-

---

[382] HENKEL (1978a), S. 156.
[383] ders. (1979c), S. 98

thodischen Anregungen auf, die von der historisch-genetischen Siedlungsforschung (z.B. HENKEL, 1979c) eingebracht wurden.

1. Dorferneuerungsplan Wülferode

a) Bestandsanalyse

Der für Wülferode konzipierte Dorferneuerungsplan umfaßt in seinem 1.Teil, der Bestandsanalyse, neben der Darstellung der gegenwärtigen Situation des Dorfes die historische Entwicklung einiger wesentlicher Einzelstrukturen von Wülferode in zusammenfassender Übersicht. Erst aus dieser historisch-genetischen Rückschau lassen sich die gegenwärtigen räumlichen Strukturen von Wülferode im einzelnen erklären[384].Hier werden also keine neuen Sachverhalte geboten, sondern aus den vorangegangenen einschlägigen Kapiteln unserer Untersuchung nur diejenigen ausgewählt und in knapper Zusammenfassung dargeboten, die für die hier angestrebte Zielsetzung als notwendige Informationen dienen sollen.

Auswahl und Art der Präsentation sind also primär unter diesem *methodischen* Gesichtspunkt zu sehen.

Einen hilfestellenden Stichwortkatalog für die Erfassung der Einzelstrukturen – wie sie im folgenden in Form von Kurzausführungen einiger vorausgegangener Kapitel dieser Arbeit erscheinen – und deren gegliederte Darstellung, die diese Einzelstrukturen auch ohne die Vorkenntnisse aus den bereits vorausgeschickten Kapiteln faßbar macht, bot HENKEL (1979c) mit seinen Ausführungen über die inhaltliche Ausfüllung des Dorferneuerungsplans.

Dem 1. Teil des Dorferneuerungsplans sind eine methodisch notwendige, kleine Zahl von Karten (z.B. Verkoppelungskarte von Wülferode, Deutsche Grundkarte letzter Stand etc.) und Tabellen (z.B. Erwerbstätigenzahlen in den einzelnen Sektoren und Betriebsstellenzahlen) beigefügt, die bereits in den vorhergehenden Kapiteln der Arbeit vorgelegt wurden. Da aber das Erneuerungskonzept einen in sich unabhängigen Teil darstellt – losgelöst von den vorausgehenden Kapiteln der Arbeit –, der im Falle einer Realisierbarkeit vollständig an Information (und ohne den vorausgehenden Teil der Arbeit) vorgelegt werden müßte, erfolgte also eine Auswahl an notwendigen Karten aus bereits vorangegangenen Kapiteln ausschließlich unter dem Gesichtspunkt: Was wird für das Erneuerungskonzept gebraucht? Ein Teil der Karten und Tabellen wird daher unverändert aus dem vorderen Teil übernommen; weitere Karten werden für das Erneuerungskonzept völlig neu, d.h. erstmalig entworfen oder nur umgearbeitet (Vereinfachung, größere Anschaulichkeit etc.), wozu auch K2 gehört, die die einzelnen Siedlungsphasen von Wülferode noch einmal repräsentiert.

Als Anschauungsmaterial kommen darüber hinaus Fotos neu hinzu.

1. Siedlungslage[385]

Wülferode wurde an der östlichen Abdachung des Kronsbergs gegründet (Abb. 28, 29). Wenngleich sich die Siedlung in nördlicher/nordöstlicher und südöstlicher Richtung erwei-

---

[384] HENKEL (1979c), S. 98
[385] Vergl. III.A.

Abb. 28
Wülferoder Ortsgrundriß aus südwestlicher Blickrichtung

Abb. 29
Blick auf Wülferode aus NW-Richtung. Vordergrund: Kronsberg, Hintergrund: Bockmerholzwald

tert hat, behielt sie bis zur Gegenwart jene sonnenexponierte Lage bei. Durch die Siedlungserweiterungen, besonders seit den 60er Jahren, griff die Siedlungsfläche auch auf die niedrigeren Bereiche östlich des Dorfes über. Wülferode wurde und wird umgeben von Wirtschaftsflächen mit Bodengütewerten zwischen 52 und 71. Die Bodengütewerte nehmen damit eine Mittelstellung zwischen jenen der sie umgebenden Landschaftseinheiten „Geest" und „Lößbörde" ein.

2. Zur Ortsgeschichte und Siedlungsentwicklung[386]

Wülferode ist im Zuge der hochmittelalterlichen Rodungsperiode als eines der vielen bischöflich-hildesheimischen Rodedörfer im ehemaligen Nordwald gegründet worden. Urkundlich wird Wülferode erstmalig im Jahre 1404 unter dem Namen „Wulfingherode" genannt[387].

Im Gegensatz zu einigen umliegenden Nachbarsiedlungen fiel Wülferode nicht wüst. Besondere Fehden, Seuchen oder Brände, die sich in der Ortsentwicklung auswirkten, sind nicht bekannt[388]. Bis ins 19. Jh. unterstand Wülferode dem geistlichen Gericht und der Mutterkirche in Kirchrode. Am Ende des 19. Jh. erhielt Wülferode im Bereich der Nachsiedler zusätzliche Erweiterungen durch Seßhaftwerden der Ortsnachkommen. Hier entstanden die Häuser der „Handwerker-Bauern", darunter ein Schmied, ein Maurer, ein Bäcker und ein Kaufmann.

Wie die Kartierung über die einzelnen Siedlungsphasen (Abb. 38, K2) erkennen läßt, sind die entscheidendsten Ortserweiterungen bis zur Gegenwart erst nach 1960 eingetreten. In der jüngsten Vergangenheit haben erste Veränderungseinflüsse den Siedlungsgrundriß von 1845 (Verkoppelungskarte) in seinem Kern erfaßt und begonnen, die *alte* Dorfstruktur zu zerstören.

3. Siedlungsgrundriß[389]

Wülferode bestand noch zur Zeit der Verkoppelung als ein Platzdorf mit einer Regelmäßigkeit im Siedlungsgrundriß: Die langgestreckten Hofparzellen der größeren bäuerlichen Betriebe waren auf den Wülferoder Platz, eine platzartige Erweiterung der Hauptstraße, hin ausgerichtet. Köthner, Brinksitzer und Anbauer waren hingegen vorwiegend außerhalb der Höferunde im Südosten und Osten − an der Niederfeldstraße − angesiedelt. Mit den regelmäßigen Siedlungserweiterungen − besonders seit den 60er Jahren − wandelte sich der platzartige Grundriß zu einer Mischform, die neben den regelmäßigen und weniger geregelten Zügen des alten Dorfes nun auch straff gegliederte, dicht bebaute Siedlungsgefüge der jüngeren Zeit umfaßt. Die zusammengesetzte Grundrißform erscheint insgesamt kompakt und abgeschlossen.

4. Hausformen, Baustoffe, Bautechniken

Wie die Ergebnisse der Ortsinventarisation der Landesdenkmalpflege zeigen, sind die weitaus meisten Gebäude auf den Höfen erst um die Mitte des 19. Jh., jedoch vielfach noch

---

[386] Vergl. III.B., IV.B.1., IV.C.1.

[387] Nieders. Landesdenkmalpflege, Inventarisation Wülferode (472), 7/77, Stadtteilbeschreibung

[388] Da eine Dorfchronik fehlt, kann nur auf die mündlichen Informationen der alteingesessenen Ortsbewohner (insbes. KLUSSMANN) zurückgegriffen werden

[389] Vergl. III.C., IV.B.1., IV.C.1.

Abb. 30
Gastwirtschaft „von Horn" (Kö m 12), im Jahr 1928

Abb. 31
Wohnhaus der Stelle HH d 4, erbaut 1850/60

traditionell als Fachwerkgebäude mit roten Backsteinausfachungen errichtet worden. Krüppelwalmdächer waren charakteristisch. Daß hier eine ältere Bautradition fortgeführt wurde, darauf weisen die beiden ältesten Bauten in Wülferode aus dem 18. Jh. mit Fachwerkbau und Ständerbauweise hin.

Ortstypisch waren in der Mitte des 19. Jh. auf den Höfen keine Hallenhäuser mehr, sondern bereits Gehöfte mit von den Wirtschaftsgebäuden getrennten Wohnhäusern, meist in zweistöckiger Fachwerkbauweise (Abb. 30, 31).

Als Sondergebäude bestand in Wülferode neben der 1756 errichteten Kapelle seit 1848 das Forsthaus (vergl. Verkoppelungskarte), das als erster Massivbau mit rotem Backstein und hohem Natursteinsockel in Wülferode erbaut wurde.

Die Erweiterung Wülferodes am Ende des 19. Jh. im Bereich der Nachsiedler erfolgte − wie die Gebäude an der Bockmerholzstraße 15, 19, 21, 23 und 25 noch heute bezeugen − in Form kleiner ein- und zweigeschossiger, traufständiger Wohnbauten, die als niedrige Massivbauten aus rotem Backstein in ihrer Dimensionierung und Formensprache Elemente des Arbeiterwohnungsbaus der Jahrhundermitte zeigen[390].

In den Siedlungsphasen des 20. Jh. gewannen zunehmend Zement, Sand, Kies und Beton als Baustoffe an Bedeutung, neben Verputz und Klinker als Verkleidungen. Dies bezeugen die „Siedlungshäuser" der 50er und frühen 60er Jahre wie auch die modernen Bungalows in der jüngsten Siedlungserweiterung, bzw. im Dorfinnern.

5. Gebäudenutzung

Neben die Gebäudenutzung des 19. Jh. durch Wohnen, landwirtschaftliche Nutzung und vereinzeltes Handwerk traten im 20. Jh. private Dienstleistungen (Fleischer, Bäcker, Kaufmann) hinzu wie auch − mit der Aufgabe einiger Höfe − die gewerbliche Nutzung.

Öffentliche Dienstleistungen, wie z.B. Schule und Kirche, standen den Wülferodern bereits um die Mitte des 19. Jh. zur Verfügung (vergl. Verkoppelungskarte).

6. Straßen, Wege, Plätze[391]

Die heutige Hauptdurchgangsstraße, die Bockmerholzstraße, die zum Teil parallel verlaufende Nieferfeldstraße, die Debberoder Straße wie auch der Anderter Weg gehören zum ältesten Straßen- bzw. Wegenetz von Wülferode (Kurhannoversche Landesaufnahme des 18. Jh.). Die Bockmerholzstraße, die Niederfeldstraße und die Debberoder Straße waren im 19. Jh. von Kastanien- und Linden-, aber auch von Pflaumen- und Apfelbäumen umsäumt.

Auch bestand bereits im 18. Jh. − wie der Vergleich der Kurhannoverschen Landesaufnahme mit der aktuellen Deutschen Grundkarte ergibt − der Vorläufer der heutigen Landesstraße L 388 nach Bemerode, der ehemals die Verbindung mit der Bemeroder Windmühle schuf. Die nahezu geradlinige Durchführung der heutigen Bockmerholzstraße und der Niederfeldstraße, bis hin zur südlich gelegenen Kirchbichler Straße/Linneworth, hat zwar im 18. Jh. noch nicht bestanden, wurde aber bis zum 19. Jh. − wohl in Zusammenhang mit der durchgeführten Verkoppelung − geschaffen. Wie die Kurhannoversche Landesauf-

---

[390] Nieders. Landesdenkmalpflege, Inventarisation Wülferode (472), 3/77, Bockermerholzstraße 15−25

[391] Vergl. III.C.

Abb. 33
Niederfeldstraße 1930. Blick von der Stelle Kö m 12 nach Süden

Abb. 34
Niederfeldstraße 1882 – im Westen die Wirtschaftsgebäude der Stelle HH l 16,
im Osten Einmündung des Weges Hoflage

nahme erkennen läßt, mündeten noch im 18.Jh. die Bockmerholzstraße und die Niederfeldstraße in die Hoyerstraße, die dann auf die südliche Querverbindung stieß.

Zum ursprünglichen Wegenetz gehören auch die schmale Straße „Hoflage", die den
Durchlaß zu den östlichen Wirtschaftsflächen gewährleistet, wie auch der Wülferoder
Platz, das eigentliche Zentrum (Abb. 32).

Wie das Urmeßtischblatt von Wülferode von 1898 erkennen läßt, bestand die Linienführung der heutigen Landesstraße nach Bemerode (NW) bereits ab der 2. Hälfte des 19.
Jh.. Der Vorläufer der jetzigen L 388 umging aber einst die Bemeroder Windmühle.

Mündliche Angaben von Wülferodern über den Bodenbelag des Straßen- und Wegenetzes während des ausgehenden 19.Jh. und beginnenden 20.Jh. schildern das verwendete
Material folgendermaßen (Abb. 33, 34, 35): Waren die Straßen in Wülferode noch zur Jahrhundertwende durch ein eingewalztes Steingemisch von etwa hühnereiergroßen Steinen
(Steinschlag) und Kies befestigt, so wurde diese Straßendecke ab etwa 1908 durch einen
blauen Basaltpflasterbodenbelag (Steingröße etwa 8 cm x 8 cm) ausgewechselt, bevor sich
letztlich die Asphaltierung in den frühen 70er Jahren durchsetzte.

Im Zuge der Asphaltierung erhielten die Vorplätze der Wülferoder Kapelle und der
Gastwirtschaft eine Bordsteinabgrenzung und eine Begrünung durch eingesäten Rasen.
Bis dahin umgab lediglich eingestampfte, feste Erde die beiden Gebäude des Wülferoder
Platzes[392] (Abb. 36).

7. Begrünung und „Außenmobiliar"

Zu einem gewissen „Außenmobiliar" kam Wülferode erst in jüngerer Zeit. So sind das
Bushaltestellenhäuschen[393] am Wülferoder Platz wie auch die Straßenbeleuchtungen erst
nach 1970 geschaffen worden. Die Ortsbegrünung erhielt erhebliche Verluste durch einge-
gangene Linden am Wülferoder Platz. Seit dem Straßenausbau schmücken nur noch wenige alte Laubbäume (Kastanien, Linden) den alten Dorfmittelpunkt (Abb. 37). Auch an
der Bockmerholzstraße, der Niederfeld- und Debberoder Straße sind die meisten Bäume
bis heute gefällt worden.

8. Bevölkerung[394]

Die Bevölkerungsentwicklung von Wülferode zeigt in der Zeit von 1848 (280) bis 1939
(351) einen positiven Gang. Mit der Aufnahme von Flüchtlingen stieg die Einwohnerzahl
bis 1946 (630) erheblich. Während die Bevölkerungszahlen von 1946 bis 1961 stagnierten,
zeigte sich ein zweiter wesentlicher Zuwachs bis 1970 (863), der mit der zunehmenden
Stadt-Land-Flucht – der Ansiedlung von Bauwilligen im Hannoverschen Umland – zu erklären ist. Seit 1970 ist eine zweite Stagnation bzw. geringfügige Rückläufigkeit im Bevölkerungsgang zu beobachten.

9. Erwerbstätigkeit[395]

Die noch überwiegend agrarwirtschaftlich ausgerichtete Erwerbstätigenstruktur von
Wülferode im ausgehenden 19. Jh. wurde auch zu Beginn des 20. Jh. lediglich durch einige

---

[392] Hierzu Presseinformation vom 12.5.1972, Neue Hannoversche Presse
[393] Zur Errichtung des Bushaltestellenhäuschens durch Eigenarbeit der Wülferoder siehe Presseinformation vom 6.11.1970, Neue Hannoversche Presse
[394] Vergl. IV.B.2.; IV.C.2.
[395] Vergl. IV.B.3.; IV.C.3.

Abb. 35
Niederfeldstraße 1981

Abb. 36
Asphaltierung der Fahrbahn um den Kapellenplatz 1973

Abb. 37
Wülferoder Platz − Blick von SO nach NW.
Im Vordergrund Einmündung des Weges Hoflage in die Bockmerholzstraße

Handwerker und Gewerbetreibende ergänzt. Dabei gewannen die außerlandwirtschaftlichen Erwerbsbereiche besonders erst innerhalb der letzten 30 Jahre an Bedeutung (Tabellen 3, 7 und 9). Eine Vorrangstellung nimmt 1970 bereits der tertiäre Sektor ein, dem die höchste Erwerbstätigenzahl zugeordnet ist.

Wie der Vergleich der Betriebsstellenzahlen ergibt, erfolgte von 1939 bis 1970 eine deutliche Verringerung. In diesem Zeitraum verlor Wülferode − neben einigen größeren Betrieben − nahezu alle klein- und kleinstbäuerlichen Stellen.

Analog den Veränderungen in der Sozialstruktur stiegen die Wülferoder Auspendlerzahlen seit 1950. Wülferode selbst bot 1970 lediglich 28 außerlandwirtschaftliche Arbeitsstätten und entwickelte sich von der überwiegenden Agrargemeinde des 19. Jh. seit den 60er Jahren zu einer ländlichen Wohngemeinde für Pendler. Die in Wülferode jüngst Seßhaftgewordenen pendeln täglich zu den Arbeitsstätten in die Landeshauptstadt Hannover und ihre Randbereiche.

10. Infrastrukturelle Einrichtungen und zentralörtliche Einordnung

Im Hinblick auf die wenigen öffentlichen und privaten Dienstleistungseinrichtungen in Wülferode kam der Siedlung bisher keine besondere Versorgungsbedeutung zu[396].

Mit der Gemeindereform und der Zuordnung von Wülferode zur Landeshauptstadt 1974 verlor das Dorf sogar zwei seiner wichtigsten öffentlichen Dienstleistungseinrichtun-

---

[396] Verband Großraum Hannover (1969)

gen: Die Schule wurde nach Bemerode verlagert und die Gemeindeverwaltung ging in derjenigen von Bemerode, bzw. Hannover auf.

Dagegen erhielt Wülferode eine der Zeit entsprechende Kanalisation.

Gewann die ländliche Siedlung seit der Jahrhundertwende vier private Dienstleistungsbetriebe (Bäcker an der Bockmerholzstraße, Fleischer an der Bockmerholzstraße, Kaufmann im Neubauviertel an der Kirchbichler Straße, Kaufmann an der Bockmerholzstraße), so sind zwei von ihnen bereits in den vergangenen 20 Jahren wieder aufgegeben worden. Wülferode nahm damit niemals eine über die Eigenbedarfsdeckung hinausreichende Versorgungsfunktion ein. Im Gegenteil, die Siedlung wurde in dieser Hinsicht von einer Schwächung, besonders seit dem Wiederaufbau der Stadt Hannover, betroffen.

Wülferode erfuhr also im auslaufenden 19. Jh., mit der Ansiedlung von Ortsnachkommen in den Nachsiedlerbereichen, Wandlungen im Ortsbild und auch in der Erwerbsstruktur. Die Veränderungzeit des Dorfes umfaßt daher den Zeitraum von der Gegenwart bis in die 2. Hälfte des 19. Jh. Als „Altzustand"[397] und einstige ursprüngliche Dorfsituation wird daher für das zu erstellende Planungskonzept des Dorferneuerungsplans der Stand Wülferodes zur Zeit der Verkoppelung bezeichnet (vergl. III.B.). Dabei darf aber nicht grundsätzlich davon ausgegangen werden, daß alle aus der Verkoppelungszeit überlieferten und noch bestehenden Strukturen auch im Planungskonzept bzw. Maßnahmenplan Aufnahme finden und künftig erhalten bleiben sollen.

Bei Mandelsloh wurden diejenigen kulturhistorisch bedeutsamen Gebäude erhalten, die *unbedingt* bewahrt werden mußten, damit der Ensemblewert um die St.Odag-Kirche nicht verloren ging. Bauten, die nicht von vornherein zu demjenigen Teil des Dorfes gehörten, der in dieser *erhaltenden* Weise erneuert werden sollte, konnten nur noch dann mit in die Erhaltungsmaßnahmen einbezogen werden, wenn die finanziellen Mittel es erlaubten. Die Bewertung der kulturhistorischen Strukturen richtete sich hier also einerseits nach der Zugehörigkeit der Struktur zum Gesamtensemble, das auf den ersten Blick erhaltenswert scheint, und andererseits nach der finanziellen Situation der „Dorferneuerer".

Auf die Bewertung der kulturhistorischen Strukturen in Wülferode hinsichtlich der Bewahrung und Erneuerung wird im 3. Teil (V.C.1.c)) des hier skizzierten Dorferneuerungsplans noch eingegangen.

Nach der historisch-genetischen Rückschau in Bezug auf die Wülferoder Einzelstrukturen schließt im Ramen der *Bestandsanalyse* (= Gestaltanalyse) als nächster Schritt die *Bestandsaufnahme*[398] der gegenwärtigen Dorfstrukturen an, die im Vergleich mit der Ausgangssituation zur Zeit der Verkoppelung die bereits durchlaufene Entwicklung Wülferodes wie auch die kulturhistorischen Überreste aufzeigt. Darüber hinaus umfaßt die *gegenwärtige Bestandsaufnahme* Mängel- und Problemsituationen, die sowohl den Gebäudebestand bzw. das Ortsbild wie auch die Verkehrsflächen und damit den dörflichen Interaktionsraum betreffen.

Die *gegenwärtige Bestandsaufnahme* beginnt nach KUNZE mit der Kartierung der „topographisch bedingten Teilräume" von Wülferode (Beilage 6 B, 1970). Um eine genaue Übersicht zu vermitteln, umfaßt die aktuelle Bestandsaufnahme die Gesamtsiedlung. Als unmittelbare „Umgebung" des Dorfkerns stellen die jüngeren Siedlungsbereiche ja eben-

---

[397] HAUPTMEYER (1979), S. 74

[398] Die Bestandsaufnahme greift methodisch auf die vorgeschlagene Verfahrensweise von KUNZE (1980) zurück

falls entscheidende Dorfteile dar, denen einerseis die erhaltende Dorferneuerungskonzeption später optisch zugute kommen wird, die aber andererseits auch bei verschiedentlichen Eingriffen − wie z.B. den Verkehrsumlegungen − wesentlich mitbetroffen sind. So ist ein Planungskonzept nur aus dem Blickfeld des Gesamtortes möglich[399].

Die *Gesamtsiedlung Wülferode* umfaßt *zwei topographisch* bedingte *Teilräume*. Es sind dies die Bereiche westlich und östlich der Höhenlinie 80 m ü.N.N., die den steileren Kronsberghang vom seichter abfallenden Hangfuß unter 80 m ü.N.N. trennen. Damit zeigt die Dorfdurchgangsstraße am Wülferoder Platz eine größere Neigung als in ihrem weiteren südlichen Verlauf. Der Dorfkern mit Kapelle und Gasthaus „lagert" zusammen mit den unmittelbar angegliederten Hofstellen und dem Neubaubereich im Norden *über* den weiteren Siedlungsteilen.

---

[399] KUNZE (1980), S. 72

Abb. 38
Siedlungsphasen von Wülferode

Die zweite Kartierung der gegenwärtigen Bestandsanalyse (Abb.38 = K2) repräsentiert die einzelnen Siedlungsphasen von Wülferode. Den einzelnen Siedlungsphasen können verschiedene Dorfbereiche zugeordnet werden. Die ausgedehntesten Siedlungsbereiche sind einerseits bis um die Mitte des 19. Jh. und andererseits seit dem Ende der 60er Jahre entstanden. Seitdem greift die Neubesiedlung auch in den aus der Verkoppelungszeit stammenden Siedlungsgrundriß ein, der jüngst darüber hinaus eine Zusatzbesiedelung auf mehreren Hofstellen in Nähe des Wülferoder Platzes erfuhr. Aus der Differenzierung des aktuellen Wülferoder Grundrisses nach einzelnen Siedlungsphasen, ergeben sich zugleich

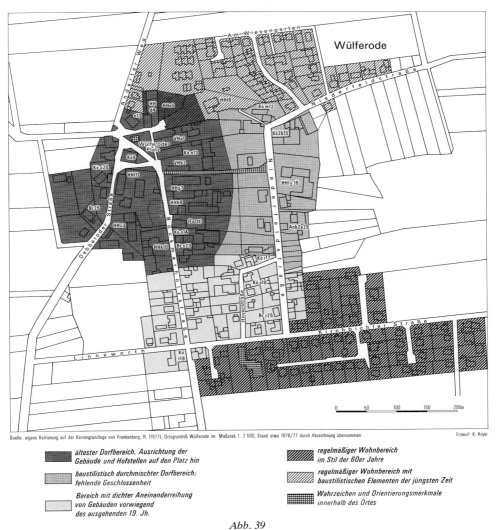

Quelle: eigene Kartierung auf der Kartengrundlage von Frankenberg, R. (1977), Ortsgrundriß Wülferode im Maßstab 1 : 2.500, Stand etwa 1976/77 durch Abzeichnung übernommen.   Entwurf: K. Hoyer

Abb. 39
Die historisch bedingten Teilräume von Wülferode – formale Ausprägung

die „*historisch bedingten Teilräume*", die im heutigen Ortsbild eine unterschiedliche Ausprägung aufweisen (Abb.39 = K3). Dabei bezieht sich die Ausprägung auf äußere, physiognomisch wahrnehmbare Strukturen im Ortsbild: Der Siedlungsgrundriß aus der Mitte des 19. Jh. gehört nach der formalen Differenzierung drei „Ausprägungsteilräumen" an. Der erste Teilraum ergibt sich aus den zum Wülferoder Platz hin ausgerichteten Hofstellen, auf denen Fachwerkhäuser mit massiven Backsteinbauten des ausgehenden 19. Jh. und Gebäuden jüngerer Zeit abwechseln. Der zweite Teilraum ähnlicher formaler Ausprägung schließt sich östlich an den ersten an. Diesen Bereich charakterisiert eine fehlende Geschlossenheit. Eine lockere Besiedelung mit mehreren Freiflächen prägt den Teilraum, in dem sowohl Gebäude des 19. Jh. wie auch des 20. Jh. und dabei ländliche Höfe wie auch reine Wohnbauten vorzufinden sind. Der dritte Teilraum findet seine spezifische formale Ausprägung in der dichten Aneinanderreihung von Wohngebäuden. Massive rote Backsteinbauten des ausgehenden 19. Jh. wechseln mit teilweise verputzten Backsteingebäuden der jüngeren Zeit. Das Parzellengefüge ist hier durchaus kleinräumiger als in den ersten beiden Teilräumen.

Wesentlich schematischer erscheinen die formalen Teilräume 4 und 5, die in Wülferode hervorzuheben sind: Während im Bereich 4 vorwiegend verputzte „Siedlungshäuser" mit anschließendem Gartenland längs den Straßen aufeinanderfolgen, sind dies im 5. Teilraum – besonders am Hofhäuser Weg – moderne, giebelständige Atrium-Einfamilienhäuser in Klinkerbauweise, die die Gesamtsiedlung nach Norden hin fest abschließen.

Das Wahrzeichen von Wülferode stellt die Kapelle am Platz dar (Abb. 36, 37), die gleichzeitig ein entscheidendes Orientierungsmerkmal innerhalb des Ortes ist. Orientierungspunkte bilden zudem das Feuerwehr- und Schulgebäude im Süden, der schmale Verbindungsweg „Hoflage", wie letztlich die Tatsache, daß ein Teil der Siedlung höhergelegen ist und daher das Straßennetz innerhalb des Ortes ansteigt oder abfällt (Abb. 37).

Die Darstellung der *Gebäudenutzung* zeigt in Wülferode gegenwärtig ein reines Wohngebiet im nördlichen Neubaubereich sowie ein mit Dienstleistungen und Einrichtungen des Gemeinbedarfs durchsetztes, zweites Wohngebiet im südlichen Siedlungsteil (Abb. 40 = K4).

Hier erscheint eine Konzentration der vermehrt frequentierten, privaten und öffentlichen Infrastruktureinrichtungen, die als Handels–, Handwerks– oder Gewerbebetriebe ortsbezogen sind. Im Gegensatz dazu steht der Weingroßhandel in den ehemaligen landwirtschaftlichen Gebäuden der Hofstelle VH b 2, der ja einen überörtlichen Einzugsbereich hat und zufällig hier entstand.

Der Siedlungsbestand aus der Mitte des 19. Jh. umfaßt also neben den landwirtschaftlich genutzten Gebäuden und den Wohnhäusern gewerblich und handwerklich genutzte Bauten. Auch liegen in diesem funktionsdurchmischten Dorfbereich die Kapelle und mehrere leerstehende, nicht genutzte Gebäude, welche den für die Dorferneuerung bestehenden „Konfliktstoff" bereits signalisieren[400].

Als Hauptdurchgangsstraße wird die „Bockmerholzstraße" befahren, die außerhalb Wülferodes in die Landesstraße L 388 übergeht. Alle weiteren Verkehrswege nehmen innerhalb des Ortes eine Verteilerfunktion für die Wohngebiete ein.

Aus der Kartierung der Gebäudenutzung ergibt sich die *Lage* der noch *agrarwirtschaftlich* genutzten *Hofstellen* in Wülferode (Abb.41 = K5). Außer den beiden Betrieben an der

---

[400] KUNZE (1980), S. 33

Niederfeldstraße werden noch drei Höfe an der Bockmerholzstraße, bzw. Debberoder Straße landwirtschaftlich genutzt. Der sechste Betrieb ist aus der Hofstelle KÖ o 14 hervorgegangen und ausgesiedelt. Die alten Gebäude der Stelle KÖ o 14 im Dorf werden von dem nach Süden ausgesiedelten Hof mitbenutzt. Drei der Betriebe sind von den Belastungen des Durchgangsverkehrs der Bockmerholzstraße betroffen.

Die Lage der landwirtschaftlichen Betriebe muß im Dorferneuerungsplan unbedingt schon innerhalb der Bestandsanalyse – so hier bei der gegenwärtigen Bestandsaufnahme – untersucht und aufgezeigt werden. Die später vorgeschlagenen Maßnahmen könnten möglicherweise in Konflikt geraten mit den Interessen der Betriebe, wenn sie nicht mehr oder weniger auf diese abgestimmt werden bzw. die Lage der Höfe im Dorf nicht berücksichtigen. Insbesondere ist hier an die ungehinderte Durchfahrt der Landwirte durch den Ort gedacht, die auch künftig bestehen bleiben sollte.

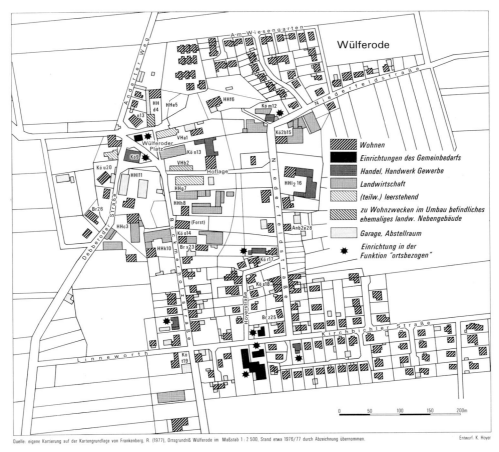

Abb. 40
Gebäudenutzung in Wülferode zu Beginn der 80er Jahre

Alter der Wohnbevölkerung von Wülferode 1970

	Wohnbevöl- kerung ges.	von der Wohnbevölkerung sind							
		unter 6 J.	6−15	15−18	18−21	21−30	30−45	45−60	60−75	75 u.m.
Wülferode	863	81	115	38	19	130	226	128	101	25

Quelle: Gemeindestatistik Niedersachsen 1970, Teil 2. „Bevölkerung und Erwerbstätigkeit" Heft 1.
NDS LVA − Statistik

Quelle: eigene Kartierung auf der Kartengrundlage von Frankenberg, R. (1977), Ortsgrundriß Wülferode im Maßstab 1 : 2 500, Stand etwa 1976/77 durch Abzeichnung übernommen.   Entwurf: K. Hoyer

Abb. 41
Agrarwirtschaftlich genutzte Hofstellen in Wülferode zu Beginn der 80er Jahre

Nach den jüngsten *Bevölkerungsangaben* hat sich Wülferode zu einer gegenwärtig etwa 860 Einwohner umfassenden, ländlichen Wohngemeinde entwickelt. Die agrarwirtschaftliche Erwerbstätigkeit hat zugunsten des sekundären und tertiären Sektors Verluste erfahren, wie schon allein die Kartierung der heutigen landwirtschaftlichen Betriebe optisch verdeutlicht. Entsprechend den beiden jüngeren Neubaubereichen und dem Zuzug vielfach junger Familien ergibt sich folgende *Altersverteilung in der Wohnbevölkerung 1970* (Tab. 19): Den 126 über 60jährigen stehen mehr als 480 21 – 60jährige und 253 Kinder und Jugendliche gegenüber. Die Gemeinde ist also nicht überaltert.

Die Gemeinde verfügt über die folgenden ver- und entsorgenden

INFRASTRUKTUREN	AUSGEFÜHRT DURCH
Elektrizitätsversorung	… die HASTRA, Sehnde-Anderten
Abfallbeseitigung	… den Landkreis Hannover, Betrieb für Müllbeseitigung
Trinkwasserversorgung	… das Versorgungsnetz der Stadt Hannover
Abwasserbeseitigung	… den Anschluß an die Druckleitung über den Kronsberg nach Mittelfeld, bzw. nach Herrenhausen; dem Entsorgungsnetz der Stadt Hannover angeschlossen.

Tabelle 20: Informationen des letzten Bürgermeisters

Gegenüber den bisherigen Schritten der Bestandsaufnahme zielt der folgende schon konkreter auf die engere *Zielsetzung* der *erhaltenden Dorferneuerung:* Er hebt aus der Gesamtheit des dörflichen Baubestandes die *ortsbildprägenden Elemente* von Wülferode hervor, die einschließlich der denkmalgeschützten (numerierten) Gebäude in der Kartierung 6 (= Abb. 42) vorgestellt werden. Dabei umfaßt die Darstellung zunächst alle wesentlichen, kulturhistorisch überlieferten Elemente, ohne bereits die Entscheidung über den in erhaltender, gegebenenfalls rekonstruierender Weise zu erneuernden Siedlungsteil vorwegzunehmen.

Die ehemaligen, schon auf der Verkoppelungskarte eingetragenen Straßen sind in ihrer Linienführung bis zur Gegenwart erhalten geblieben (Bockmerholzstraße, Hoflage, Hoyerstraße, Niederfeldstraße). Als typischer und unverwechselbarer Schwerpunkt innerhalb des Ortsbildes nimmt der Wülferoder Platz mit Kapelle und Gastwirtschaft (Abb. 37) – wie schon zur Zeit der Verkoppelung – eine Zentralstellung ein. Die Zentralität wird aber durch wesentliche Mangelerscheinungen (Abb. 45 = K7) beeinträchtigt. Neben den wenigen Fachwerkhäusern sind gründerzeitliche Gebäude im roten Backsteinbau (Stil des damaligen Arbeiterwohnungsbaus), aber auch vom Baumaterial her jüngere Gebäude ortsbildbestimmend. Letztere haben weniger einen „Eigenwert"[401] als vielmehr einen „Situationswert" innerhalb der sie umgebenden Bauten. Sie sind in passendem Baumaterial in der nahezu ursprünglichen Stellung der vorherigen Gebäude errichtet worden und daher für das charakteristische Ortsbild von entscheidender Bedeutung. Es sind dies besonders die jüngeren Gebäude in der ursprünglichen Höferunde.

---

[401] Hierzu KUNZE (1980), S. 52

Folgende ortsbildbestimmenden Bauten sollen nach Angaben der Landesdenkmalpflege[402] in ihrem Bestand unbedingt gesichert werden:

B 3   Hofanlage mit Wohnhaus von 1862. Inschrift an der Schwelle des OG. Zweistöckiger Fachwerkbau in Stockwerkbauweise. Ausgebautes Krüppelwalmdach.

B 5   Scheune, Massivbau aus rotem Backstein von ca. 1948. Weitere Massivbauscheune aus rotem Backstein, 1946.

---

[402] Hannover, Niemeyerstr. 15

Quelle: eigene Kartierung auf der Kartengrundlage von Frankenberg, R. (1977), Ortsgrundriß Wülferode im Maßstab 1 : 2.500, Stand etwa 1976/77 durch Abzeichnung übernommen.   Entwurf: K. Hoyer

historische Bausubstanz bis zur Jahrhundertwende	ortstypische Grünbereiche
F —darunter mit Fachwerk	einzelner alter Baumbestand
I —darunter mit Inschrift	aus dem 19. Jh. überliefertes Straßen- und Wegenetz
Kapelle dominierendes ortsbildprägendes Gebäude	überliefertes Pflastergestein
Gebäude mit hohem Situationswert für das dörfliche Ensemble	Ortseingang, Situationen
	B3 Nummer des denkmalgesch. Objektes nach Kap. V.C.1.a)

Abb. 42
Ortsbildprägende Elemente von Wülferode

222

B 7	Ehemal. Staatl. Forstamt. 1948. Eingeschossiger, einspänniger, giebelständiger Bau aus rotem Backstein mit hohem Natursteinsockel. Ausgebauter Kniestock mit Satteldach. Schlichter Bau mit Betonung des Kranz- u. Giebelgesimses durch Konsolfries. Alte Sprossengliederung der Fenster erhalten. Der 1. Massivbau in Wülferode.
B 9	Wohnhaus von 1880. Zweigeschossiger, einspänniger, traufständiger Bau aus rotem Backstein mit Glasuren. Ausgebautes Satteldach. Schlichter, durch Ecklisenen und Gesimse gegliederter Bau in der Art des Arbeiterwohnungsbaus.
B 13	Querdielenhaus von 1904. Eingeschossiger, traufständiger Bau aus rotem Backstein. Ausgebautes Satteldach mit Zwerchhaus in der Mitte.
D 2	Fachwerkscheune von 1872. Offenb. Dreiständerbau auf Haussteinsockel mit roter Ziegelausfachung. Krüppelwalmdach mit Ziegeldeckung.
Kapp	Kapelle von 1756. Fachwerkbau mit weißen Putzausfachungen und grauem Sockel. Walmdach mit Dachreiter. Sprossengliederung der Fenster erhalten.
W 1	Scheune von 1775. Inschrift im Torbalken u. auf dem Dachbalken. Giebelständiger Ständerbau mit seitlicher Durchfahrt rechts. Krüppelwalmdach. Ausfachung in rotem Backstein.
W 2	Dreiständerbau von 1856. Kern älter. Gebäude nicht mehr vorhanden!
W 4	*(Abb. 31)* Wohngebäude von 1860. Zweigeschossiger Fachwerkbau auf Haussteinsockel in Stockwerksbauweise ohne Vorkragungen. Krüppelwalmdach. Ausfachungen in rotem Backstein. *(Abb. 43, 44)* Scheune von 1860. Fachwerkbau auf Bruchsteinsockel. Dreiständerbau (?). Krüppelwalmdach mit Ziegeldeckung. Unterrähmzimmerung.
W 5	Wohnwirtschaftsgebäude von 1744/97. Wirtschaftsteil als Vierständerbau mit einfach vorkragendem Wirtschaftsgiebel über abgerundeten Balkenköpfen u. runden Füllhölzern. Halbwalmdach. Zweigeschossiger Wohnteil mit ausgebautem Halbwalmdach mit Aufschiebling zu beiden Seiten. Stockwerksbauweise. Stichgebälk. Der Bau ist in seinem Wirtschaftsteil der älteste Bau in Wülferode. Seine besondere städtebauliche Lage am Dorfeingang gegenüber der Kapelle und Ausrichtung auf den Kapellenplatz geben dem Gebäude große städtebauliche Bedeutung für das Ortsbild.

(Inventarisation Hannover-Wülferode, 472 Wülferode, Gruppe baulicher Anlagen)

Der vorliegende Dorferneuerungsplan bezieht sich in seinem Planungskonzept auf die Einschätzung der Denkmalpfleger, die mit dieser Gruppe von Bauten ein Ensemble im Dorfkern von Wülferode unter Denkmalschutz stellen. Außerhalb dieses Ensembles liegende historische Bauten bleiben hingegen ohne Denkmalschutz. Sie sind auch in unserem Erneuerungsplan nicht in die erhaltenden Maßnahmen miteinbezogen, bezieht sich doch ein erhaltender Dorferneuerungsplan – so wie es auch die bereits praktizierten von Mandelsloh und Waldfeucht oder Borgentreich taten – aus finanziellen Gründen zunächst auf ein (das!) charakeristisches Ensemble im Dorf und kann nicht noch alle weiteren, womöglich „nur" einzelstehenden, historischen Bauten in die erhaltenden Erneuerungsmaßnahmen einschließen. Für diese, nicht im Planungskonzept erwähnten, aber dennoch (aus der Beurteilung des Eigenwertes heraus) erhaltenswerten Gebäude bleibt lediglich der schon oben angesprochene „Sanierungseffekt" (Vorbildwirkung) zu hoffen, der die Gebäude

Abb. 43
Blick vom Wülferoder Platz in die fehlenden Hofstellen HH f 6 und HH e 5.
Im Vordergrund links die Scheune der Stelle HH d 4

Abb. 44
Scheune der Stelle HH d 4, 1981

nach dem Vorbild der vorausgegangenen Ensembleerneuerung und -erhaltung erhält, will das vorliegende Planungskonzept beanspruchen, in dem dargestellten Umfang realisierbar — und nicht nur utopisch — zu sein.

Neben den *ortsbildprägenden* Verkehrsflächen und den kulturhistorischen Bauten bestimmen einige *Grünflächen* und Baumgruppen das Ortsbild. Gemeint sind dabei weniger die exakt schematisch angelegten Rasenflächen vor der Kapelle und dem Gasthaus am Wülferoder Platz, die erst in jüngerer Zeit entstanden sind, als vielmehr die im alten Ortskern verstreuten Wiesen und Blumen- bzw. Gemüsegärten, die seit jeher zwischen den einzelnen Häusern und an den Hofenden lagen.

Mit der Darstellung der *Mängelsituationen* bzw. Problembereiche findet der erste Teil des Dorferneuerungsplans — die Bestandsanalyse und in ihr die gegenwärtige Bestandsaufnahme — seinen Abschluß (Abb. 45 = K7).

Die wesentlichen, optisch wahrnehmbaren Mängelsituationen zeichnen sich im alten Dorfbereich sowohl im Straßennetz, als auch in vielen baulichen Anlagen ab.

So erscheinen nicht nur im Ensemble unbefriedigend gestaltete Bauten durch Eternit- oder Putzfassadenverkleidungen und durch stilistisch unpassende Fenster- und Türmodelle problematisch (Abb. 46, 47), sondern darüber hinaus auch situationswertvolle, leerstehende Gebäude.

Als entscheidende Mängelsituation wird in der Kartierung auch die Baustilvermischung hervorgehoben. Hier schieben sich teilweise moderne Wohnbungalows fremdkörperartig in die historische Umgebung (Abb. 43) und erscheinen — anders als die modernen, langgestreckten Scheunenbauten am Wülferoder Platz/Bockmerholzstraße — ohne jeglichen Situationswert. Eindeutig ortsbildstörende Baukörper stellen die mit aufdringlicher Reklamefarbe beschrifteten Weindepotbehälter der ehemaligen Hofstelle KÖ n 13 dar, die gegenwärtig durch ein Weindepot teilweise gewerblich genutzt wird. Als ungenügend abgeschlossen muß die Begrenzung des Wülferoder Platzes nach Süden hin bewertet werden (Abb. 37), die — wie der Vergleich mit der Verkoppelungszeit erweist — ehemals durch ein traufenständiges Gebäude der Hofstelle HH l 11 gegeben war.

Unzureichend gepflegt erscheinen auch die kleinen ungenutzten Freiflächen um das Wirtschaftsgebäude des Hofes HH g 7, denen ebenfalls eine Begrünung oder aber eine Begrenzung zum Straßenraum hin fehlen.

Allen baulichen Mängelsituationen übergeordnet und als vorrangigster Problembereich zeigt sich die Dorfdurchgangsstraße, die neben der Lärmverkehrsbelästigung zwei Gefahrenpunkte aufgrund verkehrstechnischer Unüberschaubarkeit am Wülferoder Platz in sich birgt. Die modern ausgebaute Bockmerholzstraße, die sich in ihrer Beschaffenheit nicht von der Landesstraße unterscheidet, verleitet den Autofahrer bei Eintritt des Dorfes dazu, die Kurve am Kapellenplatz schwungvoll zu durchfahren und in dieser Weise das Dorf zu passieren. Hieraus leiten sich drei weitere Mängelsituationen ab: Zum einen fehlt der Siedlung eine eindeutige Dorfeingangssituation, die Neuankömmlinge sowohl am südlichen, wie auch am nördlichen Dorfeingang/-ausgang zur Geschwindigkeitsreduzierung anregt. Torähnlich angelegtes Baum- und Buschwerk könnte die Ein- und Ausfahrt in die Ortschaft betonen und erste Aufmerksamkeit bei motorisierten Passanten erreichen.

Entscheidend stärker wäre die Aufmerksamkeit wahrscheinlich durch ein neuartiges Straßenmaterial geweckt, das z.B. beim Übergang von Asphalt-Beton (Landesstraße) zu Pflasterung in der Dorfein- und -ausfahrt auf die besondere Lokalität hinweisen würde. Aus der Beschreibung der bestehenden Straßendecken ergibt sich die zweite Mängelsituation: Der alte Dorfkern ist durch moderne Straßengestaltung und großstädtisch anmutende Straßenleuchten gekennzeichnet, die stilistisch zu den älteren, traditionell-ländlichen Elementen überhaupt nicht passen (Abb. 37). Insgesamt ergibt sich drittens aus dem soben geschilderten Tatbestand eine fehlende Dorfkernatmosphäre[403], was sich auf die gesamte Gemeinde/bzw. den Stadtteil auswirkt. So gibt es keine Dorfmitte im Sinne eines Be-

---

[403] Zu den speziellen Problemen der dörflichen Ortskerne siehe SCHRÖDER/BAVAJ (o.J.), S. 2–5

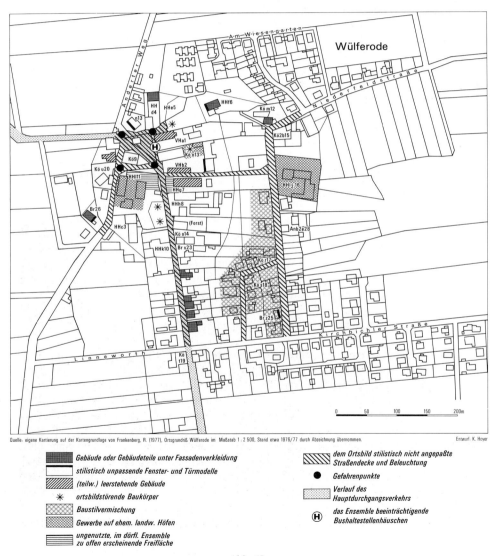

Quelle: eigene Kartierung auf der Kartengrundlage von Frankenberg, R. (1977), Ortsgrundriß Wülferode im Maßstab 1 : 2 500, Stand etwa 1976/77 durch Abzeichnung übernommen.   Entwurf: K. Hoyer

▨ Gebäude oder Gebäudeteile unter Fassadenverkleidung	▨ dem Ortsbild stilistisch nicht angepaßte Straßendecke und Beleuchtung
☐ stilistisch unpassende Fenster- und Türmodelle	● Gefahrenpunkte
▨ (teilw.) leerstehende Gebäude	▨ Verlauf des Hauptdurchgangsverkehrs
✳ ortsbildstörende Baukörper	
▨ Baustilvermischung	Ⓗ das Ensemble beeinträchtigende Bushaltestellenhäuschen
▨ Gewerbe auf ehem. landw. Höfen	
▤ ungenutzte, im dörfl. Ensemble zu offen erscheinende Freifläche	

Abb. 45
Mängelsituationen und Problembereiche im Dorf Wülferode

Abb. 46
Wohnhaus u. Gastwirtschaft "Beiker",
ehemals "von Horn" (Kö m 12),
zu Beginn der 80er Jahre

Abb. 47
Stelle n 13 am Wülferoder Platz. Beispielhafte Vermischung von Bauelementen:
Putz, Klinker, Pfannen etc.

reiches, wo Begegnungen der Dorfbevölkerung möglich werden. Dieser Mangel wirkt sich, nach Aussagen mehrerer Dorfbewohner, nachhaltig auf die gesamte Gemeinde aus: Die Alteingesessenen und die Neuhinzugekommenen der Neubauviertel sind sich weitgehend unbekannt.

Die geringe Kommunikationsmöglichkeit in dem einzigen Fleischer- und Lebensmittelgeschäft wird zudem nur unzureichend wirksam, da die meisten nach Hannover pendelnden Wülferoder bereits in der Stadt die nötigen Einkäufe tätigen. Da das ursprüngliche Dorfzentrum, der Wülferoder Platz mit Kapelle und Gastwirtschaft, in seiner jetzigen Beschaffenheit nur die Möglichkeit des „schnellen Passierens" bietet, finden die Hinzugezogenen keinen Bezug mehr zum alten Dorfkern und ihrer Einwohnerschaft. Der für einen Fußgänger geradezu gefährliche Wülferoder Platz stellt weder für die ältere noch für die junge Bevölkerung einen Interaktionsraum dar. Er bietet keinen Anreiz für einen kommunikativen Aufenthalt im Freien. Die Linienführung der Hauptdurchgangsstraße sollte daher als erster zu behebender Problembereich vorangestellt sein, obgleich die im Stadtplanungsamt Hannover ermittelte, tägliche durchschnittliche Verkehrsstärke (DTV) in Wülferode den nach dem Verkehrslärmschutzgesetz[404] angenommenen Immissionsgrenzwert von 65−70 Dezibel am Tag nicht erreicht und somit nicht im gesetzesrechtlichen Sinne eine Verkehrsumverlagerung erfordern kann.

Daß aber ein Kommunikationsbereich im Sinne eines Platzes in Dörfern, besonders eben in Pendler-Wohndörfern, wünschenswert ist, belegt die einschlägige Literatur[405] zum Thema „Dorf und Dorferneuerung". Danach sollen alte Dorfplätze, die mit den Dorferneuerungsmaßnahmen zu gestalten sind, *mehr* als nur optische Mitte sein. Jung und Alt sollen dort wieder gemütlich sitzen und Kinder unbesorgt spielen können[406]. Zwei Ziele werden mit der „erhaltenden Gestaltung" des alten Dorfplatzes erreicht: Zum einen bewahrt das Dorf den ehemaligen Ortsmittelpunkt als Zeugnis traditioneller Siedlungsstruktur, zum anderen bietet der Dorfplatz neben anderen wichtigen Institutionen im Dorf einen Ort und eine Gelegenheit, die Kommunikation und Interaktion zwischen Neu- und Altbürgern entstehen zu lassen[407].

Dabei kann sich eine *zwanglose* Kontaktaufnahme zwischen den einzelnen Dorfbewohnern ergeben, die allein garantiert, daß man nicht der „sozialen Kontrolle durch die Gesamtheit der Gemeindebürger"[408] unterliegt, die sich z.B. aus zu engen Bindungen und Verpflichtungen in Vereinen erkennen läßt.

Vielfach ist ja „der Rückzug in die Privatheit, der gerade bei den Neuzugezogenen registriert und beanstandet wird, ... nicht zuletzt daraus zu erklären, daß man sich nicht der sozialen Kontrolle von Gruppen aussetzen will, die man sich nicht ausgesucht hat."[409].

Wird von den Dorfvereinen deswegen künftig erwartet, sich sozial zu öffnen und die enge Mitgliedschaft zugunsten eines lockeren Zusammenhalts aufzugeben, so kann der

---

[404] Die in der Anlage 1 (S. 8ff) zum Verkehrslärmschutzgesetz aufgeführte Berechnungsmöglichkeit des Mittelungspegels (Tag) in Dezibel ergibt für Wülferode lediglich etwa 64dB

[405] TEMPEL(1979), S. 70/72 SCHRÖDER/BAVAJ (o.J.), S. 3 − 4

[406] BRAUN/KISSEL (1979), S. 363 = 2049

[407] Zur Notwendigkeit der „zwanglosen Kontaktaufnahme" in Dörfern siehe WEHLING/WERNER (1978), S. 109

[408] ders. S. 109f

[409] ders. S. 110

alte Dorfplatz von vornherein einen Treffpunkt spontaner, unkomplizierter Begegnungen darstellen.

In Wülferode sind der alte Dorfplatz — heutiger Verkehrswendeplatz mit Bushaltestellenhäuschen — und der Kinderspielplatz nach Funktionen getrennt. Die alte Dorfstraße (Bockmerholzstraße) und der alte Dorfplatz (Wülferoder Platz) — ehemals Lebensraum für alle — sind „zur Verkehrsfläche verkümmert"[410].

Stellen die Dorferneuerungsmaßnahmen bei der Gestaltung von Durchgangsstraßen in Dörfern oftmals „nur" Kompromißlösungen dar, indem die Fahrbahn gestaltet, Standspuren und Gehwege abwechslungsreich verändert werden und sich dadurch ein Erscheinungsbild der Straße ergibt, das sich auf das Fahrverhalten der Passanten auswirkt, kann sich — im Idealfall — auch die bisherige Durchgangsstraße als verkehrsberuhigte Zone, und damit als Kontakt- und Aufenthaltsbereich für die Dorfbewohner ergeben. Eine Umgehungsstraße übernimmt dann den Durchgangsverkehr und die alte Dorfstraße wird zur „echten Wohnumwelt, zum erweiterten Hofplatz, zum Spielplatz, zur Sitzfläche"[411]. Die Anwohner werden sich für diesen Raum wieder mehr verantwortlich fühlen und die alte Dorfstraße wird nicht mehr nur ein Raum bleiben, von dem man sich, „wie man auch in Neubaugebieten sieht, durch einen Vorgarten glaubt, abschirmen zu müssen"[412]. Auf diese Weise — nämlich mit der hier angedeuteten Platzgestaltung und Straßenumfunktionierung — könnte der bereits gefährlich weit fortgeschrittenen Trennung der Generationen und Wohngebiete im Dorf entgegengewirkt werden. Diese müssen Architekten und Planer, aber auch die Dorfbewohner selbst verspüren, wenn sich ältere Menschen gegen das Aufstellen von Bänken in Wohnstraßen wehren. Dort können die Dorfälteren nicht sitzen, weil ja die Kinder dort spielen und dieses als störend empfunden wird[413].

b) Prognose

Während verschiedentliche methodische Verfahrensweisen zur Erstellung von Dorferneuerungsplänen keine prognostischen Aussagen über die zukünftigen Entwicklungstendenzen der jeweiligen dörflichen Siedlung vorsehen[414], werden sie doch von manchen Autoren, die methodische Hilfestellungen zur Erarbeitung eines Dorferneuerungplans anbieten, gefordert[415].

Gemeint sind dabei die aufgrund der erkannten bisherigen Entwicklungslinien abgeleiteten Tendenzen, die die Siedlung voraussichtlich kurz- bis mittelfristig einschlagen wird, wenn keine planerischen Einwirkungen, keine Dorferneuerung mit erhaltender Komponente, angesetzt werden.

Eine Zukunftsprognose für den Fall, daß keine Dorferneuerung erfolgt, dürfte einerseits aber dazu führen, daß ein zu entwickelndes Dorferneuerungskonzept noch klarer durchdacht wird und kann andererseits mit herangezogen werden bei der Erklärung der Notwendigkeit der erhaltenden Dorferneuerung[416].

---

[410] SCHRÖDER/BAVAJ (o.J.), S. 4
[411] ERTL (1979), S. 14
[412] SCHRÖDER/BAVAJ (o.J.), S. 4
[413] ders., S. 4
[414] REISCH (1980), S. 101; Arbeitskreis Dorfentwicklung Wiesbaden (1979), S.933ff
[415] Z.B. HENKEL (1979c), S. 103/104 HAUPTMEYER (1979), S. 77
[416] HENKEL (1979c), S. 103/104 HAUPTMEYER (1979), S. 77

Nach HENKEL kann der Einwand gegen diese prognostischen Ableitungen mit „zu geringer Wissenschaftlichkeit" dadurch zurückgewiesen werden, daß der Siedlungsgeograph seine Informationen über die künftigen Entwicklungstendenzen allein aus der geleisteten Entwicklungs- und Bestandsanalyse bezieht, seine Prognose damit grundsätzlich nicht ihre wissenschaftliche Basis verläßt.

Wir schließen uns den positiven Argumenten für die prospektiv-prognostische Betrachtungsweise an und versuchen, für die Fallstudie Wülferode einige wesentliche prognostische Ableitungen zu gewinnen, die die Notwendigkeit der erhaltenden Dorferneuerung in dieser Siedlung unterstreichen werden. Zunächst kann davon ausgegangen werden, daß sich mit der weiteren Neuansiedlung von Zuzüglern und dem von der Stadt Hannover in absehbarer Zeit geplanten Gewerbegebiet am Kronsberg, südwestlich von Wülferode, die verkehrsmäßig gefährliche Situation am Wülferoder Platz noch verschärfen wird. Eine größere Verkehrsbelastung könnte die Debberoder Straße durch das geplante Gewerbegebiet erfahren, die den Verkehr ebenfalls über den ehemaligen Dorfplatz verteilen wird[417]. Damit würde sich der alte Siedlungsmittelpunkt noch stärker von seinem ehemaligen, optisch wahrnehmbaren, aber auch funktionalen Gepräge fortentwickeln. Für einen Kommunikations- und Versammlungsraum im ureigentlichen Sinne[418] böte er auch in Zukunft keinerlei Voraussetzung. Dadurch bliebe ein wesentliches Maß an Lebensqualität innerhalb von Wülferode unausgeschöpft.

Selbst bei einer bei der Bevölkerung erfolgreich eingeleiteten Bewußtseinsbildung hinsichtlich der kulturhistorisch überlieferten Siedlungsstrukturen, könnte sich eine Identifikation mit dem Dorf, bei weiterhin verkehrstechnisch gefahrvollem Ortsmittelpunkt, nur schwerlich erreichen lassen. Gerade er ist es ja, der in seiner ureigentlichen Funktion für die wünschenswerte Dorfidentifikation[419] bei Alt- und Neubürgern die wesentlichste Grundvoraussetzung darstellen könnte. Hier ließe sich der Aufenthalt von Alt- und Neueingessenen im alten Dorfkern einrichten und ein interaktionsreiches Miteinander herbeiführen[420].

Da gegenwärtig eine feste Vereinsverbindlichkeit −wie überhaupt jede soziale Kontrolle durch die Gesamtheit der Gemeindebürger − besonders von den in die Gemeinde Zugezogenen abgelehnt wird[421], könnte der Wülferoder Platz einen Ort mit der Gelegenheit der „zwanglosen Kontaktaufnahme" darstellen. Des weiteren läßt sich vermuten, daß ohne eingreifende erhaltende Dorferneuerung − und damit ohne Bewußtmachung der kulturhistorischen Werte − sich das Eindringen von Bungalows bzw. modernen, unpassenden Einfamilienhäusern im alten Dorfkern fortsetzt. Besonders gefährdet erscheinen die dem Abriß nahestehenden, weil funktionslosen Gebäude der Hofstellen VH a 1 und KÖ u 20.

---

[417] Angaben zum künftigen Gewerbegebiet nach Informationen des ehemaligen Wülferoder Bürgermeister u. des Stadtplanungsamtes Hannover

[418] Nach EVERS (1957), S. 12 und NITZ (1974b), S. 4 hatte der Dorfplatz (Brink, Tie) die Funktion des Versammlungsraums für die Dorfbevölkerung wie auch des Sammelplatzes für das morgens zur gemeinsamen Weide hinausgetriebene und am Abend von dort zurückkehrende Vieh

[419] Hierzu auch BIEL et al. (1979)

[420] Zur Wiederherstellung der dörflichen Kommunikationssysteme siehe auch die Anmerkungen von SCHWEDT (1978), S. 94, die wegen der verschiedenen Interessenlagen parallele Kommunikationssysteme für Neubewohner untereinander, für Altbewohner untereinander, aber auch für Neu- und Altbewohner gemeinsam fordern.

[421] Hierzu nochmals WEHLING et al. (1978), S. 109f

Aber auch auf den anderen Höfen mit leerstehenden oder z.T. ungenutzten Bauten wäre ein Abriß und der Verkauf der Grundstücksteile an Neuansiedler denkbar (so etwa bei HH g 7, HH l 11). Bei diesen noch nicht vom schnellen Zerfall bedrohten, jüngeren Gebäuden, denen ein erheblicher Situationswert innerhalb des Ortsbildes zukommt, wäre auch die Einrichtung weiterer Gewerbe zu vermuten – wie bereits die jüngste Entwicklungsgeschichte zeigt –, die ebensolche ortsbildstörenden Reklamekörper anbringen könnten, wie dies auf der Weindepotstelle (VH b 2, KÖ n 13) geschehen ist.

Neben dem Bau der den Ensemblewert störenden modernen Einfamilienhäuser in der Umgebung des Wülferoder Platzes, ist mit einer entsprechenden Gebäudeauffüllung an der Niederfeldstraße zu rechnen, die ohnehin schon durch Baustilvermischung charakterisiert ist.

Wie aus den Informationen des Stadtplanungsamtes Hannover (Planer für den Bereich Südost) hervorgeht, beabsichtigen darüber hinaus einige Hofstellenbesitzer, einen Teil der hofanschließenden Grünbereiche unter einen Bebauungsplan stellen zu lassen. Mit der Besiedelung der Hofenden und der gleichzeitigen verkehrsmäßigen Neuerschließung dieses Areals, ginge nicht nur ein Teil der ortsbildprägenden Grünflächen und Gartenbereiche verloren, sondern sie könnte auch zugleich einen erheblichen Störfaktor für den größten und ertragsreichsten Betrieb (HH h 8) bedeuten.

Inwieweit in Hinblick auf eine solche Entwicklung an eine Aussiedlung des Hofes zu denken wäre, kann hier nicht abgeschätzt werden. Daß aber mit der Aussiedlung ein erheblicher Geprägeverlust eintreten würde, braucht nicht bezweifelt zu werden.

Da mit der Aufgabe der noch aktiven agrarwirtschaftlichen Betriebe in absehbarer Zeit nicht zu rechnen ist (Mitteilungen der Betriebsstellenleiter, vergl. IV.D.), könnte Wülferode auch in Zukunft als landwirtschaftlich geprägte Siedlung fortbestehen, die durch eine ganze Reihe kulturhistorisch überlieferter Siedlungsstrukturen bzw. Bauten charakterisiert wäre.

Die Voraussetzung hierfür kann nur eine erhaltende Dorferneuerung sein, die den weiteren Zerfall und Wegfall teilweise denkmalgeschützter Gebäude zu unterbinden vermag, dadurch den Dorfkern, das Ortsbildgepräge, erhält und zur Bewußtmachung der kulturhistorischen Siedlungswerte mit dem Ziel, daß sich Alt- und Neubürger mit ihrem Dorf identifizieren können, führt.

Ohne eine erhaltende Dorferneuerung ließe sich eine Bewußtmachung der kulturhistorischen Überlieferungen gerade auch bei der jungen Bevölkerung nur schwerlich erreichen, ist doch die Dorfschule nach Bemerode verlagert und der dortigen Grund- und Hauptschule angegliedert worden.

c) Planungskonzept

In der einschlägigen Literatur zum Thema „Dorferneuerung" lassen sich nur wenige konkrete methodische Hilfestellungen finden, die die Entscheidung über die zu erhaltenden und zu erneuernden Strukturen herbeiführen.

Während KUNZE (1980) den ersten Teil eines Dorferneuerungsplans, die Bestandsanalyse, der zu treffenden Entscheidung über die erhaltenswerten Siedlungsgefüge vorausschickt und gerade aus dieser Bestandsanalyse die Begründung für die zu erhaltenden Dorferneuerungsbereiche entnimmt, verlangen andere Autoren und Planer[422] die räumli-

---

422 Arbeitskreis Dorfentwicklung Wiesbaden (1979), S. 94 REISCH (1980), S. 101

che Abgrenzung des Dorferneuerungsbereiches (z.B. durch Ortsbegehung) bereits vor der Darstellung der Bestandsanalyse, ohne aber detailliert auf die methodische Vorgehensweise bzw. die Kriterien bei der Auswahl der zu erhaltenden Siedlungsgefüge hinzuweisen oder sie gar zu erläutern. Die Bestandsanalyse bezieht sich dann zudem lediglich auf den zu erneuernden Siedlungskomplex.

Auch das „Konzept zur Erfassung von erhaltenswerten kulturgeographischen Elementen in ländichen Siedlungen" von NAGEL (1979) läßt eine weitere Begründung als die des „Historischen-gewachsen-Seins" bei der Auswahl der zu erhaltenden Strukturen vermissen und kann damit nicht kritiklos als methodische Hilfestellung angenommen werden.

Auch HENKEL (1979c) und HAUPTMEYER (1979) bieten keine eindeutigen Auswahlkriterien an, wenngleich letzterer auf die Problematik der Bewertung der „im Istzustand noch vorhandenen Reste des Altzustandes in Hinsicht auf Bewahrung und Erneuerung" hinweist und als Problemlösung lediglich einen Kompromiß zwischen den Vorstellungen der Betroffenen, den Wünschen der allgemeinen Landesplanung, der politischen Instanzen und schließlich dem finanziell Machbaren sieht[423].

Die vorliegende Arbeit folgt der Verfahrensweise, die Entscheidung über die zu erhaltenden Dorferneuerungsbereiche an die Bestandsanalyse anzuschließen. Erst aus der den Gesamtort betreffenden Bestandsanalyse lassen sich ja die Mängelsituationen erkennen, die sowohl innerhalb des historischen Siedlungsbereiches als auch außerhalb davon liegen. Auch die außerhalb des historischen Dorfkerns liegenden Strukturen können im Zuge der erhaltenden Dorferneuerung – wie dies durch die Verkehrsumlegung in Wülferode der Fall sein würde – von Veränderungsmaßnahmen mitbetroffen sein. So verwundert es nicht, daß die erhaltende Dorferneuerung vielfach in einer verändernden und verbessernden Dorferneuerung schlechthin eingebettet liegt, die über den Siedlungskern hinaus weitere Dorfbereiche in die beabsichtigten Strukturveränderungen miteinbezieht (Projekt Mandelsloh).

Der im folgenden Planungskonzept dargestellte, erhaltend zu erneuernde Bereich von Wülferode ist – wie oben bereits erwähnt – jener Siedlungteil, den das Amt für Denkmalpflege als erhaltenswerte, charakteristische bauliche Situation erklärt[424]. Damit bezieht sich die vorliegende Arbeit auf die Entscheidung und die Auswahlkriterien von kompetenten Kunsthistorikern und Architekten, die bei der Ermittlung des künftig erhaltenswerten Ortsteils neben den architektonisch-baulichen Kriterien jenes der späteren Funktionsmöglichkeiten der einzelnen Gebäude und des finanziell Machbaren mitbedacht haben[425].

Als *erhaltenswerter Siedlungsbereich* (Abb.48) gilt künftig die *dörfliche Platzanlage* mit Kapelle, auf die die Wülferoder Hofstellen und Wirtschaftsgebäude ausgerichtet sind[426]. Dabei deckt sich die Auswahl der Landesdenkmalpflege mit dem Ergebnis der eigenen Analyse, die ja auch diesen Kernbereich aus eigenen Kriterien heraus für besonders wertvoll erklärt: Es ist der genetische Kern, sowohl im baulichen wie auch in eindeutiger Weise im funktionalen Sinne. Gleichsam mit der baulich-anheimelnden Atmosphäre, die die erhaltenden Erneuerungsmaßnahmen hier nach unserem Planungskonzept bewirken werden, soll daher die Funktion dieses historischen Dorfteils – wenn auch in abgeänderter

---

[423] HAUPTMEYER (1979), S. 75f
[424] Nieders. Landesdenkmalpflege, Stadtteilbeschreibung Hannover, Gemeinde Wülferode 472, 7/77
[425] Informationen der entsprechenden in der Denkmalpflege beschäftigten Fachleute
[426] Siehe Auflistung K6 (= Abb. 42), K8 (= Abb. 48)

Form − wiederbelebt werden. Die Funktion stellt ja wiederum die Voraussetzung für die Erhaltung des Dorfkerns dar.

Auf die übrigen, jüngeren historischen Bereiche −die der mittelalterlichen Nachsiedler und der Handwerker/Arbeiter − Bauern des 19. Jh. bzw. Beginn des 20. Jh. − soll also im folgenden Planungskonzept hinsichtlich der Erneuerung verzichtet werden. Es sind zwar alle Zuwachsphasen des Dorfes mit ihrer jeweiligen Sozialgruppe typisch für das Dorf, und es ergibt sich daher nicht schon von vornherein eine Wertabstufung der jüngeren historischen Bereiche gegenüber dem genetischen Kern. Doch muß eine Auswahl schon aus Gründen der finanziellen Realisierbarkeit getroffen werden, und es sind die folgenden drei Argumente, die zunächst für die erhaltende Erneuerung des genetischen Kernbereiches sprechen:

1. der noch nicht zerstörte Platz, der funktional wiederbelebt werden könnte;
2. im genetischen Kernbereich besteht die stärkste Massierung historischer Gebäude;

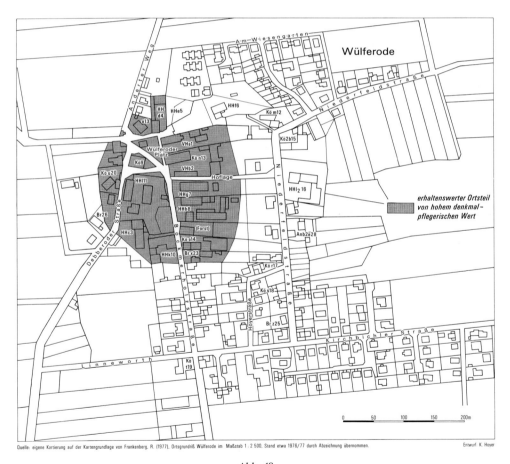

Quelle: eigene Kartierung auf der Kartengrundlage von Frankenberg, R. (1977), Ortsgrundriß Wülferode im Maßstab 1 : 2.500, Stand etwa 1976/77 durch Abzeichnung übernommen.   Entwurf: K. Hoyer

Abb. 48
Wülferode: Bereich Denkmalschutz

3. die Häuser der jüngeren Nachsiedler sind stärker gestreut, hier liegt schon eine Zerstörung der Ensemblewirkung durch moderne Neubauten vor. Überdies sind die kleinen Häuser der Nachsiedler inzwischen stärker umgebaut worden.

Das vielfach auftretende Problem, das sich bei der Erarbeitung eines Dorferneuerungsplans bei der Entscheidung ergibt, wie umfassend innerhalb der Siedlung erhaltend erneuert werden soll und auf welche kulturhistorisch überlieferten Strukturen dabei verzichtet werden kann bzw. muß, stellt sich für Wülferode nicht. Einerseits laufen alle Argumente in der vorliegenden Arbeit auf den alten Platzbereich hinaus und andererseits bestätigt die Landesdenkmalpflege die Notwendigkeit zur Erhaltung des Wülferoder Platzes mit ihrer Entscheidung.

Bevor auf die Darstellungen des von der Verfasserin entwickelten Planungskonzeptes eingegangen wird, sei nochmals darauf hingewiesen, daß dieses als Anregung, als *eine* mögliche Lösung, konzipiert wurde. Es beansprucht — da es ohne die Mithilfe der hierfür notwendigen kompetenten Fachkräfte erarbeitet worden ist[427] — nicht, alle denkbaren alternativen Dorferneuerungsvorschläge durchgespielt zu haben. Alternativlösungen, vielleicht weniger umfassend, dafür aber mit größerem Realisierungsvermögen, wie dies die planerische Praxis zeigt, werden daher durch das Konzept nicht ausgeschlossen. Das Planungskonzept, das als Basismaterial für Diskussionen zwischen der Verfasserin, Stadtplanern und Wülferoder Einwohnern konzipiert wurde, versteht sich damit nicht als einzige Lösung, sondern vielmehr als Vorschlag und daher zunächst als Mittel zum Zweck. Insgesamt läßt sich aus dieser Verfahrensweise ein methodischer „Idealweg" entnehmen, der darin besteht, ein endgültiges Konzept stets aus der Diskussion und durch Variation eines oder mehrerer Vorschläge zu entwickeln.

Der vorliegende *erste Teil* des Planungskonzeptes — das Nutzungskonzept — weist folgende *Funktionsbereiche* in Wülferode aus (K9 = Abb. 49): Als allgemeine Wohngebiete (I) bestehen auch künftig die Neubaubereiche nördlich und südöstlich von Wülferode, die eine zusätzliche Erweiterung erfahren könnten. Als weitere Wohnbaufläche weist das Nutzungskonzept, in Anlehnung an die Vorgaben des bestehenden Flächennutzungsplans (vergl. IV.D.), das wegenetzmäßig begrenzte Gebiet westlich des Dorfeingangs aus. Alternative Wohnbereiche (Ia) ließen sich durch die Erweiterung der schon bestehenden Neubaugebiete in östlicher und westlicher Richtung ergänzen, wenngleich der gültige FL-Plan keine zusätzlich geplante Besiedelung als die der Eigenentwicklung beabsichtigt. Die mögliche Erweiterung der Neubaugebiete nach Westen wird der Fortsetzung der Neubautätigkeit in nur eine einzige Richtung vorgezogen, weil dadurch der räumliche Abstand zum Siedlungskern, und damit dem künftigen Interaktionsraum geringer gehalten wird.

Als ein dörfliches Wohngebiet mit den erforderlichen Einrichtungen des Gemeinbedarfs und der täglichen Versorgung wird der südliche Teil von Wülferode künftig fortbestehen (II).

Der dritte Funktionsbereich des Nutzungskonzeptes (III) umfaßt den wesentlichen Teil des Wülferoder Dorfkerns und steht als dörfliches Mischgebiet allen anderen Siedlungsbereichen gegenüber. Dieser Teil obliegt vorrangig der landwirtschaftlichen Nutzung, läßt aber die ortsbildangepaßte Unterbringung von Gewerbebetrieben zu. Daneben weist der

---

[427] Vergl. zur Problematik des Planungskonzeptes HAUPTMEYER (1979), S. 76

Funktionsbereich (III) künftig Einrichtungen des Gemeinbedarfs auf, wie im Dorfbildkonzept noch näher ausgeführt wird.

Während der zu erhaltende Ortsteil vor zusätzlicher Neubautätigkeit bewahrt werden sollte, könnte sich die Baulückenauffüllung an der Niederfeldstraße fortsetzen, da hier der ausschlaggebende Teil des Ensemblewertes bereits verlorengegangen ist und eine erhaltende Dorferneuerung nicht mehr lohnend durchgeführt werden könnte.

Zu der gemischten Funktion des älteren Dorfbereiches tritt in unseren Plan künftig eine Freizeitkomponente, die sich für Auswärtige aus der verbesserten Restauration der Wülferoder Gastwirtschaft am Platz ergeben würde.

Um die Funktion des alten Dorfplatzes wiederbeleben zu können, der ursprünglich nicht nur Sammelstelle für das zusammengetriebene Vieh, sondern auch Versammlungsraum für die Dorfbevölkerung − und daher ein Raum der Kommunikation bzw. Interaktion − darstellte, muß zunächst ein darauf ausgerichtetes Verkehrskonzept erarbeitet wer-

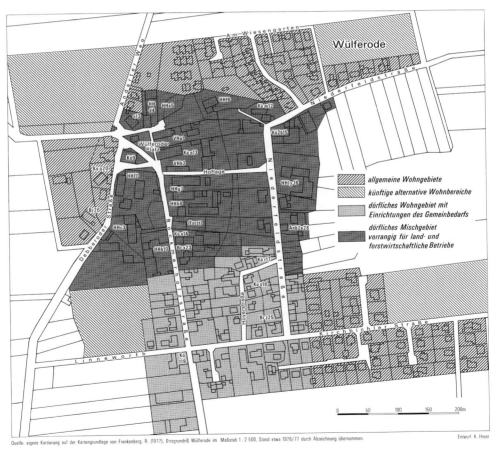

Abb. 49
Dorferneuerungsplan Wülferode: Nutzungskonzept

den. Das Verkehrskonzept ist dann die notwendige Voraussetzung für alle anderen Maßnahmen. Es geht somit dem Dorfbildkonzept voraus.

Der Dorferneuerungsplan schlägt für Wülferode ein *Verkehrskonzept* vor (K 10 = Abb. 50), das eine Verkehrsumlegung sowie eine Verkehrsberuhigung innerhalb des erhaltenswerten Ortsbereiches beabsichtigt. Nach der Abbildung 50 ist der Durchgangsverkehr künftig am westlichen Ortsrand vorbeizuleiten, wobei noch zu entscheiden bleibt, ob das bereits vorgegebene, verwinkelte Straßen- und Wegenetz dafür genutzt werden soll oder aber die Linienführung der Umgehungsstraße besser begradigt wird.

Die westliche Ortsumgehung wird auch für die im südlichen Wülferode Wohnhaften von Bedeutung sein, da die Zufahrt über den Wülferoder Platz künftig geschlossen bleiben soll.

Das Verkehrskonzept schlägt darüber hinaus vor, die Bushaltestellen von der jetzigen Durchgangsstraße, der Bockmerholzstraße, auf die Straßen „Kirchbichler Straße", „Niederfeldstraße" und „Am Wiesengarten" zu verlegen. Der Bus durchfährt künftig den Wülferoder Ort in seinem vorgegebenen nördlichen und östlichen Straßennetz. Darin dürften sich keine räumlichen Nachteile abzeichnen, werden doch gerade mit dieser Buslinienführung die bevölkerungskonzentrierteren Bereiche gestreift. Durch die Haltestelle „Hoflage" erhalten auch die im Altbereich Wohnhaften eine durchaus bequeme Haltestellenverbindung.

Neben dem völligen Verschluß des Wülferoder Platzes in nordwestlicher Richtung beabsichtigt das Verkehrskonzept die Schließung des Hofhäuser Weges (Sackgasse) zum Dorfplatz hin. Beide Schließungsbereiche sollen aber nur dem motorisierten Verkehr gelten und in dementsprechender siedlungsbaulicher Konstruktion (z.B. Mauer, Bordstein, Begrünung) verwirklicht werden. Die Ein- und Ausfahrt der im nördlichen Siedlungsgebiet Wohnhaften erfolgt − wie auch für einen Teil der an der Niederfeldstraße Wohnenden − über die nördliche Ortsrandstraße „Am Wiesengarten"−„Anderter Weg", die im Westen in die eigentliche Umgehungsstraße mündet. Der innerdörfliche Verkehr im ältesten Siedlungsbereich − der beabsichtigten verkehrsberuhigten Zone − umfaßt schließlich nur noch den Anliegerverkehr, der sich im wesentlichen auf die Debberoder Straße, die Bockmerholzstraße und den Weg Hoflage auswirkt.

Da die Besitzer der ehemaligen Stelle KÖ n13 eine Grundstücksausfahrt seitlich, zum Anderter Weg hin, wahrnehmen und parallel dazu die Bewohner von HHd4 auf den Hofhäuser Weg ausweichen könnten, ließe sich am Wülferoder Platz eine verkehrsberuhigte Zone schaffen, die lediglich an der östlichen Platzseite durch die Anlieger der Stelle VHa1 und KÖ n 13/ VH b 2 eingeschränkt wäre. Die südliche Platzseite, das Verbindungsstück zwischen Debberoder Straße und Bockmerholzstraße, kann nicht völlig verkehrsberuhigt werden, muß doch in Verbindung mit dem Weg „Hoflage" eine Durchfahrt durch den alten Siedlungsbereich für die noch bestehenden landwirtschaftlichen Betriebe zu den Wirtschaftsflächen im Osten und Westen ermöglicht sein. Der erhaltenswerte Dorfteil ist daher für Anlieger und Fahrzeuge der Land- und Forstwirtschaftsbetriebe frei.

Wie im Dorfbildkonzept noch näher erläutert wird, ist für den verkehrsberuhigten Bereich eine ortsbildangepaßte Straßendecke zu wählen und vor dem ehemaligen nordwestlichen Dorfeingang eine Parkfläche für Besucher der Gastwirtschaft am Platz einzuräumen.

Das hier vorgeschlagene Verkehrskonzept bringt für einige Wülferoder Bewohner Umständlichkeiten bei der Ortsein- und -ausfahrt mit sich. Vergütet werden diese, nach Abschluß der erhaltenden Dorferneuerungsmaßnahmen, mit der erzielten größeren Lebens-

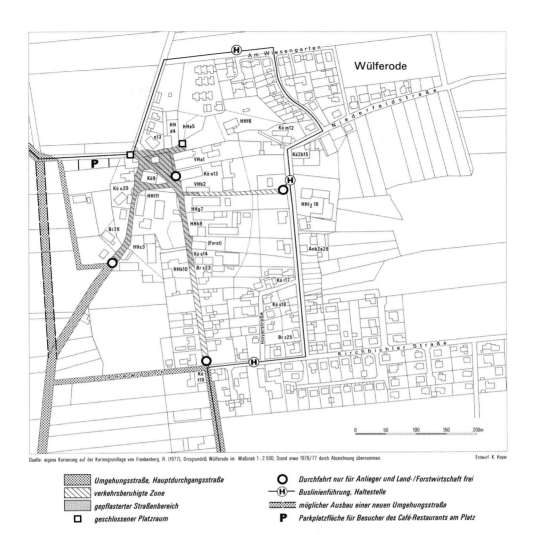

Quelle: eigene Kartierung auf der Kartengrundlage von Frankenberg, R. (1977), Ortsgrundriß Wülferode im Maßstab 1 : 2 500, Stand etwa 1976/77 durch Abzeichnung übernommen.　　　Entwurf: K. Hoyer

▨ Umgehungsstraße, Hauptdurchgangsstraße	○	Durchfahrt nur für Anlieger und Land-/Forstwirtschaft frei
▨ verkehrsberuhigte Zone	(H)	Buslinienführung, Haltestelle
▨ gepflasterter Straßenbereich	▨▨	möglicher Ausbau einer neuen Umgehungsstraße
□ geschlossener Platzraum	P	Parkplatzfläche für Besucher des Café-Restaurants am Platz

Abb. 50
Dorferneuerungsplan Wülferode: Verkehrskonzept

qualität innerhalb der Gesamtsiedlung. Hierfür sollten verschiedene Anlieger kleinere Umwege in Kauf nehmen.

Das Verkehrskonzept ist darüber hinaus aus der Sicht erarbeitet, die Entwicklungsmöglichkeiten des Dorfes als Ganzes nicht zu hemmen und die Möglichkeiten der Bewohner nicht über Gebühr einzuengen[428]. Es steht weiteren Alternativlösungen, die im folgenden nur kurz vorgestellt sein sollen, gegenüber.

---

[428] HENCKEL (1978), S. 111

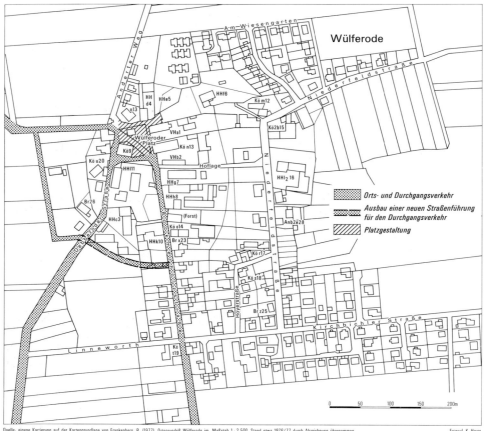

Abb. 51
Alternativlösung 1 zum Verkehrskonzept

Eine 1. alternative Verkehrslösung[429] könnte darin bestehen, den Durchgangsverkehr westlich um Wülferode herumzuleiten, den eigentlichen Ortsverkehr aber weiterhin über den Dorfplatz zu führen (Alternativlösung 1, K11 = Abb. 51).

Denkbar wäre hierbei die Umverlegung des Platzverkehrs, so daß der Verkehr westlich an der Gastwirtschaft vorbeigelenkt wird. Folgende Nachteile sprechen gegen diese erste Alternativlösung: Einerseits schafft die Umverlegung des Platzverkehrs in der kurvigen Linienführung stärkere Gefahrenpunkte als bereits bestehen. Andererseits erhält der Platz nicht diejenige Verkehrsberuhigung, die für das konzipierte Dorfbild, den Platz als Kommunikationsraum, verlangt werden muß.

---

[429] Die alternativen Verkehrslösungen werden ebenfalls bei FRANKENBERG (1977) angesprochen. FRANKENBERG schlägt allerdings die 2. Alternativlösung als endgültige Lösung vor.

238

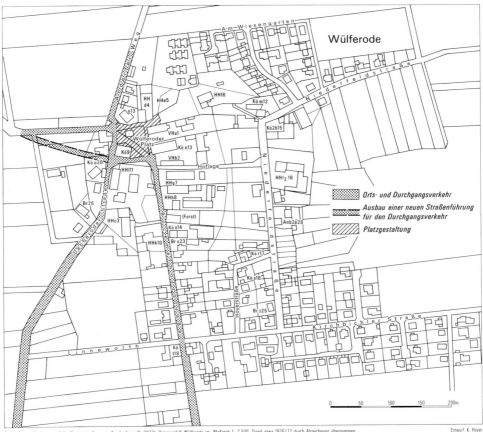

Quelle: eigene Kartierung auf der Kartengrundlage von Frankenberg, R. (1977), Ortsgrundriß Wülferode im Maßstab 1 : 2 500, Stand etwa 1976/77 durch Abzeichnung übernommen.   Entwurf: K. Hoyer

Abb. 52
Alternativlösung 2 zum Verkehrskonzept

Eine 2. Alternativlösung (Alternativlösung 2, K12 = Abb. 52) schlägt vor, den Gesamt-
verkehr südlich des Platzes passieren zu lassen, wobei keine spezielle Ortsumgehung nötig
wäre. Durch eine neue Trassenführung zwischen der L 388 und dem Straßenabschnitt südlich der Gastwirtschaft wäre eine neuartige Ortsein- bzw. Ortsdurchfahrt geschaffen. Der
Dorfplatz bliebe zwar selbst vom Durchgangsverkehr, nicht aber vom übrigen Ortsverkehr
befreit. Er erhielte somit nicht die angestrebte Verkehrsberuhigung. Darüber hinaus
würde diese Alternativlösung besonders in Hinblick auf die neue Funktion der Hofstelle
HH g 7 erhebliche Gefahrenzonen schaffen, soll dieser Hof doch zukünftig mit dem Wülferoder Platz einen Aufenthaltsort für junge und alte Menschen darstellen.

Der *dritte Teil* des Planungskonzeptes, das *Dorfbildkonzept,* verzichtet auf die in bereits
realisierten Dorferneuerungsplänen (z.B. Plan Mandelsloh) aufgestellten Gestaltungsgrundsätze für die einzelnen Dorfbereiche. Die Forderungen an die wesentlichen Gestaltungselemente (Dach, Fassaden, Bauhöhe, Grundstücksabgrenzungen) können nur mit

239

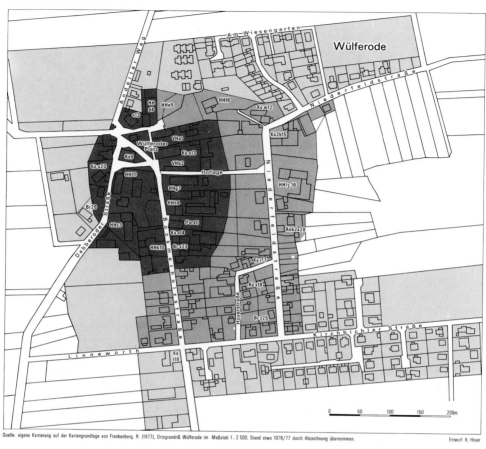

Quelle: eigene Kartierung auf der Kartengrundlage von Frankenberg, R. (1977). Ortsgrundriß Wülferode im Maßstab 1 : 2 500. Stand etwa 1976/77 durch Abzeichnung übernommen.   Entwurf. K. Hoyer

■ Bereich mit besonders hohen Anforderungen an die Gestaltung der baulichen Anlagen
▨ Bereich mit größerer Spanne individueller Gestaltungsmöglichkeiten
▫ Bereich mit Anforderungen nach NBauO unter Rücksichtnahme auf die ortsübliche Bebauung

Abb. 53
Dorferneuerungsplan Wülferode: Dorfbildkonzept a) – Gestaltungsbereich der Gesamtsiedlung

ausreichenden architektonischen Kenntnissen wirklichkeitsnah formuliert werden. Es sei hier lediglich vermerkt, daß sich in Wülferode etwa drei Gestaltungsbereiche abzeichnen, in denen folgende allgemeine Gestaltungsgrundsätze anzuwenden wären[430] (K13 = Abb. 53):

– Bereiche I –   erhaltenswerter Dorfkern „Wülferoder Platz": Bereich mit besonders hohen Anforderungen an die Gestaltung der baulichen Anlagen. Besonders enge Eingrenzung der gestalterischen Variationsmöglichkeiten.

---

[430] Im Vergleich hierzu NILEG (1977/78), S. 29

240

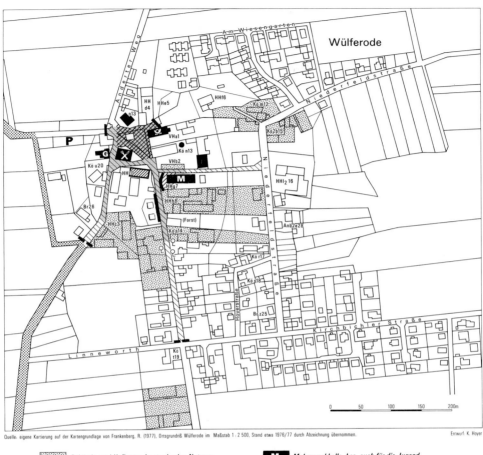

Wülferode

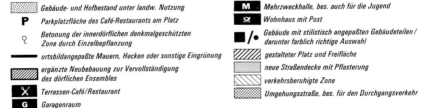

Quelle: eigene Kartierung auf der Kartengrundlage von Frankenberg, R. (1977), Ortsgrundriß Wülferode im Maßstab 1 : 2.500, Stand etwa 1976/77 durch Abzeichnung übernommen.

Entwurf: K. Hoyer

Gebäude- und Hofbestand unter landw. Nutzung		Mehrzweckhalle, bes. auch für die Jugend	
P Parkplatzfläche des Café-Restaurants am Platz		Wohnhaus mit Post	
♀ Betonung der innerdörflichen denkmalgeschützten Zone durch Einzelbepflanzung		Gebäude mit stilistisch angepaßten Gebäudeteilen / darunter farblich richtige Auswahl	
ortsbildangepaßte Mauern, Hecken oder sonstige Eingrünung		gestalteter Platz und Freifläche	
ergänzte Neubebauung zur Vervollständigung des dörflichen Ensembles		neue Straßendecke mit Pflasterung	
X Terrassen-Café/Restaurant		verkehrsberuhigte Zone	
G Garagenraum		Umgehungsstraße, bes. für den Durchgangsverkehr	

Abb. 54:

Dorferneuerungsplan Wülferode:

Dorfbildkonzept b) — Maßnahmen und Nutzung im Bereich Denkmalschutz

– Bereich II –   übriger alter Dorfbereich: Eine weitere Spanne individueller Gestaltungsmöglichkeiten ist gegeben, wenngleich versucht werden sollte, die Gestaltungselemente entsprechend der Umgebung zu wählen.

– Bereich III –   Neubaugebiete: Innerhalb der Anforderungen der NBauO und der Anpassung an die ortsübliche Bebauung ist den individuellen Bedürfnissen größerer Raum zuzugestehen.

241

Das übergeordnete Ziel des Dorfbildkonzeptes ist es, das lokal-typische Ortsbild von Wülferode zu erhalten bzw. wieder herzustellen.

Im einzelnen schlägt das Dorfbildkonzept folgende Maßnahmen und Nutzungsmöglichkeiten im zu erhaltenden Dorfbereich vor (Abb. 54): Die Dorfeingangssituationen sollten künftig durch ortsbildangepaßte Mauern oder wahlweise einzelne Bäume betont werden. Eine zusätzliche Hervorhebung der Ortseingangssituation ergibt sich durch die auszuwechselnde Straßendecke, die Pflastersteine, im erhaltenswerten Dorfteil (Abb. 55). Dabei sollten die Bürgersteige lediglich durch eine farblich andersartig gestaltete „Gosse" (wie etwa im Projekt Mandelsloh), nicht aber durch raumbegrenzende Bordsteinkanten von der Fahrbahn abgehoben sein.

Eine spezielle Platzgestaltung erschließt den Wülferoder Platz als Kommunikationsfreifläche (auch Dorffestplatz). Wie die Darstellung aufzeigt, sollte künftig auf die streng begrenzten Rasenflächen vor der Kirche und der Gastwirtschaft verzichtet werden und eine Gesamtplatzgestaltung in Fortsetzung der Straßenpflasterung erfolgen. Die ursprüngliche Linienführung des Wegenetzes könnte aus der Pflasterung derartig hervorgehen, daß die jetzige Trasse ohne Kantenbildung leicht tiefer versetzt in der Pflasterung erscheint.

Das Außenmobiliar, Bänke und Straßenbeleuchtung, sollte dem die tradierten Züge betonenden Ortsbildcharakter entsprechen. Neben wenigen Gebäuden, bei denen stilistisch unpassende Fenster- und Türmodelle ausgewechselt werden müssen, bedürfen besonders das Wohngebäude der Hofstellen HH d 4 und VH a 1 der Freilegung des ursprünglichen Wandmaterials. Eine Gesamtrestaurierung muß bei den z.T. leerstehenden Gebäuden der Stellen KÖ n 20 und VH a 1 einsetzen. Die unter Denkmalschutz gestellte Scheune der Stelle HH d 4 wird bereits in Eigenarbeit eines Innenarchitekten restauriert und zu einem Mehrfamilienhaus umfunktioniert (vergl. Abb. 43 u. 44). Die das Ortsbild erheblich störenden Reklamebehälter des Weindepots auf dem Hof VH b 2 – KÖ n 13 sollten in weniger aufdringlicher Farbe übermalt werden. Phantasievollere Reklameschilder am Hofeingang können die drastischen Farbschilder ablösen.

Wesentliche Verbesserungen des Ortsbildes gehen einher mit der teilweisen oder gänzlichen Umfunktionierung von Gebäuden. So sollte die zentral gelegene Dorfgaststätte[431] am Wülferoder Platz eine zusätzliche Aufgabe übernehmen: Als Terassencafé und -restaurant kann sie künftig – besonders für die Städter – ein reizvolles Ausflugsziel am Nachmittag und Abend darstellen. Parkmöglichkeiten sind unmittelbar vor dem Dorf eingerichtet. Die Wälder Bockmerholz und Gaim bieten darüber hinaus in der Nähe Möglichkeiten für Spaziergänge und Wanderungen.

Das teilweise leerstehende Wirtschaftsgebäude der Stelle VH b 2 – KÖ n 13 sollte von den übrigen Landwirten mitbenutzt werden. Eine Umfunktionierung in ein Wohngebäude bietet sich wegen der teilweise gewerblichen Nutzung des Hofes nicht von vornherein an.

In Hinblick auf die angestrebte Interaktion zwischen allen Bürgergruppen im Dorfkern sollte die Poststelle an den Wülferoder Platz, in das denkmalgeschützte Gebäude des Hofes VH a 1, verlegt werden. Die große Scheune kann zudem in ihrem rückwärtigen Hofteil als Wohngebäude ausgebaut werden. Das kleine Fachwerkhaus westlich der Gaststätte, auf dem Hof KÖ n 20, ließe bei der Wiederbebauung des Hofes mit einem ortsbildangepaßten Wohnhaus die Funktion eines Garagenraumes zu.

---

[431] Zur falschen Datierung der Dorfgastwirtschaft am Platz vergl. Presseinformation Neue Hannoversche Presse vom 16./17.09.1972

Abb. 55
Wülferoder Dorfplatz nach abgeschlossener Platzgestaltung

In Ermangelung eines Wülferoder Kindergartens schlägt das Dorfbildkonzept die teilweise ungenutzte Scheune der Stelle HH g 7 für einen Mehrzweckbau[432] vor, der sowohl für einen Kindergarten, als auch für eine Art kleines Kulturzentrum für Jugendliche und Ältere Räumlichkeiten bietet. Denkbar wäre die Nutzung des Gebäudes als Dorffestsaal. Inwieweit die Scheune auch die Maße für eventuelle sportliche Institutionen böte, müßte untersucht werden[433].

Darüber hinaus ist der Freiraum um die Scheune zu gestalten. In Anlehnung an einen einzurichtenden Kindergarten sollte der kleine Raum Spieleinrichtungen erhalten und durch eine Mauer zur Straße hin abgesichert werden (Abb. 55).

Für den zu gestaltenden Freiraum der Stelle HH l 11 schlägt das Dorfbildkonzept eine ortsbildangepaßte Bebauung vor, wie sie grundrißmäßig zur Verkoppelungszeit bestand. Durch den Aufbau eines traufständigen Wohngebäudes wäre das Problem des Platzabschlusses nach Süden gelöst. Denkbar wäre die Errichtung eines Wohnhauses, insbeson-

---

432 Neben dem schon an der Schule bestehenden Mehrzweckgebäude von 1972 wäre hier durchaus ein weiteres − mit anderen Funktionen − denkbar. Das jetzige Mehrzweckgebäude ist vorwiegend als Turnhalle u. Versammlungsraum gedacht.
Hierzu Presseinformation vom 6.6.1972 (HAZ), 31.5.1972 (NHP), 5.6.1972 (NHP)

433 Neben der Turnhalle in der jetzigen M.-Halle an der Schule könnte hier eine Tennishalle bestehen, werden doch zu den wenigen Hannoverschen Tennishallen freiwillig oft größere Entfernungen in Kauf genommen (Hämelerwald). Zudem sind die Hallen stark frequentiert und stets belegt.

Abb. 56
Wülferoder Brinksod

dere für ältere Menschen (Altersheim?), denen die im Erholungswert hoch eingestufte Umgebung von Wülferode (Landschaftsschutzgebiete) zugute käme (Abb. 56).

Das auf der Hofstelle HH d 4 etwas zurückversetzt liegende Fachwerkwohnhaus (Abb. 31) könnte in absehbarer Zeit frei werden. Da die nachfolgende Generation nicht an einer Bewohnung interessiert ist, sollte die reibungslose Übernahme des Hauses durch Mieter oder Kaufinteressenten gesichert werden und so dazu führen, das Gebäude in seinem Zustand zu erhalten.

Gegen die Störfaktoren, die sich im Dorfkern durch die modernen Bungalows – besonders an der Bockmerholzstraße – abzeichnen, lassen sich kaum andere Vorschläge als die der anzustrebenden Einzelbepflanzung mit großwüchsigen Bäumen einbringen. Die „offene Blickbeziehung" in die modernen Wohnhäuser ließe sich eventuell auch durch eine ortsmaterialangepaßte Mauer zum Straßenraum hin einschränken.

Abschließend sei die Möglichkeit überprüft, inwieweit es zweckmäßig erscheint, ein abgeschlossenes Gewerbegebiet in Wülferode auszuweisen, das die schon existierenden gewerblichen Betriebe wie auch weitere aufnehmen kann. Die freiwerdenden Hofgebäude sollten dann den bestehenden landwirtschaftlichen Betrieben zur Verfügung stehen, die stets nach zusätzlichen Raummöglichkeiten suchen. Damit wäre ebenfalls das Verbleiben der Betriebe im älteren Dorfbereich ermöglicht/gesichert.

In seinem abschließenden Teil stellt der Dorferneuerungsplan Wülferode das *Durchführungskonzept* vor, das mit seinen kurzfristigen Maßnahmen (K15 = Abb. 57) im Maßnahmenplan optisch veranschaulicht wird.

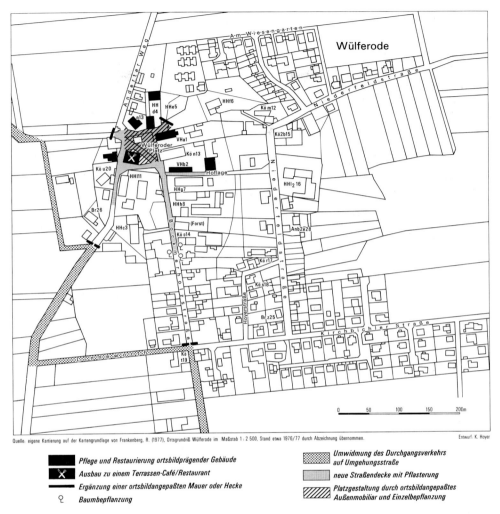

Quelle: eigene Kartierung auf der Kartengrundlage von Frankenberg, R. (1977), Ortsgrundriß Wülferode im Maßstab 1 : 2.500, Stand etwa 1976/77 durch Abzeichnung übernommen.   Entwurf: K. Hoyer

■ *Pflege und Restaurierung ortsbildprägender Gebäude*
Ⓧ *Ausbau zu einem Terrassen-Café/Restaurant*
━ *Ergänzung einer ortsbildangepaßten Mauer oder Hecke*
♀ *Baumbepflanzung*

▨ *Umwidmung des Durchgangsverkehrs auf Umgehungsstraße*
▦ *neue Straßendecke mit Pflasterung*
▧ *Platzgestaltung durch ortsbildangepaßtes Außenmobiliar und Einzelbepflanzung*

Abb. 57
Dorferneuerungsplan Wülferode: Maßnahmenplan.

Die Priorität der Maßnahmen in Anlehnung an den Dorferneuerungsplan Mandelsloh[434] wird vorwiegend bestimmt durch
– den Grad vorhandener Mißstände,
– den unmittelbaren Nutzeffekt für die Mehrzahl der Ortsansässigen,
– den Nutzeffekt auf die Entwicklung des umgebenden Raumes; hierbei sollte nicht ungeachtet bleiben, daß der Raum Kronsberg einen der letzten Dispositionsräume der Stadt

---

[434] NILEG (1977/78), S. 46

Hannover darstellt. Einer künftigen Besiedlung käme die Erhaltung des unverwechselbaren, typischen Ortsbildes von Wülferode neben der Einrichtung eines Ausflugszieles ebenfalls zugute,

– den Nutzeffekt für weitere Entwicklungen.

Als *kurzfristige Maßnahmen* schlägt das Durchführungskonzept daher vor:
1. Erhaltungs- und Gestaltungsmaßnahmen an ortsbildprägenden Bauten, insbesondere an den Gebäuden der Stellen KÖ n 20 und VH a 1. Gleichzeitig muß hier eine neuartige Funktionsübernahme erfolgen.
2. Verkehrsentlastung der Hauptdurchgangsstraße durch Umwidmung.
3. Gestaltung des Wülferoder Platzes sowie der übrigen verkehrsberuhigten Zone. Erweiterung der Gastwirtschaft zu einem Terrassencafé-Restaurant.

Als *mittelfristige* und *längerfristige* Maßnahmen können alle übrigen im Dorfbildkonzept vorgeschlagenen Verbesserungen betrachtet werden. Dabei stellen die Restaurierung und Pflege der das Ortsbild bestimmenden oder denkmalpflegerisch bedeutsamen Gebäude permanente und daher ebenfalls längerfristige Maßnahmen dar.

Die Ausführung der Maßnahmen des Durchführungskonzeptes hängt einerseits von den zur Verfügung stehenden finanziellen Mitteln ab, andererseits von Institutionen, auf die Wülferode bzw. die Stadt Hannover nur bedingten oder keinen Einfluß hat (z.B. Umverlegung der Landesstraße L 388 durch das Land Niedersachsen. Nach Auskünften des Stadtplanungsamtes Hannover ist aber eine Übertragung dieser Landesstraße an die Stadt Hannover beabsichtigt).

2. Möglichkeiten und Grenzen bei der Realisierung des vorgeschlagenen Dorferneuerungsplans

Die Durchführung der erhaltenden Dorferneuerungsmaßnahmen bedürfte einer vorausgehenden Aufklärung der betroffenen Bevölkerung. Hierzu muß hinsichtlich der methodischen Vorgehensweise geklärt werden, *wer* eine *Vermittlerrolle* in der Bewußtmachung einnehmen könnte. Darüber hinaus muß das gesamtdidaktische Konzept (Ziel = Aufklärung) genauestens vorbereitet und festgelegt sein. Neben den entscheidenden Vermittlerrollen, die einige Personen und Institutionen während der Vorbereitungsarbeiten übernehmen könnten, sind z.B. die inhaltliche Anlage von Aufklärungsvorträgen und -broschüren, aber auch die Art von Veranschaulichungsmittel („Medien", z.B. „Dias") bei Vorträgen oder auch Exkursionen in bereits erneuerte Dörfer für den Aufklärungserfolg und den nach sich ziehenden Aufklärungseffekt von großer Bedeutung, denn sie würden nicht nur dazu führen, daß die Wülferoder Bevölkerung bloße Informationen über die beabsichtigten Dorferneuerungsmaßnahmen erhielte, sondern sich darüber hinaus bei der Ausführung auch mitbeteiligen würde.

Eine entscheidende Voraussetzung zur erhaltenden Dorferneuerung in Wülferode stellt also eine sowohl methodisch, wie auch didaktisch aufbereitete Aufklärung dar, die auf eine Bewußtseinsbildung der Ortsansässigen gegenüber dem kulturhistorischen Erbe innerhalb der Siedlung abzielt und im optimalen Falle eine Bürgerbeteiligung[435] kurz- wie auch längerfristig (über den Doferneuerungsplan hinaus) auslöst.

---

[435] Zur Notwendigkeit der Bürgerbeteiligung vergl. AIDELSBURGER (1979), S. 31; NAGEL (1979), S. 35

Die denkmalpflegerische Bedeutung desjenigen Dorfteils, der zu erneuern ist, darf aber bei der Aufklärung der Bevölkerung nicht als vorrangiges Argument dafür stehen, daß eben aus Gründen des Denkmalschutzes dieser Dorfbereich erhalten und erneuert werden soll. Für die Dorferneuerung und deren Verankerung im Bewußtsein der Wülferoder Dorfbevölkerung wäre es eher von höchster Wichtigkeit, aufzuzeigen, daß die beliebige Austauschbarkeit der Elemente des modernen Straßenbaus und Hausbaus vorstädtischer Art nicht in dem Maße zu einem *„Heimat"gefühl*, zu einem Gefühl des „Geborgenseins", zu „Identität" und „Sich-Zurechtfinden" im „eigenen Gebiet"[436] beitragen kann wie die durch Erhaltung ererbter, historischer Strukturen erreichte Einmaligkeit bzw. Unverwechselbarkeit des Dorfes.

Der Bevölkerung von Wülferode müßte verdeutlicht werden, daß die uniformen Neubauviertel moderne, austauschbare und gewissermaßen „wurzellose", d.h. geschichtslose Wohnviertel darstellen, wo keine Bewußtseinsvermittlung von „historischen Wurzeln" einsetzen kann, weil eben keine vorhanden sind. Demgegenüber stellt das Ensemble des Dorfes mit alten und neuen Bauten, mit abgeschlossenen Plätzen, Baumgruppen, Gärten etc. einen Lebensraum − ein „einmaliges" Ensemble − dar, der eine Identifikation mit ihm und die Bildung eines Bewußtseins über ihn möglich macht. Dieser Aspekt führt zu einer Wertschätzung des Lebensraumes „Dorf", bzw. der in ihm (noch) vorhandenen historischen Strukturen. Ihre Bedeutung kommt über den *örtlichen* Zusammenhang hinaus schließlich auch in der Anerkennung von seiten der Denkmalpflege, in diesem Fall in der Denkmalschutz-Inventarisation von Wülferode, zum Ausdruck.

Im einzelnen können im Aufklärungsprozeß in Wülferode folgende Einrichtungen und Einzelpersonen als denkbare Vermittelnde genannt werden:

1. Die Vertreter Wülferodes im Ortsrat von Bemerode, die eine erhebliche meinungsbildende Stellung in Wülferode einnehmen. Darunter befindet sich der ehemalige, kulturhistorisch sehr interessierte Ortsbürgermeister.
2. Der für die Gemeinde zuständige Pastor aus Bemerode.
3. Der die Scheune der Hofstelle HHd4 in Eigenarbeit restaurierende Innenarchitekt.
4. Der für den Bereich Wülferode, den Planungsbereich Hannover Südost, zuständige Planer, der zu informativen Bürgerversammlungen einladen könnte.
5. Die Bemeroder Schule, in die die Wülferoder Schule eingegliedert ist. Hier könnten in Unterrichtseinheiten (Heimatkunde) kenntnisvermittelnde Themen zum Problem „erhaltende Dorferneuerung" bearbeitet werden, wodurch sich eine erste Information und Bewußtseinsbildung von den Schulkindern aus in die einzelnen Familien hineintragen ließe.
6. Die in Wülferode vielgelesenen Informationen der Kronsberg-Zeitung.
7. Die Hannoversche Stadtteil-Zeitung, Ausgabe Süd, die stets dazu bereit ist, über lokale Thematik zu berichten.

Da Wülferode ein Stadtteil von Hannover ist, kommt dem Amt für Agrarstruktur, welches die Flurbereinigungs- und Dorferneuerungsmaßnahmen sonst übernimmt, keine organisatorische Vermittlerrolle zu.

Wie bereits oben erwähnt, diente der hier vorgelegte „Dorferneuerungsplan Wülferode" als Diskussionsgrundlage im Gespräch mit den für den Wülferoder Raum zuständigen Planern wie auch mit den betroffenen Bürgern selbst.

---

[436] Hierzu WIRTH (1979), S. 285ff

Aus den Diskussionsergebnissen lassen sich — wie folgt — die Gründe für eine hier mittelfristig nur schwer durchzuführende erhaltende Dorferneuerung ableiten.

Aus der Diskussion mit der Hannoverschen Stadtplanung (26.8.1980) ergab sich, daß die Landeshauptstadt zur Zeit keine Förderungsmittel für neu zu restaurierende, denkmalgeschützte Gebäude — außerhalb der bereits in Sanierung befindlichen — zur Verfügung stellt. Eine Möglichkeit, den erhaltenden Dorferneuerungsplan in Wülferode zu realisieren, zeichnet sich nach Meinung des Süd-Ost-Planers erst dann ab, wenn mehr als ein nur auf Erhaltung ausgerichtetes Konzept zu erstellen ist.

Erst, wenn die gesamte Umgebung von Wülferode einem neuen Planungskonzept unterliegt und eventuelle Großgewerbegebiete neben großflächigen Wohnanlagen hier zu planen sind, wird der alte Dorfbereich von Wülferode vielleicht die „Chance bekommen", ortsbildprägend restauriert, d.h. beachtet zu werden.

Da der Raum Kronsberg einen der letzten Dispositionsräume der Stadt darstellt, wäre aber eine baldige Verplanung des Raumes denkbar. Gegen eine sofortige erhaltende Dorferneuerung in Wülferode spricht, nach Ansicht des Planers, auch die zu geringe Anbindung Wülferodes an Hannover durch öffentliche Verkehrsmittel.

Die Planung konzentriert sich zunächst aus ökonomischen Gründen stets auf jene Stadtbereiche, die infrastrukturelle und daher finanziell erleichternde Voraussetzungen bieten. Wenn aber der Raum um Wülferode für Gewerbe und Großbaumaßnahmen verplant und verkehrsmäßig intensiv an Hannover angebunden wäre, würde eine Notsituation für diese „Nische" dörflicher Lebenswelt eintreten. Erst in diesem Moment, wenn die Gefährdung übermächtig würde, käme die finanzielle öffentliche Hilfe, die für die Erhaltung bzw. erhaltende Erneuerung des Dorfkerns gebraucht würde. Für die historischen Strukturen von Wülferode ergibt sich daraus eine kuriose Situation: Erst wenn sie Gefahr laufen, völlig zerstört zu werden, rücken sie ins Blick- bzw. Interessenfeld der Planer und erst dann können sie durch öffentliche finanzielle Mittel eventuell noch erhalten bzw. erhaltend erneuert werden, nicht aber schon vorher, durch eine Art „vorbeugende" Maßnahmen.

Wenngleich die Stadtplanung in einem — wie dem vorgeschlagenen — Dorferneuerungskonzept befürworten würde, den Wülferoder Platz neu zu gestalten, hier eine verkehrsberuhigte Zone zu schaffen in Verbindung mit einer Straßenumwidmung für den Durchgangsverkehr sowie die Gastwirtschaft zu einem attraktiven Ausflugsziel zu verwandeln, ist sie doch andererseits abgeneigt, die restaurationsbedürftigen Fachwerkgebäude am Wülferoder Platz zu erhalten. Hier sollten vielmehr ortsbildangepaßte Neubauten an die Stelle der in der Erhaltung bzw. Wiederherstellung kostenaufwendigen historischen Bauten treten.

Die einzige Möglichkeit, diese Fachwerkgebäude in ihrem Bestand zu erhalten, wird in der Initiative und dem Kaufinteresse von Privatpersonen (z.B. Innenarchitekt der Scheune HH d 4) gesehen, nicht aber liegt sie derzeitig im unbedingten Interesse der Stadtplanung.

Insgesamt zeigte sich in der Diskussion eine dem Denkmalschutz und der Erhaltung tradierter Dorfstrukturen gegenüber ablehnende Haltung des großstädtischen Planers. So werden nicht nur die zeitaufwendigen Ortsinventarisationen durch die Landesdenkmalpflege als überflüssig erachtet, „weil ohnehin nicht alles erhalten werden kann", sondern auch das Denkmalschutzgesetz als zu wenig nutzbringend für den Einzelnen bewertet: „aus ihm ergäben sich schließlich mehr Einschränkungen und Abhängigkeiten als Vorteile für den Eigentümer".

In ähnlicher Weise sind die Einstellungen und Zielsetzungen des Stadtforschungsamtes zu charakterisieren (Angaben vom 29.7.1980). Auch hier äußerte der Gesprächspartner, daß lediglich mit einer zukünftigen umfassenden Planung seitens der Stadt Hannover eine „erhaltende Dorferneuerung" in Wülferode einsetzen könne. Erst mit Bestehen eines gewissen „Siedlungsdrucks", der auf Neubau- und Gewerbebereiche abzielt, ließen sich notwendige städtebauliche Maßnahmen im Altort „erzwingen". Da auch nach Ansicht der Stadtforschung die zuständigen Planer eine Planung allein für den zu erhaltenden Dorfbereich nicht als notwendig erachten, müßte sich ein Planungsimpuls schon aus der Siedlung selbst, in Form einer Bürgerinitiative durch engagierte Bewohner, ergeben.

Nach Meinung des Stadtforschungsamtes sollte aber die Landeshauptstadt bemüht sein, einen Großteil der kulturhistorischen Gebäude zu erhalten, hat sie doch vielfach einst die dazugehörige Flur für den Stadterweiterungsprozeß aufgebracht und ist doch schließlich nur sie allein imstande, die notwendigen Förderungsmittel aufzubringen.

Die Diskussion mit den entscheidenden „Meinungsmachern" Wülferodes (18.8.1980) erwies eine (vorwiegend) *ablehnende Haltung gegenüber* dem vorliegenden *Dorferneuerungsplan*. Sie scheint einerseits aus einer gewissen Resignation über das lokale Desinteresse der Neuansiedler zu resultieren, andererseits aber darin begründet zu liegen, daß der Ausbau und die Verbreiterung der Hauptdurchgangsstraße den kommunalpolitischen Erfolg der ehemals im Ortsrat Beteiligten darstellt. Für sie ist es daher nur allzu schwer, sich mit den ortsbildangepaßten Vorschlägen anzufreunden, sehen sie doch fast in den modernen Verbesserungsmaßnahmen im Altdorf eine Art Lebenswerk.

Die gleichen Verhaltensweisen lassen sich dem ZDF-Manuskript entnehmen, das 1980 über Probleme und Erfahrungen bei der Dorferneuerung berichtet. Hier gibt es zahlreiche Parallelen: So haben Ortsräte Peitschenleuchten, Blumenkübel, Parkplätze, Rathäuser, Bankgebäude etc. im Sinne „städtebaulich" fortschrittlichen Handelns ins Dorf „gesetzt". Nur wenige von ihnen beurteilen diese baulichen Maßnahmen heute als Fehlentscheidungen ihrerseits; die meisten reagieren daher so wie die Befragten in Wülferode.

Auch sind die Wülferoder Befragten der Überzeugung, daß für das erhöhte Verkehrsaufkommen zu den täglichen Stoßzeiten modern ausgebaute Straßen in allen Bereichen Wülferodes bestehen müssen. Diese Fortschrittsgläubigkeit wird im übrigen auch von HENKEL (1979b, S.50) als noch weit verbreitet unter den Landbewohnern festgestellt, während Städter inzwischen eine gewandelte Haltung einnehmen und die Verwaltung zu erhaltenden Maßnahmen in den Altstädten veranlaßt haben.

Eine Platzgestaltung im Sinne einer verbesserten Kommunikation zwischen Alt- und Neueingesessenen ist für die Wülferoder ebenso wenig vorstellbar wie die künftige Nutzung der noch bestehenden Fachwerkhäuser. Da sich die meisten Neuansiedler völlig vom Altdorf zurückziehen und größtenteils nicht einmal gewillt sind, den freiwilligen, geringen Feuerwehrbeitrag zu entrichten, konnten sich die Gesprächsteilnehmer auch für die Zukunft kein intensiveres Miteinander vorstellen. Auch WEHLING, WERNER und ISBARY betonen in ihren Publikationen dieses problematische Verhalten der Neubürger im Dorf, das wiederum generell in den Pendler-Wohngemeinden beobachtet werden kann[437].

Da nach Meinung der Wülferoder Gesprächspartner die Jugendlichen ohnehin nichts an dem Altdorf schätzen, wäre die Einrichtung eines Jugendzentrums von vornherein sinn-

---

[437] WEHLING/WERNER (1978), S. 109f; ISBARY(1967), S. 86–91; Vergl. hierzu NITZ (1982), S. 208

los und brächte eher die Gefahr mit sich, daß dieses von der jungen Generation zerschlagen würde — wie dies mit dem der Jugend zur Verfügung gestellten Fachwerkhaus in Bemerode bereits geschah.

Überdies sind die Wülferoder Fachwerkhausbesitzer sowieso eher erleichtert als bestürzt, wenn die ungenutzten Gebäude zum Abriß zwingen. Ihre Erhaltung ist für die jeweiligen Besitzer kaum tragbar. Über die Eigeninitiative des Fachwerkscheunenbesitzers der Hofstelle HH d 4 wurde Verwunderung geäußert.

Aus den Diskussionen über das erhaltende Dorferneuerungsprojekt Wülferode lassen sich folgende *Hemmnisse* aufzeigen, die die Realisierung des (eines) Dorferneuerungsplans unterbinden:

1. Durch die Eingemeindung Wülferodes in die Stadt Hannover fehlt der Siedlung ein eigener Ortsrat, der auf die Interessen der Gemeinde stärker eingehen könnte, als dies gegenwärtig geschehen kann.
2. In Ermangelung eines Gemeinderates und aus Gründen des fehlenden dörflichen Zusammenhalts kann sich nur schwer eine Bürgerinitiative im Sinne der „erhaltenden Dorferneuerung" bilden, die zunächst auf sich aufmerksam macht, darüber hinaus aber auch Ziele durchzusetzen vermag[438].
3. Der ehemaligen Gemeinde fehlt es an finanziellen Förderungsmitteln. Als Stadtteil von Hannover ist sie auf die Planungsintentionen der Landeshauptstadt angewiesen, das sonst zuständige „Amt für Agrarstruktur" stellt für Wülferode keinen Ansprechpartner dar.
4. Das entscheidendste Hemmnis ist letztlich in dem mangelnden kulturhistorischen Bewußtsein sowohl bei den Stadtplanern[439], als auch bei der Wülferoder Bevölkerung zu suchen. Während bei den zuständigen Planern lediglich die ökonomische Komponente und nicht vorrangig die Thematik der Lebensqualität im Vordergrund steht, zeigt sich die Wülferoder Bevölkerung an ihrem Umfeld desinteressiert und allem Modernen nahezu kritiklos aufgeschlossen, insbesondere dem für den PKW-Benutzer angeblich bedeutungsvollen, reibungslosen Verkehrsfluß.

Die Möglichkeit der stärkeren Bewußtseinsbildung hinsichtlich des eigenen Wohnumfelds — besonders auch für Kinder der Neubauviertel — ist Wülferode durch die Schließung der Grundschule nicht gegeben.

Damit fehlen Wülferode nicht nur die entscheidenden Persönlichkeiten mit großem Durchsetzungsvermögen (Ortsrat, Bürgermeister, Gemeindedirektor, Lehrer), sondern grundsätzlich Bürger und zuständige Planer mit genügendem kulturhistorischen Bewußtsein und Interesse, wie sie für die Durchführung des Dorferneuerungsplans Mandelsloh vorhanden waren.

Da aber der momentane Fehlschlag nicht unbedingt eine Dauersituation kennzeichnen muß, sollen schon an dieser Stelle „langfristige" Maßnahmen genannt werden, die zur Veränderung der vorgefundenen Haltungen führen können:

---

[438] Zur Bedeutung der Gemeindevertreter als tragende Personen in der Dorfentwicklungsplanung siehe
KONIECZNY/ROLLI (1979), S. 22 f
[439] Zur Rolle des Planers in der erhaltenden Dorfentwicklung siehe KONIECZNY/ROLLI (1979), S. 54 f

1. Unterrichtseinheiten zum Thema „Dorferneuerung"[440]:

Die Unterrichtseinheiten sollten in der Schule in Bemerode − sowohl in den Grund- und Hauptschulklassen, wie auch in den Klassen der weiterführenden Schulen − durchgeführt werden. Dabei können die Unterrichtseinheiten für die verschiedenen Klassen und Jahrgangsstufen entwickelt werden nach der hier vorliegenden „Modell-Konzeption" in Kap. VII., die die wesentlichsten, d.h. notwendigsten Arbeitsschritte einer Unterrichtseinheit zum Thema „erhaltende Dorferneuerung" aufzeigt[441]. Die „Modell-Konzeption" im Anhang ist transferierbar, d.h. sie ist als Anleitung für die Erarbeitung von Dorfheimatkunden (Teil 2 und 3) verwendbar und mit den einzelnen Unterrichtsschritten zum Thema „Dorferneuerung" auf jedes Dorf beziehbar. Für alle Klassen besteht als oberstes Lernziel „die Bewußtmachung der historischen Strukturen im Dorf „X" und die Bewertung dieser Strukturen unter dem Aspekt der weiteren Dorfentwicklung": Notwendigkeit der Erhaltung für das Dorf (für das Dorfbild, für das „Leben" im Dorf) oder eventuelle Nicht-Erhaltung?

Die methodische Vorgehensweise im Unterricht muß dann allerdings, ebenso wie der Unterrichtsinhalt, auf die verschiedenen Altersstufen der Schüler abgestimmt werden: Gegenüber den Schülern der Sekundarstufen I und II der Gymnasien müßten z.B. Grundschüler vereinfachte Karten erhalten − so etwa einen vereinfachten Grundriß der Verkoppelungskarte, der mit verschiedenen Farben diejenigen Höfe kennzeichnet, die zum alten Bauernbestand, zum alten Dorfkern, gehören und der daneben die jüngeren Nachsiedlerstellen durch eine andere Farbe hervorhebt.

Erst über „Kennen" und „Wissen" können die Wülferoder Schüler − und somit ein Teil der jungen Generation − zur Erkenntnis der *Bedeutung* der Altstrukturen gelangen. Und nur die Erkenntnis der Bedeutung dieser historischen Strukturen kann zu ihrer Wertschätzung, zu einem Erhaltungsinteresse und darüber hinaus zu einem Verständnis für erhaltende Dorferneuerungsmaßnahmen im Dorf führen. Um diese neue, bisher fremde Art von (erhaltenden) Baumaßnahmen im Dorf generell kennenzulernen, stellt die Unterrichtseinheit die positiven Dorferneuerungsverfahren der Dörfer Mandelsloh und Borgentreich oder Waldfeucht vor, mit denen auch die Einstellung der darin lebenden Bevölkerung *nach* Abschluß der Erneuerungsarbeiten − und damit eine gewisse „Vorbild"-Einstellung − aufgezeigt wird.

Die *zweite* mögliche Maßnahme einer Langzeitstrategie, die zur Veränderung der oben beschriebenen Haltungen führt, muß denjenigen Bevölkerungsteil im Dorf erreichen, der nicht über die Schule erreichbar ist und somit nicht durch die Unterrichtseinheiten „aufgeklärt" werden kann.

Die Aufgabe der Vermittlung von Sachkenntnissen über das Dorf könnte in diesem Fall möglicherweise eine *vorrangig gelesene Zeitung* mit einer Fortsetzungsserie übernehmen[442]. Für die „Aufklärung" der Wülferoder Bevölkerung über die Siedlungsgenese des Dorfes und die Bedeutung der noch vorhandenen historischen Strukturen könnte die Kronsberg-Zeitung herangezogen werden. In Kap. VII. ist mit inhaltlichen Stichworten und kurzen Kapitelüberschriften ein Entwurf über eine mögliche Fortsetzungsserie für

---

440 Siehe hierzu auch SIEDSCHLAG (1980)
441 Zum Unterrichtsentwurf für die Sekundarstufe II siehe ALTMANN et al. (1980)
442 Vergl. hierzu auch die Forderungen von DENECKE (1981), S. 432

Wülferode beigefügt, der – mit anderen Inhalten – ebenso wie das „Modell-Konzept" der Unterrichtseinheit auf andere Dörfer transferierbar ist.

Im Falle der Realisierung dieser Langzeitstrategie, bei der – neben weiteren möglichen Vermittlern – die Zeitung für die Erwachsenen in der Vorbereitungsphase eine aufklärende und bewußtmachende Vermittlerrolle übernimmt, könnten z.B. arbeitslose Lehrer – Historiker, Geographen – die Fortsetzungsserien erarbeiten, wobei die Finanzierungen von Werksverträgen oder Arbeitsbeschaffungsmaßnahmen (ABM) des Arbeitsamtes über die Stadt Hannover oder den Landkreis laufen müßten.

D. Zusammenfassung

Im Umfeld von Hannover lassen sich neben Siedlungsbeispielen zum Thema „Unser Dorf soll schöner werden", auf die hier aus rahmensprengenden Gründen nicht exemplarisch eingegangen werden konnte, unterschiedliche Varianten der „erhaltenden Dorferneuerung" finden.

Während in Gemeinden wie z.B. Isernhagen oder Oegenbostel die *Erhaltungsmaßnahmen* auf die Initiative von Privatpersonen oder zweckgerichteten Gruppen zurückzuführen sind und sie als vorwiegende Gebäudeerhaltungen lediglich einen der Durchführungsschritte der erhaltenden Dorferneuerung darstellen, ist die Siedlung Mandelsloh ein Beispiel für eine erfolgreich angesetzte *Gesamtdorferneuerung* mit erhaltendem Schwerpunkt. Sie ist auf die Initiative und die Planungsintentionen stark kulturhistorisch bewußter Planer des Neustädter Bauamtes zurückzuführen und im Zuge des ZIP's, in Zusammenarbeit mit der zuständigen Flurbereinigungsbehöde (Amt f. Agrarstruktur), ausgerichtet worden.

Der Dorferneuerungsplan Wülferode hingegen ließ durch die Diskussionen in verschiedenen Gesprächskreisen die derzeit entscheidenden *Hindernisse* für die Realisierung einer Dorferneuerungskonzeption erkennen. Neben den Auswirkungen der *Eingemeindung Wülferodes* in die Landeshauptstadt Hannover stellt die allseitig *fehlende historische Bewußtseinsbildung* das wesentlichste Hemmnis dar.

Andererseits lassen die Erfahrungen, die mit den Dorferneuerungsmaßnahmen im Zuge des ZIP's gewonnen werden konnten, erkennen[443], daß bei vielen Dorfbewohnern doch bereits ein weitreichendes Bewußtsein für die Belange der Dorferneuerung vorhanden ist. Es gilt nur, dieses Bewußtsein zu fördern und zu vertiefen, um es für eine sinnvolle, langfristig ausgerichtete Dorferneuerung zu nutzen. Schon wenige baulich unstilistische Maßnahmen, nach dem Abschluß des eigentlichen Dorferneuerungsverfahrens, könnten sonst möglicherweise das meiste von dem zunichte machen, was zuvor mit großem Aufwand im Dorf erneuert wurde.

Und so haben die bisherigen Erfahrungen mit der Dorferneuerung im Zuge des ZIP's auch erhebliche Mängel in der Beratung der privaten Dorferneuerungsmaßnahmen gezeigt[444]. Seminare, Exkursionen oder projektbezogene Schulungskurse sollten daher in Zukunft Handwerkern, Mitarbeitern der Behörden und vor allem auch Planern offenstehen,

---

[443] BENDIXEN (1979), S. 151
[444] Vergl. hierzu auch NERRETER (1981), S. 294f

die dann auch private und öffentliche Träger von Investitionen sachgerecht beraten könnten. In Wülferode wäre eine solche sachgerechte Beratung z.B. bei der Niederlassung der Weindepotstelle vonnöten gewesen. Letztlich beweisen die Untersuchungsmaßnahmen innerhalb des ZIP's, daß sowohl der Denkmalschutz, wie auch *denkmalpflegerisch geschulte* Planer weit stärker als bisher in die Verfahren eingeschaltet werden müssen. So waren, nach den Ergebnissen des Zukunftsinvestitionsprogramms, oftmals die Bewilligungsbehörden sowohl wegen fehlender Fachkenntnisse, als auch aus Zeitmangel — wie es für das großstädtische Planungsamt Hannover charakteristisch wäre — häufig nicht in der Lage, verunstaltende, nicht beabsichtigte (unverstandene) Maßnahmen zu verhindern.

VI. DISKUSSION

Die vier Untersuchungsgemeinden Altwarmbüchen, Stelingen, Wülferode und Everloh stellen ehemals rein ländliche Siedlungen mit nun *unterschiedlichem Verstädterungsgrad* dar. Dies zeigt sich sofort neben den jeweiligen Grundriß- und Aufrißerscheinungen in den gegenwärtigen Bevölkerungszahlen, den Sozialstrukturen, wie auch in der infrastrukturellen Ausstattung der einzelnen Gemeinde.

Alle vier Gemeinden liegen aber in annähernd *gleicher Entfernung zur Landeshauptstadt* Hannover, so daß sich die Begründung des unterschiedlichen Verstädterungsgrades nicht von vornherein aus der Distanz zum möglichen Innovationszentrum ableiten läßt (vergl. I.A. und I.B.).

Auch weisen die Untersuchungsgemeinden keine dem Verstädterungsgrad von vornherein entsprechenden, verkehrsmäßigen Anbindungen an Hannover auf. So liegt zwar die am stärksten vom Urbanisierungseinfluß betroffene Siedlung Altwarmbüchen direkt an der nach Hannover führenden B 3, zeigt darin aber keine vorteilhaftere Situation als das noch sehr ländliche Dorf Everloh, das mit der Bundesstraße 65 eine ebenso gute Verbindung nach Hannover besitzt.

Darüber hinaus befindet sich Altwarmbüchen nicht in unmittelbarer Nachbarschaft zu den Hannoverschen Industriezonen, welche die rasche Siedlungsentwicklung hätten begründen können. Everloh hingegen, die am geringsten veränderte Gemeinde, liegt unweit des frühesten Hannoverschen Industriegebietes „Linden".

Der unterschiedliche Entwicklungsgang von Altwarmbüchen, Stelingen, Wülferode und Everloh läßt sich also nicht mit den theoretisch zu erwartenden Kausalitätsprinzipien erklären, die neben der Distanz einer ländlichen Siedlung zu einem Innovationszentrum ihre verkehrsmäßige Anbindung an die Stadt, wie auch ihre Lage zu den städtischen Industrieschwerpunkten zur Begründung heranziehen (vergl. I.A.).

Die vier Untersuchungsgemeinden zeigen vielmehr eine „individuelle" Entwicklung, die nicht vorrangig mit dem ökonomischen Interesse des Innovationszentrums Hannover und seinen urbanisierenden Kräften, sondern zunächst mit dorfspezifischen Verhaltensweisen oder zufälligen familieninternen Besitzverschiebungen zu begründen ist.

Die zunächst als entscheidend vermuteten, *stadtexternen* wie auch *stadtinternen Faktoren,* die Veränderungsimpulse auslösen sollten, ergänzten nur — wie sich jetzt gezeigt hat — die Auswirkungen der *dorfspezifischen Einstellungen* der Bevölkerung und der Planungsmaßnahmen des *Großraumverbands Hannover.* Mit den beiden letztgenannten, prozeßauslösenden oder -hemmenden Faktoren bildeten erstere ein Wirkungsgefüge, in dem sie sekundär das Entwicklungsgeschehen der vier Untersuchungsgemeinden mitbestimmten.

Als Ausganspunkt für den zu untersuchenden Entwicklungsgang wurde die vorindustrielle Situation zur Zeit der jeweiligen Verkoppelung gewählt. Alle vier Gemeinden zeigten um die Mitte des 19. Jh. unterschiedliche Siedlungsstrukturen. So bestand Altwarmbüchen ursprünglich als *Zeilendorf* am Rande einer Geestinsel als ein Vertreter der planmäßigen, hochmittelalterlichen, linearen Dorfformen der Geest, wie sie besonders in den Hagenhufensiedlungen hervortreten. Stelingen bestand als *Schwarmsiedlung* im nordwestlichen Geestbereich von Hannover – auch diese ein für die Geest durchaus typisches Ergebnis spontaner Siedlungsentwicklung seit dem Mittelalter-, Wülferode und Everloh als *regelmäßige Platzdörfer,* wie sie für den Raum südlich von Hannover für die früh- und hochmittelalterliche Zeit als verbreitete Gründungsformen erkannt wurden.

Durch die Wahl von vier Untersuchungsgemeinden mit voneinander unterschiedlichen, historisch angelegten Siedlungsstrukturen stellte sich sogleich die Frage nach deren Persistenzvermögen, wie sie vor dem theoretischen Hintergrund der Ausführungen von WIRTH (1979) über „Kulturlandschaft als persistente Rahmenbedingung menschlichen Handelns" diskutiert wird.

Der Entwicklungsgang der vier Dörfer ließ zwar, hinsichtlich der Dorfform, eine größere Persistenz des Straßendorfes gegenüber dem lockeren Siedlungsgrundriß von Stelingen und auch den Platzdörfern erkennen, zeigte aber vor allem die Abhängigkeit des Persistenzverhaltens von der *Bebauungsdichte* des jeweiligen Dorftyps und von der *Einstellung der Bevölkerung* hinsichtlich des Bodenverkaufs im Dorfkern.

Selbst wenn im dichten Straßendorf Altwarmbüchen die Bereitschaft bestünde, in der ursprünglichen Dorfzeile Neuansiedlern Bauplätze abzutreten, könnte das nur bei einem Hofausfall geschehen. In den Platzdörfern Wülferode und Everloh können Veränderungen im Dorfkern schon eher durch die Bebauung der großen, hofanschließenden Gärten und übrigen Freiflächen erfolgen. Dasselbe gilt für die Schwarmsiedlung Stelingen, die aber dennoch bis heute ihren lockeren Siedlungscharakter nicht eingebüßt hat. Stelingen aber ist grundsätzlich leichter überformbar als Altwarmbüchen und die dichteren Platzdörfer Wülferode und Everloh.

Für Stelingens Persistenzvermögen bzw. -verhalten ist daher die spezifische Haltung der Landbevölkerung gegenüber einer Neuansiedlung zwischen den Höfen entscheidend.

Daß die Persistenz einer Dorfstruktur ebenso stark wie von der Bebauungsdichte auch vom Bevölkerungsverhalten abhängt, zeigen letztlich die Grundrißveränderungen von Wülferode, die erst in der jüngsten Zeit Wandlungen durch Neuansiedlungen im Dorfkern, der großbäuerlichen Höferunde, zu erkennen geben.

Wenn auch siedlungsverändernde Eingriffe im Dorfkern von Everloh bereits früher eintraten, kann doch – wie die Entwicklungsgänge aller vier Untersuchungsgemeinden bestätigen – davon ausgegangen werden, daß allgemein zunächst der Nachsiedlerbereich eines Siedlungsgrundrisses in die neuen Dorferweiterungen miteinbezogen wird. Unabhängig davon, ob es sich dabei um eine lockere Siedlungsform – eine Schwarmsiedlung – oder dichte Platzdörfer oder gar ein dichtes Straßendorf handelt.

Der *großbäuerliche Höfebestand* erscheint hingegen *persistenter* und bleibt im allgemeinen – je nach Einstellung der Landbevölkerung oder den zufälligen besitzrechtlichen Verschiebungen durch familiäre Ereignisse – von entscheidenden Strukturveränderungen länger verschont.

254

Damit zeichnet sich zum zweiten Mal die ausschlaggebende Bedeutung der Landbevölkerung und ihrer Verhaltensweisen für den Entwicklungsgang einer dörflichen Siedlung ab.

Trotz der ungünstigeren naturräumlichen Ausstattung und der fortgeschrittenen verstädternden Siedlungsentwicklung haben die beiden nördlichen Untersuchungsgemeinden die hauptberufliche Landwirtschaft bis heute nicht eingestellt. Obgleich die Wirtschaftsflächen von Altwarmbüchen und Stelingen weitaus geringere Bodengütewerte aufweisen als diejenigen der beiden südlichen Gemeinden, besteht auch gegenwärtig bei der Landbevölkerung eine positive Haltung gegenüber dem Erwerbszweig Landwirtschaft. Auch sind die beiden nördlichen Siedlungen im Zeitraum von 1939 bis 1970 nicht stärker von einer betrieblichen Einstellung betroffen als Everloh und Wülferode. Im Gegenteil, die beiden nördlichen Gemeinden weisen zwischen 1939 und 1970 keinen größeren prozentualen Betriebsrückgang auf als Wülferode und Everloh (siehe Tab. 15).

Insgesamt zeichnet sich erwartungsgemäß, dem bundesweiten Entwicklungstrend folgend, bei allen vier Untersuchungsgemeinden bis 1970 eine Verringerung der *Gesamtbetriebszahl* ab, bei einer gleichzeitigen Betriebskonzentration in den Bereichen über 20 ha. Die zunehmende Betriebsaufstockung macht sich bis 1970 vor allem in Everloh und Wülferode bemerkbar, wo sich auch die fortschreitende Aufgabe der Klein- und Kleinststellen in den statistischen Zahlenangaben deutlich heraushebt.

Ähnlich wie sich im Entwicklungsgang der Betriebsstrukturdaten durch analogen Verlauf eine Gruppierung der Untersuchungsgemeinden in die Paare Alwarmbüchen/Stelingen und Wülferode/Everloh abzeichnet, ergibt sich diese Zuordnung im Werdegang der *Bevölkerungszahlen*. Während die beiden nördlichen Gemeinden von der Mitte des 19. Jh. bis zum Ende der 70er Jahre von einem fortlaufend positiven Bevölkerungsgang charakterisiert sind − durch Zuwanderung am stärksten bedingt −, zeigen Wülferode und Everloh mit der einsetzenden Flüchtlingsabwanderung aus diesen Gemeinden in den 50er Jahren einen Bevölkerungsrückgang, der in Everloh bis zur Gegenwart anhielt und in Wülferode − nach dem Ausbau des südlichen Neubauviertels − nach einem nochmaligen Anstieg in den 70er Jahren, in eine Stagnation des Bevölkerungsstandes auslief. Everloh und Altwarmbüchen erscheinen im Bevölkerungsgang, insbesondere seit den 50er Jahren, als die am stärksten kontrastierenden Gemeinden.

Dem Entwicklungsverlauf der Einwohnerzahlen entspricht der der *Erwerbspersonen* innerhalb der Untersuchungsgemeinden. Altwarmbüchen weist jeweils die höchste Erwerbspersonenanzahl insgesamt auf, die mit der Intensität seiner Ortserweiterungen korreliert. Während aber noch 1950 der prozentuale wie absolute Wert der in der Land- und Forstwirtschaft Erwerbstätigen bei allen vier Untersuchungsgemeinden kaum unter den Werten des sekundären Erwerbsbereiches liegen (bei Everloh sogar noch darüber), zeigen alle vier Dörfer bis 1961 und verstärkt bis 1970 einen merklichen Rückgang der Forstwirtschaft. Die Begründung liegt in der fortschreitenden Mechanisierung und in der Aufgabe der meisten Klein- und Kleinstbetriebe bei allen vier Untersuchungsgemeinden bis 1970.

Der Gang der Bevölkerungszahlen durch Zuwanderung bzw. Abwanderung und die Entwicklung der Erwerbstätigenstruktur, die ersterem entspricht, sind analog den Ortsgrundrißwandlungen der Dörfer gleichfalls auf die beiden entscheidenden Veränderungsfaktoren, die innerdörfliche Situation (Einstellung der Landbevölkerung zum Bodenverkauf/zufällige besitzrechtliche Verschiebungen) und den Großraumverband Hannover, zurückzuführen. Lediglich der Rückgang der in der Land- und Forstwirtschaft Erwerbstätigen ist nicht durch diese Faktoren bedingt, sondern stellt eine Begleiterscheinung der gesamtgesellschaftlichen Entwicklung dar[445].

Der rund 100 Jahre umfassende Beobachtungszeitraum von der Verkoppelung im 19. Jh. bis zur Gegenwart erwies für den *Entwicklungsgang* der vier Untersuchungsgemeinden eine deutliche Zweiteilung: *Bis 1960,* bis zur Einrichtung des Großraumverbands Hannover und dem Inkrafttreten des Bundesbaugesetzes, erfolgte die jeweilige Dorfentwicklung *spontan.* Während die übrigen stadtexternen und stadtinternen Institutionen lediglich sekundär das Wandlungsgeschehen der Untersuchungsgemeinden bedingten, waren vielmehr die internen, siedlungsspezifischen Situationen für die eingetretenen Ortsveränderungen primär ausschlaggebend. So zeigten die Altwarmbüchener seit jeher eine Bereitschaft zum Verkauf der bodenqualitativ geringwertigsten, dorfentfernten Flächen. Zusätzlich begünstigend wirkte darüber hinaus die die Interessen der Dorfbevölkerung vertretende Persönlichkeit des Gemeindedirektors von Altwarmbüchen, der eine „vorteilhafte Verbindung", d.h. „Beziehungen" zum Großraumverband Hannover − und damit rechtzeitigen Zugang zu den Planungsintentionen − besaß. Darüber hinaus ist sicherlich auch ein nicht ganz unwesentliches Motiv für Gemeindedirektoren die Tatsache, daß ihr Gehalt mit der Einwohnergröße der Gemeinde steigt.

Everloh und Wülferode lehnten hingegen bis 1960 den Bodenverkauf größtenteils ab. Nur durch zufällige Besitzverschiebungen und Verkaufsfreudigkeit Einzelner konnten sich die kleinen Neubaubereiche beider Gemeinden entwickeln.

Ein Teil der Stelinger Bauern zeigte nur ein einziges Mal die spontane Bereitschaft zum Baulandverkauf, überredet von einem geschäftstüchtigen Makler. Im übrigen waren auch sie von einer ablehnenden Haltung gegenüber dem Bodenverkauf geprägt.

Nach 1960 veränderte sich die spontane *Siedlungsentwicklung* der vier Dörfer in eine *geplante.* Mit den Verbandsplänen und den landesplanerischen Rahmenprorammen des Großraumverbands Hannover wurden jedoch die vorgegebenen Entwicklungstendenzen fortgesetzt. Da die vier Untersuchungsgemeinden noch immer von einem gesunden agrarstrukturellen Gepräge gekennzeichnet waren, sollte die Landwirtschaft auch künftig erhalten bleiben. Die Linien der Siedlungsentwicklung wurden somit bereits vor 1960 von den Dörfern selbst gebahnt. Von den Programmen des Großraumverbands wurden sie − da keine anderen vorrangigen Planungsintentionen bestanden − in ihrer Fortführung bestätigt.

Nach den in fast allen ländlichen Siedlungen der Bundesrepublik in ähnlicher Form abgelaufenen, geplanten Dorferneuerungen seit Beginn der 60er Jahre, die sich vorwiegend auf die Planung der Ortserweiterungen und auf die Angleichung des Dorfkerns an städtische Verhältnisse bezogen, beginnt sich in jüngster Zeit die Tendenz einer *geplanten Dorferneuerung mit erhaltender Komponente* durchzusetzen. Ziel dieser Art Dorferneuerung ist keine durchgreifende städtebauliche Erneuerung, keine Verödung des dörflichen Kernbereichs durch rasch eingeleitete Betriebsaussiedlungen, sondern neben der Verbesserung der Agrarstruktur und dem Abbau der infrastrukturellen Stadt-Land-Disparitäten, die baustrukturelle Verbesserung und Erhaltung der kulturhistorisch bedeutsamen Gebäude (vergl. S. 283f).

---

[445] Vergl. HELLER (1973)

Erhaltende Erneuerungsmaßnahmen zeigen sich im Hannoverschen Raum in unterschiedlicher Weise. Während die Siedlung Mandelsloh im Rahmen des ZIP's, auf der Basis eines vorher entwickelten Dorferneuerungsplans, erhaltend dorferneuert wurde, und damit die positiven Auswirkungen einer behördlichen Zusammenarbeit verkörpert, lassen sich in Gemeinden, wie z.B. Oegenbostel, Bissendorf und Isernhagen erhaltende Dorferneuerungsmaßnahmen beobachten, die sich lediglich auf einen Teilaspekt der Gesamtdorferneuerung, auf die bauliche Erhaltung überlieferter Gebäude, beziehen. Darüber hinaus beruhen diese Maßnahmen auf der Initiative von Einzelpersonen und einem Interessenverband, dem Bauernhausverein Isernhagen.

Wie die Erfahrung lehrt, geschieht der Aufkauf und die Restaurierung der ortsbildprägenden Gebäude durch die Städter hier aber vorwiegend im Zuge eines gegenwärtigen Modetrends, aus einer Notalgiewelle heraus, nicht aber aufgrund eines fundierten kulturhistorischen Bewußtseins dieser Einzelpersonen. Das bezeugt vielfach die Wahl unpassender Baustoffe oder unverträglicher Stile an Tür- und Fenstermodellen für das zu restaurierende Gebäude.

Aus dem Tatbestand, daß immer mehr ortsbildprägende Bauten vor ihrer eigentlichen Restaurierung lokal umgesetzt werden, ergeben sich sogleich zwei *Kritik*ansatzpunkte:

1. Werden die vollständig umgesetzten, alten Gebäude in einem für sie fremden Altdorfbereich nicht nur als Ersatz auf einer „wüsten" Hausstelle wiedererrichtet, sondern als Verdichtung des Dorfkerns, so bedeutet die Umverlegung letztlich ebenso einen entscheidenden Siedlungseingriff, wie er sich bei der Dorfkernverdichtung mit einem Bungalow ergibt.

2. Geschieht die Umverlagerung in einer Art Kettenreaktion (ein Städter zieht den nächsten an bzw. nach), so daß sich am Rande einer Gemeinde gar ganze Wohnviertel mit verlegten Gebäuden entwickeln, ist davon auszugehen, daß sich die gleichen Konfliktsituationen zwischen der ursprünglichen ländlichen Bevölkerung und den Neuansiedlern abzeichnen, wie sie sich sonst beim Aufbau der jungen Ortserweiterungen zeigen. Mit einem für die Gemeinde fremden Gebäude, separat am Rande der Siedlung, wäre kein Schritt zur angestrebten Dorfidentifikation erreicht, wie sie gerade von der erhaltenden Dorferneuerung beabsichtigt ist[446].

Im Gegenteil, auch diese Art von Siedlungserweiterung würde die allen jungen Erweiterungen charakteristische Anonymität gegenüber der Ursprungsbevölkerung zur Folge haben. Vorteilhaft könnte sich allerdings das erhaltende Engagement der Neuansiedler auf die ursprünglichen ländlichen Bewohner auswirken. So könnten die herantransportierten, kulturhistorisch bedeutsamen und in der Regel in ästhetisch sehr ansprechender Weise hergerichteten Gebäude Vorbilder für Restaurierung und Erhaltung darstellen und die lokale Bevölkerung ebenfalls dazu anregen. Auch würden sie zu einer Aufwertung des Wohnens im ländlichen, kulturhistorisch bedeutsamen Gebäude/Stil gerade bei der seßhaften Landbevölkerung beitragen[447].

Wenngleich der Aufkauf und die Restaurierung von Fachwerkhäusern durch Städter allgemein zu begrüßen ist, weil die Erhaltung der denkmalgeschützten Bauten generell ein finanzielles Problem darstellt und nicht immer realisiert werden kann, bleibt zu erwägen,

---

[446] HENKEL (1978), S. 30
[447] Dies bestätigt das ZDF-Manuskript (1980), S. 13ff

ob die Umverlagerung von kulturhistorisch bedeutsamen Häusern nicht einer (gesetzlichen) Regelung unterworfen werden sollte. Die Verteilung der verlegten Gebäude in vornehmlich für sie neu konzipierte Dörfer oder in schon bestehende Dorfkerne als „Lückenfüller" wäre über das Amt für Denkmalpflege denkbar, das mit den *Ortsinventarisationen* einen genauen Überblick über den jeweiligen Häuserbestand, wie auch über zu bebauende Freiflächen im Siedlungskern besitzt.

Da die Inventarisationen nicht nur den denkmalgeschützten Ortsteil einschließen, sondern auch die übrigen Bereiche des ursprünglichen Siedlungsgrundrisses, werden mit ihnen auch diejenigen kulturhistorisch bedeutsamen Gebäude erfaßt, die nicht mit in den Denkmalschutzbereich fallen. Für diese Bauten könnte das Amt für Denkmalpflege eine Art *Vermittlerrolle* übernehmen, indem sie Information über die zum Verkauf stehenden Gebäude an entsprechende Interessenten weiterleitet und die eventuell bevorstehende Umverlagerung lenkt.

Die Ortsinventarisationen erhielten dann über ihren Dokumentationswert hinaus einen zusätzlichen Praxisbezug und unmittelbare Verwendung.

Die Kritik an der hier vorgeschlagenen Lösung ergibt sich aus der Regelung als solcher. Wie auch das *Niedersächsische Denkmalschutzgesetz* vielfach von der ländlichen Bevölkerung als „bevormundende Reglementierung" bewertet wird[448], könnte auch die gezielte Vermittlung und Verteilung von kulturhistorisch bedeutsamen Gebäuden durch das Amt für Denkmalpflege eine negative Reaktion hervorrufen.

Charakerisiert werden die *Fachwerkhauskäufer* vorwiegend durch folgende Eigenschaften:

Alle ehemaligen Städter zeigen Spaß an kreativer Eigenarbeit, die der Restaurierung des Gebäudes zugute kommt[449]. Der überwiegende Teil der Interessenten ist kapitalkräftig, teilweise gehören sie akademischen Berufsgruppen an. Die Käufer sind vom ländlichen Wohnen im Fachwerkhaus beseelt, was auf einen gewissen Modetrend, eine Nostalgiewelle, zurückzuführen ist. Weniger kulturhistorische Beweggründe als die einer gewissen Imagepflege scheinen darüber hinaus das aufkommende Interesse an Fachwerkbauten bei vielen Städtern hervorzurufen, ist doch der Aufkauf und die Restaurierung eines Gebäudes lediglich ab einer bestimmten Einkommenssituation erst möglich.

An dieser Stelle sei nochmals an das „Schickeria-Museumsdorf" in Braunschweig-Riddagshausen erinnert: Am Rande des alten Dorfes Riddagshausen, das selbst bereits ein historisches „Image" als Klostersiedlung innehat, bewohnen reiche Braunschweiger sechs umgesetzte Bauernhäuser. Die Häuser stammen aus Warbsen bei Holzminden, aus Parsau bei Vorsfelde, aus Wendeburg, aus Hohnebostel bei Celle, aus Bergfeld nördlich von Vorsfelde und aus Lewe bei Liebenburg[450]. Neben der Nähe dieser Häuser zur alten Klosterkirche ergeben die umliegenden Teiche und Naturschutzgebiete ein ganz besonderes Lagemoment für diese Bauernhäuser.

---

[448] Aussagen der Altwarmbüchener wie auch der Wülferoder Bevölkerung und auch der Planer des Hannoverschen Stadtplanungsamtes.

[449] Als die eigentlichen Kaufbeweggründe gibt im ZDF-Manuskript (1980, S. 12ff) eine Münchner Fachwerkhausbesitzerin folgendes an: Spaß an der restaurierenden Eigenarbeit, Interesse am Landleben und dem Wohnen in „alten schönen Häusern".

[450] Broschüre „Braunschweig-Riddagshausen", Hrsg. vom Amt für Wirtschafts- und Verkehrsförderung der Stadt Braunschweig 1980, S. 33

Den also überwiegend kapitalkräftigen Fachwerkhausbesitzern in Isernhagen, Riddagshausen oder Bissendorf entspricht der Käufer der Wülferoder Scheune (HH d 4), der ebenso als Städter ein Fachwerkhaus bewohnen wollte. Hier aber stand das preisgünstige Kaufangebot der Scheune als Kaufmotiv im Vordergrund. Hinzu kam die hier noch notwendige schöpferische Eigenarbeit, die geleistet werden mußte (muß), um das Gebäude bewohnbar zu machen.

Der Innenarchitekt erwarb die zu restaurierende Scheune in der Erwartung mehrerer *finanzieller Zuschüsse* der hierfür zuständigen Ämter und Behörden. Seine negative Erfahrung: Allseitige Ablehnung von Finanzierungsbeiträgen seitens der zuständigen Stellen, da die ehemals kurzfristig zur Verfügung gestellten Mittel inzwischen erschöpft und infolge der allgemeinen „Finanzklemme" nicht mehr aufgefüllt werden. Die baurechtlichen Auflagen zur Restaurierung, die vom Amt für Denkmalpflege gemacht werden, empfindet er als einengend und zugleich als Verdruß, „könnte es doch nur im denkmalpflegerischen Sinne sein, die Scheune aufzuarbeiten und zu erhalten, zumal die an sich möglichen Finanzbeiträge dazu versagt wurden"[451].

Das Motiv der höheren Lebensqualität auf dem Lande und der Überdruß an monotonen Reihenhauskomplexen am Stadtrand bewegen ihn dennoch dazu, seine restaurierende Eigenarbeit an der Scheune zu Ende zu führen.

Das Beispiel des Wülferoder Fachwerkhausinteressenten beweist, daß beim Kauf eines kulturhistorisch bedeutsamen Gebäudes nicht grundsätzlich davon ausgegangen werden kann, daß Zuschüsse zur Verfügung stehen.

Auch die unter VI.A. vermerkten *steuerlichen Vorteile* werden von den wenigsten Fachwerkhausbesitzern überblickt[452]. So haben die oben genannten, der Denkmalpflege entgegenkommenden Aktivitäten für einen teil der Käufer bisher nicht das Maß an Unterstützung gebracht, wie es zunächst in den einschlägigen öffentlichen Mitteilungen angekündigt wird[453].

Zusammenfassend ergeben sich aus den Fallstudien über die partiellen, erhaltenden Dorferneuerungsmaßnahmen, wie auch aus dem Dorferneuerungsprojekt Mandelsloh, vier unterschiedliche Gruppen von *Innovationsträgern* der Idee „Restaurierung und Erhaltung ortsbildprägender Elemente":
1. Die ländliche Bevölkerung selbst, z.B. die Gründer des Bauernhausvereins Isernhagen.
2. Kapitalkräftige Städter, darunter vielfach Akademiker.
3. Weniger kapitalkräftige, aber idealistische Städter, in der Regel ebenfalls Akademiker.
4. Die Planer und der Baudirektor des Bauamtes Neustadt, neben den zuständigen Dezernenten des Amtes für Agrarstruktur.

Die erste und vierte Gruppe zählt jeweils zu den kulturhistorisch bewußten Innovationsträgern, wobei die ländliche Bevölkerung sogar eine Art Kontrollfunktion über die zu restaurierenden Gebäude der Städter einzunehmen vermag und ihr Wissen aus den traditionellen Siedlungsvorbildern schöpft.

Insgesamt aber stammen die Innovationsideen der erhaltenden Dorferneuerung überwiegend von an die Gemeinde herantretenden, ortsfremden Personen, die nach dem Grad der Einkommenssituation und der Ausbildung eher der oberen Bevölkerungsschicht zuzu-

---

451 Aussagen des Innenarchitekten
452 Nach Mitteilungen des Bauernhausvereins Isernhagen
453 WIELAND (1969), S. 69f als ein Beispiel

ordnen sind. Wenngleich die zweite und dritte Gruppe auch Innovatoren umfassen, die einem gewissen Modetrend folgen oder spezifische Wohnvorstellungen zu realisieren versuchen, ohne daß ein kulturhistorisches Interesse dahintersteckt, dürfen diese Gruppen als nicht weniger ausschlaggebend für den Prozeß der erhaltenden Dorferneuerung bewertet werden: Sie tragen die Idee der ästhetisch ansprechenden Restaurierung und damit ein Gefühl der *Aufwertung der ländlichen Wohnweise* an die bereits städtisch orientierte Gemeinde heran und stellen unbeabsichtigt − unbewußt − zugleich für die nachkommende, nun kulturhistorisch zu bildende Generation Vorbilder dar.

Dabei ist die Möglichkeit gegeben, daß die nachfolgende Generation dieser Innovationsträger die restaurierten Gebäude zukünftig aus ihrem spezifischen Bewußtsein heraus erhält.

Der Beitrag „Mandelsloh" (V.A.1) nannte, neben verschiedenen weiteren Gründen für die erfolgreiche Durchführung des Dorferneuerungsplans, die *Eigenschaften* des Neustädter *Bauamtes* (kulturhistorisch bewußte Planer, keine Anonymität: daher Diskussionsmöglichkeiten zwischen den einzelnen Mitarbeitern, Kurzbeurlaubungen von der Arbeitsstätte für Bestandsaufnahmen vor Ort organisatorisch möglich) als die wesentlichste Begründung für den positiven Verfahrensverlauf.

Bei der Fallstudie Wülferode hingegen zeigte sich das zuständige Planungsamt eher als eine *hemmende Institution* für eine mögliche Durchführung des Dorferneuerungskonzeptes. Ein erhaltender Dorferneuerungsplan läßt sich nach der Einstellung der für Wülferode zuständigen Planer erst mit einer Planungskonzeption des gesamten südöstlichen Raumes um Wülferode durchführen. Erhaltende Dorferneuerungsmaßnahmen haben hier erst den Anspruch auf Realisierung, wenn weitere ökonomisch vorrangigere Planungsintentionen den entsprechenden Raum betreffen[454]. So zeigt die Arbeitsweise dieses Planungsamtes eine Konzentration auf jene Bereiche, in denen Siedlungsaktivität vorliegt, bzw. in denen aus rein ökonomischen Interessen eine Planungskonzeption zu erstellen und zu realisieren ist.

Wülferode bleibt, weil es gegenwärtig noch nicht im Interessenfeld des Planungsamtes liegt, in seiner jetzigen Siedlungssituation „liegen". Für den Fall, daß aus einem gewissen Siedlungsdruck heraus künftig die Wülferoder Umgebung in den Planungsbereich miteinbezogen werden sollte, wäre die Durchführung einer Dorferneuerungskonzeption für den Dorfkern denkbar. Dabei kann jedoch nicht davon ausgegangen werden, daß das Planungsamt beabsichtigen wird, ortsbildprägende Bauten weitestgehend zu erhalten. Kostenaufwendig zu restaurierende Häuser sollen eher durch ortsbildangepaßte, neue Häuser ersetzt werden.

So zeichnet sich für das für Wülferode zuständige Planungsamt eine vorwiegend *ökonomisch orientierte Planungshaltung* ab, neben einem durchaus paradox erscheinenden Planungsvorgehen: Nur jene Bereiche, die im Sinne einer künftigen Siedlungsaktivität interessant oder bereits von ihr ergriffen sind, erhalten die Chance, auch in ihrem ursprünglichen Bestand neu konzipiert zu werden. Für die ländlichen Orte im Stadtgebiet bedeutet dies, eine gewisse Neubaubesiedelung in jedem Fall in Kauf nehmen zu müssen, um eine erhaltende Dorferneuerung zu erreichen.

---

[454] Im Gegensatz hierzu stehen die Gründe der Dorferneuerungsmaßnahmen in Borgentreich, die gerade deswegen in dieser Gemeinde einsetzen, weil keinerlei Planungsinteresse für diese Siedlung im östl. Westfalen vorliegt und sie in ihrer gegenwärtigen Situation „ruht".

Die umgekehrte Verfahrensweise, die noch erhaltenswerten Gemeinden in Hinblick auf eine mögliche künftige Weiterbesiedelung zu unterstützen und damit noch bedeutsame charakteristische Siedlungskerne vor weiteren intensiven Eingriffen zu bewahren, wird nicht verfolgt.

Erst am Ende jeder Besiedelungskonzeption in einem ehemals ländlichen Ort stellt sich daher für den Planer die Schlußfrage: Was müßte für den alten dörflichen Kernbereich noch getan werden? Was ist im Dorfkern eigentlich noch an ortsbildprägenden Gebäuden übriggeblieben, bzw. welche überlieferten Strukturen existieren noch? Erhaltenswerte Siedlungsbereiche ohne planendes Augenmerk „liegenzulassen" − weil ohnehin der alte Dorfgrundriß von seinen Erweiterungsbereichen eingeschlossen ist −, lediglich im Zuge einer rein ökonomisch orientierten Gesamtplanung einen Siedlungskern im bewahrenden Sinne neu zu konzipieren und dabei von vornherein auf jene denkmalgeschützten, aber nur kosten- und zeitaufwendig zu restaurierenden Gebäude zu verzichten, zeigt das völlige Fehlen eines kulturhistorischen Bewußtseins und Interesses der für Wülferode zuständigen Planer. Darin drückt sich eine gewisse Rückständigkeit im Planungsverhalten gegenüber ländlichen Altsiedlungen aus, denn demgegenüber wurde und wird die *Altstadt* Hannovers in ihren erhaltenen Resten sorgfältig restauriert und ergänzt, wie dies auch in zahlreichen anderen Altstädten erfolgt. So ergibt sich gewissermaßen eine Parallelität zum Bewußtseinsstand der Stadt- und Dorfbevölkerung, wo ja ebenfalls erstere inzwischen ein starkes Engagement für die Erhaltung der Altstädte und deren frühindustriezeitliche Erweiterungen (wilhelminische Phase) zeigen, während die Dorfbevölkerung überwiegend in einem „time-lag" diesem Wandel in Haltung bzw. Bewußtsein nachhinkt. So scheint es, daß die Planung immer erst auf einen gewissen Druck der Öffentlichkeit reagiert, und wo dieser − wie in den Altdörfern − noch fehlt, ebenfalls in den alten Planungsschemata verharrt.

Daß häufig Bebauungsplanungen nach vorgegebenen Schemata am grünen Tisch entworfen werden, zeigt die Tatsache, daß der Planer, der gegenwärtig den aktuellen Bebauungsplan über die hofanschließenden Bereiche zur Niederfeldstraße hin konzipiert, die konkreten Verhältnisse im Ort gar nicht kennt, den Ort selbst niemals besichtigt hat.

Die *anonyme behördliche Dimension* eines großstädtischen Planungsamtes spiegelt sich in diesem Tatbestand wider und erklärt letztlich auch, daß in einer solchen Institution ein Interesse an erhaltenswerten Dorfkernen − winzigen Elementen in der Baumasse einer Großstadt − nicht aufkommen kann.

Einen Kontrast zu der Verhaltensweise der ländlichen Bevölkerung von Isernhagen zeigt die derzeitige Haltung der Wülferoder gegenüber einer „erhaltenden Dorferneuerung". So lehnen die ausschlaggebenden, im Dorf meinungsbildenden Persönlichkeiten nicht nur die Erhaltung und Restaurierung von ortsbildprägenden Gebäuden ab, sondern darüber hinaus auch die Wiederherstellung einer ortsbildangepaßten Verkehrssituation. Da der Straßenausbau der Wülferoder Dorfdurchgangsstraße für sie ein erfolgreiches Ergebnis gemeindepolitischer Arbeit vergangener Jahre darstellt, nahezu ein Lebenswerk, kann diese Kriegs- und Nachkriegsgeneration nur schwer die nötige kritische Einstellung für den geleisteten ortsuntypischen Straßenausbau aufbringen. Lediglich eine kleine Anzahl der Alteingesessenen, darunter der ehemalige Ortsbürgermeister, verhalten sich der Idee der erhaltenden Dorferneuerung gegenüber aufgeschlossener.

Die Zerstörung eines insbesondere für Jugendliche restaurierten Bemeroder Fachwerkgebäudes durch die Jugendlichen selbst, dient den Wülferoder Meinungsmachern als Argument, welches die Sinnlosigkeit der Gebäudeerhaltung für die heutige Jugend belegt.

Nicht erkannt wird letztlich, daß die mutwillige Zerstörung eines kulturhistorisch bedeutsamen Gebäudes durch die nachkommende Generation Ausdruck dessen ist, was mit *mangelnder kulturhistorischer Bewußtseinsbildung* zu erklären ist: Nur weil die junge Generation durch Elternhaus und Schule nicht in die Lage versetzt wurde, die Bedeutung eines solchen ortsbildprägenden Gebäudes zu ermessen und sich mit ihrem unmittelbaren Lebensumfeld zu identifzieren, kann es ihr möglich sein, solche Gebäude zu zerstören.

Eine kulturhistorische Aufklärung durch die Schulen wird gegenwärtig besonders dadurch behindert, daß die ortseigenen Grundschulen vielfach den benachbarten Mittelpunktschulen zugeordnet wurden und der eigentliche Heimatkundeunterricht heute im Spektrum der Schulfächer keine Rolle mehr spielt. Die Umweltkunde ist auf eine reine Sachkunde der modernen, urbanen Lebensweise beschränkt.

So ließe sich bei einem *Projekt „erhaltende Dorferneuerung"* in Wülferode die Innovationsidee nur in Absprache mit der Bemeroder Schule, d.h. der Grund- wie auch der Orientierungsstufenschule, an die Wülferoder Grund- und Orientierungsstufenschüler herantragen. Das kulturhistorische Bewußtsein müßte dabei ja nicht unbedingt allein am eigenen Wohnort eingeübt werden. Bemerode als Schulstandort bietet sich als Lernobjekt ebenso an. Mit Bemerode als Studienobjekt könnte man zumindest auch sicher sein, daß *alle* Wülferoder Schüler an diesem Schulprojekt teilnehmen. Denn es ist unwahrscheinlich, daß in der Orientierungsstufe noch alle Wülferoder Kinder in einer einzigen Klasse beisammen sind und geschlossen zum Anschauungsunterricht nach Wülferode fahren werden. In dieser Weise könnten sie alle zur Anwendung „erhaltende Dorferneuerung im Heimatort Wülferode" angeregt werden.

Wenngleich die Diskussion mit einem Teil der Wülferoder Alteingesessenen und den „Meinungsmachern" derzeit eine vorwiegend ablehnende Haltung gegenüber bewahrenden Dorferneuerungsmaßnahmen gezeigt hat, kann nicht endgültig davon ausgegangen werden, daß die Wülferoder Bevölkerung nicht doch für diese Idee zu gewinnen ist.

Einen ersten Hinweis hierauf gab die fast vollständige Teilnehmerzahl der zu dem Gesprächsabend Geladenen. Mit der Vorstellung der Innovationsidee ließ sich schließlich soviel Neugier und Erstaunen über das plötzlich aufkommende Interesse für Wülferode bei den Diskussionsteilnehmern wecken, daß auch bei weiteren Gesprächsabenden mit einer durchaus regen Teilnahmebereitschaft gerechnet werden kann. Wie aber der Gesprächsablauf und die -ergebnisse zeigen, wird eine Einsicht über die notwendigen erhaltenden Dorferneuerungsmaßnahmen nicht durch das Engagement einer für die Gemeinde unbekannten Einzelperson (Verfasserin) zu erreichen sein, sondern nur mittels der Überzeugungskraft mehrerer, für das Dorf maßgeblich meinungsbildender Persönlichkeiten. Bei ihnen müßte jedes Dorferneuerungsprojekt ansetzen, das keine baulichen Maßnahmen über „den Kopf der Gemeinde" hinweg diktieren will, sondern die Mitarbeit der Dorfbevölkerung im Sinne der zu erzielenden Dorfidentifikation beabsichtigt. Nur dann ist auch eine künftige Pflege der erhaltenswerten Häuser durch die ortseigene Bevölkerung gesichert.

Am Beispiel Wülferode werden schließlich die *negativen Auswirkungen der Gemeindegebietsreform von 1974* deutlich, die sich besonders bei den vorbereitenden Maßnahmen zu einem Dorferneuerungsprojekt abzeichnen können. Nicht nur der Verlust der ortseigenen Schule, sondern auch des ehemaligen Gemeinderates bedeuten für die Durchführung jedes Dorferneuerungsplans den Verzicht auf entscheidende Institutionen möglicher Hilfestellungen.

Der *Verstädterungsgrad,* das Maß an Siedlungsüberformung einer ländlichen Siedlung, kann nicht allein mit den immer wieder gern aufgestellten Theorien über die Veränderlichkeit in Abhängigkeit von der räumlichen Lage einer Siedlung innerhalb eines urbanisationsbeeinflußten Raumes, bzw. mit der Entfernung der ländlichen Gemeinde zum Innovationszentrum begründet werden[455]. So zeigen die Untersuchungsergebnisse der vorliegenden Arbeit erstens eine Abhängigkeit der Siedlungsveränderung von den *zufälligen dörflichen Ereignissen* und familienspezifischen Situationen, die eben neue Entscheidungsweisen bei der Bevölkerung ergaben. Zweitens zeigte sich die ausschlaggebende Bedeutung der *ländlichen Verhaltensweisen* bei der Untersuchung des Persistenzvermögens der jeweiligen Siedlungsstruktur. Danach ist das Persistenzvermögen eines Ortes sowohl abhängig von der Dichte der Grundrißbebauung, wie aber auch von der spezifischen dorfinternen Einstellung gegenüber Grundstücksverkäufen im Dorfkern. Drittens zeigen sich die *Verhaltensweisen* von dörflicher Bevölkerung wie auch von Planern und Behörden ausschlaggebend *beim Thema „erhaltende Dorferneuerung".* So sind sowohl die erfolgreich durchgeführten Dorferneuerungsmaßnahmen als auch die scheiternden Verfahrensabläufe von der Haltung der betroffenen Bevölkerung, wie auch der zuständigen Planer und Behörden, abhängig. Kontrastierend stehen sich das Bauamt Neustadt a. Rbge. und das Hannoversche Stadtplanungsamt, wie auch die ländliche Bevölkerung von Isernhagen und jene von Wülferode gegenüber.

Die Verhaltensweisen der Dorfbevölkerung können abschließend unter dem Aspekt der *„Persistenz"* — ebenso wie es für eine Siedlungsstruktur möglich ist — betrachtet werden: So ergeben sich nach den Untersuchungsergebnissen der vorliegenden Arbeit (1.) generell persistente Verhaltensweisen bei den Entscheidungen hinsichtlich der Landverkäufe an ortsfremde Städter.

Andererseits zeigen (2.) dorfbevölkerungsspezifische Einstellungen, die das Persistenzvermögen der Siedlungsstruktur mitbestimmen, eine gewisse Persistenzhaltung.

Darüber hinaus ergibt sich (3.) eine Persistenz im Bewertungsverhalten gegenüber allem Modernen und der Tradition. So hängen die ländlichen Bevölkerungsgruppen nicht mehr konservativ am Alten, „persistieren" dafür aber in ihren unkritisch-optimistischen Bewertungsmaßstäben *allem* Neuen gegenüber, wodurch sich zugleich das fehlende Bewußtsein für den *Eigenwert dörflich-traditioneller Strukturen* erklärt. Im Gegensatz zur Dorfbevölkerung, die weniger flexibel ist und eine einmal eingenommene Verhaltensweise länger (konservativer) beibehält, sind die Städter flexibler im Aufgreifen und selbständigen Entwickeln neuer Verhaltensweisen (Nostalgiewelle, Ausprägung eines echten historischen Bewußtseins). Sie sind es, die der Dorfbevölkerung nun neue Bewertungsmaßstäbe für das ursprünglich hochgeschätzte Bauernhaus vermitteln müssen.

Damit schließen sich unsere Untersuchungsergebnisse an jene von SCHÖLLER (1959/60) an, der für die Erforschung einer Siedlungs- oder Raumentwicklung neben der Beobachtung des geographisch Wahrnehmbaren „die Untersuchung nach konservativ-beharrenden und neuerungsbereiten, aktiv sich umstellenden Sozialräumen" fordert, ohne die die Verbindung von der „rückwärtsgewandten Erfassung geschichtlicher Kulturräume zu den heute wirksamen und heute unsere Kulturlandschaften bestimmenden Kräfte" nicht geschlagen werden kann[456].

---

[455] SCHÖLLER (1959/60), S. 50
[456] SCHÖLLER (1959/60), S. 52

VII. KONZEPTE ZUR DIDAKTISCHEN VERMITTLUNG
– NOTWENDIGE VORBEREITUNG
AUF DEN DORFERNEUERUNGSPLAN VON WÜLFERODE

A. Unterrichtseinheit zum Thema
„Erhaltende Dorferneuerung"

Die einzelnen Abschnitte der Einheit sind nicht auf jeweils nur eine Schulstufe bezogen, sondern hier zeitlich unbegrenzt.

Unterrichts(Lern–)inhalt

1. Gegenüberstellung Dorf (Wülferode) – Stadt (Hannover)
Woran erkennen wir ein Dorf?
Welche sind seine eigentlichen Funktionen?

2.* Die Altdöfer Wülferode (heute noch erhalten) und Kirchrode (heute stark verstädtert, d.h. zerstört) – vorgestellt anhand der hist. Siedlungsgrundrisse (Verkoppelungskarte-Wülferode, Karte nach FALKENHAUSEN-Kirchrode).
Nach Möglichkeit Dokumentation von alten Fotos.

3.** Erarbeitung der geschichtlichen Hintergründe für die Entstehung der „rode-Dörfer" am Kronsberg und deren Charakteristika (z.B. Siedlungsstruktur durch Platz bzw. Anger geprägt);
„rode-Wüstungen". Jüngere Nachsiedlerbereiche u. Erweiterungen bis heute.

4. Dorfbesuch in Wülferode und dem benachbarten Kirchrode.

Lernziel

Schüler erarbeiten Grundkenntnisse über ländliche Siedlungen.
Zugleich Vorbereitung auf den Dorfbesuch.

Schüler nehmen Erwartungshaltung bezüglich der beim Dorfbesuch anzutreffenden Dorfbilder ein.

Bewußtmachung des hohen (historischen) Alters der im unmittelbaren Lebensumfeld der Schüler existierenden „rode-Dörfer" und ihrer historischen Strukturen.

Schüler „suchen„ (und finden) die alten Dorfkerne anhand der in Abschnitt 1. und 2. erworbenen Kenntnisse.

---

*   Dorfheimatkundliche Erarbeitung 1. Teil (Siedlungsform)
** Dorfheimatkundliche Erarbeitung 2. Teil (Siedlungsgenese)

5. Nachbereitung des Dorfbesuches: Was bedeutet die bis heute eingesetzte Siedlungsentwicklung beider Dörfer für ihre Siedlungsstruktur bzw. für die ländliche Bevölkerung? Was ist dem alten Kirchrode völlig, dem alten Wülferode schon teilweise verlorengegangen?

Schüler erkennen jene Art von Dorfentwicklung, die die Dörfer im nahen Umland- und daher Urbanisierungsbereich einer Großstadt, insbesondere seit den 60er Jahren, kennzeichnet.

6. Dorferneuerungsmaßnahmen in Mandelsloh. Positives Beispiel für „erhaltende Dorferneuerung".
Dargestellt anhand des Dorferneuerungsplanes, Kartierungen und Dias.
Mandelsloh-Exkursion, erreichbar in 1 Fahrt-Stunde, Schüler interviewen die Bevölkerung: Einstellung dieser zu den Dorferneuerungsmaßnahmen?

Schüler lernen das positiv verlaufene Dorferneuerungsverfahren von M. kennen und den dazugehörigen Dorferneuerungsplan zu verstehen, der in seinem Aufbau die allgemein übliche und daher übertragbare Gliederung aufweist.
Gleichzeitig erfahren die Schüler die Bedeutung des entsprechenden Planungsamtes, d.h. administrativer Institutionen, für die Dorferneuerungsmaßnahmen.

7. Entwicklung eines Planungskonzeptes für Wülferode unter der Fragestellung:
Was muß geschehen, um dem Wülferoder Dorfkern das dörflich-ländliche Gepräge zu erhalten bzw. zurückzuvermitteln, das ihn grundlegend charakterisiert?
Welche baulichen Maßnahmen müssen verhindert werden, damit Wülferodes Dorfkern zumindest in seiner jetzigen Struktur noch erhalten bleibt?

Schüler entwickeln eigene Ideen zur erhaltenden Dorferneuerung in Wülferode. Dabei entwickeln sie ein Vorbildverhalten aus dem Plan Mandelsloh = Transfer einiger gundsätzlicher Erhaltungsmaßnahmen.

Schüler planen nach folgendem Grundsatz:
Die in Wülferode lebende Bevölkerung darf durch diese Maßnahmen *nicht* in ihren (Arbeits- und Freizeit-)Aktivitäten eingeschränkt werden. Es gilt vielmehr, eine höhere Wohnqualität durch die Erneuerungsmaßnahmen herbeizuführen.

8. Abschließender Dorfbesuch in Bemerode, dem Schulort, und Nachbereitung des Besuchs in der Schule. Besichtigung des Dorfkerns und Bewertung dessen hinsichtlich der Erhaltungsmöglichkeit bzw. -notwendigkeit = Diskussion.

Transferleistung: Schüler werden die erlernten Fähigkeiten (Kartenlesen und Umsetzen der Karten vor Ort) und Erkenntnisse (Bemerode = „rode"-Ort) aus dem zuvor erfolgten Lernprozeß der Unterrichtseinheit bei der Untersuchung und Bewertung des Schulortes, hinsichtlich möglicher oder notwendiger Dorferneuerungsmaßnahmen, an.

B. Zeitungsserie zum Thema „Dorferneuerung in Wülferode"

Mögliche Überschriften der einzelnen Folgen mit kurzen Inhaltsangaben (z.B. für die Kronsberg-Zeitung):

Folge 1:
Unsere Dörfer am Kronsberg – bischöflich-hildesheimische Siedlungsgründungen.
– Die im Hochmittelalter gegründeten Rodedörfer am Kronsberg werden in ihrer Entstehung erklärt und ihre Lage am Kronsberg mittels einer Karte nach FLOHR (1972) aufgezeigt. Dabei Erwähnung der wüstgefallenen Rodedörfer.
– Gegenüberstellung dieser bischöflich–hildesheimischen Rodedörfer im Nordwald mit den Siedlungsgründungen der Grafen von Roden im nördlich gelegenen Lauwald, die als genau vermessene Hagenhufendörfer planmäßig angelegt wurden.

Folge 2:
Was haben unsere Dörfer am Kronsberg über ihre Siedlungsgründung durch den Bischof von Hildesheim hinaus gemeinsam?
– Die Dorfkerne bzw. historischen Siedlungsgrundrisse von Kirchrode, Wülferode und Debberode werden in Abbildungen gezeigt. Dabei wird die Dorfform mit Innenraum als Platz oder Anger hervorgehoben. Wülferode ist durch die Verkoppelungskarte abgebildet. Die Verteilung der Bauernstellen wie auch der Häuser der jüngeren Nachsiedler bis zur Mitte des 19. Jh. wird erkennbar, die einzelnen Familiennamen im Dorf werden genannt.

Folge 3:
Was ist aus Wülferode in den letzten 100 Jahren geworden?
– Ein zusammenfassender Überblick über die Siedlungsentwicklung seit der Mitte des 19. Jh. gibt die Veränderungen im Dorf wieder.
Dabei werden die Veränderungen im *Dorfbild* genannt, die anhand mehrerer Kartenauschnitte (Grundriß = z.B. Verkoppelungskarte, Meßtischblatt 1898, Deutsche Grundkarten um 1950, um 1960, um 1970) und Fotos (= Aufriß) erkennbar werden, aber auch die Veränderungen in der *Sozialstruktur* wie im *Bevölkerungsstand* werden mitgeteilt.

Folge 4:
Wie sieht die Zukunft von Wülferode aus? Dörflicher Teil von Hannover oder *Stadt*teil?
– Die „Schwachstellen" des Dorfkerns werden hervorgehoben, d.h. leerstehende landwirtschaftliche Gebäude und schon in absehbarer Zeit unbewohnte Bauernhäuser, die durch ihre Funktionslosigkeit einen Abriß nach sich ziehen werden.
– Die weitere Veränderung des Dorfkerns durch immer stärker einsetzende Verluste seiner ursprünglichen Züge führt zur vollständigen Verstädterung des ehemaligen Dorfes.
– Die Anonymität der Neubürger, die mangelnde Interaktionsbereitschaft zwischen Wülferodern und hinzukommenden Städtern wird sich bei weiterer Verstädterung noch verschärfen.
Die soziale Bindung der Einwohner im Sinne eines Dorfgemeinschaftslebens geht Wülferode vollständig verloren (zugunsten eines urbanen, anonymen Verhaltens der Bevölkerung- ohne Bezug auf ihr Wohnumfeld).

Folge 5:

Die erhaltenden Dorferneuerungsmaßnahmen von Mandelsloh
− Dorferhaltung statt Zerstörung − Mögliche Maßnahmen auch für Wülferode?
− Der Dorferneuerungsplan von Mandelsloh wird vorgestellt. Dabei wird die positive Einstellung der betroffenen Bevölkerung und der „Sanierungseffekt" = Vorbildverhalten mehrerer Mandelsloher über das Verfahren hinaus betont.

Folge 6:

Wülferode erhält einen Dorferneuerungsplan.
Die erhaltenden Dorferneuerungsmaßnahmen schaffen im Dorfkern, an der Kapelle, einen ruhigen Aufenthaltsort für Jung und Alt.
− Das Dorferneuerungskonzept wird vorgestellt, der verkehrsberuhigte Platz an der Kapelle beschrieben.

Folge 7:

Die Wülferoder Bevölkerung erhält einen Termin!
− Ankündigung eines Gesprächsabends (Thema: Dorferneuerung in Wülferode) in der Mehrzweckhalle oder der ehemaligen Schule von Wülferode. Aufruf an die Wülferoder Bevölkerung zur Informations- und Diskussionsteilnahme. Planer, Denkmalpfleger, Historiker, Historische Siedlungsgeographen etc. im Gespräch mit der Wülferoder Bevölkerung.

VIII. LITERATURVERZEICHNIS UND WEITERE QUELLEN

1. Literatur

AIDELSBURGER, N. (1979): Ortsgestaltung Oberhaching. In: Der Bayerische Bürgermeister, Juli, S. 30−31.
ALBERS, G. (1963): Das Stadt-Land-Problem im Städtebau der letzten hundert Jahre. In: Studium Generale, Jg.16, Heft9, S.576−584.
ALBERS, G. (1979): Zur Rolle der Planung und des Planers. In: Bauwelt 24, Stadtbauwelt62, 70.Jg., Juni, S.196/1036−198/1038.
ALLGEMEINE BAUZEITUNG (6.6.1980), Nr.23, „Architekten aus Niedersachsen und Bremen: Dorferneuerung diskutiert".
ALTMANN, J., HERBST, H. (1980): Unterrichtsentwurf für die Sekundarstufe II. Die historische Bedingtheit von Raumordnungsproblemen: Landwirtschaftliche Besitzgrößen und ländliche Siedlungen in Altbayern. In: Geographie und Schule, 2.Jg., H.3, S.43−70.
ANDERS, G. (1979): Ortskernerneuerung in ländlichen Gemeinden. In: Denkmalschutzinformationen (DSI) 3.Jg. 4/79, S.39−44.
ANTE, U. (1975): Die Verstädterung zwischen Hannover und Hildesheim − bevölkerungsgeographische Untersuchung eines zwischenstädtischen Bereiches. In: Jahrbuch der Geogr. Ges. zu Hannover, Sonderheft 8, Hannover.
ARBEITSGRUPPE beim Deutschen Nationalkomitee für Denkmalschutz (1978): Erhaltungsfreundliche Ortsentwicklung im ländlichen Raum. In: Der Landkreis 5/78, S.175−178.

ARBEITSKREIS Dorfentwicklung Wiesbaden (1979): Entwurf Dorferneuerungplan (Dorfentwicklungsplan). In: KTBL-Schrift 235, S.93–97.

ARBEITSKREIS für genetische Siedlungsforschung in Mitteleuropa – Prof. Dr. K. Fehn – (o.J.): Forum Nr.1.

ARBEITSKREIS für genetische Siedlungsforschung in Mitteleuropa – Prof. Dr. K. Fehn – (1979): Forum Nr.3 – Überarbeitetes und stark gekürztes Diskussionsprotokoll.

ARNOLD, A. (1978): Die Industriestruktur im Wirtschaftsraum Hannover – ihre Entwicklung und aktuelle Problematik. In: ERIKSEN, W./ARNOLD, A. (1978), S. 148–167.

BACH, A. (1954): Deutsche Namenkunde II. Die deutschen Ortsnamen 1, Die deutschen Ortsnamen 2, Heidelberg 1953 u. 1954.

BAILLY, F. (1969): Die Landschaften der Umgebung von Hannover. Mitteilungen der Deutschen Bodenkundlichen Gesellschaft, Bd.9, S.1–8.

BAUM, H.J./POTRATZ, W. (1980): Regionalplanung – der institutionalisierte Konflikt zwischen Ökonomie und Ökologie? In: Bauwelt 36, Stadtbauwelt 67, 71. Jg., S. 291–300.

BAUWELT (1979), Heft 2, S. 53, „Aktiengesellschaft betreibt Denkmalpflege" – Vieux Luxembourg.

BECK, H. (1972): Neue Siedlungsstrukturen im Großstadt–Umland aufgezeigt am Beispiel von Nürnberg-Fürth. Nürnberger Wirtschafts- und Sozialgeographische Arbeiten, Bd.15.

BENDERMACHER, J. (1978): Dorfinventarisation in Deutschland. In: Der Landkreis 8–9/78, S. 413–415.

BENDIXEN, E.O. (1979): Erfahrungen mit der Dorferneuerung im Rahmen des Programms für Zukunftsinvesitionen. In: Schriftenreihe des Bundesministers für Ernährung, Landwirtschaft und Forsten; Reihe B: Flurbereinigung, Sonderheft „Dorferneuerung", S. 135–154.

BIEL, H./BRUNO, E. (1979): Dorferneuerung als sozialer Prozeß. In: Dorferneuerung. Beiträge zum ländlichen Bau- und Siedlungswesen – Bericht 21. Hrsg. Landwirtschaftskammer Hannover.

BISCHOFF, K. (1963): Sprachliche Beziehungen zwischen Stadt und Land in neuerer Zeit. In: Studium Generale, Jg. 16, Heft 10, S. 631–642.

BLOHM, R. (1943): Die Hagenhufendörfer in Schaumburg-Lippe. Forsch. zur Landes- und Volkskunde. Schriften des Niedersächsischen Heimatbundes e.V. Neue Folge. Reihe A, Bd.10.

BOESLER, K.A. (1959/60): Die quantitative Erfassung der Stadt-Umland-Beziehungen. In: Ber. z. dt. Landeskunde, Bd. 24, S. 58–62.

BOESLER, K.A. (1969): Kulturlandschaftswandel durch raumwirksame Staatstätigkeit. Abhandlungen des ersten Geographischen Instituts der Freien Universität Berlin, Bd. 12.

BORN, M. (1977): Geographie der ländlichen Siedlungen 1. Teubner Studienbücher, Geographie. Stuttgart.

BOUSTEDT, O. (1953): Die Stadt und ihr Umland. In: Raumforschung und Raumordnung, 11. Jg., S. 20–29.

BOUSTEDT, O. (1963a): Das Verhältnis von Stadt und Land in demographischer und ökonomischer Sicht. In: Studium Generale, Heft 12, Jg. 16, S. 707–724.

BOUSTEDT, O. (1963b): Die Stadtregionen als Instrument der vergleichenden Stadtforschung. In: Forschungs- und Sitzungsberichte der Akademie für Raumforschung u. Landesplanung 22, Raum und Bevölkerung 2, S. 13–22.

BOUSTEDT, O. (1967): Gedanken über den künftigen Verstädterungsprozeß. In: Salin, E. (1967): Polis und Regio S. 217–236.

BRANDT, R. (1971): Der Landkreis Burgdorf im Wandel der Zeiten.

BRAUN, H./DIMROTH, D./PIEPER, F. (1978): Zur Gestaltung von Gebäuden und Bauteilen. In: Der Landkreis 8–9/78, S. 352–355.

BRAUN, U.L./KISSEL, H.A. (1979): Dörfer – Gestalt und Gestaltung im Vergleich. In: Stadtbauwelt 64, S. 362/2048–367/2053.

BROSCHÜRE Braunschweig-Riddagshausen (1980), Hrsg. Amt für Wirtschafts- und Verkehrsförderung der Stadt Braunschweig.

BUCHHOLZ, W.E. (1963): Nebenberufliche Landbewirtschaftung als Synthese agrarischer und industrieller Lebensformen im ländlichen Raum. In: Studium Generale, Heft 12, Jg. 16, S. 724–739.

BUNDESBAUGESETZ, 13., neubearbeitete Auflage, Stand: 1.Sept.1979, Beck-Texte im dtv, München.

CHRISTALLER, W. (1933): Die zentralen Orte in Süddeutschland.

CHRISTOPHERS, E. (1978): Verstädterungstendenzen in der hannoverschen Vorortzone, dargestellt an den Beispielen Garben und Ahlem. In: ERIKSEN, W./ARNOLD, A. (1978), S. 231–250.

CONZEN, M.R.G. (1978): Zur Morphologie der englischen Stadt im Industriezeitalter. In: JÄGER, H. (1978): Probleme des Städtebaus im industriellen Zeitalter. Köln. S. 1–48.

DENECKE, D. (1981): Erhaltung und Rekonstruktion alter Bausubstanz in ländlichen Siedlungen – Historische Siedlungsgeographie in ihrer planerischen Anwendung. In: Ber. z. dt. Landeskunde, Bd. 55, H. 2, S. 343–380.

DENKMALSCHUTZINFORMATIONEN (1978), 2. Jg. Juni 2/78. Hrsg. vom Deutschen Nationalkomitee für Denkmalschutz.

DEUTSCHES Nationalkomitee für Denkmalschutz (1978): Denkmalpflege auf dem Lande – vor 72 Jahren. In: Denkmalschutzinformation, 2.Jg. Juni 2/78, S. 18–19.

DÖLLING, R. (1974): Denkmalschutz und Denkmalpflege in der BRD. In: Denkmalpflege in der Bundesrepublik Deutschland, 1974, S.9–23.

DÜTHMANN, H. (1980): Dorferneuerung im Weser-Ems-Gebiet. In: Bauwelt 43, 71. Jg., S. 1918–1920.

EISENMANN, H. (1979): Dorferneuerung – eine Chance für die bayerischen Gemeinden. In: Der Bayerische Bürgermeister, 32. Jg., Heft 7, S. 9–10.

ENGEL, F. (1952/1953): Geschichte des Dorfes Empelde. Landkreis Hannover. In: Hannoversche Geschichtsblätter, NF, Bd.6, Hannover.

ENGEL, F. (1978): Die Kurhannoversche Landesaufnahme des 18.Jh. Erläuterungen zur Neuherausgabe als amtliches historisches Kartenwerk im Maßstab 1:25000. 2.Aufl. Hannover 1978. Hrsg. Niedersächsisches Landesverwaltungsamt – Landesvermessung – Hannover.

ERIKSEN, W./ARNOLD, A. (1978): Hannover und sein Umland. Festschrift zur Feier des 100jährigen Bestehens der Geographischen Gesellschaft zu Hannover 1878–1978. Jahrbuch für 1978, Hannover.

ERNST, E. (1958): Unsere Kapelle im Wechsel der Jahrhunderte. Bericht zum 200jährigen Kapellenjubiläum in Wülferode am 2. November 1958.

ERNST, E. (1967): Veränderungen in der westdeutschen Kulturlandschaft durch bäuerliche Aussiedlungen. In: Geographische Rundschau, Heft10, S. 369 – 382.

ERNST, E. (1968): Siedlungsgeographische Folgeerscheinungen der Agrarstukturverbesserung innerhalb der Dörfer. In: Ber. z. dt. Landeskunde, Bd. 40, S. 223—237.

ERTL, F. (1953): Die Flurbereinigung im deutschen Raum. Volkswirtschaftliche Zeitfragen, Heft 14.

ERTL, J. (1979): Dorferneuerung. Schriftenreihe des Bundesministers für Ern., Landw. u. Forsten. ReiheB: Flurbereinigung, Sonderheft. Landwirtschaftsverlag Münster-Hiltrup.

EVERS, W. (1957): Grundfragen der Siedlungsgeographie und Kulturlandschaftsforschung im Hildesheimer Land. Schriften der Wirtschaftswissenschaftl. Gesellschaft zum Studium Niedersachsens E.V. Neue Folge, Bd. 64.

V. FALKENHAUSEN, E. (1966): Ort und Flur des Dorfes Kirchrode. In: Hannoversche Geschichtsblätter, Bd. 20, S. 191—250.

FEHN, K. (1979): Resolution zur Dorferneuerung. In: Geographische Rundschau, Heft 10, S. 432.

FEHRE, H. (1959/69): Zur Terminologie des Stadt-Umland-Problems. In: Ber. z. dt. Landeskunde, Bd.24, S.53—58.

FIESEL, L. (1934): Ortsnamenforschung in Niedersachsen. In: Teuthonista. Zeitschr. f. Deutsche Dialektforschung und Sprachgeschichte. Beiheft 9.

FISCHER, H. (1960/61): Das Dorf im Industriebereich. In: Ber. z. dt. Landeskunde, Bd.26, S.24—44.

FL-PLAN-Erläuterungsbericht von Altwarmbüchen siehe unter: Gemeinde Isernhagen (1979).

FLOHR, H. (1972): Debberode, Eddingerode, Brunirode und Hohenrode. Eine Untersuchung der Fluren und Siedlungsplätze der wüsten Dörfer und Höfe am südlichen Kronsberg. In: Hannoversche Geschichtsblätter, Bd. 26, S. 129—198.

Das neue FLURBEREINIGUNGSGESETZ (1976). In: Schriftenreihe für Flurbereinigung, Sonderheft, Hrsg. vom Bundesministerium f. E., L. u. F., Bonn, Ausgabe 1976.

FRANKENBERG, R. (1977): Städtebaulicher Entwurf für den Stadtteil Hannover-Wülferode. Unveröffentlichte Häusliche Prüfungsarbeit für den Höheren Technischen Verwaltungsbeamten. 1IB—194. Frankfurt/M.

GALLUSSER, W./BUCHMANN, W. (1974): Der Kulturlandschaftswandel in der Schweiz als geogr. Forschungsprogramm. Veröffentl. der Schweizerischen Geographischen Kommission, Nummer 2.

GALLUSSER, W.A. (1977a): Das Schweizer Dorf der Gegenwart in geographisch-methodischer Sicht. In: Geograph. Helvetica, 2/77, S. 57—59.

GALLUSSER, W.A. (1977b): Die Landschaftsplanung als regionale Strategie. Sonderdruck aus „Natur und Landschaft" 52, Heft 8/9, S. 251—255.

GALLUSSER, W.A. (1978): Planen und Bauen in der Landschaft insbesondere des Juras. Separatdruck aus „plan" 35, Nr.11, S. 30—34.

GATZ, K. (o.J.): Bauliche Farbgestaltung nach regionalen Farbsitten. In: Loseblattsammlung KTBL-Arbeitsblätter, Planung im ländlichen Raum, Nr. 3047.

GEMEINDE Isernhagen — Landkreis Hannover — Planungsamt — (1979): Gemeinde Isernhagen, Erläuterungsbericht zum Flächennutzungsplan, Februar 1979.

GEMEINDE Isernhagen (1980): Blick in unsere Gemeinde, Heft 13, 7. Jg., 26. Juni.

GERCKE, F. (1979): Planung und Organisation von Dorferneuerungsmaßnahmen. In: KTBL-Schrift 235, S. 89—92.

GERLACH, I. (o.J.a): Orientierungsrahmen für die farbliche Gestaltung dörflicher

Strukturelemente. In: Loseblattsammlung KTBL-Arbeitsblätter, Planung im ländlichen Raum, Nr. 3042.

GERLACH, I. (o.J.b): Oberflächenbehandlung von Fachwerkwänden. In: Loseblattsammlung KTBL-Arbeitsblätter, Planung im ländlichen Raum, Nr.3043.

GERLACH, U./KOTHE, B. (1979): Modellprojekt Ahrbergstraße/ Hannover. In: Bauwelt 22, 70. Jg., S. 897–901.

GERNER, M. (1978): Objektsanierung von Fachwerken. In: Der Landkreis, 8–9/78, S. 416–419.

GLAESSER, H.-G. (1979): Ortskernsanierung in Hanau-Steinheim. Ein Beitrag zur geographischen Mitarbeit bei kommunalen Sanierungsvorhaben. In: Ber. z. dt. Landeskunde, Bd.53, Heft 1, S. 119–136.

GRIEMSMANN, K. (1979): Chronik Isernhagen, Isernhagen mit den Ortsteilen Altwarmbüchen, Horst, Stelle und Neuwarmbüchen. 2. erweiterte Ausgabe 1979, Selbstverlag der Gemeinde Isernhagen.

Literatur GROSSRAUM-VERBAND siehe unter Verband Großraum Hannover.

GROSSRAUM-Verkehr Hannover: Gemeinschaftsfahrplan Winter 1980/1981.

GUSMANN, W. (1928): Wald- und Siedlungsfläche Südhannovers und angrenzender Gebiete. Historischer Verein für Niedersachsen, Bd. 36.

GUSTAFSSON, K./SÖKER, E. (1972): Bibliographie zum Untersuchungsobjekt „Zentralörtliche Erscheinungen in Verdichtungsräumen". In: Zentralörtliche Funktionen in Verdichtungsräumen. Veröffentl. der Akademie für Raumforschung u. Landesplanung – Forschungs- u. Sitzungsberichte, Bd.72, S.185–201.

GUSTAFSSON, K. (1973): Grundlagen zur Zentralitätsbestimmung. Veröffentl. der Akademie für Raumforschung und Landesplanung, Abhandlg., Bd. 66.

GUTKNECHT, B./ROEDIG, R. (1978): Dorferneuerung im Rahmen der Flurbereinigung. In: Der Landkreis 8–9/78, S.321–323.

GUTKNECHT, B. (1979): Dorferneuerung im östlichen Niederbayern aus der Sicht der Ortsplanung. In: Der Bayerische Bürgermeister, 32. Jg., Heft 7, S. 21–25.

HAKE, G. (1978): Historische Entwicklung des Kartenwesens im Raum Hannover. In: ERIKSEN, W./ARNOLD, A. (1978), S.50–67.

HALLBAUER, W. (1958): Strukturwandel in Stadt und Umland. In: Raumforschung und Landesplanung, Abhandlungen, Bd.34.

HANNOVERSCHE Allgemeine Zeitung, Dienstag (6.6.1972), „Mehrzweckhalle als neuer Dorfmittelpunkt".

HARTMANN, W. (1934): Hofgeschichte Everloh. Unveröffentlichte Bearbeitung, Hannover.

HAUBNER, K./HEUWINKEL, D. (1978): Zur regionalen Entwicklung und Planung im Großraum Hannover. In: ERIKSEN,W./ARNOLD,A. (1978), S. 94–113.

HAUPTMEYER, C.H. (1979): Geschichtswissenschaft und erhaltende Dorferneuerung. In: Ber. z. dt. Landeskunde, Bd. 53, Heft 1, S. 61–79.

HAUPTMEYER, C.H. (1980): Dorferneuerung aus historischer Sicht am Beispiel Holtensen. In: Heimatland, März, Heft 3, S. 40–43.

HEBEBRAND, W. (1963): Stadt und Umland. In: Studium Generale. Jg.16, Heft 10, S. 609–619.

V.D. HEIDE, H.-J. (1978): Die Kreise in der Denkmalpflege. In: Der Landkreis, 8–9/78, S. 409–411.

HELLER, W. (1973): Zum Begriff der Urbanisierung. In: Neues Archiv für Niedersachsen, Bd. 22, Heft 4, S. 374−382.

HENCKEL, H. (1978): Dörfer im Wandel. Zur Problematik der Entwicklung ländl. Gemeinden in peripheren Regionen − Hannover.

HENCKEL, H. (1979): Alternative Planungsansätze der Dorferneuerung. In: Stadtbauwelt 64, Dezember, S. 358/2044−361/2047.

HENKEL, G. (1973): Zum gegenwärtigen Strukturwandel ländlicher Dorfsiedlungen abseits der Ballungsräume in der BRD. Dargestellt am Beispiel der Paderborner Hochfläche. In: Geographische Rundschau, Heft 12, S. 461−469.

HENKEL, G. (1978a): Dorferneuerung aus der Sicht der Hochschule. In: Innere Kolonisation, 27.Jg., Juli/August, Heft4, S. 154−157.

HENKEL, G. (1978b): Dorferneuerung − neue Ziele, Aufgaben und Gesetze. In: Denkmalschutzinformationen 2/78, 2.Jg., S.27−31.

HENKEL, G. (1979a): Dorferneuerung. Die Geographie der ländlichen Siedlungen vor neuen Aufgaben. In: Geographische Rundschau 31, Heft 4, S. 137−142.

HENKEL, G. (1979b): Dorferneuerung. Ein gesellschaftspolitischer Auftrag an die Wissenschaft. In: Ber. z. dt. Landeskunde, Bd. 53, Heft 1, S. 49−59.

HENKEL, G. (1979c): Der Dorferneuerungsplan und seine inhaltliche Ausfüllung durch die genetische Siedlungsgeographie. In: Ber. z. dt. Landeskunde, Bd.53, Heft 1, S. 65−117.

HENKEL, G. (1980): Der Wettbewerb „Unser Dorf soll schöner werden". Beobachtungen u. Empfehlungen. In: Natur- und Landschaftskunde in Westfalen, 16, S. 69−80.

HENKEL, G. (1982): Dorferneuerung. In: Fragenkreise 23565, Paderborn.

HENKEL, G. (1982a): Dorfbewohner und Dorfentwicklung. Vorträge und Ergebnisse der Tagung. Bleiwäsche, 17.−19.3.1982. Paderborn: Schöningh. In: Essener geogr. Arbeiten. 2.

HERMS, A. (1978): Dorferneuerung. Ein Beitrag zur allgemeinen Aufgabenstellung. In: Der Landkreis, 8−9/78, S.316−320.

HEROLD, D. (1972): Die weltweite Vergroßstädterung. Abhandlungen des 1. Geogr. Instituts der Freien Universität Berlin, Bd. 19, Berlin.

HOFFMANN, R. (1963): Die Rolle des Verkehrs im Stadt-Land-Verhältnis. In: Studium Generale. Jg. 16, Heft 11, S. 652−659.

HOLL, H. (1979): Dorferneuerung Schwebheim. In: Der Bayerische Bürgermeister, 32. Jg., Heft 7, S. 14−20.

HOLL, H./PFANNSCHMIDT, U. (1980): Zur Planung der Dorferneuerung. In: Der Landkreis, 8−9/80, S. 559−563.

HOTTES, K. (1967): Der landwirtschaftliche Nebenerwerb in Deutschland. In: Ber. z. dt. Landeskunde, Bd. 39, Heft 1, S.49−69.

HUEG, A. (1939): Dorf und Bauerntum. Eine Fibel als Hilfsbuch zur Niedersächsischen Dorfgeschichtsforschung. Niedersächsischer Heimatbund, Heft 21.

ISBARY, G. (1965): Die zentralen Orte niederer Ordnung in der Regionalplanung. In: SCHÖLLER, P. (1972): Zentralitätsforschung, S. 429−452.

ISBARY, G. (1967): Verlust der Funktionseinheit der Gemeinde. In: SALIN, E. (1967): Polis und Regio, S. 86−91.

KALESKY, G. (1980): Zum 10. Mal Bundeswettbewerb „Unser Dorf soll schöner werden". In: Bauwelt 43, 71. Jg., S. 1912−1916.

272

KALESKY, G. (1980b): Kunst im ländlichen Raum. In: Der Landkreis, 6/80, S. 293.

KEUN, F. (1973): Die optimale Infrastrukturausstattung einer Region unter Berücksichtigung dynamischer Aspekte — dargestellt am Beispiel sozialer Infrastruktureinrichtungen Zentraler Orte in ländlichen Räumen. In: Beiträge zur Stadt- und Regionalforschung, Heft 6.

KLÖPPER, R. (1956): Die deutsche geographische Stadt-Umland-Forschung, Entwicklung und Erfahrungen. In: SCHÖLLER, P. (1972): Zentralitätsforschung. Wege der Forschung, Bd. CCCI, S. 252—264.

KLÖPPER, R. (1963): Stadt und Umland im Industriezeitalter. In: Studium Generale, Jg. 16, Heft 10, S. 600—606.

KNIBBE, H. (1934): Die Großsiedlung Hannover. Mitteilungen des Statist. Amts der Hauptstadt Hannover, Neue Folge Nr. 9.

KNORR, G. (1975): Transformationsmerkmale von Siedlungen in ländlichen Gebieten. In: FRICKE, W./WOLF, K. (1975): Neue Wege in der geogr. Erforschung städt. und ländl. Siedlungen. Rhein-Mainische Forschungen, Heft 80, S. 117.

KÖTE, A. (1979): Der Anfang vom Ende ... In: Bauwelt 10, 70.Jg., S. 326—327.

KÖTTER, H. (1952): Struktur und Funktion von Landgemeinden im Einflußbereich einer deutschen Mittelstadt. In: Schriften des Instituts für sozialwissenschaftliche Forschung. Monographie, Bd. 1.

KONIECZNY, G./ROLLI, E. (1979): Bürgerbeteiligung in der Dorfentwicklung. KTBL-Schrift 242.

KRIEDTE, P., MEDICK, H., SCHLUMBOHM, J. (1977): Industrialisierung vor der Industrialisierung. Göttingen.

KÜHN, K. (1976): Die jüngere Entwicklung von Rundlingen im Umland von Wolfsburg unter dem wachsenden Einfluß der Urbanisierung. Unveröffentlichte Hausarbeit zur Staatsprüfung für das Lehramt an Gymnasien. Göttingen.

KÜHNE, G. (1979): Denkmalpflege auf dem Lande. In: Bauwelt 10, 70. Jg., S. 328—335.

KUNZE, M.D. (1980): Gestaltanalyse ländlicher Siedlungen. KTBL-Schrift 248.

LANDESHAUPTSTADT Hannover, Statistisches Amt (1972): Statistischer Vierteljahresbericht der Landeshauptstadt Hannover, 71.Jg., Heft II.

LANDESHAUPTSTADT Hannover, Statistisches Amt (1978): Statistischer Vierteljahresbericht der Landeshauptstadt Hannover, Jahresübersichten 1976—1978, 77. Jg.

Der LANDKREIS Burgdorf (1961). In: Die Landkreise in Niedersachsen, Bd. 19.

Der LANDKREIS Hannover (1948). In: Die Landkreise in Niedersachsen, Bd. 1.

Der LANDKREIS Hildesheim-Marienburg (1964). In: Die Landkreise in Niedersachsen, Bd. 21.

LANDWIRTSCHAFTSKAMMER Hannover (1968): Agrarstrukturelle Vorplanung im Großraum Hannover. Teil I, Bestandsaufnahme.

LANDWIRTSCHAFTSKAMMER Hannover (1969a): Agrarstrukturelle Vorplanung im Großraum Hannover. Teil II, Planung.

LANDWIRTSCHAFTSKAMMER Hannover (1969b): Agrarstrukturelle Vorplanung im Großraum Hannover. Teil III, Planungsdaten.

LEISTER, I. (1970): Wachstum und Erneuerung britischer Industriegroßstädte. — Wien/Köln/Graz.

LEITNER, W. (1981): Der Strukturwandel der ländlichen geschlossenen Siedlungen. In: Zeitschr. f. Wirtschaftsgeographie, Angewandte- und Sozial-Geograpie, Heft 4, S. 112—116.

LIENAU, C. (1968): Tagung der „Internationalen Arbeitsgruppe für die Geographische Terminologie der Agrarlandschaft". In: Erdkundliches Wissen, Heft 13, Beiheft, S. 188—194.

LINDAUER, G. (1970): Beiträge zur Erfassung der Verstädterung in ländlichen Räumen. Stuttgarter Geogr. Studien, Bd. 80, Stuttgart.

LINDE, H. (1952): Grundlagen der Gemeindetypisierung. Forsch.- u. Sitzungsberichte d. Akad. f. Raumforschung und Landesplanung, III, Hannover.

LINDE, H. (1966): Urbanität, Handwörterbuch der Raumordnung und Raumforschung, Sp. 2157—2160.

MACHENS, J. (1920): Die Archidiakonate des Bistums Hildesheim im Mittelalter. Beiträge für die Geschichte Niedersachsens und Westfalens. Hildesheim und Leipzig.

MACKENROTH, G. (1953): Bevölkerungslehre. Berlin, Göttingen, Heidelberg (Springer-Verlag).

MÄDING, E. (1963): Das Stadt-Land-Problem und die Verwaltung. In: Studium Generale, Jg. 16, Heft 11, S. 659—671.

MAGEL, H. (1979): Dorferneuerung im Rahmen der Flurbereinigung — eine Hilfe beim Bauen auf dem Lande. In: Der Bayerische Bürgermeister, 32. Jg., S. 31—36.

MAIER, J. (1977): Sozialgeographie. Das Geogr. Seminar, Westermann.

MAIER, H. (1976): Denkmalschutz. Internationale Probleme — Nationale Projekte. Zürich.

MAIER, H. (1978): Verantwortung für die Baukultur. In: Der Landkreis, 8—9/78, S. 295.

MEIBEYER, W. (1964): Die Rundlingsdörfer im östlichen Niedersachsen. Ihre Verbreitung, Entstehung und Beziehung zur slaw. Siedlung in Niedersachsen. Braunschw. Geogr. Studien, Heft 1.

MIKUS, W. (1966): Die Auswirkungen eines Eisenbahnknotenpunktes auf die geogr. Struktur einer Siedlung — am speziellen Beispiel von Lehrte und im Vergleich mit Bebra und Olten/Schweiz. Freiburger Geogr. Hefte, Heft 3.

MIKUS, W. (1968a): Die Auswirkungen der Agrarplanung nach 1945 auf die Agrar- und Siedlungsstruktur des Raumes Westfalen. In: Schriftenreihe für Flurbereinigung, Heft 47.

MIKUS, W. (1968b): Geographische Aspekte der Flurbereinigung, Aussiedlung und landwirtschaftlichen Neusiedlung in Westfalen. In: Ber. z. dt. Landeskunde, Bd.41, S. 73—84.

MITTELHÄUSSER, K. (1959/69): Funktionale Typen ländl. Siedlungen auf statistischer Basis. In: Ber. z. dt. Landeskunde, Bd. 24, S. 145—156.

MÖLLER, H.G. (1978): Naherholungsgebiete in Stadt und Großraum Hannover. In: ERIKSEN, W./ARNOLD, A. (1978), S.168—184.

MÖLLER, K. (1978): Veränderungen der Agrarischen Wirtschaftsstruktur und Bausubstanz ausgewählter Gemeinden in der Wedemark seit dem 2. Weltkrieg. Unveröffentlichte Hausarbeit zur Staatsprüfung für das Lehramt an Gymnasien, Göttingen.

MOSEL, M. (1980): Anmerkungen eins Denkmalpflegers zum Wettbewerb „Unser Dorf soll schöner werden". In: Bauwelt 43, 71. Jg., S. 1916—1917.

NAGEL, F.N. (1979): Konzept zur Erfassung von erhaltenswerten kulturgeographischen Elementen in ländlichen Siedlungen. In: Ber. z. dt. Landeskunde, Bd.53, Heft1, S.48—55.

NERRETER, W. (1981): Dorferneuerung als raumordnungspolitische Entwicklungsaufgabe unter besonderer Berücksichtigung des Zukunftsinvestitionsprogrammes der Bundesregierung (ZIP), dargestellt am Beispiel von vier nordhessischen Dörfern. Diplomarbeit in Geographie, Göttinger Geogr. Institut, Göttingen.

NEUE Hannoversche Presse, Freitag (6.11.1970), „Wülferoder Bürger zeigten Gemeinschaftssinn".

NEUE Hannoversche Presse, Freitag (12.5.1972), „Grünanlagen im alten Ortskern von Wülferode".

NEUE Hannoversche Presse, Mittwoch (31.5.1972), „Alle kommunalen Einrichtungen in einem Zentrum vereint".

NEUE Hannoversche Presse, Montag (5.6.1972), „Glückwünsche und Anerkennung für eine leitbildgerechte Anlage".

NEUE Hannoversche Presse, Sonnabend/Sonntag (16./17.9.1972), „Ein Stück Alt-Wülferode wird bald 100 Jahre alt".

NEULOH, O./KURUCZ, J. (1967): Vom Kirchdorf zur Industriegemeinde. Untersuchungen ü. den Einfluß der Industrialisierung auf die Wertordnung der Arbeitnehmer. Köln/Berlin.

NEUSTADT a. Rbge. (1976/78): Auszug aus dem Erläuterungsbericht zum Flächennutzungsplan der Stadt Neustadt a.Rbge.

Das NIEDERSÄCHSISCHE Denkmalschutzgesetz (1978). In: Niedersächische Denkmalpflege. Veröffentlichung des Nieders. Landesverwaltungsamtes, Bd.9, 1976−1978, S. 175−188.

NIEDERSÄCHSISCHE Landesdenkmalpflege (1977): Inventarisation Wülferode (472).

NIEDERSÄCHSISCHES Landesverwaltungsamt − Statistik (1884): Viehstands−Lexikon für das Königreich Preussen. 9. Heft. Provinz Hannover. Berlin 1884.

NIEDERSÄCHSISCHES Landesverwaltungsamt − Statistik (1939): Statistik des Deutschen Reichs. Ergebnisse der Volks-, Berufs- und landwirtschaftlichen Betriebszählung 1939 in den Gemeinden. Bd. 559, Heft 8.

NIEDERSÄCHSISCHES Landesverwaltungsamt − Statistik (1952): Gemeindestatistik für Niedersachsen 1950, Teil 4.

NIEDERSÄCHSISCHES Landesverwaltungsamt − Statistik (1952): Gemeindestatistik für Niedersachsen 1950, Teil 3.

NIEDERSÄCHSISCHES Landesverwaltungsamt − Statistik (1952): Gemeindestatistik für Niedersachsen 1950, Teil 2.

NIEDERSÄCHSISCHES Landesverwaltungsamt − Statistik (1960/61): Gemeindestatistik für Niedersachsen 1960/61, Teil 1, Bevölkerung und Erwerbstätigkeit.

NIEDERSÄCHSISCHES Landesverwaltungsamt − Statistik (1960/61): Gemeindestatistik für Niedersachsen 1960/61, Teil 4, Betriebsstruktur der Landwirtschaft.

NIEDERSÄCHSISCHES Landesverwaltungsamt − Statistik (1970): Gemeindestatistik für Niedersachsen 1970, Teil 2, Bevölkerung und Erwerbstätigkeit, Heft 1.

NIEDERSÄCHSISCHES Landesverwaltungsamt − Statistik (1970): Gemeindestatistik für Niedersachsen 1970, Teil 2, Bevölkerung und Erwerbstätigkeit, Heft 3.

NIEDERSÄCHSISCHES Landesverwaltungsamt − Statistik (1970): Gemeindestatistik Niedersachsen 1970, Teil 4, Landwirtschaft 1971/72, A. Ergebnisse der Grunderhebung zur Landwirtschaftszählung vom Mai 1971.

NIEMEIER, G. (1972): Siedlunsgeographie. Braunschweig.

NILEG (1977/78): Dorferneuerungsplan „Stadtteil Mandelsloh", Stadt Neustadt a. Rbge.

NITZ, H.-J. (1974a): Historisch-genetische Siedlungsforschung. Wege der Forschung.

NITZ, H.-J. (1974b): Platzdörfer im südlichen Niedersachsen −ein offenes Forschungsproblem. In: I. LEISTER, NITZ, H.-J. (1974): Siedlungsformen der Früh- und Hochmittelalterl. Binnenkolonisation, Probleme der genet. Siedlungsforschung, Bd. 1. Göttingen, S. 34–57 (als Manuskript vervielfältigt, S. 1–12, Kartenanhang).

NITZ, H.-J. (1980): Historische Strukturen als Bedingungen der Raumgestaltung im Industriezeitalter. In: Geograpie und Schule, Februar, 2. Jg., Heft 3, S. 3–11.

NITZ, H.-J. (1982): Historische Strukturen im Industriezeitalter. – Beobachtungen, Fragen und Überlegungen zu einem aktuellen Thema. In: Berichte zur deutschen Landeskunde, Bd.56, S. 193–217.

NOHL, W. (o.J.): Das Foto-Ordnungsverfahren zur Beurteilung dörflicher Bausubstanz. In: KTBL-Arbeitsblätter, Planung im ländlichen Raum, Nr. 3039.

OSTHOFF, F. (1967): Flurbereinigung und Dorferneuerung. In: Schriftenreihe für Flurbereinigung, Heft 42.

OTREMBA, E. (1953): Allgemeine Agrar- und Industriegeographie. In: Erde und Weltwirtschaft, Bd. 3, Stuttgart.

O.V. (1976): Stelingen, Zur 750-Jahrfeier 1976. Chronologischer Rückblick 1976 Anno 1226, Dorfchronik.

O.V. (1978): Steuerliche Hilfen für den Denkmalschutz. Gesetz zur Erhaltung und Modernisierung kultur-historisch und städtebaulich wertvoller Gebäude. In: Der Landkreis, 5/78, S. 190–192.

O.V. (1979): ABC der Dorfgestaltung. Eine Fibel für den Wettbewerb „Unser Dorf soll schöner werden". Hrsg.: Niedersächsisches Ministerium für Ernährung, Landw. und Forsten, 1979.

O.V. (1980a): Historische Architektur erhalten und pflegen. In: Der Landkreis, 6/80, S. 291.

O.V. (1980b): „Unser Dorf soll schön bleiben". In: Bauwelt 43, 71. Jg., S. 1898–1899.

PETZET, M. (1978): Dorferneuerung und Denkmalpflege im Rahmen der Flurbereinigung. In: Der Landkreis 8–9/78, S. 406–408.

PINCHEMEL, Ph. (1969): Ercheinung und Wesen der Stadt. In: SCHÖLLER, P. (1969): Allgemeine Stadtgeographie, Darmstadt, S. 238–252.

PLATH, H. (1953): Die Grenzen zwischen den Bistümern Minden und Hildesheim im Bereich der Ämter Bissendorf, Langenhagen und der Stadt Hannover in der Zeit von 1000–1250. In: Hannoversche Geschichtsblätter, Bd. 6, S. 347–363.

PLATH.H./MUNDHENKE, H./BRIX, E. (1956): Heimatchronik der Hauptstadt Hannover. In: Archiv für Deutsche Heimatpflege, Bd.17.

PLATH, H. (1962): Namen und Herkunft der Grafen von Roden und die Frühgeschichte der Stadt Hanover. In: Nieders. Jahrbuch für Landesgeschichte, Bd. 34, S. 1–32.

POSECK, U. (1966): Geographische Auswirkungen der Verstädterung als Lebensform. Ein Sozialgeographischer Beitrag zur Genese des Städtischen. Köln.

REHKOPF, B. (o.J.): Dorfchronik Altwarmbüchen. „Unser Dorfbuch".

REICHERT, K. (1940/41): Die Landschaftsgebiete der Umgebung von Hannover. In: Jahrbuch der Geogr. Ges. zu Hannover, Teil I, S. 215–227, Hannover 1942.

REISCH, F. (1980): Erfahrungen bei der Aufstellung von Dorferneuerungsplänen in Hessen. In: WALK, F. (1978), S. 101–104.

REZESS – Altwarmbüchen vom 28.5.1863. Gemeindeverwaltung Altwarmbüchen.

REZESS – Stelingen. „Acta der Königlichen General-Kommission für die Provinzen Hannover und Schleswig Holstein betreffend: Die Verkoppelung der Feldmark Stehlingen.

Vollzogen den 28.Juli 1871, Bestätigt am 8. April 1872. Kreis Neustadt Nr. 128". Niedersächsisches Hauptstaatsarchiv (NDS) Hannover.

REZESS — Wülferode, "Acte der Königlichen General-Kommission für die Provinzen Hannover und Schleswig—Holstein betreffend: Die Verkoppelung der Feldmark Wülferode. Vollzogen und bestätigt in den Jahren 1844 und 1845. Landkreis Hannover Nr.79". Niedersächsisches Hauptstaatsarchiv (NDS) Hannover.

RIPPEL, J. (1963a): Sonderuntersuchungen zur Wanderungsbewegung (I). In: St. VL. H, 62. Jg., Heft 1, S.29—37.

RIPPEL, J. (1963b): Untersuchungen zur Bevölkerungsentwicklung im Raum Hannover. In: Statistischer Vierteljahresbericht der Landeshauptstadt Hannover, 62. Jg., Heft 2, S. 85—95.

RIPPEL, J. (1983): Die Veränderungen der Bevölkerungsverteilung im Raum Hannover von 1939 bis 1982. In: Sonderdruck aus: Statist. Vierteljahresber. Hannover. 82. Jg., Heft IV, S. 57—60.

RITTER, G. (1968): Die Nachsiedlerschichten im nordwestdeutschen Raum und ihre Bedeutung für die Kulturlandschaft unter bes. Berücksichtigung der Kötter im Niederbergischen Land. In: Ber. z. dt. Landeskunde, Bd. 41, S. 85—128.

RÖHER, A. (1980): Altbauerneuerung — ein wichtiger Zukunftsmarkt. In: Der Landkreis, 8—9/80, S. 565.

ROLLI, J.E./KONIECZNY, G. (1979): Dorfentwicklung zwischen Fremd- und Selbstbestimmung. In: Stadtbauwelt 64, Dez., S.350/2036—354/2040.

SCHEELJE, R. (1979): Burgdorf — Beginn, Entwicklung, Gegenwart.

SCHMIDT, H.U. (1979): Dorferneuerung — eine Aufgabe der Gemeinden. In: Der Bayerische Bürgermeister, 32. Jg., Heft 7, S. 10—13.

SCHNEPPE, F. (1955): Der Einfluß der Stadt Göttingen auf die Gemeinden des Landkreises. In: Dorfuntersuchung, Veröffentlichung der Forschungsgesellschaft für Agrarpolitik und Agrarsoziologie.

SCHLÜSSEL, P. (1972): Entwicklungen im Einflußbereich der Großstadt — dargestellt am Beispiel der Stadtrandgemeinde Lövenich bei Köln. Kölner Geographische Arbeiten, Heft 27.

SCHÖLLER, P. (1957): Stadt und Einzugsgebiet. Ein geographisches Forschungsproblem und seine Bedeutung für Landeskunde, Geschichte und Kulturraumforschung. In:

SCHÖLLER, P. (1972): Zentralitätsforschung.

SCHÖLLER, P. (1959/60): Sozialgeographische Aspekte zum Stadt-Umland-Problem. In: Ber. z. dt. Landeskunde, Bd. 24, S. 49—53.

SCHRÖDER, H.D./BAVAJ, G. (o.J.): Notwendigkeit und Möglichkeiten verkehrsberuhigender Maßnahmen in dörflichen Ortslagen und Ortsteilen. Beispiel Borgentreich und Waldfeucht. Unveröffentlichtes Manuskript sowie unveröffentlichte Pläne.

SCHRÖDER, K.H./SCHWARZ, G. (1969): Die ländlichen Siedlungsformen in Mitteleuropa. In: Forschungen z. dt. Landeskunde, Bd. 175.

SCHWARZ, G. (1953): Hannover als Industriestadt. In: Festschrift zur Feier des 75jährigen Bestehens der Geogr. Ges. zu Hannover, Hannover, S. 57—97.

SCHWARZ, G. (1966): Allgemeine Siedlungsgeographie. 3. Auflage.

SCHWEDT, H. (1978): Das Dorf im Verstädterungsprozeß. Die Phasen des sozialen Wandels auf dem Dorfe und die ungelösten Probleme des menschlichen Zusammenlebens. In:

WEHLIG, H.G. (1978): Dorfpolitik. Sozialwiss. Analysen, Didaktische Hilfen. Leske. Analysen 22. S. 84–98.

SCHWENCKE, O. (1978): Europäische Identität und erhaltende Dorferneuerung. In: Der Landkreis, 8–9/78, S. 294–295.

SCHWENCKE, O. (1980): Denkmalschutz auf dem Lande. In: Der Landkreis, 6/80, S. 289–292.

SEEDORF, H.H. (1978): Stufen der Kulturlandschaftsentwicklung im hannoverschen Stadtgebiet vom frühen Mittelalter bis zur Gegenwart. In: ERIKSEN, W./ARNOLD, A. (1978), S.18–49.

SEMMLER, E. (1978): Bundeswettbewerb „Unser Dorf soll schöner werden" in der Kritik. In: Der Landkreis, 5/78, S. 199–202.

SIEDSCHLAG, D. (1980): Dorferneuerung – ein wichtiges Thema für die Schule. In: Geogr. Rundschau 32, H.9, S. 419f.

SPIESS, W. (1937): Die Heerstraßen auf Braunschweig um 1500. Stud. und Vorarbeiten zum historischen Atlas von Niedersachsen, Heft 16, Göttingen.

STATISTISCHES Amt der Landeshauptstadt Hannover, Abt. Stadtforschung und Referat Umweltschutz (1983): Die Veränderung der Bevölkerungsverteilung im Raum Hannover von 1939 bis 1982. Sonderdruck aus: Statist. Vierteljahresber. Hannover, 82. Jg., Heft IV.

STEDLER, W. (1886): Beiträge zur Geschichte des Fürstentums Kalenberg. Ergänzungsblätter z. Gesch. des Alten Deisterlandes. Erstes Heft. Barsinghausen.

STOSBERG, H. (1962): Die wachsende Großstadt. Beispiel Hannover. In: Raumforschung und Raumordnung. Jg. 20, Heft 3, S. 133–142.

STRACK, H. (1980): Zum Thema: Landschaftsgebundenes Bauen. In: Der Landkreis, 6/80, S. 284–285.

STRACK, H. (1980b): Bundeswettbewerbe und ländlicher Städtebau. In: Der Landkreis, 8–9/80, S. 566–572.

TEMPEL, E. (1979): Ein Dorfbild wird ruiniert. In: KTBL- Schrift 235, S. 69–88.

THOMI, W. (1982): ... und zogen wieder aufs Land. Jüngere Entwicklungen im Siedlungsgefüge der Wetterau. Sonderdruck, Hrsg. Kreissparkasse Friedberg (Hessen), S. 414–434.

UELSCHEN, G. (1966): Die Bevölkerung in Niedersachsen von 1821–1961. Veröffentlichungen der Akademie f. Raumforschung und Landesplanung, Abhandlg., Bd. 45.

UHLIG, H./LIENAU, C. (1972): Die Siedlungen des ländlichen Raumes. In: Materialien zur Terminologie der Agrarlandschaft Vol. II, Gießen.

VERBAND Großraum Hannover (1967): Verbandsplan 1967, Teil A und B, Hannover.

VERBAND Großraum Hannover (1968): Landesplanerisches Rahmenprogramm für die Gemeinde Stelingen, Landkreis Neustadt a.Rbge. vom 27.11.1968.

VERBAND Großraum Hannover (1969): Landesplanerisches Rahmenprogramm für die Gemeinde Wülferode, Landkreis Hannover vom 15.9.1969.

VERBAND Großraum Hannover (1971): Landesplanerisches Rahmenprogramm für die Gemeinde Altwarmbüchen, Landkreis Burgdorf vom 10.9.1971.

VERBAND Großraum Hannover (1975): Regionales Raumordnungsprogramm 1975 für den Großraum Hannover – öffentlich-rechtliche Körperschaft –. In: Amtsblatt für den Regierungsbezirk Hannover, 86. Jg., Heft 19, Hannover 30.8.1976, S. 557–572.

VERKEHRSLÄRMSCHUTZGESETZ (1978). Gesetzentwurf der Bundesregierung vom 6.1.1978. Hrsg. Stadtplanungsamt Hannover, Drucksache 3/78.

VOIGT, F. (1975a): Die Bedeutung des Eisenbahnverkehrs für die wirtschaftliche Entwicklung in Deutschland. In: Ges. f. wirtschafts– und verkehrswiss. Forschung e.V., Bonn, Heft 18.

VOIGT, F./WITTE, H. (1975b): Die Bedeutung des Verkehrssystems für die Entwicklung ländlicher Räume. In: Gesellschaft für wirtschafts- und verkehrswiss. Forschung e.V., Bonn, Heft17.

VOLK, W. (1979): Farben in der Dorferneuerung. KTBL-Schrift 241.

VOPPEL, G. (1978): Die Landeshauptstadt Hannover – Zentraler Ort und Industriestadt im südlichen Niedersachsen. In: ERIKSEN, W./ARNOLD, A. (1978), S. 68–93.

WALK, F. (1978): Planung im ländlichen Raum. Dorferneuerung, Flurbereinigung und Bauleitplanung. Bilanzen der Länder nach vier Jahren Zukunftsinvestitionsprogramm 1977–1980. Internationale Grüne Woche Berlin, Heft 17, Berlin.

WALLENREITER, C. (1979): Vom Sinn des Denkmalschutzes. In: Der Landkreis, 1/79, S. 6.

WEHLING, H.G./WERNER, A. (1978): „Schlafgemeinden", Integrations- und Identitätsprobleme kleiner Gemeinden im Ballungsraum. In: WEHLING, H.G. (1978): Dorfpolitik. Sozialwiss. Analysen, Didakt. Hilfen. Leske. Analysen 22, S.99–110.

WEISS, R. (1908): Über die großen Kolonistendörfer des 12. und 13. Jh. zwischen Leine und Weser. In: Zeitschrift des Histor. Vereins f. Niedersachsen, S. 147–174.

WESCHE, H. (1957): Unsere Niedersächsischen Ortsnamen.

WICHMANN, H. (1978): Gestalterische Fehlentwicklungen auf dem Lande. In: Der Landkreis, 8–9/78, S. 345–351.

WIELAND, D. (1979): Bauen und Bewahren auf dem Lande. Hrsg. v. Deutschen Nationalkomitee f. Denkmalschutz, 3. Auflage.

WILKENING, F. (1978): Flächendeckende Inventarisation zum Schutz historischer Baustrukturen in Niedersachsen. In: Der Landkreis, 5/78, S. 186–190.

WIRTH, E. (1979): Theoretische Geographie. Grundzüge einer Theoretischen Kulturgeographie. Teubner Stuttgart, insbes. S.75–98.

ZDF (1980): Manuskript zur Sendung „Die Welt in der wir wohnen – Das Dorf muß auf dem Land bleiben" vom 2.3.1980.

ZENTRALVERBAND Werbetechnik, Bundesinnungsverband Schilder– und Lichtreklamehersteller (o.J.): Außenwerbung und Denkmalschutz.

2. Ämter und Verwaltungsstellen,
die Informationen und Unterlagen zur Verfügung stellten:

Stadtvermessungsamt Hannover
Landesvermessungsamt Hannover
Katasteramt Hannover
Stadtplanungsamt Hannover
Niedersächsisches Landesverwaltungsamt – Statistik
Amt für Agrarstruktur Hannover
Großraumverband Hannover
Niedersächsisches Landesverwaltungsamt – Denkmalpflege – Hannover-Linden, Niemeierstraße.
Landkreis Hannover – Bauamt

Gemeindeverwaltung Altwarmbüchen, Bauamt
Rathaus Bemerode – Bauamt
Stadtverwaltung Garbsen – Bauamt
Stadtverwaltung Gehrden – Bauamt
Stadtverwaltung Neustadt a.Rbge. – Bauamt
NILEG Niedersächische Landesentwicklungsgesellschaft mbH Hannover
Niedersächsisches Hauptstaatsarchiv (NDS) Hannover

3. Informationen zur jeweiligen Siedlungsgenese insbesondere von folgenden Einzelpersonen/Verein:

Isernhagen: Vorsitzender des Isernhagener Bauernhausvereins e.V., F. Könnecke
Altwarmbüchen: Landwirt H. Grethe, ehemaliger Dorfschullehrer B. Rehkopf
Stelingen: Landwirt A. Uelschen
Wülferode: Landwirt H. Klußmann, ehemaliger Dorfschullehrer H. Warnecke, ehemaliger Bürgermeister H. Friedrich
Everloh: Ehemaliger Bürgermeister H. Meier-Everloh

4. Karten

Kurhannoversche Landesaufnahme des 18.Jh. „Hannover und Umgebung im 18.Jh.", Zusammenfügung aus den Blättern 116, 117, 122, 123. M = 1:25000, Hrsg. vom Niedersächsischen Landesverwaltungsamt – Landesvermessung – Hannover, 1978.

„Karte von der Feldmark Stehlingen, Attestiert 1867, Eingetheilt von A.Eickenrodt, 1:2 133,333 ..." (Verkoppelungskarte Stelingen) – Niedersächsisches Hauptstaatsarchiv Hannover.

„Karte von der Feldmark Everloh, Amts Wennigsen, Aufgenommen in den Jahren 1853 und 1854 von L. Schierkolek im Maßstab von 100 Ruthen auf 9 Calenberger Zoll" (Verkoppelungskarte Everloh) – Niedersächsisches Hauptstaatsarchiv Hannover.

„Karte von der Feldmark Wülferode, Amts Hannover, aufgemessen im Jahre 1840 d. H. Barth" (Verkoppelungskarte Wülferode) – Niedersächsisches Hauptstaatsarchiv Hannover.

„Karte von dem südlichen Theile der Feldmark ALTEN WARMBÜCHEN, 1847", Gericht Alten Warmbüchen, Maßstab 1 : 3 200.
Quelle: Amt für Agrarstruktur Hannover, Archiv, Burgdorf 130.

„Übersichtskarte in der Sache betr. die Theilung u. Verkoppelung von Groß-Horst, Maßstab 1 : 2000, 1898. Gemarkung Groß-Horst, Kreis Burgdorf, Regierungsbezirk Lüneburg" Quelle: Amt für Agrarstruktur Hannover, Archiv, Burgdorf 245.

Einschätzungs-Kupons der Gemarkung Kirchhorst, Kreis Burgdorf, 1. Band, Nr. 50, Kartenblatt 1 bis Nr. ./., Maßstab 1 : 21333, 3; 1972 Quelle: Niedersächsisches Hauptstaatsarchiv Hannover.

Urkarten der Grundsteuerkatasterkarten, Stand 1876,
– Gemarkung Wülferode, Blatt 1, M = 1 : 2 133 1/3
– Gemarkung Everloh, Blatt 2, M = 1 : 2 133 1/3
– Gemarkung Altwarmbüchen, Blatt 4, M = 1 : 3 200
– Gemarkung Altwarmbüchen, Blatt 3, M = 1 : 3 200
– Gemarkung Stelingen, Blatt 2, M = 1 : 2 133 1/3
– Gemarkung Stelingen, Blatt 3, M = 1 : 2 133 1/3
– Gemarkung Stelingen, Blatt 4, M = 1 : 2 133 1/3
– Katasteramt Hannover.

Preußische Landesaufnahme (Urmeßtischblatt), M = 1 : 25 000,
– Blatt Nr. 3525 (Altwarmbüchen), Stand 1898
– Blatt Nr. 3523 (Stelingen), Stand 1898
– Blatt Nr. 3623 (Everloh), Stand 1898
– Blatt Nr. 3625 (Wülferode), Stand 1898
– Niedersächsiches Landesverwaltungsamt – Landesvermessung – Hannover.

Altwarmbüchen:
Meßtischblatt Blatt Nr. 3525, M = 1 : 25 000, Stand 1952
Meßtischblatt Blatt Nr. 3525, M = 1 : 25 000, Stand 1955
Meßtischblatt Blatt Nr. 3525, M = 1 : 25 000, Stand 1961
Meßtischblatt Blatt Nr. 3525, M = 1 : 25 000, Stand 1970
Niedersächsisches Landesverwaltungsamt – Landesvermessung – Hannover.

Deutsche Grundkarte 1 : 5 000, Altwarmbüchen, Stand 1950
Deutsche Grundkarte 1 : 5 000, Altwarmbüchen, Stand 1967 = Archivstück
Deutsche Grundkarte 1 : 5 000, Lahe-Nord, Stand 1952
Deutsche Grundkarte 1 : 5 000, Lahe-Nord, Stand 1963
Deutsche Grundkarte 1 : 5 000, Lahe-Nord, Stand 1971
Stadtvermessungsamt Hannover.

Deutsche Grundkarte 1 : 5 000, Isernhagen-Farster Bauerschaft-Süd, Stand 1976
Deutsche Grundkarte 1 : 5 000, Lahe-Nord, Stand 1978
Deutsche Grundkarte 1 : 5 000, Altwarmbüchen, Stand 1978
Deutsche Grundkarte 1 : 5 000, Basselthof, Stand 1976
Katasteramt Hannover.

Stelingen:
Meßtischblatt Blatt Nr. 3523, M = 1 : 25 000, Stand 1926
Meßtischblatt Blatt Nr. 3523, M = 1 : 25 000, Stand 1937
Meßtischblatt Blatt Nr. 3523, M = 1 : 25 000, Stand 1943
Meßtischblatt Blatt Nr. 3523, M = 1 : 25 000, Stand 1961

Meßtischblatt Blatt Nr. 3523, M = 1 : 25 000, Stand 1969
Meßtischblatt Blatt Nr. 3523, M = 1 : 25 000, Stand 1974
Niedersächsisches Landesverwaltungsamt — Landesvermessung — Hannover.

Deutsche Grundkarte 1 : 5 000, Stelingen, Stand 1948
Deutsche Grundkarte 1 : 5 000, Stelingen, Stand 1967
Stadtvermessungsamt Hannover.

Deutsche Grundkarte 1 : 5 000, Stelingen, Stand 1976
Deutsche Grundkarte 1 : 5 000, Berenbostel—Nord, Stand 1976
Katasteramt Hannover.

Wülferode:
Meßtischblatt Blatt Nr. 3625, M = 1 : 25 000, Stand 1936
Meßtischblatt Blatt Nr. 3625, M = 1 : 25 000, Stand 1954
Meßtischblatt Blatt Nr. 3625, M = 1 : 25 000, Stand 1961
Meßtischblatt Blatt Nr. 3625, M = 1 : 25 000, Stand 1966
Meßtischblatt Blatt Nr. 3625, M = 1 : 25 000, Stand 1970
Niedersächsisches Landesverwaltungsamt — Landesvermessung — Hannover.

Deutsche Grundkarte 1 : 5 000, Wülferode-Ost, Stand 1949
Deutsche Grundkarte 1 : 5 000, Wülferode-West, Stand 1949
Deutsche Grundkarte 1 : 5 000, Wülferode-Nordost, Stand 1948
Deutsche Grundkarte 1 : 5 000, Wülferode-Ost, Stand 1965
Deutsche Grundkarte 1 : 5 000, Wülferode-West, Stand 1966
Deutsche Grundkarte 1 : 5 000, Wülferode-Nordost, Stand 1966
Stadtvermessungsamt Hannover.

Deutsche Grundkarte 1 : 5 000, Wülferode-Ost, Stand 1978
Deutsche Grundkarte 1 : 5 000, Wülferode-West, Stand 1978
Deutsche Grundkarte 1 : 5 000, Wülferode-Nordost, Stand 1978
Deutsche Grundkarte 1 : 5 000, Bemerode, Stand 1978
Katasteramt Hannover.

Everloh:
Meßtischblatt Blatt Nr. 3623, M = 1 : 25 000, Stand 1937
Meßtischblatt Blatt Nr. 3623, M = 1 : 25 000, Stand 1943
Meßtischblatt Blatt Nr. 3623, M = 1 : 25 000, Stand 1954
Meßtischblatt Blatt Nr. 3623, M = 1 : 25 000, Stand 1961
Meßtischblatt Blatt Nr. 3623, M = 1 : 25 000, Stand 1969
Niedersächsisches Landesverwaltungsamt — Landesvermessung — Hannover.

Deutsche Grundkarte 1 : 5 000, Northen, Stand 1948
Deutsche Grundkarte 1 : 5 000, Northen, Stand 1959
Deutsche Grundkarte 1 : 5 000, Northen, Stand 1965
Stadtvermessungsamt Hannover.

Deutsche Grundkarte 1 : 5 000, Northen, Stand 1978
Deutsche Grundkarte 1 : 5 000, Gehrden-Nord, Stand 1978
Katasteramt Hannover.

Ortsgrundriß Wülferode im Maßstab 1 : 2 500, Stand etwa 1976/77, Quelle: Frankenberg,
R. (1977)

Umgebungskarte der Landeshauptstadt Hannover, Kleine Ausgabe, M = 1 : 50 000, Stand
1981, Stadtvermessungsamt Hannover.

Umgebungskarte Hannover, M = 1 : 100 000, Stand 1984, Katasteramt Hannover.

Bodenkarten auf der Grundlage der Bodenschätzung:
Deutsche Grundkarte 1 : 5 000, Stelingen, Ausgabe 1976, letzte Bodenschätzung 1968
Deutsche Grundkarte 1 : 5 000, Berenbostel-Nord, Ausgabe 1976, letzte Bodenschät-
zung 1968
Deutsche Grundkarte 1 : 5 000, Wülferode-Ost, Ausgabe 1965, letzte Bodenschätzung
1949
Deutsche Grundkarte 1 : 5 000, Wülferode-West, Ausgabe 1965, letzte Bodenschätzung
1946
Deutsche Grundkarte 1 : 5 000, Wülferode-Nordost, Ausgabe 1965, letzte Bodenschät-
zung 1946
Deutsche Grundkarte 1 : 5 000, Bemerode, Ausgabe 1965, letzte Bodenschätzung 1946
Deutsche Grundkarte 1 : 5 000, Northen, Ausgabe 1965, letzte Bodenschätzung 1963
Deutsche Grundkarte 1 : 5 000, Gehrden-Nord, Ausgabe 1965, letzte Bodenschätzung
1963

Die Werte der Bodenschätzung der Gemarkung Altwarmbüchen sind folgendem Karten-
material entnommen:
Amtliches Flurkartenwerk, versch. Maßstäbe, Nachschätzung 1976
Deutsche Grundkarte 1 : 5 000, Lahe-Nord, Ausgabe 1981, letzte Bodenschätzung 1962
Deutsche Grundkarte 1 : 5 000, Basselthof, Ausgabe 1976, letzte Bodenschätzung 1962
Katasteramt Hannover.

5. Flächennutzungspläne

1. Flächennutzungsplan Altwarmbüchen von 1966, Flächennutzungsplan Gemeinde Isernhagen von 1979, Gemeindeverwaltung Altwarmbüchen Bauamt.
1. Flächennutzungsplan Stelingen von 1962, Flächennutzungsplan der Stadt Garbsen, noch
in Bearbeitung. Stadtverwaltung Garbsen, Bauamt Garbsen/Havelse.
1. Flächennutzungsplan Wülferode von 1971, Flächennutzungsplan Landeshauptstadt Hannover von 1978. Stadtplanungsamt Hannover.
Noch in Bearbeitung befindlicher Flächennutzungsplan der Stadt Gehrden. Stadtverwaltung Gehrden, Bauamt.

Flächennutzungsplan der Stadt Neustadt a. Rbge. von 1976/78 mit Auszug aus dem Erläuterungsbericht, Bauamt Neustadt a. Rbge.

6. Bebauungspläne

1. Bebauungsplan Altwarmbüchen (Füllenfeld) von 1966, alle weiteren Bebauungspläne sind eingesehen im Bauamt Altwarmbüchen, Gemeindeverwaltung.
Bebauungspläne von Stelingen Nr. 1 von 1964, Nr. 2 von 1969, Nr. 3 von 1965, Nr. 7 von 1966 und Nr. 4 von 1980 sind eingesehen im Bauamt Garbsen/Havelse.
Bebauungspläne von Wülferode Nr. 818 von 1966, Nr. 819 von 1972 und Nr. 929 von 1976 sind eingesehen im Stadtplanungsamt Hannover.

7. Sonstige Pläne und Fotos

Entwicklungsplan Waldfeucht und Entwurf für einen verkehrsberuhigten Bereich in Borgentreich-Borgholz mit Bericht über die vorbereitenden Untersuchungen.
Plan u. Entwurf einzusehen bzw. erhältlich im Büro für städtebauliche Planung, Schröder, H./D. und Bavaj, G., Monheimsallee 75, 51 Aachen.

Das von Hermann Friedrich (Am Wiesengarten 7, 3000 Hannover 72) zur Verfügung gestellte Fotomaterial ist zwischen 1970 und 1974 aufgenommen worden. Es ist eine Auswahl von Bildern, die Herr H. Friedrich zur Dokumentation Wülferodes für das Stadtmuseum Hannover am Hohen Ufer erstellt hat.

Das von der Verfasserin zusammengetragene Fotomaterial ist ab 1981 aufgenommen worden.

Das Bildmaterial von 1882 bis 1930 ist aus dem Fotofamilienbesitz der Familie Beiker (Niederfeldstr. 21 in Wülferode) entnommen worden.

GÖTTINGER GEOGRAPHISCHE ABHANDLUNGEN

Herausgegeben vom Vorstand des Geographischen Instituts der Universität Göttingen
Schriftleitung: Karl-Heinz Pörtge

GÖTTINGER GEOGRAPHISCHE ABHANDLUNGEN

Herausgegeben vom Vorstand des Geographischen Instituts der Universität Göttingen
Schriftleitung: Karl-Heinz Pörtge

Das vollständige Veröffentlichungsverzeichnis der GAA kann beim Verlag angefordert werden.

Alle Preise zuzüglich Versandspesen. Bestellungen an:

Verlag Erich Goltze GmbH & Co. KG., Göttingen